通识

学问的门类

学問のしくみ事典

日本实业出版社 编
[日] 茂木健一郎 主编
杨晓钟 张阿敏 译

后浪出版公司
江西人民出版社

前 言

何为现代的"文化修养"

我们身边的环境正发生着天翻地覆的变化。

随着互联网的发达和智能手机等设备的普及，人们瞬间就能获取到想要的信息，即使是海外的消息也几乎能够即时获取。使用"谷歌学术搜索"等搜索引擎，任何人都可以阅读到专家发表的论文。说得极端一点，即使是小学生也能够接触到最前沿的学术信息。

在此背景下，我们现代社会的"文化修养"究竟指的是什么呢？

首先是"语言能力"。国语自不必说，英语也是非常重要的。世界上最尖端的"知识"都是运用英语进行交流的，一个人若想参与其中，首先必须具备运用英语的能力。

其次是"数学"。这里所说的数学并不是指解答复杂数学式的能力，而是指能够理解支撑着现代文明的IT技术以及计算机的逻辑结构，也就是一种理论化的、缜密的思维能力。

还有"关于网络的知识和感知能力"。网络连接着世界范围内的大量非特定人群，使得各类信息得以流通、过滤和积累，理解网络的结构和理论，具备一定的网络实践能力和感知能力是非常重要的。此外，"信息素养"也是必须具备的一种基本能力。信息素养是指一个人能够理解信息产生、加工以及流通的过程，并能够对信息做出正确判断的能力。总之，不能对媒体所提供的信息不加思考就全盘接受，而应该冷静地判断出网络所特有的敌意和错误信息，在亲自对信息进行确认前都应该保留判断。

此外，人们还需要具备"理解多元价值观""平等地对待他人""不过度自信，时刻保持怀疑精神""遵守平等交流的规则"等多种素养。

当我们试着列出现代社会所需要的"文化修养"的各要素时，就会得到这样一张数量相当庞大的清单。如此一来，以大学入学考试的偏差值和笔试成绩为评判依据的"知识"也就变得毫无意义。总而言之，现在已经进入了要求人们具备"综合能力"和"社会能力"的时代。

跨学科的重要性

现代社会的发展瞬息万变、难以预测，如果一个人只钻研某一个特定的学科领域的话，很有可能会难以发挥价值，迅速被时代淘汰。因此，为了能够更好地适应环境的变化，即使看似是在走弯路，人们也要从基础开始巩固自己的文化修养，并在日常生活中注重多接触"真知"，培养出能够看穿事物本质的眼力，也就是所谓的"博雅"教育思想。

因此，在学习这一点上，我坚决支持跨学科学习和横向学习。日本的大学教育分为"文科"和"理科"两种不同的培养方向，文科生不会运用数学和逻辑，理科生不明白自己的研究具有怎样的社会意义，简直是荒谬至极。只有取消了文、理科的区分，进行横向的、跨学科的学习才是真正有意义的学习。

我从东京大学理学部毕业后，又攻读了东京大学法学部的学士学位。刚进大学的时候我所考虑的仅仅是我想研究科学，在经历了很多事、遇到了各种人之后才逐渐领悟到科学家也是要与社会相联系的。

我是一名脑科学家，对脑的本质性研究所涉及的学科领域十分广泛，除了物理和数学外，还需要学习生物学、脑生理学、认知科学、信息科学，甚至是经济学和社会学——不广泛学习的话就无法研究到"本质"。

信息和研究成果每一天都在更新，不时常进行学习就无法使自己立足于该领域的最前沿，这一点对于任何领域的职业人士来说都是一样的。

只要拿到了名牌大学的毕业证书就能一生无忧的时代早已结束。当代社会是一个不进行跨学科学习就没有未来的社会，仅靠大学的学习已经不足以应对

社会的发展，还需要靠自己广泛涉猎，加强自身的文化修养。

由非典型性才智创造价值的时代

21世纪毫无疑问是一个由"才智"，也就是 intelligence 引领世界的时代。运用才智可以帮助我们规避风险，创造财富，推动经济的发展。

需要强调的是这里所说的"才智"并不是以 IQ 测试为评估标准的"典型性才智"，而是指与此相反的"非典型性才智"。在全球化的竞争背景下，典型性才智越来越平庸化和廉价化，逐渐失去了原有的价值。

例如，首个成为 MIT（麻省理工学院）多媒体实验室主任的日本人——伊藤穰一曾两次从大学退学。他虽然只有高中学历，却具有十分宽广的知识面，接连提出了大量让人耳目一新的构想，并担任《纽约时报》和索尼公司的董事，堪称"非典型才智"的代表人物。乔布斯、谷歌的创始人拉里·佩奇和谢尔盖·布林也具有非常高的"非典型才智"。

当代所需要的才智是一种建立在一定专业性基础上的、广泛的文化修养，而拥有"非典型性才智"的人才将以革新的方式引领时代的发展。

人脑具有无限的学习能力

才智水平并非天生就注定了的。例如对于才智的其中一个衡量标准 IQ（智

商）而言，遗传性影响约占50%，剩下的部分则由后天环境和学习所决定。也就是说，通过学习可以提高才智水平，而人脑的学习能力又是不存在界限的，所以越学习就越能开发才智。

当我们通过做某件事情而感到快乐的时候，大脑会分泌一种名为多巴胺的物质，使在该行动中所形成的神经细胞的连接得到强化，这就是所谓的"强化学习"。

幸运的是，我从小就能够感受到"学习的快乐"。当"学习"这件事本身得到强化学习后，就会产生"继续学习"的意愿，如此一来就形成了一个强化学习的循环，使大脑不断得到锻炼。强化学习的循环越重复越能够得到强化。

这种循环是没有界限的，人类可以无止境地进行开放式的学习。例如"阅读历史书"→"分泌多巴胺"后，会使"阅读历史书"这一行为得到强化，强化后会"继续阅读历史书"→"分泌多巴胺"，这种不断的循环使得"阅读历史书"这一行为越来越得到强化。

反过来说，自认为"不擅长学历史"的人，实际上并非不能够理解历史，而仅仅是因为没有形成强化学习的循环而已。

大家可能也有自认为擅长、不擅长的领域。但所谓的擅长或者不擅长并不是由遗传决定的，而是由于没有形成强化学习的循环。

难度略高一点更有助于强化学习的形成

在大脑的学习能力上，还有一件十分有趣的事实。

当全力完成某件难度相当高的事情时，大脑所分泌的多巴胺质量最佳，强化学习的循环运转也最为有力。

例如，解答稍难一些的数学问题，比解答简单的数学问题更有助于大脑分泌出优质的多巴胺，所获得的喜悦感和成就感也更为强烈。问题太容易或者太难都无法使大脑分泌多巴胺，这是由于太容易的话无法对大脑产生刺激，太难则容易使大脑产生无力感，但有时"离谱"的挑战也会成为一种很好的刺激。

积极应对目前的自己所难以解决的难题，时而通过达成一些"离谱的挑战"获得成就感，更有助于形成优质的强化学习的循环。

提升自我

我的学习态度是自小就养成的。

我始终保持着"自己给自己限定时间，自己的责任自己承担"的态度。小时候我曾沉迷于昆虫采集，进行过关于蝴蝶的研究，还加入了日本鳞翅学会。念小学时，我在阅读了爱因斯坦的传记后，开始有了一个明确的理想——成为一名科学家。

为了能成为科学家，我自小不仅阅读了大量理科方面的书籍，还广泛阅读了文学、社会学、经济学等各个领域的著作。

小学时我甚至阅读过父亲书架上的《马克思恩格斯全集》和《新教伦理与资本主义精神》。我自己也隐约明白"这并不是给小孩子读的书"，但还是刻意给自己施加了难度较高的障碍，这或许也有助于我形成强化学习的循环。

我的这种学习态度直到现在也未曾发生改变。作为一名研究人员，为了能够立足于第一线，在自我的提升上丝毫不曾有过懈怠。

"学习"是一件最能让大脑感到开心的事情。通过阅读某本书而得到启发、对某件事情产生兴趣，使得知识逐渐得到积累后，它们就会像腐叶土一样发酵，成为你大脑中的优质土壤。例如，阅读在某一个学科领域中最广为流传的名著，最有助于了解该学科的来龙去脉，这是由于这样的书大多充满了能得到任何人都认同的洞察力。

*

本书的编写目的是希望打破文科和理科的界限，从宏观的角度俯瞰整个"学科"的世界。简练易懂地对某个学科在人类所有"知识"中所处的位置、确立过程、发展史以及取得了划时代成就的科学家们的足迹等进行解说。相信通过对不同种类的各种学科的接触，能让读者们发现与以往截然不同的视点和联系。

希望读者们能以本书为媒介，踏上一场"知识世界"之旅，并能从书中某一个感兴趣的部分出发，展开更进一步的研究，培养出适用于当代社会的"文化修养"和"才智"。

2016年3月

HUMANITY

哲学 2
Philosophy

历史学 15
Historical Science

宗教学 24
Religious Studies

语言学 31
Linguistics

心理学 40
Psychology

精神分析学 48
Psychoanalysis

文化人类学 52
Cultural Anthropology

神话学 60
Mythology

民俗学 64
Folklore

考古学 69
Archaeology

SOCIAL SCIENCE

政治学 80
Political Science

经济学 88
Economics

社会学 96
Sociology

法学 104
Law

教育学 113
Pedagogy

统计学 122
Statistics

企业管理学 129
Business Administration

NATURAL SCIENCE

物理学 138
Physics

生物学 147
Biology

化学 154
Chemistry

数学 162
Mathematics

医学 170
Medical Science

工程学 179
Engineering

信息工程学 188
Information Engineering

航空航天工程学 192
Aerospace Engineering

地理学 196
Geography

ART & CULTURE

文学 204
Literature

近代日本文学 213
Modern Japanese Literature

建筑 221
Architecture

近代日本建筑 230
Modern Japanese Architecture

音乐 238
Music

美术 247
Art

电影 256
Movie

日本电影 264
Japanese Movie

摄影 273
Photograph

日本摄影 279
Japanese Photograph

人名索引 287

出版后记 290

凡例

◎本书中使用的缩写词如下：

[阿]阿根廷	[爱]爱尔兰	[埃]埃及	[奥]奥地利
[澳]澳大利亚	[比]比利时	[波]波兰	[丹]丹麦
[德]德国	[典]瑞典	[俄]俄罗斯、苏联	[法]法国
[芬]芬兰	[荷]荷兰	[加]加拿大	[捷]捷克
[拉]拉脱维亚	[罗]罗马尼亚	[美]美国	[挪]挪威
[葡]葡萄牙	[瑞]瑞士	[土]土耳其	[希]希腊
[西]西班牙	[新]新西兰	[匈]匈牙利	[英]英国
[以]以色列	[意]意大利	[印]印度	[中]中国

◎人名・地名等固有名词的标记遵从惯有标记规则。

◎年号一般采用公历。

◎本书中（ ）中的数字，用于人名后的表示该人物的生卒年，此外则表示出版年代、创作完成年代。

<例>根据米歇尔·福柯（法1926—1984）所著的《词与物》（1996）一书……

◎《》内表示书名、杂志名，""内表示引用的语句或概念。

◎卷末的人名索引收录的是正文中出现的人物，省略了图表中出现的人物。

※本书是对1996年1月出版的《通识：学问的门类》的大幅度润色和修正。

序言 学科的门类

学科的起源

古希腊人在继承了古代东方文明的经验性知识的同时，发展出了独立于自然的自律性的思考方式，确立了学科的基础。

学问是什么？人类为什么想要学习？迄今为止学了什么？话说起来，对于人类而言所谓的求知欲望究竟是怎么一回事？这一系列疑问最终又会回到"学问是什么"这一最初的问题上。

如此一来，自然而然就会得出学问就是探究"什么是学问"这一让人似懂非懂的结论。然而事实上使这种自我指称式的疑问得以成立的正是学问本身，也就是始于古希腊的西方学科的发展史。

古希腊以前的"学问"，比如古埃及的测量术和医术，都是在自然与人的直接性联系中诞生的，也就是所谓的生活的智慧。如果我们按照马克思所说的那样，将使人区别于其他动物的条件认定为是对"生产资料的运用"，也就是对自然的加工和改造，这种生活的智慧或许标志着人类在经历了古代东方文明之后，到古希腊时代之前，就已经完成了对自然的"对象化"过程。

然而，直到古希腊，人类才首次客观认识到了"将自然对象化了"的这一意识，也就是说开始出现了思考的自律性。

古代东方文明确实在经验性知识的积累上有远远凌驾于古希腊之处，但不可否认的是，在古希腊之前，自然与人类的关系都存在着某种明显的断绝。

对于古希腊以前的文明而言，知识说到底只是对顺应自然秩序的经验的一种积累。宗教也是人类对自然的"惊异"的对象化，依然受到自然秩序的支配。然而，古希腊的人们则将自然秩序从现实的自然中独立出来，通过自发性的思考实现了自然秩序的自律化。

例如，最早的哲学家（即最早的学问的实践者）——爱奥尼亚的自然哲学家们曾探究过世界的本源。然而，比起这些自然哲学家们将什么看作是世界的本原，真正使我们感兴趣的其实是究竟是什么使得他们开始想要探究本原问题。

因为如果爱奥尼亚的自然哲学家们依然被神话和宗教世界所束缚的话，他们是不会想要去探究本原问题的，就算他们真的尝试着去探究这一问题，应该也只能得出一些神话或宗教性的结论。

文化史学家杰克伯·布克哈特（瑞 1818—1897）在其巨著《希腊文化史》

（1897）中表示，使古希腊人产生了哲学思想的原因在于"从各种具象事物中完全分离出来了的语言世界"，而古埃及语则缺乏"非具象性表达的能力"。也就是说，古希腊人是在摆脱了自然束缚的语言世界中，逐渐实现了自律性的思考。

柏拉图对这种自然（世界）与人类的关系进行了理论化和系统化的阐释，并将思维世界看作是永恒不变的"理念"。他主张唯有"理念"才是绝对真实的，作为知觉对象的个体事物都只是对"理念"的模仿和假象。

这种"实在"与"观念"的二元论的出现，使得西方学问甚至是西方文明都实现了飞跃性的发展。与此同时，二元论却也引发了诸多矛盾和问题。这是由于事物与思维的分离虽然使得对自然的客观性认识（从事物的秩序本身出发看待事物）得以实现，但另一方面，却也助长了理性的绝对化，将人类抬高至"征服自然的独裁者"这一地位。

如果说柏拉图奠定了西方学问的基础，那么其后的亚里士多德则使得学问细化成为各个学科，并奠定了各学科的研究对象的基础。也就是说，亚里士多德运用柏拉图所建立起来的思想框架，对自然进行了更加细致的对象化，使学问实现了体系化的发展。

不同于柏拉图将个体事物看作是对理念的模仿与假象，亚里士多德将"理念"称为"形式"，并认为形式存在于个体事物之中。也就是说，亚里士多德认为事物是形式与质料的结合，并试图从事物的形成过程出发理解事物。

这种关于自然的研究方法，既扩展了人们对自然的认识，又为自然（世界）的细分化和对象化提供了可能性，促成了不同研究领域的出现。实际上，亚里士多德曾将之前的古希腊时代的知识分为理论性知识与实践性知识，前者包括神学、数学、自然科学，后者包括政治学的伦理学，首次尝试着对知识进行了体系化的分类。

至此终于形成了作为现代学科源头的各学科的雏形。

学科的发展

近代学科的确立过程实际上是一个在摆脱了基督教的束缚后，通过语言的发展引发表象秩序与物质秩序分离，对事物世界进行分类和秩序化的过程。

起源于古希腊的诸学科在经历了希腊化时代、罗马时代、以基督教为中心的中世纪时代的发展后，最终演化成了近代学科。然而，从总体上来看，各学科在古希腊以后实际上并未取得太大的进展，甚至可以说是走向了下坡路。

虽然古希腊的学科传统在亚历山大大帝统治时期，被埃及和亚历山大里亚所继承，在数学和医学方面取得了一定的发展。但在罗马帝国内部，却没有出现值得一提的巨大成就。而就这一情况，历史学家们也曾给出过各种各样的解释。

例如：罗马人本身就对理论性知识缺乏兴趣，随着罗马帝国的崩溃，城市遭到破坏，又逐渐失去了支撑着学科发展的社会基础。在此基础之上，基督教的诞生进一步加快了学科发展的衰落。

然而，这种看法实际上是将我们的理性当成了"进步的过程"，但学科的发展历程不应是其趋于完善的历史，而应是"事物以及使事物分类形成知识体系的秩序等的历史"。简单来说，学科的发展历程应该是"世界观的变化"。

法国哲学家米歇尔·福柯将支撑着"世界观"的根源性秩序称为"知识型（知识的无意识性基础）"。

根据米歇尔·福柯所著的《词与物》（1996）一书，在文艺复兴后期，也就是16世纪末以前，文化知识的构成原则是"相似关系"，即世界上的一切事物都以"相似"为基础得以秩序化。在该时期，词与物处于同一个水平，二者是统一的。然而，自16世纪末开始进入古典时代后，语言作为一种表象从事物的世界中独立出来，也就是说实现了表象的秩序和自然的秩序的分离。

然而，在16世纪末至18世纪末的古典时代，表象的秩序与自然的秩序并不完全是毫不相干的两个事物。表象指的是事物的透明性表象，即用词指向某物时，可以正确地表象该事物。由此，语言使客观的物得到了分类和秩序，博物学逐渐发展成了生物学，对于财富的分析发展成了经济学，对于言语的研究演变成了文献学。

实际上，只要对各学科的确立过程进行分析就会发现，各种各样的学科几乎都在17世纪前后形成了该学科的近代性基础。

从文艺复兴时期起至近代的学科的发展历程，与从继承了古代东方文明到确立了学科基础的古希腊时代的发展历程十分相似。可以说，近代学科的确立过程是对古希腊思考方式的一种回归。

实际上，近代学科的奠基人笛卡尔的思想与柏拉图和亚里士多德的思想也是极为相似的。但笛卡尔的理性与感性、主观与客观的二元论，使各自的秩序作为一种独立的存在分离出来，为客观性物质世界的法则性研究提供了可能性，极大地促进了近代学科的发展。

与此同时，近代学科的形成过程也是各学科领域不断细分化的过程，是学科的研究对象越来越明确化，研究方法逐步得以确立的过程。而使得这种现象得以出现的原因，则是以笛卡尔的哲学为代表的，将"物质世界"作为独立事物看待的思考方式。

当然，每一个学科在发展成为近代学科的时间上都存在着差异。例如物理学和化学就相差了一个世纪的时间。虽然以什么为依据判定其发展成了近代学科确实是个问题，但如果单从学科方法论的确立这一点来看的话，在化学界诞生与物理学界的牛顿相当的人物，确实要等到18世纪的拉瓦锡了。

如果将学科整体比作一条奔腾的大河，试着对其流势变化进行分析的话，就会发现各种学科在其中时而融汇时而分化，不断形成新的学科，或是旧的学科又以新的面貌重新出现。而使这些流势变化得以形成的原因，则是某种观念的出现，或者是构成学科的认识论上的秩序，也就是福柯所说的"知识型"。

现代学科

以"人类"为中心发展起来的近代学科，在21世纪面临着全新结构下的学科重建。

根据福柯的《词与物》一书的记述，与文艺复兴时期的知识型转变相似的断裂性在18世纪末又出现了一次，这次转变成了一直持续至今的现代知识型的起点。

福柯认为，古典时代的词与物的关系具有透明性，而以18世纪末为分界点，词与物的关系开始呈现出了不透明性。也就是说语言从它所表象的物体中分离了出来，开始关注其自身的特性，成为独立的研究对象。

而从这种词与物的关系的错位和断裂中呈现出来的，则是作为欲望主体的"人类"。

为了便于理解，我们可以试着将古典时代的笛卡尔与18世纪末的康德进行比较。虽然笛卡尔所提出的"我思故我在"将"我思"与"我在"相分离，但使"我在"这种现实世界（物质世界）得以成立的，依然是"我思"这一表象。也就是说，名为"我在"的现实世界，是由"我思"这一透明性表象推导出来的。

而康德则认为"我在"这一现实世界存在于"我思"这一表象性世界之外。这是由于在"我在"的现实世界中存在着作为欲望主体的"人类"，而作为欲望主体的"人类"是不属于"我思"，即表象性世界的。

当然，我真正想强调的并非是18世纪末突然出现了作为欲望主体的"人类"这件事。而是在古典时代，事物可以通过语言得到直接再现，而在18世纪末以后，这逐渐变成了一件不可能的事。

这是由于出现"人类"这一语言所难以解释的存在。也就是说，在词与物的映射关系中，出现了"人类"这一画蛇添足性的中介。

此后，近代学科开始围绕着对"人类"这一有限性存在的分析不断展开。

实际上，从18世纪末到19世纪初，许多学科都在对"人类"所具有的有限性和局限性的认识下，重新得以构建。这里所说的人类的有限性，是指现实世界中的经验，与相关主体间的互相限制、制约，甚至是矛盾。这也代表着人类对人乃是自然中的一个客体，一种历史性存在的自知。

脑的解剖、生产费用的结构、印欧语系的体系化等知识结构，都是从对"人类"的有限性的认识出发产生的需求，并发展成了对各学科的历史性和固有法则的探究。实际上在经过了19世纪和20世纪的发展后，历史以及将法则作为一种结构进行的研究成了各学科的主题。

从黑格尔开始直到马克思、萨特为止，哲学的中心课题始终是历史中的人类存在。经济学、语言学、文化人类学、心理学、精神分析学、物理学等学科也都通过将对象作为一种结构进行研究，迈向了新的发展阶段。

在天体物理学领域，人们对于宇宙的探索甚至深入到了宇宙的诞生，试图探明宇宙整体的历史性。计算机等高科技也是基于对人类有限性的认识而产生的人类能力的一种延伸。

然而另一方面，近代学科始终以"人类"为中心，却也导致了对自然的过度支配。21世纪的学科发展若想在新的思想形态下，谋求学科的重建，就必须要凭借着质疑的精神跨越近代思想本身。

因此，不应再将从古希腊至今的学科的发展历程理解为"理性的进步"，而应将重点放在随着时代的变化，世界是怎么为人类所认知、分类以及秩序化的。这一点对于西方学科以外的学科的发展历程来说也是一样的。

虽然本书主要以介绍西方学科为中心，但学科的发展当然并不仅仅出现于西方，了解西方以外的学科的发展历程也是非常重要的。

当今时代正进入了一个巨大的变革期，在此背景之下，我们更需要通过追寻各学科的发展历程，摆脱单一视角，从多元化的角度对世界进行全局性的认知。

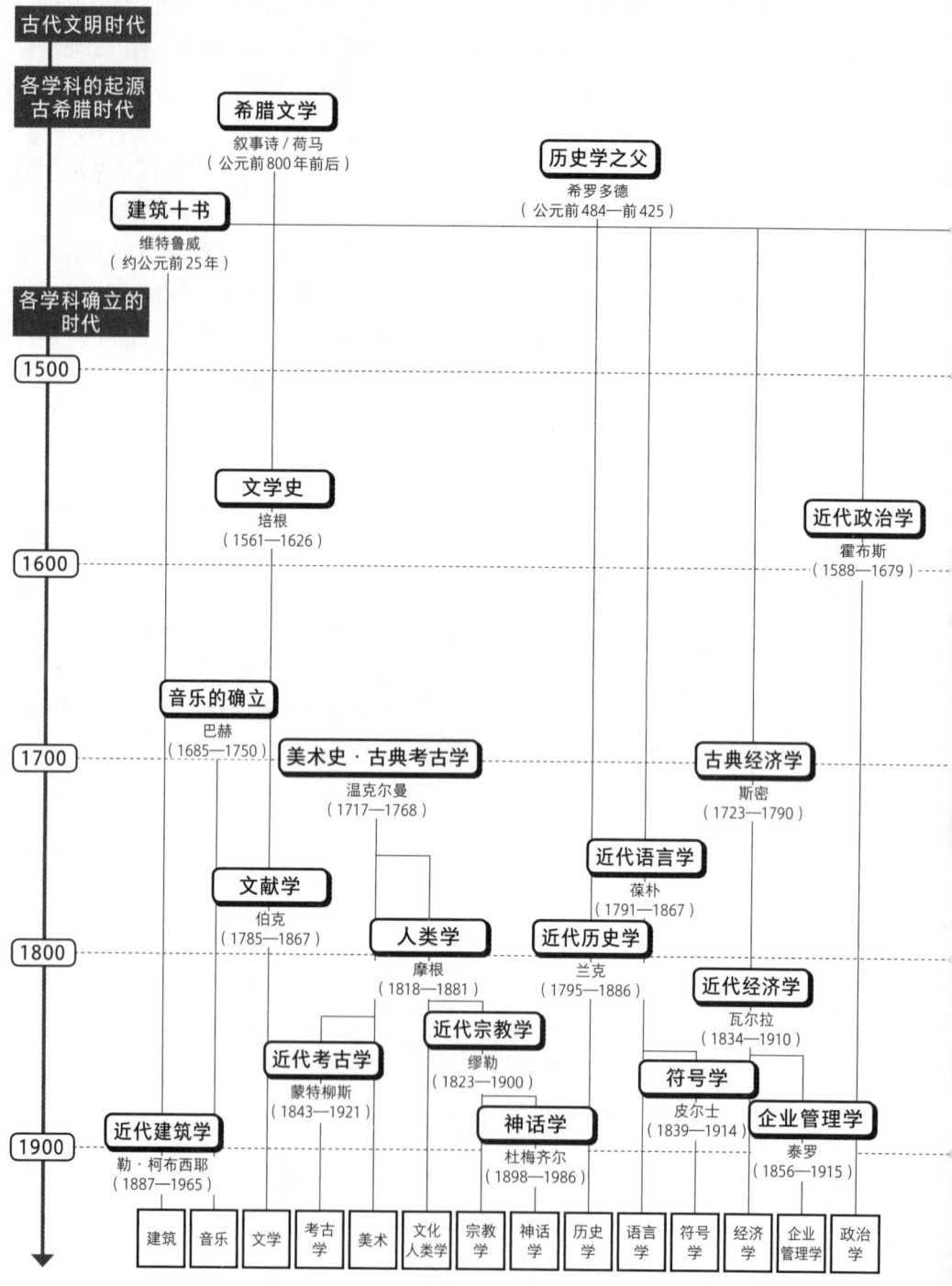

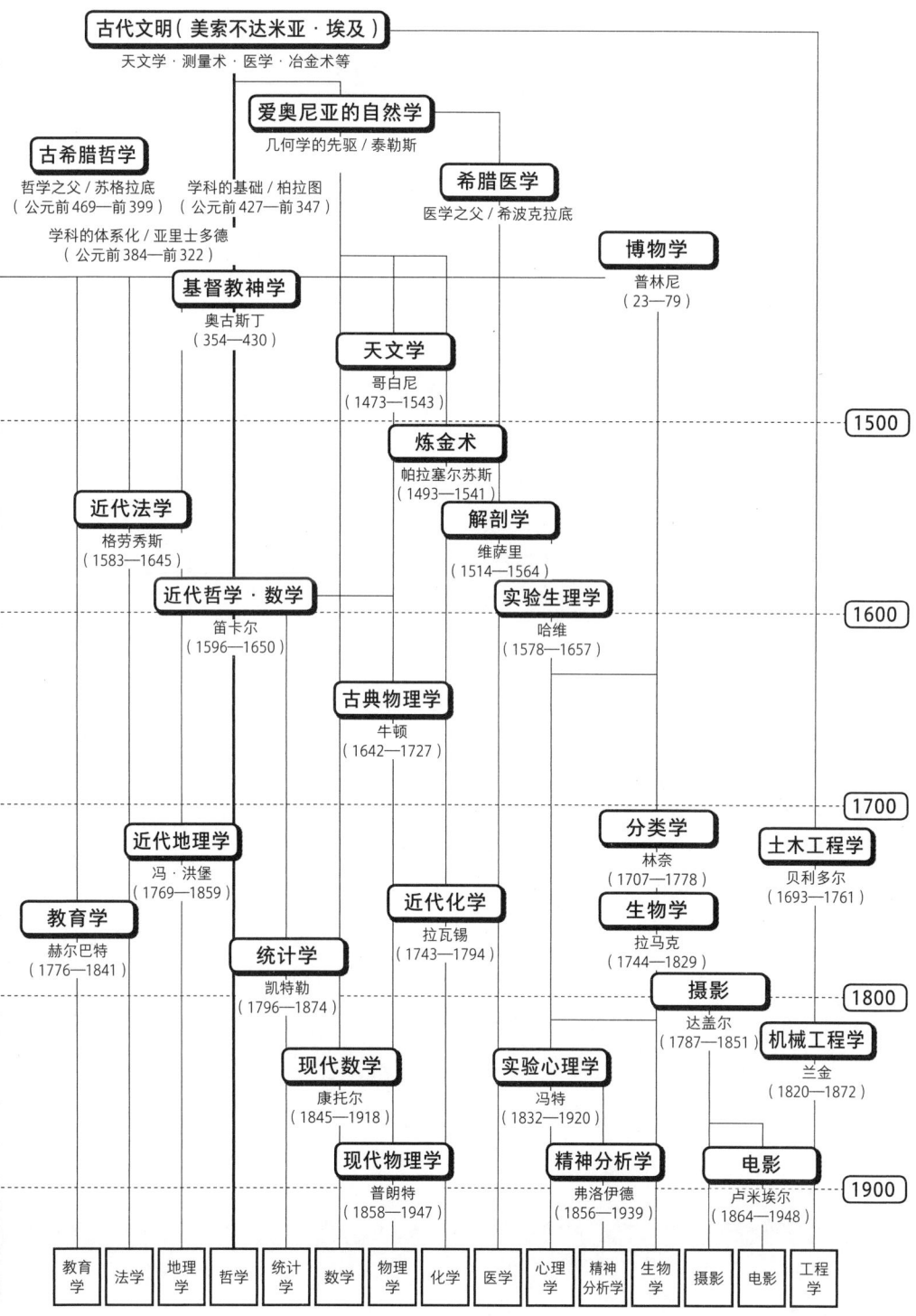

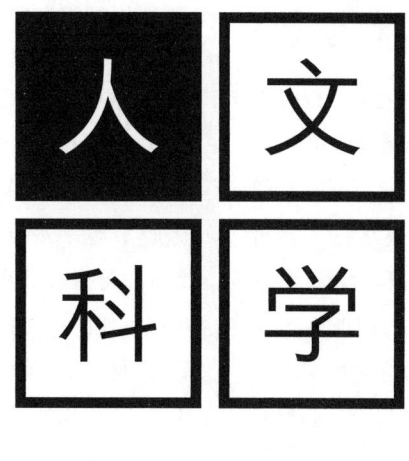

哲学

历史学

宗教学

语言学

心理学

精神分析学

文化人类学

神话学

民俗学

考古学

哲　学 ●Philosophy●

哲学的起源

从神话世界迈向"逻各斯"理性世界，诸学科之母——古希腊哲学。

哲学（philosophy）一词源于希腊语 philosophia，其中 sophia 是名词，指智慧，philein 是动词，指爱和追求，哲学（philosophy）意即爱智慧，因此在古希腊，所有的学问都可以被称为哲学。

最初，一些古希腊思想家开始反思宗教神话对世界的解释，他们经过新一轮的探索和思考，对世界做出了理性统一的解释，由此产生了最早的学问。古希腊人将这种理性和统一性称之为"逻各斯"。逻各斯原始的含义是"拢集"（采集和聚拢，以便妥善庇护和保存），受逻各斯的影响，世界在同一个理性的秩序下运转。后来，逻各斯也开始指"逻辑"或"逻辑学"。

从神话和感性的束缚中脱离出来的古希腊人，开始争论自然是永恒不变的还是运动变化的。在爱奥尼亚地区（现在的土耳其）出现了西方第一个自然科学家和哲学家——泰勒斯。泰勒斯认为水是不变的本体，是万物的始基（始基：万物的根源或基本）。这一追寻万物之源的问题，拉开了人类从哲学视角审视世界的大幕。

而毕达哥拉斯则认为"数（数的法则＝逻各斯）"是万物的本原，到这里，事物与思维才被完全区分开，思维才是永恒不变的绝对存在，这一西方哲学的基础开始萌芽。赫拉克利特主张"万物流变"，这一观点随后被智者学派所接受，而与擅长辩论术的智者学派生活于同一时代的苏格拉底则追寻"向上的生活"，他运用"问答法"使人"自知无知"，苏格拉底开创了希腊哲学的新方向，使哲学真正成为一门研究"人"的学问。

苏格拉底的弟子、希腊最伟大的哲学家柏拉图，以及柏拉图的弟子亚里士多德，对世界（自然）的"变化"与"静止"进行了最理论化和体系化的阐释。柏拉图认为自然界中有形的东西是流动的，但是构成这些有形物质的"理念"却是永恒不变的。亚里士多德批判性地继承了柏拉图的这一主张，认为"形式"是事物不变的本质，"物质"与"意识"、"实在"与"理念"、"感性"与"理性"，在之后的西方哲学中占据主导地位的"二元论"就此成立，成为哲学发展的必不可少的环节。然而无论是柏拉图的"理念"，还是亚里士多德的"形式"，都是苏格拉底所追寻的"善"，也就是坚持以理性的方式认识世界。

西方哲学的成立——①古希腊哲学

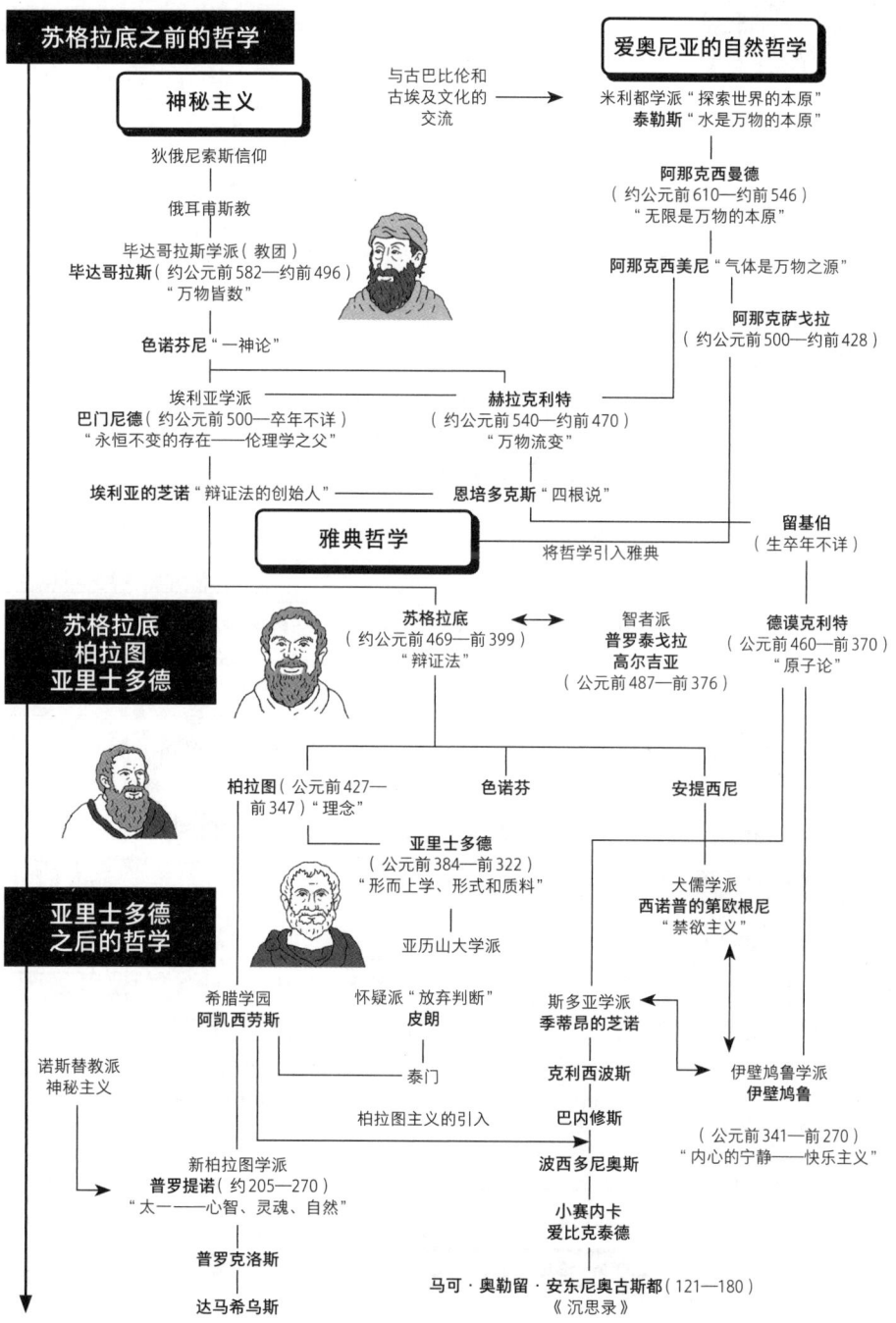

苏格拉底之前的哲学

神秘主义

与古巴比伦和古埃及文化的交流 →

爱奥尼亚的自然哲学

米利都学派"探索世界的本原"
泰勒斯"水是万物的本原"

狄俄尼索斯信仰

俄耳甫斯教

阿那克西曼德
（约公元前610—约前546）
"无限是万物的本原"

毕达哥拉斯学派（教团）
毕达哥拉斯（约公元前582—约前496）
"万物皆数"

阿那克西美尼"气体是万物之源"

阿那克萨戈拉
（约公元前500—约前428）

色诺芬尼"一神论"

埃利亚学派
巴门尼德（约公元前500—卒年不详）
"永恒不变的存在——伦理学之父"

赫拉克利特
（约公元前540—约前470）
"万物流变"

埃利亚的芝诺"辩证法的创始人" —— 恩培多克勒斯"四根说"

留基伯
（生卒年不详）

雅典哲学

将哲学引入雅典

苏格拉底 柏拉图 亚里士多德

苏格拉底
（约公元前469—前399）
"辩证法"

智者派
普罗泰戈拉
高尔吉亚
（公元前487—前376）

德谟克利特
（公元前460—前370）
"原子论"

柏拉图（公元前427—前347）"理念"

色诺芬

安提西尼

亚里士多德
（公元前384—前322）
"形而上学、形式和质料"

亚历山大学派

犬儒学派
西诺普的第欧根尼
"禁欲主义"

亚里士多德之后的哲学

希腊学园
阿凯西劳斯

怀疑派"放弃判断"
皮朗

斯多亚学派
季蒂昂的芝诺

伊壁鸠鲁学派
伊壁鸠鲁

泰门

克利西波斯

诺斯替教派
神秘主义

柏拉图主义的引入

巴内修斯

（公元前341—前270）
"内心的宁静——快乐主义"

新柏拉图学派
普罗提诺（约205—270）
"太一——心智、灵魂、自然"

波西多尼奥斯

小赛内卡
爱比克泰德

普罗克洛斯

达马希乌斯

马可·奥勒留·安东尼奥古斯都（121—180）
《沉思录》

西方哲学的成立——②中世纪哲学

教父哲学时代

柏拉图哲学 ——→ 奥古斯丁
普罗丁 ——→
奥利金"驳塞尔修斯" ——→
亚历山大学派（亚里士多德哲学）
摩尼教的影响
阿里乌斯派
安布罗斯
贝拉斯派
哲罗姆（约340—420）
《通俗拉丁文译本圣经》（约404）
基里利查 ←——→ 聂斯托利
"关于基督教的道成肉身之争"
奥古斯丁（354—430）"上帝之国"

经院哲学时代

埃里金纳"自然的区分论"
亚里士多德"哲学思想的介绍和评注"
安瑟伦《命题集》(335—358) "本体论"

早期经院哲学

共相问题的争论 ——→ 洛色林（法约1050—1125）"唯名论"
阿贝拉尔"概念论"
圣伯尔纳"神秘主义"

经院哲学的黄金时代

炼金术《赫尔墨斯文书》

方济各会 ——→ 多明我会
罗杰·培根"实验科学的前驱"
艾尔伯图斯·麦格努斯
托马斯·阿奎那（意约1225—1274）《神学大全》(1485)
邓斯·司各脱"实在论、个别性、意志至上"

后期经院哲学

爱克哈特"神秘主义"
奥卡姆（英约1285—1347）《逻辑大全》(1323)
雷蒙德斯·卢勒《大衍术》（约1273）

文艺复兴时期哲学

神秘的自然哲学

新柏拉图主义
尼古拉斯·库萨努斯《论有学识的无知》(1440)
奥古斯丁的思想
奥古斯丁哲学复兴

希伯来"犹太神秘哲学思想"
皮科·德拉·米兰多拉《论人的尊严》(1486)

宗教改革思想

帕拉切尔苏斯"希伯来神智学"
乔尔丹诺·布鲁诺"能生的自然——泛神论"
马丁·路德"宗教改革论"

雅各布·伯麦《黎明》(1912)——神智学
加尔文
伊拉斯谟《愚人颂》(1511)

近代哲学的诞生

弗朗西斯·培根（英1561—1626）《新工具》(1620)——归纳法
开普勒"行星运动的三大定律"

奥古斯丁

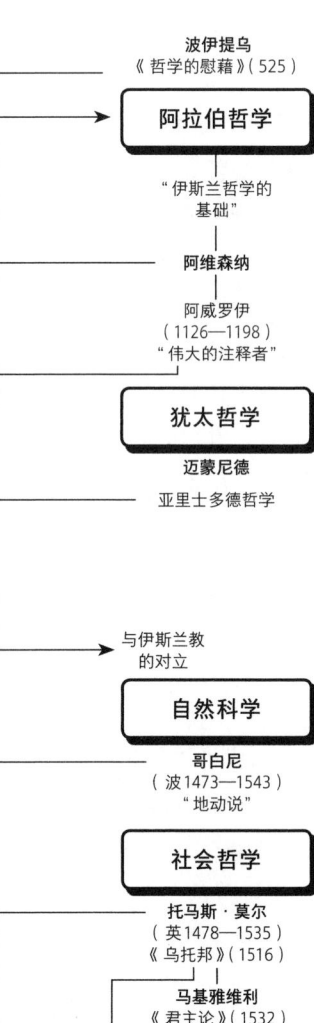

从古希腊哲学到中世纪哲学

中世纪哲学是古希腊哲学与希伯来基督教思想结合的产物,在这一时期,哲学成为了神学的婢女。

古希腊哲学经过希腊化时期和罗马帝国时期,最终与中世纪的官方意识形态基督教合流,形成了中世纪哲学。基督教用神的超越性冲淡了希腊哲学认识论中的理性色彩,认为神才是无限而永恒不变的超越存在,希伯来基督教思想与希腊哲学共同构成了西方哲学的两大源头。

从希腊化时代到罗马时代,具有代表性的哲学家是伊壁鸠鲁和斯多葛学派。这一时期的哲学与古希腊爱奥尼亚的自然哲学有一些相似之处,伊壁鸠鲁倡导"快乐主义",斯多葛学派则认为全体人类都应该遵守"神明律法"。

随着基督教在整个罗马帝国迅速传播,神秘主义开始在地中海东部沿岸流行开来,以普罗丁为代表的新柏拉图主义对构建基督教神学的理论基础产生了巨大影响。普罗丁进一步发挥了希腊哲学的神秘主义思想,他认为神也就是"太一",是万物的起源。在中世纪,哲学最终成了神学的婢女。

早期基督教教会的神父们确立了基督教神学,其思想被称为"教父哲学"。其中,奥古斯丁教父构建了基督教神学体系的思想基础,并且确立了之后在中世纪占统治地位的天主教教义。随后,基督教神学的完成者托马斯·阿奎那，最终成功将被伊斯兰文化圈所继承下来的古希腊哲学与基督教教义巧妙融合在了一起。

托马斯·阿奎那所建立起的经院哲学（scholasticism）体系对之后的中世纪哲学产生了深远影响。Schola 这个词原本是闲暇的意思，自中世纪开始指在学校里研究形成的神学。经院哲学认为信仰与理性并不是相互对立的，哲学是对上帝存在的理性论证。

然而，随着经院哲学的发展，在其内部出现了巨大的分歧，即发生在唯名论与唯实论之间的重大争论——"共相争论"。唯名论的代表人物奥卡姆强调直观和感觉认识的重要性，他倡导"如无必要，勿增实体"，即"奥卡姆的剃刀"，这一思想最终成为近代英国经验论哲学的重要来源。

近代哲学的形成与发展

笛卡尔的二元论奠定了近代哲学的基础，形成了近代世界观。

弗朗西斯·培根被称为"近代哲学的先驱者"，而笛卡尔则是真正意义上的"近代哲学之父"。帕斯卡尔对笛卡尔提出质疑的时代，也是宗教改革和自然科学发展的时代，出现了诸如哥白尼、开普勒、伽利略等伟大的自然科学家。近代自然科学从之前亚里士多德式的关注"个别事物的个别性质"中脱离出来，开始探寻事物间的普遍规律。笛卡尔为这一时期的自然科学发展提供了哲学引导。

笛卡尔创立了"心物二元论"的近代哲学体系。他认为心灵和物体是独立存在的两个实体，对物体间关系的清晰认识就是数学的、物理的以及科学的思考。然而，笛卡尔的二元论在说明人的灵魂和肉体的关系问题时，陷入了困境：既然心灵与物体是两种相互独立、互不相关的实体，又如何解释身心之间显而易见的相互关系呢。毫无疑问，将"物质"与"精神"联系在一起的就是感觉，虽然之后的英国经验论指出了感觉所发挥的这一重要作用，然而在笛卡尔的哲学体系里，片面地夸大感觉的相对性，从而贬低了感觉在认识真理中的作用，因此，笛卡尔的二元论始终是一种彻底的唯理主义认识论。

大陆唯理论的另外两位代表人物斯宾诺莎和莱布尼茨，试图克服笛卡尔二元论的缺点。

斯宾诺莎认为"自然内在的能动性"是唯一的实体，"思想"与"广延"作为唯一实体的两个属性是彼此独立、互相平行的，即"心物平行论"。莱布尼茨则主张世界是由不可分的单子构成的，世间万物的流动变化来自于构成事物的元素——单子的差别与变化。在莱布尼茨看来，每一个单子之所以能与其他单子协调一致，形成和谐的宇宙秩序，这是因为上帝在创世之初，已把每个单子的全部发展过程安排好了，即所谓的"前定和谐"。

大陆唯理论认为知识只能建立在理性的基础上，而英国经验论则主张经验才是知识的唯一来源。约翰·洛克和休谟对笛卡尔的唯理主义提出了质疑，他们指出人类的一切知识都是建立在感觉经验上的，我们因为能观察所知觉到的外部客观事物，能观察所知觉、所反省到的内部的心理活动，所以人的理解才能得到思想的一切材料。然而，如果固守感觉经验的立场，知识就不可能有普遍必然性。经验论在知识的真理性问题上，由于其自身的矛盾钻进了认识论的死胡同。

康德的"批判哲学"是对大陆唯理论和英国经验论的调和，康德再次从认识论的角度对"物质"与"精神"的关系进行了思考，重新考查了理性在认识中的作用和界限。

近代哲学的终结与20世纪

黑格尔哲学既是西方近代哲学的最高综合，也是20世纪哲学史激荡的源头。

从18世纪到19世纪上半叶，以费希德、谢林、黑格尔为代表的德国观念论继承了康德的思想，并对其进行了改革和发展。

黑格尔认为人们在认识物质和精神、客体和主体的关系时，应该摒弃非此即彼的对立思想，运用"辩证法"的思维来理解。在黑格尔看来，辩证法的对立统一规律是"绝对精神"发展自我、实现自我的根据，而人类社会的发展就是遵循"绝对精神"的自我运动轨迹而进行的过程。在黑格尔所建立起的完整哲学体系中，通过将主观性绝对化，一切事物的发展都是由"绝对精神"的运动发展来实现的。

黑格尔的事后性哲学，只能对已发生的事做事后的总结，马克思则立足于现实又面向未来，批判地继承了黑格尔的辩证法，试图揭示人类社会发展中的内部矛盾，其矛盾分析的对象直指资本主义经济体系。马克思认为，以生产关系为基础的社会存在决定了人类的主观意识，也就是说"人的本质是一切社会关系的总和"。传统的"唯物论"和"唯心论"是将"物质"或"精神"设定为本原，然而，如果我们简单地以这种极端主义思维方式来看待马克思的这一观点，便是对马克思思想的误解。实际上，马克思充分意识到了与观念和实在交错在一起的复杂因素。其解剖资本主义社会结构的《资本论》，就是他集中分析构成人类社会历史的各种复杂因素，试图揭示其内部矛盾的集大成之作。

毫不夸张地说，马克思的思想构成了20世纪历史发展的理论源泉，无论是作为被批判的对象还是被继承的对象，马克思的思想都为整个学科的发展

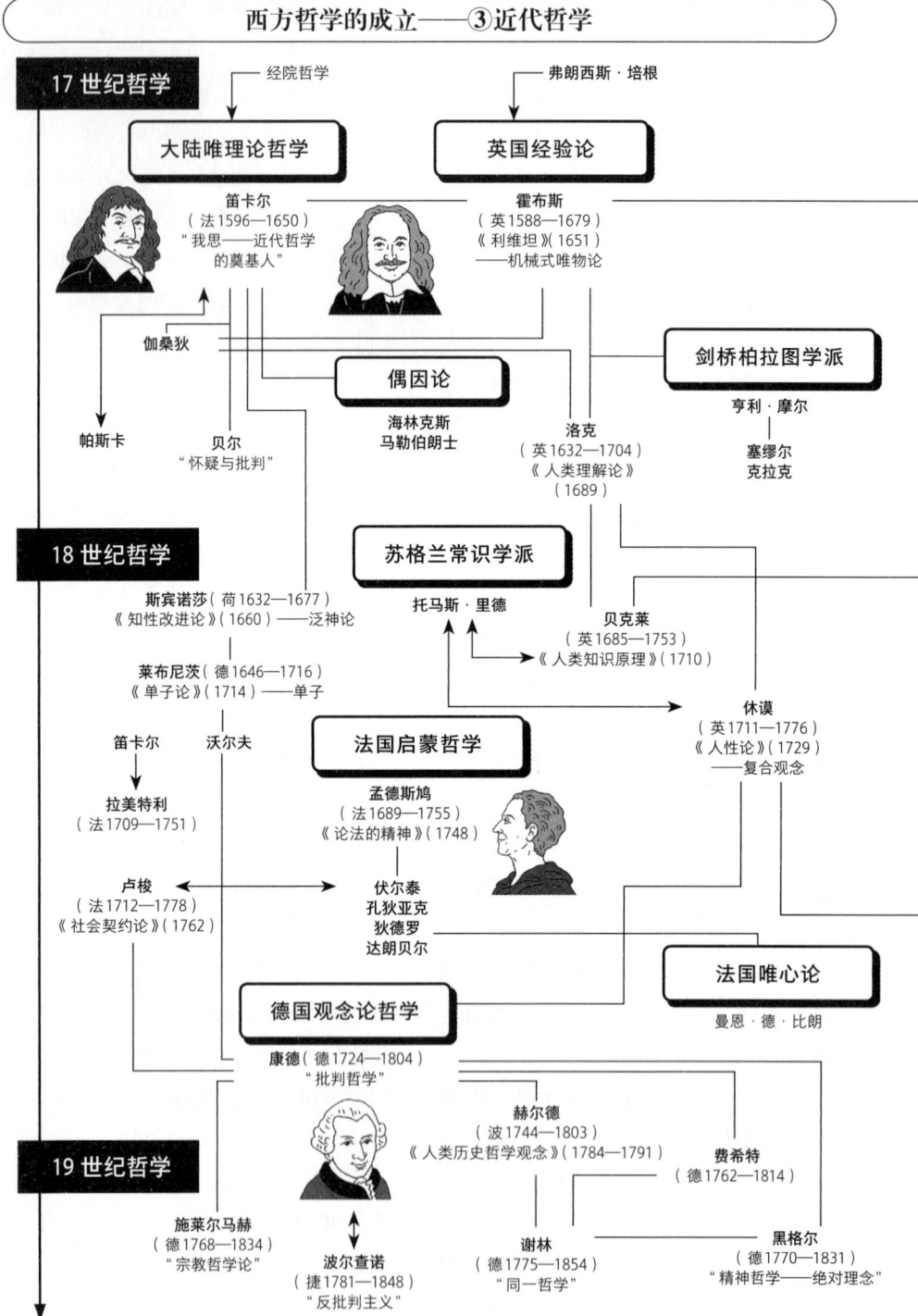

```
                  开普勒
                    ↓
            ┌──────────────┐
            │  自然科学思想  │
            └──────────────┘
                  │
               伽利略
            （意1564—1642）
             "自由落体定律"
```

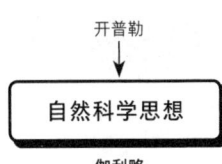

```
               牛顿
            （英1642—1727）
          《自然哲学的数学原理》
         （1687）——万有引力定律
```

```
                  ↓
                近代科学
```

```
            ┌──────────────┐
            │  英国功利主义  │
            └──────────────┘
                  │
                 边沁
            （英1748—1832）
           "最大多数人的最大幸福"
                  │
                  ↓
                 穆勒
            （英1806—1873）
             《逻辑学体系》
                （1843）
                  ↓
                卡莱尔
            （1795—1881）
            "衣裳哲学"（1836）
```

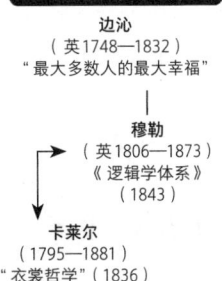

带来了巨大的影响。

与此同时，由尼采开创的又被称为现代思想的"现代哲学"开始登上20世纪的历史舞台，现代哲学对传统的宗教观和人类理性表现出强烈的怀疑态度，以狄尔泰为代表的"生命哲学"，存在主义的鼻祖克尔凯郭尔和存在主义哲学家雅斯贝斯，胡塞尔的"现象学"，20世纪最伟大的哲学家海德格尔的《存在与时间》以及为存在主义定义的萨特等等，这一系列哲学家或哲学思想，都与资本主义发展过程中出现的历史矛盾不无关系。

摆脱西方中心主义思想

经过了第二次世界大战之后，人们真切地感受到了"世界上存在着多元化思想和立场"这一事实，动摇了西方中心主义哲学观。

萨特的存在主义认为"人是绝对自由自主的存在"，列维-斯特劳斯对此提出质疑，他认为这不过是西方中心主义作祟下的自以为是而已，由列维-斯特劳斯所引发的"结构主义"思潮，开始关注对多元文化和社会现象的研究。

例如，福柯于1969年发表的著作《知识考古学》，以考古学的方法梳理知识和权力的历史。以德里达和德勒兹等人为代表的后结构主义，既坚持了结构主义的基本原则，又从内部完成了对西方哲学的批判。

德里达在批判海德格尔的现象学的

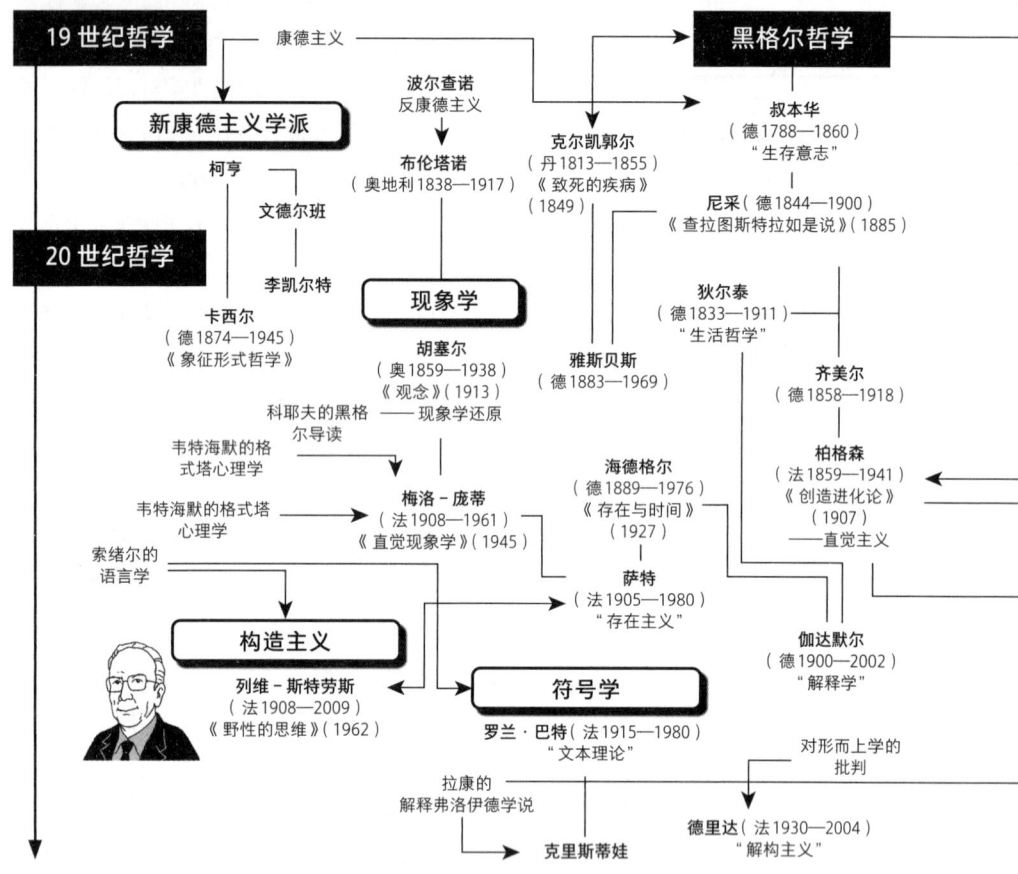

基础上提出了"解构"理论。德勒兹则对黑格尔辩证法的矛盾观进行了解说。

结构主义和后结构主义哲学的基本倾向是批判从柏拉图到黑格尔的一切西方传统哲学。经过明治维新和第二次世界大战后走向欧美化的日本，也受到了结构主义和后结构主义的影响。利奥塔在其著作《后现代状况》中论述的后现代主义思想于法国兴起后不久波及日本，然而，后现代主义哲学对传统哲学的颠覆宣布了"哲学的终结"，关于真理、国家、科学等"宏大的叙事"失去了其可信性，取而代之的则是个人的兴趣和嗜好，以及不同民族的异文化价值观等"细小的叙事"，"价值观的多样性"开始受到重视。

包括2001年9月11日美国多地同时发生的恐怖袭击事件在内，宗教和战争、民族纷争、女性问题、教育、生命科学、环境问题等，都正如安东尼

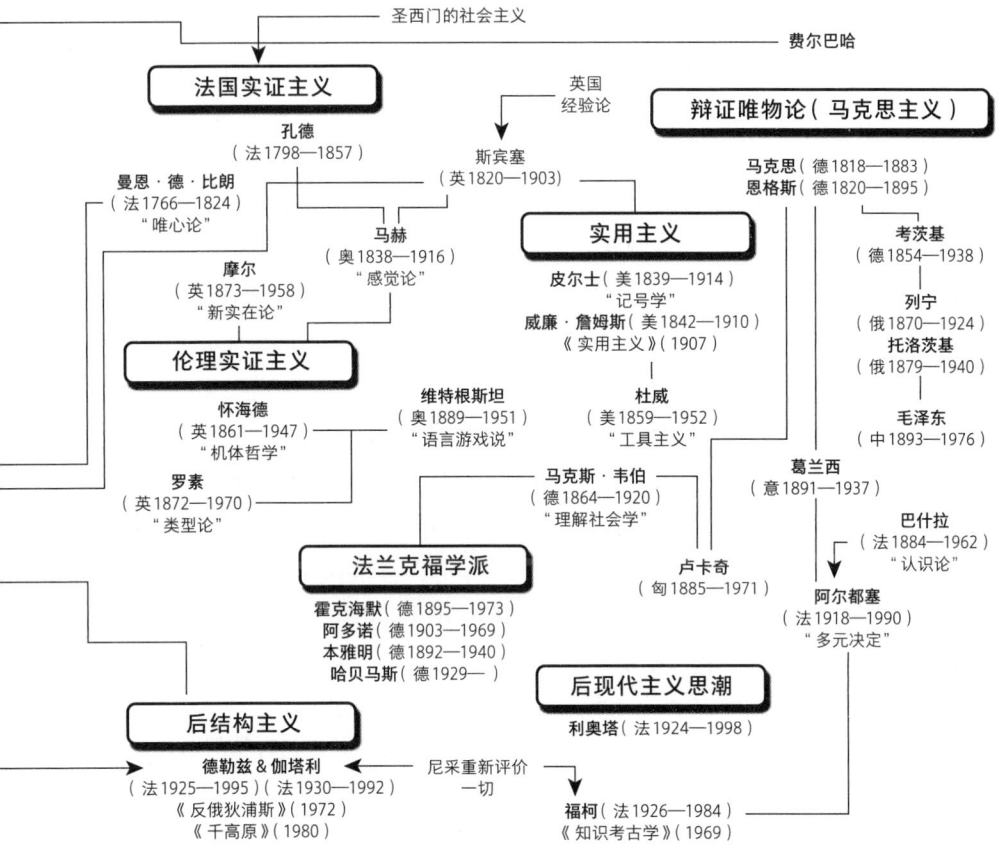

奥·内格里和迈克尔·哈特所论述的那样："在全球化秩序下，正在出现一种新的社会权力——帝国。"世界已经进入了伦理与哲学、西方哲学与东方哲学相融合的新时代。

日本哲学门类

　　岛国多样的自然环境孕育了多神教，神道与外来的佛教相融合，形成了**日本独特的"神佛习合"现象，与西方文化交汇碰撞。**

　　包括日本在内的东方哲学与宗教的关系十分密切。日本四季分明，孕育了源于"自然崇拜"的多神教——神道，在国家形态初步形成之时，佛教也从中国传到了日本，由此而来的"神佛习合"奠定了日本精神文化的基础。

　　日本的国民性具有一种尊崇"和"的精神。在明治维新时期，日本主张学习西方先进文化，以西田几多郎为首的"京都学派"进行了划时代的探索，他们并不只是一味地学习西方哲学，而是用西方哲学语言重新诠释了日本原有的哲学思想，并使之体系化。其后，和辻哲郎建立了以人际关系为基础的庞大的伦理学体系。而田边元则逐渐摆脱西田哲学，提出了解读国家等社会共同体的"种的逻辑"这一概念。

当今时代，哲学研究的对象和领域发生了巨大的变化，从某种意义上来说，在世界范围内，"旧的传统哲学走向了终结"，经过了与西方哲学的交流与碰撞之后，日本哲学也走上了探索自身发展的道路。

入门者须知

功利主义

英国法学家边沁所创立的哲学体系。边沁认为，人类的一切活动都可以进行合理的功利计算，社会就是一种追求"最大多数人的最大幸福"的团体。其思想核心是认为幸福存在于客观事物之中。边沁的功利主义是后来美国实用主义思想的源泉。

合理主义

合理主义是一种重视理性，以理性的思维来理解世界的哲学倾向，即排除特殊性和偶然性，在一个普遍通用的法则下认识世界的态度。合理主义是近代以来西方思想的一大特征。

实证主义

19世纪产生于法国的哲学流派，创始人为法国哲学家奥古斯特·孔德。孔德反对抽象的形而上学，强调只有建立在事实基础上的知识体系才能形成社会的共同信仰。约翰·穆勒和斯宾塞等人的英国经验主义思想也深受其影响。实证主义是近代科学发展的理论基础。

上帝之死

德国哲学家尼采在其著作《查拉图斯特拉如是说》中提及的言论。为了批判长久以来统治着西方思想和文化的基督教，尼采发出了"上帝已死"的呼喊，这一言论同时也宣告了无神论时代的到来。事实上，"上帝之死"可以看成是尼采之后，所有西方现代哲学的出发点。

现象学

奥裔哲学家胡塞尔所创立的哲学体系。胡赛尔反对心理主义将逻辑思考理解为经验心理规律的做法。作为其纯粹逻辑学的基础，胡塞尔阐释了自己的现象学学说：首先，他提出现象学研究的基本方法——"现象学还原"法，即用加括号的方法，把一切传统经验和定论"悬置"起来，达到对意识对象的本质的认识，再通过对此直观意识现象的研究，推导出万物的存在意义。

胡塞尔的现象学，不仅深刻影响了

萨特和海德格尔等人的哲学思想,并且在经过约翰·穆勒等哲学家的丰富和发展后,对现代思想也产生了举足轻重的影响。

存在主义

第二次世界大战之后,在欧洲流传最广、影响最大的哲学思想。广义的存在主义也包括海德格尔和亚斯贝斯的思想,但一般情况下多指萨特的哲学思想。

萨特认为存在就是一种超越现在,面向未来,将自己置于开放性状态的投射。存在主义是最后一个以人文主义为核心的哲学。

结构主义

结构主义起源于瑞士语言学家费尔迪南·德·索绪尔。索绪尔首先运用结构分析方法研究普通语言学。20世纪60年代后半叶,结构主义思潮以法国为中心在欧美广泛传播。结构主义与强调个人主义、主观精神的存在主义不同,它更加重视对超越个体的"结构"的研究,认为人类只是一种历史性的事物而已。

后结构主义

后结构主义反对结构主义对历史及宗教的轻视。后结构主义既继承了结构主义所提出的"结构"思想,又为其注入了历史性元素。由此,后结构主义研究的对象不再是静止的结构,而是有生命力的流动结构。

多元决定

多元决定一词起源于西格蒙德·弗洛伊德的精神分析学,法国马克思主义哲学家阿尔都塞将其运用于解释马克思主义社会理论。

阿尔都塞认为,社会的结构和历史的发展不是由一元决定的,而是由多元决定的。

同时,阿尔都塞还指出,决定一个事物发展的诸要素绝不是平等的,它们之间存在着一种 hierarchy(等级秩序)。阿尔都塞认为,历史分析的重点就是要究明多元决定间等级秩序的特征。

后现代主义

批判以理性启蒙为基础的近代社会制度和一元思想。它试图探索在消费社会和信息社会背景下,知识和实践的走向,是一种思想或文化上的倾向和概念。

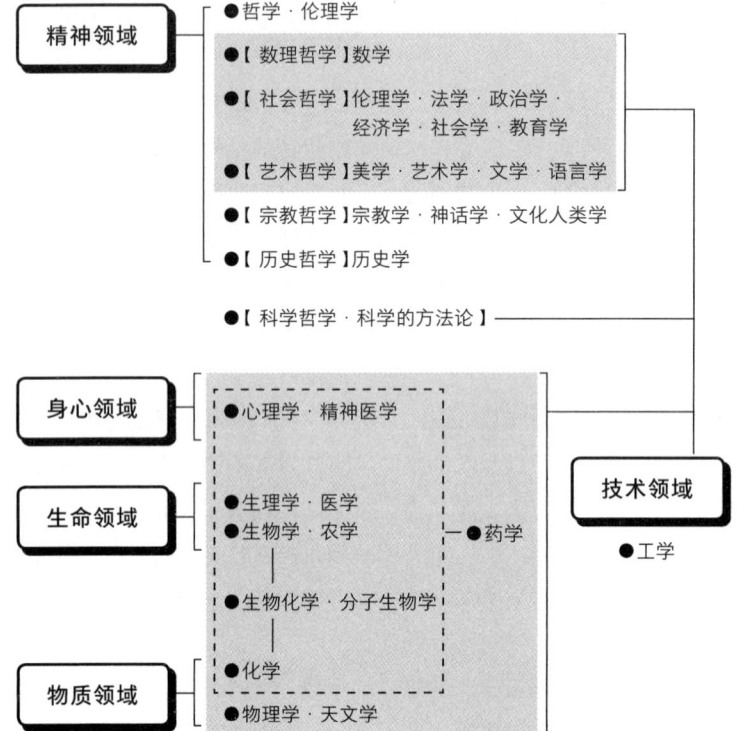

历史学 ●Historical Science●

历史编纂史

早在古希腊和古罗马时代，人们就开始撰写历史。中世纪时期，神学史观占据了统治地位。

西方史学源于古希腊，开山之作是公元前5世纪希罗多德所著的《历史》。该书以希波战争为中心，杂以传说故事，记述了阿契美尼德王朝波斯帝国与雅典、斯巴达等希腊城邦联合军之间的战争，因此，后世尊希罗多德为"历史之父。"

修昔底德详细记录了公元前431年雅典与斯巴达为了争夺希腊霸权而爆发的战争，著成了《伯罗奔尼撒战争史》一书（也称《历史》）。修昔底德将记述的主题限定于政治－军事史，他着眼于史实的传达，崇尚客观严谨的叙述方式。然而，在当时的希腊，历史还并不是人们认识的对象，也不存在"世界史"这一观念。

公元前后的古罗马，出现了李维和塔西佗等重要的历史学家。李维的著作《罗马史》，全书共142卷（现仅存35卷），记述了罗马自建城以来7个多世纪的历史。塔西佗憎恨罗马帝国的黑暗腐败，他认为在被视为蛮族的民族中也有像日耳曼人这样情操高尚的民族，其于公元98年出版的《日耳曼尼亚志》，记述了日耳曼人的淳朴刚毅。

4世纪至5世纪时的基督教思想家圣·奥勒留·奥古斯丁，依照上帝六天创造世界的思想，将人类历史分为六个时代，以耶稣诞生为起点的第六时代最终将迎来末日审判。末日审判之后，便是永恒的惩罚与幸福的时代。基督教历史观长期统治了中世纪西欧史学界，日耳曼等国建国之后，6世纪的都尔主教格雷戈里、7至8世纪英国的比德等诸多基督教神职人员，基于神学史观撰写了一系列的编年体诸国史。

12世纪的鄂图，被誉为"中世纪最伟大的编年史家"。14世纪至15世纪的编年史作家傅华萨所著的《编年史（闻见录）》，是记录英法百年战争的重要史料。

公元前2世纪至公元前1世纪，在东方世界的中国，出现了秦汉统一王朝之后，"中国历史之父"司马迁写成了中国第一部通史《史记》，记载和总结了从上古黄帝到汉武帝时代共约三千年的历史。公元1世纪时，班固所著的断代史《汉书》问世，只记载了西汉王朝一朝的历史。《史记》与《汉书》堪称后世中国正史的典范。

而在伊斯兰世界，进入了阿拔斯王

朝之后，9世纪时以塔百里为代表的历史学家辈出，他们突破宗教、地域和种族的局限，开始自由客观地记述伊斯兰历史。14世纪时，伊本·赫勒敦在其著作《历史绪论》中，提出了王朝兴亡的历史发展理论，他认为沙漠生活将人们联系起来，都市化的发展冲淡了这种联系，继而又被另一支更强悍的沙漠部落所征服，历史的进程取决于沙漠生活和定居生活两股力量的消长与均衡。

近代历史学的形成与发展

19世纪的德国，基于史料批判的近代历史学得以形成与发展。

地理大发现打破了欧洲昔日的闭塞状态，文艺复兴运动初露端倪，人文主义的发展将历史学从神学史观中解放出来。意大利的马基雅维利认为，若要统一长期战乱分裂的意大利，就必须建立起强有力的中央集权国家。他这一思想

历史编纂的进程

古代

中国

（公元前6—前5世纪）　**孔子**（公元前551—前479）
《春秋》（约公元前480）

（公元前2—前1世纪）　**司马迁**（约公元前145—不详）
《史记》（约公元前91年）

（1世纪）　**班固**（32—92）
《汉书》（约82年）

希腊
（公元前5世纪）
　　希罗多德
　　（约公元前484—约前425）
　　修昔底德
　　（约公元前460—约前400）

罗马
（公元前后）
　　李维
　　（约公元前59—约公元17）
　　《罗马史》（约公元前17年）
　　塔西陀
　　（约55—120）
　　《日耳曼尼亚志》（98）

伊斯兰世界
（9世纪）
　　圣训（穆罕默德言行录）的传承
　　　伊斯兰通史形成
　　　塔百里
　　　（839—923）
　　　《历代先知和帝王史》
　　　麦斯欧迪
　　　（约896—957）

中世纪

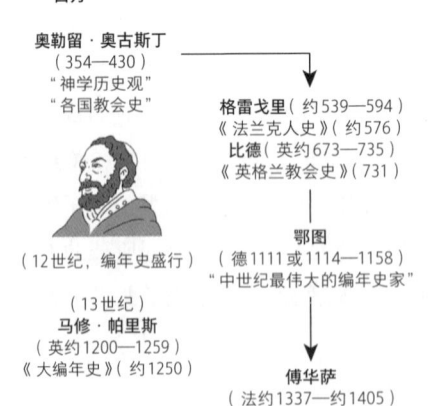

西方

奥勒留·奥古斯丁
（354—430）
"神学历史观"
"各国教会史"

格雷戈里（约539—594）
《法兰克人史》（约576）
比德（英约673—735）
《英格兰教会史》（731）

鄂图
（德1111或1114—1158）
"中世纪最伟大的编年史家"

（12世纪，编年史盛行）

（13世纪）
马修·帕里斯
（英约1200—1259）
《大编年史》（约1250）

傅华萨
（法约1337—约1405）
"同时代史"

（14世纪）
　　伊本·赫勒敦
　　（1332—1406）
　　"近代历史学的奠基人"

集中体现在其著作《君主论》之中。宗教改革时期，历史神学和古文书研究的代表人物马比荣所著的《古文书学》，堪称西欧古文献学的奠基之作。在绝对主义的鼎盛时期，意大利的乔瓦尼·巴蒂斯塔·维科在其著作《新科学》中提出了循环论历史观。

开始于英国和法国的启蒙主义，反对封建君主专制制度，力图使人们从中世纪的蒙昧中摆脱出来，他们在历史发展中探求人类精神的进步。法国启蒙运动思想家孟德斯鸠所撰的《罗马盛衰原因论》一书，从因果关系的角度阐明了历史的演变过程。法国的另一位思想家孔多赛所著的《人类精神进步史纲》指出了人类进步的法则。孔多赛认为历史进步的主要动力是教育、政治改革以及道德的形成。

在当时欧洲的后起国家德国，兴起了"浪漫主义"史学潮流。浪漫主义作为启蒙主义的对立面，更加注重感性，倾向于通过个体性来把握普遍性。18世纪后半叶，赫尔德为浪漫主义的发展做出了突出的贡献。19世纪出现了"历史主义的始祖"利奥波德·冯·兰克，此前的黑格尔认为历史是"自由意志"的发展过程，历史的运动发展是有规律的。兰克对黑格尔的历史哲学提出质疑，他否认人类历史的进步，认为史学家应该注重各时代以及各民族的特点和个性。由此，史学的发展进入了近代历史学的新篇章。

19世纪中叶，随着自然科学取得的巨大进步，历史学家们希望将自然科学的研究方法引入历史研究领域，因此，以法国孔德为代表的"实证主义"历史学应运而生。19世纪末，实证主义史学家兰普勒希特登上了历史的舞台。兰普勒希特批判当时在德国史学界占主导地位的政治史，积极倡导文化史研究。德国的卡尔·马克思吸取黑格尔的辩证法，创立了"唯物史观"。唯物史观认为在历史发展的过程中生产关系发挥着重要的作用。

在兰克史学的影响下，德国史学开始了专业化的进程，优秀的史学家层出不穷。20世纪初的马克斯·韦伯反对以政治为目的的历史学，认为历史学研究的对象应该是发现历史事实的本质，为此，他将"理念类型"这一概念引入了拒绝抽象化的历史主义之中。

现代史学

历史编纂的重点从政治史转向社会史，脱离了西欧中心史观的束缚

20世纪，随着欧美工业化和大众社会的发展，历史学关注的对象逐渐从政治家和外交官身上转移到了大众生活和社会发展上。人们意识到历史是以史学家们的主观意志为转移的，开始倡导向史料提出问题的"问题史学"，而不再是客观事实的如实直书，欧洲文化的优势地位和历史的直线式发展也开始受

近代史学的形成与发展

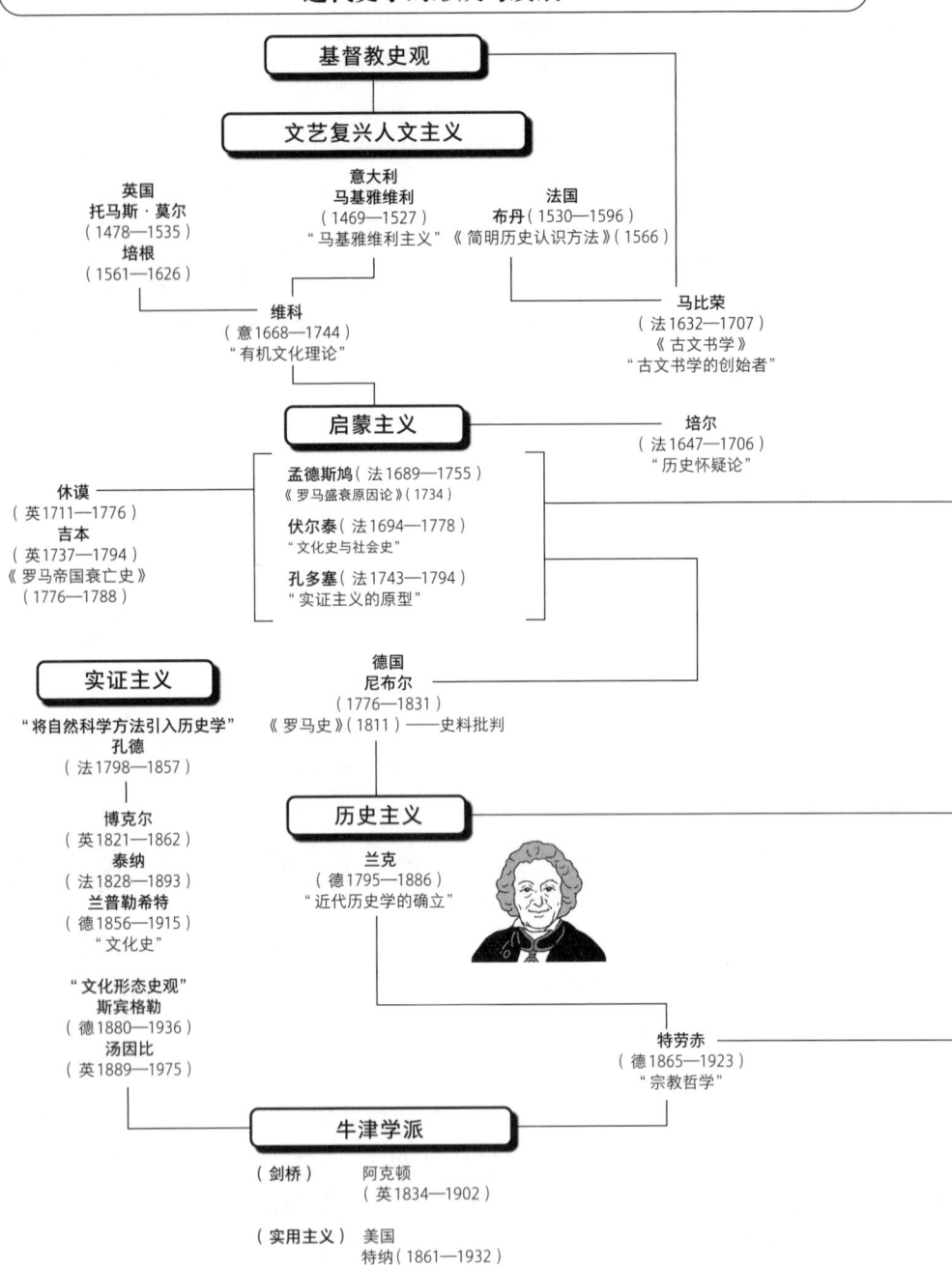

基督教史观

文艺复兴人文主义

英国
托马斯·莫尔
（1478—1535）
培根
（1561—1626）

意大利
马基雅维利
（1469—1527）
"马基雅维利主义"

法国
布丹（1530—1596）
《简明历史认识方法》(1566)

马比荣
（法 1632—1707）
《古文书学》
"古文书学的创始者"

维科
（意 1668—1744）
"有机文化理论"

启蒙主义

培尔
（法 1647—1706）
"历史怀疑论"

休谟
（英 1711—1776）
吉本
（英 1737—1794）
《罗马帝国衰亡史》
（1776—1788）

孟德斯鸠（法 1689—1755）
《罗马盛衰原因论》(1734)

伏尔泰（法 1694—1778）
"文化史与社会史"

孔多塞（法 1743—1794）
"实证主义的原型"

德国
尼布尔
（1776—1831）
《罗马史》(1811) —— 史料批判

实证主义

"将自然科学方法引入历史学"
孔德
（法 1798—1857）

博克尔
（英 1821—1862）
泰纳
（法 1828—1893）
兰普勒希特
（德 1856—1915）
"文化史"

"文化形态史观"
斯宾格勒
（德 1880—1936）
汤因比
（英 1889—1975）

历史主义

兰克
（德 1795—1886）
"近代历史学的确立"

特劳赤
（德 1865—1923）
"宗教哲学"

牛津学派

（剑桥）　阿克顿
　　　　　（英 1834—1902）

（实用主义）美国
　　　　　　特纳（1861—1932）

到质疑。

第二次世界大战后，人们重新认识世界历史，"依附理论"的代表人物安德烈·冈德·弗兰克和萨米尔·阿明通过对亚、非、拉国家的研究，认为西欧的近代化与非欧地区的殖民地化互为表里，息息相关。美国的伊曼纽尔·沃勒斯坦在其"近代世界体系论"中，将世界区分为中心区、半边缘区和边缘区三个部分，并讨论了这些地区之间的支配和依附关系。

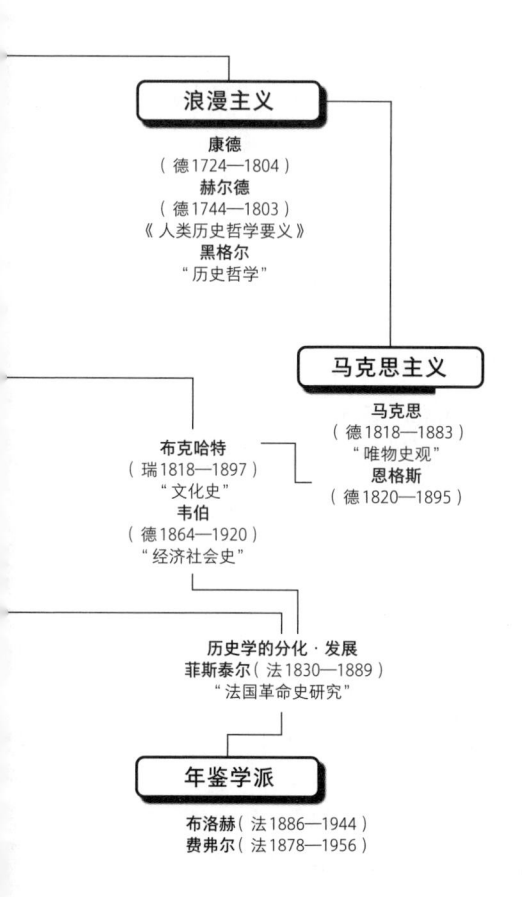

20世纪60年代之后，"年鉴学派"历史学家广泛影响了包括日本史学会在内的全球史学界。以往的历史学只关注上层权力者的政治史，年鉴学派则开始编纂反映民众生活和意识的社会史。

年鉴学派的第一代代表人物主要是法国的吕西安·费弗尔和马克·布洛赫，他们追求对历史的整体性把握，倡导"总体史"研究道路。年鉴学派第二代代表人物是法国的费尔南·布罗代尔，布罗代尔注重从深层历史中寻找对历史起直接作用的不变力量，他认为普通杂事经长期反复而取得一般性，在世代相传的生存方式和行为方式上刻下印记。他撰写了一系列非欧洲国家近代以前的历史，其中多有文化人类学的影子。在布罗代尔的影响下，不只是传统的文献资料，工具、图画、口述等各种形式的史料都开始受到史学家们的重视。

"马克思主义历史学"也受到了年鉴学派的影响，为了更加结构性和总体性地把握历史，其研究的重点逐渐从社会经济史转向精神史和文化史。

英国的马克思主义史学家艾瑞克·霍布斯鲍姆关注革命主体的形成，撰写了一系列城乡工人和农民运动的历史。另一位马克思主义史学家 E.P.汤普森提倡注重下层人民历史的社会史研究，在《英国工人阶级的形成》一书中，汤普森对在英国近代资本主义确立过程中，工人团体如何形成了自身的阶级意

浪漫主义
康德
（德 1724—1804）
赫尔德
（德 1744—1803）
《人类历史哲学要义》
黑格尔
"历史哲学"

马克思主义
马克思
（德 1818—1883）
"唯物史观"
恩格斯
（德 1820—1895）

布克哈特
（瑞 1818—1897）
"文化史"
韦伯
（德 1864—1920）
"经济社会史"

历史学的分化·发展
菲斯泰尔（法 1830—1889）
"法国革命史研究"

年鉴学派
布洛赫（法 1886—1944）
费弗尔（法 1878—1956）

识进行了考查。此外，苏联东欧史学界也发生了变革，阿伦·古列维奇的中世纪民众文化研究为西欧学会带来了深远的影响。

20世纪下半叶，特别是21世纪以来，随着经济全球化的发展，"全球性历史观"也开始在史学界占据主导地位，这种从宏观角度理解世界的尝试具有一定的发展前景，然而就现阶段而言，依然缺乏稳定的方法论体系。

入门者须知

鄂图

西欧中世纪最伟大的编年史家，神圣罗马帝国法兰克尼亚王朝皇帝亨利四世的外祖父，霍亨斯陶芬王朝皇帝康拉德三世同母异父的兄弟，腓特烈一世的叔父。鄂图在巴黎求学之后，在德国南部弗莱辛地区担任主教，对罗马帝国的政治发展也有非常大的影响力。他以典型的西欧中世纪"世界编年史"风格撰写了一部八卷本的《编年史》，亦称《双城史》，该书被誉为基督教神学历史编纂的最高峰。

历史学与历史编纂

历史学虽不属于自然科学，却也一样需要实证的态度和科学的方法。历史学的成果一般是以"历史编纂（史书）"的形式呈现，因而不仅仅是客观性，历史学家本人的主观性也是必不可少的。

然而这里的主观性并不是指历史学家个人的主观思想，而是历史学家以客观事实为依据来唤起读者的同感。如果没有客观依据，那么这部史书就不是一部足以传世的优秀史作。

兰克十分强调史料的重要性，他认为排除掉史料研究过程中出现的主观因素，如实直书才能达到真正的历史。意大利史学家克罗齐对此提出质疑。克罗齐认为，历史是自由的展现，而不仅仅是追求如实直书。

世界史

将全球史作为整体来研究的历史学科，世界史学科的任务是阐明全人类历史的发展及其内在联系。在古中国和古罗马，人们默认世界史就是本文化圈的历史。而欧洲人虽然发现了新大陆，并且长期统治着殖民地，却依然坚信欧洲是世界的中心。第二次世界大战之后，各国殖民地相继独立，全球交通和贸易迅速发展，出现了足以威胁全人类生命的核武器，这一系列变化促使人们开始关注全球历史，世界史研究由此走上正轨。

日本于"二战"后的1949年开始在高中开设"世界史"课程，然而其课程内容却遭到相关人士的指责，称其只是将战前的西方史与东方史相结合，再稍微加入一些伊斯兰教国家史而已，根本不能算是世界史。

如果能像英国史学家阿诺德·约瑟

夫·汤因比所倡导的那样，特定的史学家通过一定的视角对世界史做出整体性的考查，自然是十分理想的。然而事实上这相当困难，因为现在的史学家已经非常细化。对于世界史研究的发展，我们寄希望于史学家们的共同合作。

阿诺德·约瑟夫·汤因比

汤因比，20世纪最伟大的史学家之一，出生于英国，曾在牛津大学学习古代史，后以外交官的身份参加过巴黎和会。受聘担任伦敦大学教授后，对国际问题研究也有涉猎。他的伯父是确立了"工业革命"这一概念的阿诺德·汤因比。在实证主义研究方法的基础上，阿诺德·约瑟夫·汤因比提倡史学家通过一定的视角，独自完成对世界史的考查。在其毕生最高杰作《历史研究》一书中，阿诺德·约瑟夫·汤因比综合探讨了全球历史的发展，将人类历史划分成21个文明圈。这种通过对文明圈分类来把握世界历史的方法，对日本梅棹忠夫的著作《文明的生态史观》也产生了深远的影响。

单线发展说与多线发展说

马克思主义史观认为，根据生产关系的变化，人类社会的发展要经历原始共产社会、古代奴隶社会、封建社会、资本主义社会、共产主义社会这五个阶段。这种认为人类社会只有一条发展路线的观点就是"单线发展说"。马克思同时指出，这种单线发展模式只适用于西欧社会。东西方冷战时期，美国的华尔特·惠特曼·罗斯托对马克思主义提出反对意见，按照罗斯托对经济成长阶段的划分，人类社会可分为：传统社会、为起飞创造前提的阶段、起飞阶段、成熟阶段、高额群众消费阶段，其成长阶段论认为最具有关键意义的是起飞阶段。然而罗斯托的这种划分方法依然是"单线发展说"。

不同于"单线发展说"，"多线发展说"主张社会发展的路线是多种多样的。然而，一些批判"多线发展说"的人指出，"多线发展说"大都没有系统的历史观，也没有提出对未来社会发展的展望。

依附理论

安德烈·冈德·弗兰克认为资本主义发达国家处于世界经济的中心，而拉丁美洲是外围，是卫星地区，拉丁美洲长期受欧洲压榨，处于不发达的发展状态。这种认为"欠发达与发达是一枚硬币的两个面"的观点就是依附理论。

伊曼纽尔·沃勒斯坦指出，在15世纪末形成了以欧洲为中心的资本主义国际分工体制，当今世界正处于将全球纳入这种分工体制的历史发展过程中。不同于把国家作为研究单位，这一"世界体系理论"将世界看作一个整体，进而来分析其发展变迁和运作机制。

人文科学

社会科学

自然科学

文化艺术

年鉴学派

法国著名的历史学家团体，注重"社会史"研究，核心刊物是《经济与社会史年鉴》。年鉴学派的开端是亨利·贝尔创办的杂志《历史综合评论》，贝尔旨在批判法国史学界当时以政治史编纂为中心的状况，他主张历史学应该同其他社会科学一样需要科学分析和综合研究。

年鉴学派的两位创始人吕西安·费舍尔和马克·布洛赫也先后参加过《历史综合评论》的编辑工作。费舍尔注重对历史全貌的研究，包括科学、艺术、宗教、工业、商业、阶级、社会集团的发展等各个方面。布洛赫摒弃只从现成文献中了解历史的传统观念，热衷于搜集支离破碎的史料，以考古学式的方法研究社会历史。费弗尔和布洛赫共同创办的《经济与社会史年鉴》，非常关

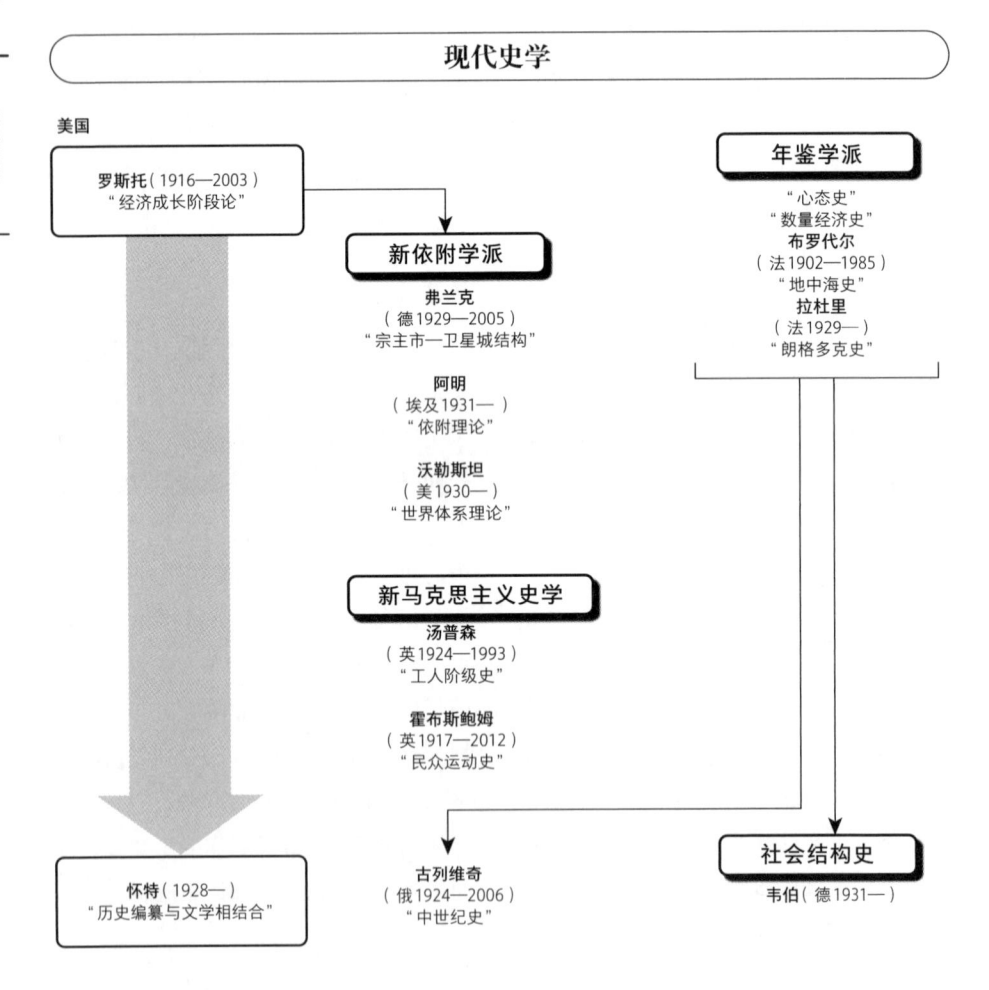

现代史学

美国

罗斯托（1916—2003）
"经济成长阶段论"

→ **新依附学派**

弗兰克
（德 1929—2005）
"宗主市—卫星城结构"

阿明
（埃及 1931—）
"依附理论"

沃勒斯坦
（美 1930—）
"世界体系理论"

新马克思主义史学

汤普森
（英 1924—1993）
"工人阶级史"

霍布斯鲍姆
（英 1917—2012）
"民众运动史"

怀特（1928—）
"历史编纂与文学相结合"

古列维奇
（俄 1924—2006）
"中世纪史"

年鉴学派

"心态史"
"数量经济史"
布罗代尔
（法 1902—1985）
"地中海史"
拉杜里
（法 1929—）
"朗格多克史"

→ **社会结构史**

韦伯（德 1931—）

22

注经济、社会结构与"精神状态"间的联系。

第二次世界大战之后，年鉴学派的基地转移到了巴黎高等试验研究院第六部（现在的社会科学高等研究院），与列维-斯特劳斯、雅克·拉康、罗兰·巴特等人类学家、精神分析学家和符号学家的交流日益频繁。"Conjuncture（经济和社会、人口、政治等状况）"也开始以数据形式为切入口纳入历史研究。

虽然也有一些批判年鉴学派的声音认为该学派过于无视政治事件的作用，追寻缺乏根据的历史，几乎毫不涉及工业化社会。然而年鉴学派的研究关注人类生活的方方面面，这在20世纪60年代后期，对于包括东欧在内的欧洲、美国等全世界的史学家都产生了深远的影响，日本西方史研究学者阿部谨也和日本史研究学者纲野善彦等均受到了年鉴学派的影响。

宗教学 ● Religious Studies ●

宗教学的确立

大航海时代"异教"的发现——宗教学创立的起点。

宗教学的起源可追溯至古希腊时代。而在学术界，一般以麦克斯·缪勒的《宗教学导论》为近代宗教学创立的起点。缪勒认为"谁如果只知道一种宗教，对宗教就一无所知"。其主编的《东方圣典》丛书，于1879年开始陆续出版了佛教、道教、耆那教等多种亚洲宗教经典的英译本，为宗教学研究提供了一系列的基础资料。因此，在宗教学的最初发展阶段十分强调各宗教间的"比较"研究。

基督教作为中世纪人类社会的规范，保持了长久的精神主导地位，在近代以前的欧洲，宗教学基本上都离不开对于基督教的绝对信仰。如文艺复兴时期的马丁·路德。路德以批判天主教的宗教改革运动而闻名，然而他的言论说到底依然是为了保护基督教神学。而伊拉斯谟的《愚神颂》抨击了神学对人类思想的束缚，主张人性解放，昭示了欧洲宗教学未来的发展方向。

15—16世纪的大航海时代是宗教学确立的重要时期。欧洲人发现了世界各地的非基督教信仰，开始关注"异教（基督教排斥其他宗教时对其他宗教的称呼）"研究。18世纪以后，与宗教学相关联的神话学、人类学、语言学均取得了长足的进步，宗教学的研究对象也随之扩展到了古代宗教，开始了横向与纵向的全面发展。尤其是弗雷泽的《金枝》一书，详尽查阅了世界各地的大量文献资料，阐明了从古至今的宗教现象都拥有"死与重生不断循环带来永生"这一相同结构。

此外，缪勒也是一位印度学学者，主要从事宗教的比较研究。缪勒因其首次提出了"宗教学"这一概念，被誉为"宗教学的始祖"。

宗教学的发展

从文献学时代，迈向文化人类学倡导下的田野调查时代。

宗教学是一个包含多个分支学科在内的学科群，它包括神学、宗教哲学、宗教史学、宗教现象学、宗教民族学（人类学）、宗教社会学、神话学等学科。但也有观点认为，研究某个特定宗教的内涵和教义的神学以及宗教哲学，并不属于宗教学的范畴。

其中，宗教现象学的始祖是研究精神现象学的黑格尔及现象学大师胡塞

宗教学的发展历程

宗教史学

拉马克
（法 1744—1829）
"早期进化论"

达尔文
（英 1809—1882）
《物种起源》(1859)

孔德
（法 1798—1857）
"宗教进化论"

宗教哲学

康德
（德 1724—1804）
"批判哲学"

谢林
（德 1775—1854）
"浪漫主义宗教观"

黑格尔
（德 1770—1831）
"宗教现象学"

施莱尔马赫
（德 1768—1834）
（宗教哲学—情感教义学）

费尔巴哈
（德 1804—1872）
《基督教的本质》(1814)

尼采
"上帝之死"

缪勒
（德 1823—1900）
"比较宗教学"

泰勒
（英 1832—1917）
"万物有灵论"

马克思
"宗教形成的社会结构基础"

莱曼
（丹 1862—1930）

弗雷泽
（英 1854—1941）
《金枝》(1890)

拉德克利夫－布朗
（1881—1955）
"图腾研究"

杜尔凯姆
（法 1858—1917）
《宗教生活的原始形态》(1912)

韦伯
（德 1864—1920）
"宗教社会学"

杜尔凯姆学派

莫斯
（法 1872—1950）
《论赠予》(1925)

威尔逊学派

布赖恩.威尔逊
（英 1926—2004）

神话学

杜梅齐尔
（法 1898—1986）
"神话研究"

凯伦依
（匈 1897—1973）
"神话学"

马林诺夫斯基
（波 1884—1942）
"从文献研究转向田野调查"

伊利亚德
（罗马尼亚 1907—1986）
"世界宗教学"

普里查德
（英 1902—1973）
"人类学与历史学"

列维－斯特劳斯 ←→ **利奇**（英 1910—1989）
（法 1908—2009）
"结构人类学"

尔。作为宗教社会学的创始人，马克思主要研究宗教形成的社会结构特征。而说起宗教史学，首先是提出了进化论的达尔文；此外，还有一系列的哲学家，如批判基督教文化的尼采，《基督教的本质》一书的作者费尔哈等人。

在卡尔·马克思的社会学思想影响下，杜尔凯姆著成《宗教生活的原始形式》一书，马克斯·韦伯将社会学研究引入宗教现象学，由此形成的宗教社会学分为杜尔凯姆派和韦伯派两大学派。杜尔凯姆的主要学术继承人是其外甥马尔塞·莫斯，除此之外，该学派还包括埃文斯·普里查德等优秀的宗教学家。韦伯学派的布赖恩·威尔逊等人也为各学科的发展做出了贡献。

而在宗教人类学领域，一改以往宗教学只研究文献资料的传统，开始倡导实地田野调查。人类学功能学派的创始人布伦尼斯洛·马林诺夫斯基，就曾经亲自到南太平洋调查岛上的村落，研究岛民的宗教生活。而弗雷泽则始终用收集资料的方法进行研究，尽管资料分析法被认为终将为田野作业方法所取代，然而弗雷泽所开辟的原始文化研究仍不失为人类文化研究的重要传统和资源。除此之外，结构主义人类学家列维－斯特劳斯曾深入南美洲的原始部落进行考察，这种宗教人类学的方法也开始活用于宗教学的研究。

近现代的宗教学

伊利亚德的宗教现象学与列维－斯特劳斯的结构主义研究方法，以及教学的现代性课题。

说起20世纪最重要的宗教学家，就不得不提米尔恰·伊利亚德。伊利亚德最初在印度研究佛教和印度教，后将其视野放大至全世界的宗教，从宗教现象中提取出了诸多的理念。

例如，关于宗教现象中的"圣"，伊利亚德继承了杜尔凯姆的思想和鲁道夫·奥托的《神圣者的观念》，致力于神圣与世俗的研究，神圣通过祭祀仪式等方式在日常生活中显现，这就是"hierophany／神圣的显现"。伊利亚德在这里提出了一个重要的宗教思想，他认为在多数民族的想法中，占据主导地位的主题都是抛弃不洁的现世，回到神话诞生前的神圣世界，即所谓的"永恒回归"。

杜梅齐尔致力于研究印欧语系的种族宗教，卡尔·凯伦依更加重视对于神性的研究，而在该时代最具影响力的学者当属列维－斯特劳斯。列维－斯特劳斯的宗教学研究不仅吸收了杜尔凯姆的思想，还将当时欧洲的新兴哲学结构主义应用于人类学，也曾深入南美洲进行田野调查工作。列维－斯特劳斯将自然与文化、等级制度与图腾等构建为一种双项对立的图式，其研究超越了宗教学的范畴，与文化人类学、哲学等学科相

宗教学领域

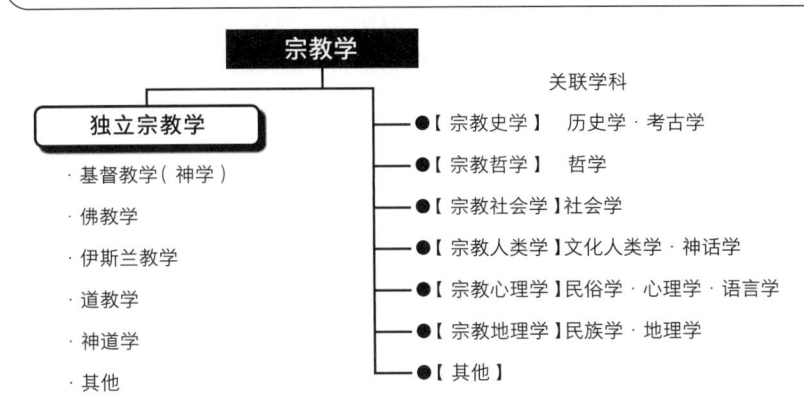

宗教学

- 独立宗教学
  - 基督教学（神学）
  - 佛教学
  - 伊斯兰教学
  - 道教学
  - 神道学
  - 其他

关联学科
- 【宗教史学】历史学·考古学
- 【宗教哲学】哲学
- 【宗教社会学】社会学
- 【宗教人类学】文化人类学·神话学
- 【宗教心理学】民俗学·心理学·语言学
- 【宗教地理学】民族学·地理学
- 【其他】

交织，构成了现代思想的一大领域。然而，列维-斯特劳斯的二元分析方法却遭到了英国学者埃德蒙·利奇等人的批判。

现代宗教学的课题是寻找"宗教"与"迷信"之间的差异，从现实社会与宗教的接点出发，重新对宗教学进行认识论上的思考。我们应该认识到，宗教作为宗教学的研究对象，已不再是"目前为止所存在的事物"的制度和历史，而是在近现代统治阶级的政策、社会环境以及学术思想影响下，根据宗教团体的传承过程而形成的"现在形态"，对现代社会等诸多问题的研究都属于宗教学的领域。

入门者须知

耶稣基督的存在与否

日本社会主义运动活动家幸德秋水在《基督教抹杀论》中，考证了耶稣基督以及早期基督教的演变历史，断定耶稣基督其人在历史上并未真实存在过。而弗雷泽在其著作《金枝》中，记载了这样一个地中海地区的习俗：该地区的人们会挑选一位年轻人立为伪王，并任其在一年中随心所欲的生活，而在年末时将其杀死，伪王被称为犹太王。基督耶稣在耶路撒冷郊外的山丘各各他受难，正是反映了这种弑王的宗教礼法。

替罪羊理论

犹太教圣经所记载的典故，用羊来承担全民族的罪过，并将其赶入旷野。日本的习俗中也有相似的情况，如在女儿节的祭祀结束后，人们会将偶人放进海里让其随波漂流而去。伊利亚德也认为，对于人类社会，如果任其发展的话，就会逐渐变得污秽。在这种情况下，就必须通过某种仪式一次性将其净化,诺亚方舟(大洪水)等神话故事就具有净化世界的意味。然而在现代社会,替罪羊也被理解为"排挤"的意思。

死与重生

希腊神话中农业女神得墨忒尔的女儿珀耳塞福涅被冥王劫走,强娶为妻,并且每年一半的时间必须在冥界度过。珀耳塞福涅象征着春天时大地上开始发芽的植物,在经历死亡之后又重新复苏。在这里,"死与重生"这一主题被赋予了神话的意味。

巫术·宗教

根据《金枝》的考证和分析,宗教乃是由巫术发展而来的。然而在现代社会,这种理论却受到相关学者的质疑,他们认为巫术与宗教是互不相干的两种事物。比如,认为烧掉某个人的头发或指甲就可以杀死这个人,这是巫术(不合理)。而在农耕丰收这种合理的模式中,为了起到强化和增幅的作用,而加入神明的存在,这才是宗教。

Hierophany(神圣的显现)

伊利亚德提出的概念,在日本民俗界也有类似的概念,用以区分非日常(庆祝日和祭祀日)与日常(普通日)。然而现今又加入了"污秽"这一概念,形成了三重构造。伊利亚德认为"圣与俗"这种二分法从本质而言依然是一元的思想,具体来说,在举行祭祀仪式或宗教礼仪时,空间中的日常性事物就会带有圣性或神性,而在祭祀结束之后,事物自然又重新回到日常性之中。

萨满教①

伊利亚德也有一部名为《萨满教》的巨著,然而东北亚地区的萨满教,是由游牧民族的男性族长担任萨满(宗教领袖和巫师),他们不仅从事宗教活动,同时还指导医疗和冶炼。在希腊神话中,萨满这样一种存在,类似于因为人类盗取天火而遭到惩罚的普罗米修斯,古希腊悲剧作家埃斯库罗斯笔下的普罗米修斯,也是一位精于冶炼和医疗的万能神。萨满的宗教礼法是缠满布条,猛烈地上下摇摆,在精神恍惚之时,做出预言未来等行为。

萨满教②

不同于北亚游牧民族的男性萨满,在朝鲜半岛、日本的冲绳和恐山等地的巫女则都是女性萨满,她们通过身体的激烈运动(并使用麻药和酒精),进入通灵或中介者等特殊的精神状态,以此转达死者或神明的话语。据说,古希腊埃莱夫西斯等圣地的巫女也是相似的状况。

一神教与多神教

犹太教、基督教、伊斯兰教等宗教是一神教,日本等地的泛神论宗教则是多神教。基督教以"父神"为唯一的神,父神是游牧迁移民族的神，也是一种男权社会的神。然而，美国的语言学家戈登提出了基督教原本是多神教的主张，其根据是，犹太教《旧约圣经》的日译本中存在着"吾主"与"吾神"两种区分用法。而将神完全抽象化之后应该就会形成一神教。有观点认为，泛神论和多神教是"未开化社会的宗教"，基督教是"发达社会的宗教"，简单表示为：泛神论 → 多神教 → 一神教的发展模式，这不过是近代欧美人以自我为中心，自以为是的结论罢了。

《神学大全》

欧洲中世纪最伟大的经院哲学家托马斯·阿奎那的著作。阿奎那在书中运用亚里士多德哲学，探讨认识论和存在论，内容涉及上帝、灵魂、道德、法与国家等诸问题，用论证的方法，构造了一个庞大的神学理论体系。从中世纪至今，该书一直都是基督教世界最权威的基础教学著作。全书共分为三编：第一编，论上帝；第二编，论人的行为；第三编（未完），论耶稣基督。

《愚神颂》

文艺复兴时期人文主义者伊拉斯谟的著作。该书将人类社会看作是疯癫和痴愚的舞台，上演各种嬉笑怒骂，主要嘲讽了教皇、主教、王侯、贵族等基督教相关人员。这些人的行为在伊拉斯谟的笔下被设定为是受到了愚神的操控。伊拉斯谟表面上是在颂扬愚神，实际上是在揭露这些愚蠢人类的愚蠢行为，颂扬那些没有被愚神所操控的人们，以此来传扬真正的宗教精神，即宗教乃是纯粹灵魂的问题，纯粹精神的问题，而不是物质与肉体的追求。伊拉斯谟对天主教的批判和他的人类救赎思想，奠定了现代欧洲人批判精神的基础。

《宗教生活的原始形态》

法国社会学家杜尔凯姆的著作。该书的研究对象主要是澳大利亚土著的图腾制度（一种巫术性的宗教现象，以令人畏惧的超自然力量为信仰，将图腾动物神圣化）。杜尔凯姆根据搜集的相关资料，分析宗教与社会环境间的关系。杜尔凯姆的学说不是局限于仪式、教会以及象征意义的宗教生活，而是认为语言、道德、艺术等人类的所有文化都与宗教密切相关，都是社会团体的复合性表象。

神佛习合

日本的神佛习合现象出现于8世纪上半叶，当时以"神为神身所恼，希望得到佛的救济以得解脱（神身脱离）"为由，在神社内建起了名为"神宫寺"的寺院。此前的观点一直以为神与佛融合是日本所独有的现象，然而近年的研究表明，中国也有"神佛分离说"和"护法神思想"，所以有观点认为，神佛习合也许是从中国传到日本的。

佛和菩萨（本地）为了救度众生而假借躯体，现身为日本的各种神明（垂迹），神社的本地佛都是特定的，具有相当高的独立性。

灵性（Spirituality）

宗教术语，指不为宗教团体和传统所束缚的、个人的、非制度的宗教意识。在日语中，被译为灵性或精神性。因为世界卫生组织在对健康的定义中加入了Spirituality这一项，使得这个概念开始在世界范围内受到关注。

东日本大地震后，日本开始致力于心灵抚慰方面的人才培养，Spirituality这一概念或许会成为今后宗教学相关发展的新轴心。

语言学 ● Linguistics ●

语言学的起源

古往今来,任何民族都对语言充满兴趣,而其关注的方式总是受到时代与社会条件的影响。

在古代和中世纪时期,宗教占据着重要的社会地位,人们重视对语言的研究,也是为了能正确地解读宗教文献。如印度教对梵语语法的研究、中世纪基督教对拉丁语的研究、犹太人对希伯来语的研究,等等。阿拉伯人为了能正确解读《古兰经》,甚至建立了专门的语言研究机构。

最早脱离了这种实用性的目的,开始关注语言本身的,是古希腊人。古希腊的宗教思想相对自由,古希腊人对于语言的研究起源于哲学式的争论,其研究对象涉及语言的起源、语义与语音的关系、语法现象等,无不与现代语言学有着千丝万缕的联系。

在古希腊语言史上,最伟大的人物当属亚里士多德。亚里士多德被誉为欧洲古典语法的开创者,他首次对词汇进行了词性上的区分。

亚里士多德之后,亚历山大里亚学派的活动构成了古希腊语言研究史上的又一重要阶段,堪称欧洲语言研究的典范。其后欧洲的语言学研究逐渐以规范语法为中心。

罗马的语法学家瓦罗,将亚历山大里亚学派的语法体系应用于拉丁语的研究,著成《论拉丁语》一书。瓦罗的拉丁语语法获得了同时代人的最高评价,在之后的很长时间里,他都是中世纪语言研究者们的典范。

经院学派为中世纪的语言研究带来了不可忽视的影响。其中,拉曼·卢尔对拉丁语中的普遍性和哲学性词语提出了自己的看法,其思想具有逻辑主义色彩,接近于现代的普通语言学。

语法研究的巅峰之作是安托尼·阿尔诺与克洛德·兰斯洛合著的《波尔·罗瓦雅尔语法》。波尔·罗瓦雅尔是法国语法研究的中心地区,该地的语法可视为具有代表性的欧洲普遍语法。进入18世纪,希腊语、拉丁语以外的文献研究也逐渐受到人们的重视。19世纪之后,"梵语的发现"为语言学的发展带来了巨大的变化,促成了比较语言学的兴起。比较语言学设定超越语言间差异的一般人类思考水平,不仅着眼于分析"词法学",还涉及"句法学"的研究,注重从理性的观点出发解释问题,在这些方面,与诺姆·乔姆斯基所主张的"生成语法"有一部分共通之处。近年来,比较语言学研究再次引起了人们的关注。

语言学的发展历程

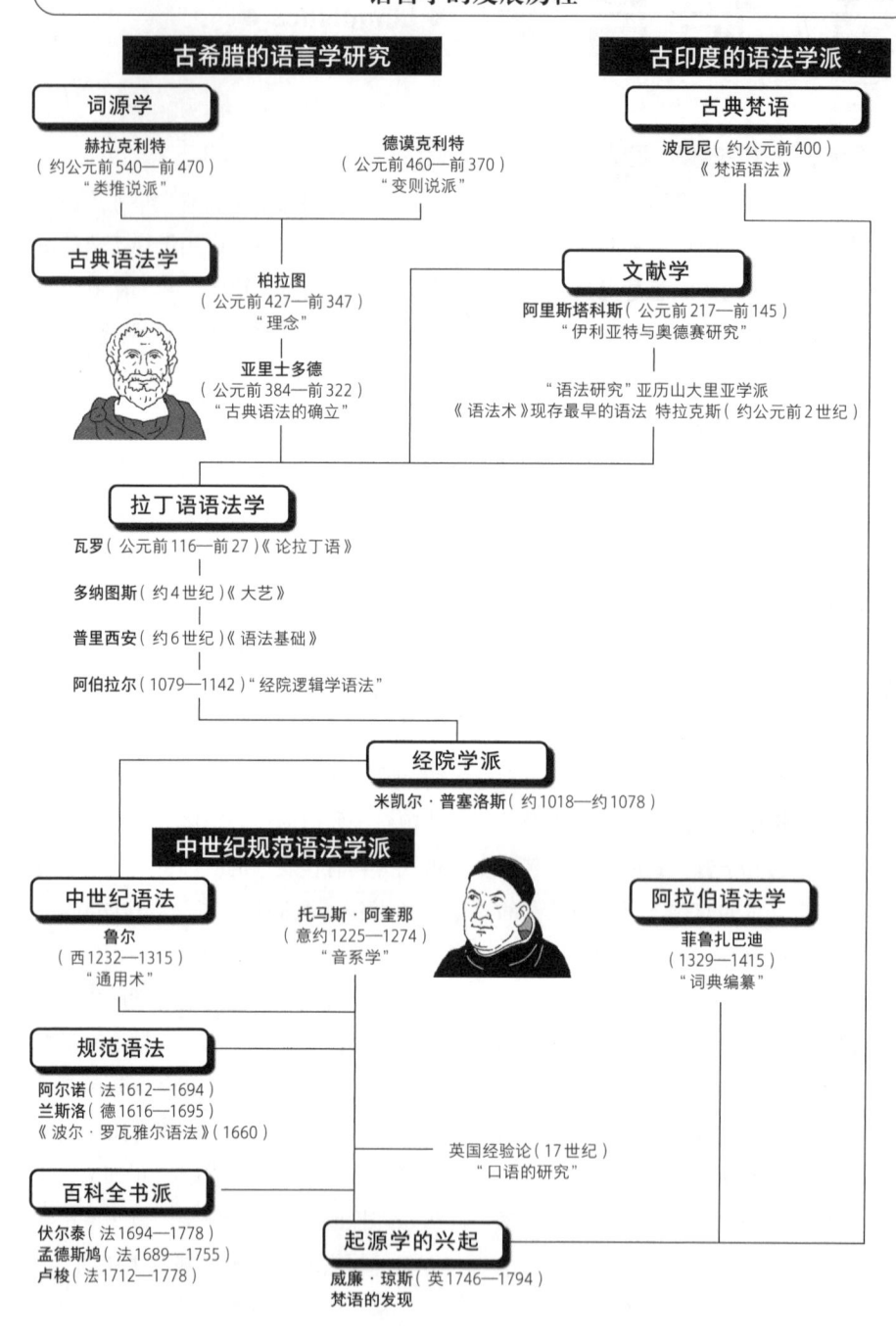

古希腊的语言学研究

词源学

赫拉克利特
（约公元前540—前470）
"类推说派"

德谟克利特
（公元前460—前370）
"变则说派"

古印度的语法学派

古典梵语

波尼尼（约公元前400）
《梵语语法》

古典语法学

柏拉图
（公元前427—前347）
"理念"

亚里士多德
（公元前384—前322）
"古典语法的确立"

文献学

阿里斯塔科斯（公元前217—前145）
"伊利亚特与奥德赛研究"

"语法研究"亚历山大里亚学派
《语法术》现存最早的语法 特拉克斯（约公元前2世纪）

拉丁语语法学

瓦罗（公元前116—前27）《论拉丁语》

多纳图斯（约4世纪）《大艺》

普里西安（约6世纪）《语法基础》

阿伯拉尔（1079—1142）"经院逻辑学语法"

经院学派

米凯尔·普塞洛斯（约1018—约1078）

中世纪规范语法学派

中世纪语法

鲁尔
（西1232—1315）
"通用术"

托马斯·阿奎那
（意约1225—1274）
"音系学"

阿拉伯语法学

菲鲁扎巴迪
（1329—1415）
"词典编纂"

规范语法

阿尔诺（法1612—1694）
兰斯洛（德1616—1695）
《波尔·罗瓦雅尔语法》（1660）

英国经验论（17世纪）
"口语的研究"

百科全书派

伏尔泰（法1694—1778）
孟德斯鸠（法1689—1755）
卢梭（法1712—1778）

起源学的兴起

威廉·琼斯（英1746—1794）
梵语的发现

近代语言学的确立

梵语的发现促成了比较语言学的兴起，语言学的发展进入新的时代。

1816年，德国的弗兰茨·葆朴出版了其将梵语与印欧语系相对比的著作，该著作一改之前语言学研究的传统，对于近代语言学的发展具有开创性的意义。

早在18世纪末，梵语就已经通过威廉·琼斯为人们所知晓。然而，葆朴是第一个将梵语与其他印欧语言进行系统比较的语言学家。19世纪的语言学研究，否定了之前追求语言的普遍性和逻辑结构的研究传统，开始提倡基于详细语言资料的实证性研究方法。

19世纪初，优秀的语言学家层出不穷，如提出了"谱系树模式"的奥古斯特·施莱赫尔。施莱赫尔将语言学看成是自然科学，以生物学的进化论法则研究语言的发展。以"格林定律"闻名的雅各布·格林主要致力于日耳曼诸语的比较研究，奠定了日耳曼语学发展的基础。

19世纪的实证主义比较研究，诞生了许多伟大的语言学理论家，其中最著名的是威廉·洪堡。洪堡通过分析所搜集的各种语言资料，对语言现象进行理论阐释和概括，被誉为"普通语言学的创始人"。洪堡所追求的并不是古典的学院式固定语法，而是通过比较各种语言的特点归纳出的语法法则。他认为语言是各民族不同思维方式的反映，即"语言世界观理论"。

19世纪下半叶，心理主义语言学和历史主义语言学兴起。前者的代表人物是赫尔曼·施坦塔尔，施坦塔尔以科学教育学的创始人赫尔巴特的理论为基础，从心理学的角度分析语法现象。进入20世纪后，心理主义语言学更是得到了突飞猛进的发展。

德国的青年语法学派（莱比锡语法学派）主张历史主义才是最适合科学语言学的方法论，该学派的代表理论家是H.保罗。然而进入20世纪后，大多数的语言学流派都对历史主义持批判态度。

现代语言学的发展轨迹

20世纪语言学的体系化研究，为多学科的发展带来深远的影响。

基于实证主义的历史主义是19世纪语言学的代表性理论。然而，进入20世纪，只注重具体语言现象的思想开始遭到质疑，对于"体系"的研究越来越受到语言学家们的重视。

从具体事物的集合中发现其共通的秩序，这种对于"体系"的关注成为20世纪科学思想的一大特征。不仅仅是语言学界，物理学的量子论、心理学的格式塔理论，都是以"体系的构造"为研究对象，探寻其关联性法则的产物。

在语言学界，最早提出了这种

语言学的发展历程②

人文科学
社会科学
自然科学
文化艺术

起源学的兴起
威廉·琼斯（英 1746—1794）
梵语的发现

近代语言学的开端

雅各布·格林
（德 1785—1863）
格林定律

比较语言学
弗兰茨·葆朴
（德 1791—1867）

拉斯姆斯·拉斯克
（丹 1787—1832）
"历史主义"

库尔提阿斯
（德 1820—1885）
"比较文献学"

波特
（德 1802—1887）
"语源研究"

奥古斯特·施莱赫尔
（德 1821—1868）
"生物学自然主义"

独立派
舒哈尔德
（德 1842—1927）
吉叶龙
（法 1854—1926）
"语言地理学"

缪勒
（德 1823—1900）

青年语法学派（莱比锡学派）
A. 莱斯金（德 1840—1916）
H. 侏罗（德 1846—1921）
K. 布鲁格曼（德 1849—1919）

浮士勒
（德 1872—1949）
"语言美学"

新语法学派

结构主义语言学

费尔迪南·德·索绪尔
（瑞 1857—1913）
《普通语言学教程》(1906)

近代方言学

法国语法学派
房德里耶斯（法 1875—1960）
"心理和生理学角度的语言研究"
梅耶（法 1866—1936）
"社会学性语言研究"

日内瓦学派
巴利（瑞 1865—1947）
薛施蔼（瑞 1870—1946）

布拉格学派
特鲁别茨柯依
（苏 1890—1938）
"音系学"
雅各布森
（苏 1896—1982）

美国语言学
弗朗茨·博厄斯
（美 1858—1942）
爱德华·萨丕尔
（美 1884—1939）

哈佛学派

根本哈根学派
（语符学派）
布龙达尔
（丹 1887—1942）
叶尔姆斯列夫
（丹 1899—1965）

布龙菲尔德学派
布龙菲尔德
（美 1887—1949）

分布主义

人类语言学
本杰明·李·沃尔夫
（美 1897—1941）

生成语法
乔姆斯基
（美 1928—）

心理语言学

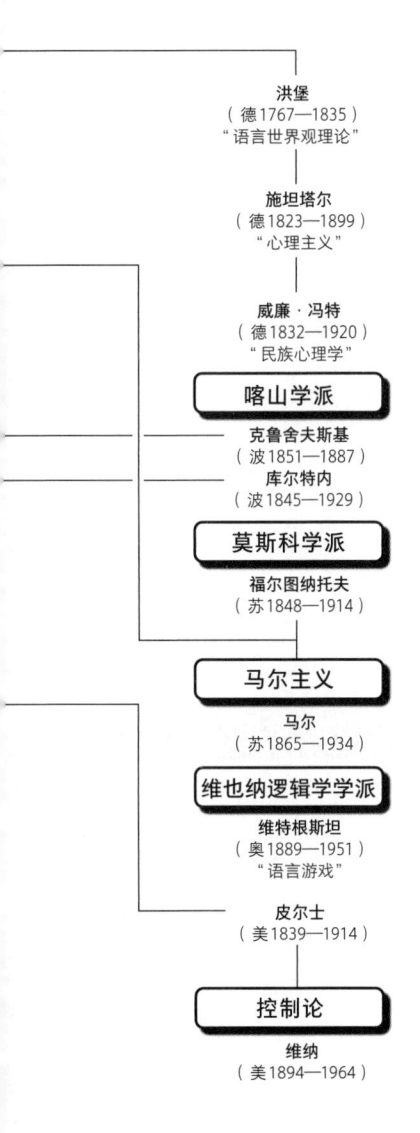

"结构主义"思想的语言学家,是被誉为"近代语言学之父"的费尔迪南·德·索绪尔。根据索绪尔的授课讲义整理出版的《普通语言学教程》,不仅影响了语言学的发展,还对整个20世纪的思想都产生了深远的影响。

索绪尔认为"语言是一种具有特殊社会功能的结构系统",他将语言学研究分为"共时性"和"历时性"两种,"共时"语言学研究的是语言在其历史发展中某一个阶段的基本状况,"历时"则是将语言现象放在历史发展的进程中考查其演变情况。前者关注的是语言的结构性体系,探求语言的本质功能。后者属于包含语源学在内的历史语言学范畴。

索绪尔所开创的"结构主义"语言学被之后的诸多语言学派继承和发展。在欧洲,结构主义的三大分支——日内瓦学派、布拉格学派、哥本哈根学派——诞生了许多20世纪具有代表性的语言学家,如日内瓦学派的夏尔·巴利和阿·薛施蔼,布拉格学派的罗曼·雅各布森和尼古拉·特鲁别茨柯依,哥本哈根学派的路易·叶尔姆斯列夫等。

美国的结构主义学派最早是由莱纳德·布龙菲尔德创立的,诺姆·乔姆斯基继承了布龙菲尔德的分布主义分析方法,提出了生成语法理论。乔姆斯基等人的语言学理论是现代语言学发展史上不可忽视的里程碑,不仅引发了语言学的变革,对计算机编程语言、哲学、数

洪堡
(德 1767—1835)
"语言世界观理论"

施坦塔尔
(德 1823—1899)
"心理主义"

威廉·冯特
(德 1832—1920)
"民族心理学"

喀山学派
克鲁舍夫斯基
(波 1851—1887)
库尔特内
(波 1845—1929)

莫斯科学派
福尔图纳托夫
(苏 1848—1914)

马尔主义
马尔
(苏 1865—1934)

维也纳逻辑学学派
维特根斯坦
(奥 1889—1951)
"语言游戏"

皮尔士
(美 1839—1914)

控制论
维纳
(美 1894—1964)

语言学领域

普通语言学（共时语言学）
- 音系学
  - 音位研究
  - 语音学
  - 形态音系学
- 语法学
- 语义学
  - 形态学
  - 句法学
  - 语用学

历史语言学（历时语言学）
- 词源学
- 比较语言学
- 语言地理学

与其他学科的交叉领域
- 语言心理学 —— 心理学
- 发展语言学 —— 教育学
- 语言教育学
- 社会语言学 —— 社会学
- 语言人类学 —— 文化人类学
- 符号学

学等领域也产生了深刻的影响。生成语法理论强调普遍演绎的方法和语言的自治性，认为人脑内存在着语言的自治模块。而"认知语言学"对生成语法理论中的"自治论"与"模块论"假说提出质疑，认为语言并不是独立自发的，而是以认知体系为出发点，与人类的认知能力紧密相关。

入门者须知

神赐语言说

一种关于语言起源最古老的解释，认为人类的语言是神所赐予的。神赐说有各种各样的说法，但都无法为人所信服。基督教和印度教等诸多宗教，都有神赐语言的传说。

普通语言学和历史语言学

语言学研究大致可分为两个领域：普通语言学和历史语言学。普通语言学，又称共时语言学、结构语言学、描写语言学等。一般语言学的任务是通过研究各种语言的结构，探求人类语言所共有的一般性特征。历史语言学，又称历时语言学或进化语言学，主要通过音韵、语法、词义等方面研究语言的历史性变化。历史语言学的最大任务是研究语言的变化情况，从而找出语言的一般性发展规律。

语音学

研究语音特征的学科，包括声学语音学、听觉语音学、发音语音学等分支学科。声学语音学研究语音音波的物理性质，听觉语音学研究人对话语的听觉感知和理解，发音语音学研究发音的生理过程。

音系学

语音学主要研究的是语音的物理性特征，而音系学则是对语音功能的抽象化研究，更加关注语音系统和语音模式。音系学的创始人是布拉格学派的特鲁别茨柯依。特鲁别茨柯依认为语音与语音间相互关联，形成一套完整的音位系统。以此为基础，将音位作为语音单位的音系学正式形成。

形态学

研究词的构造和词形变化的学科。传统语法学包括研究词组和句子的配列以及用法的句法学、音系学、形态学三大领域。结构语言学中的形态学主要研究语素（语言中最小的音义结合体）的配列和构成。此外，还有研究语素音位变体中音位变异的形态音位学，从语素的配列及相互关系中研究语法现象的语素配列学。

句法学

以句子的构成规则、句子成分为研究对象的语言学学科，又称统语论或统词论。自20世纪90年代美国语言学家乔姆斯基提出"生成语法理论"以来，该学科极速发展，至今，"生成语法理论"依然是句法学的中心理论。

生成语法

20世纪90年代，乔姆斯基提出的语法理论。乔姆斯基认为，语法之所以能转换出合乎语法的句子，是因为语法规则系统的存在，而他所感兴趣的就是找出普遍性的语法规则。所谓"生成"，是说语法按照某种设定的规则就能得出任何可能存在的句子，这样的语法称为"生成语法"。

乔姆斯基还认为，即使人类并未察觉，但语言的生成早已植根于人的先天能力。"生成语法"在漫长的语法研究史上具有划时代的意义，由此，句法学才真正被视为一门科学性学科。

语义学

研究语言意义的学科。在瑞士语言学家索绪尔以前,语义学主要以词义的历史性变迁为研究中心。索绪尔将语言学分为历时语言学和共时语言学两种研究方法,由此,语义学排除了历史性因素,主要集中于历时语言学,语言结构本身所产生的意义成为主流研究方向。

符号学

广义上的符号学指的是文化符号学,主要研究对象是代表人与其所生活的社会历史文化领域的"符号",其理论基础是结构语言学。

符号学的创始人索绪尔认为,语言学是符号学的分支学科,符号学的法则也同样适用于语言学。法国文学评论家罗兰·巴特则主张符号学应该是语言学的分支学科。

现代符号学的另一位创始人查尔斯·桑德尔·皮尔士广泛研究了符号的多种形式,将符号分为象征符号、相似符号、指示符号三类。对符号学的一些重要术语,目前学术界在定义上还存在着争论。

认知语言学

兴起于20世纪80年代的新兴语言学学科。包括乔治·莱考夫的认知语义学、罗纳德·兰盖克的认知语法在内,是具有广泛研究领域的跨学科性研究学科。

简单来说,认知语言学就是将语言看作是一种认知活动,研究语言形式和意义,以此揭示人类是如何认知外在世界的。认知语言学认为理性建立的基础是人类自身的主体性,这促使人们重新评价西方近代科学以来的根本性思想——客观主义科学观。

费尔迪南·德·索绪尔

瑞士语言学家。他的主要著作《普通语言学教程》,是在他去世后,由他的学生根据他的讲稿、笔记整理而成。索绪尔的语言学理论为近代语言学研究开辟了一条崭新的道路,也为结构主义语言学派的产生奠定了理论基础。索绪尔对语言学的发展做出了极大的贡献,在语言学发展史上可与历史语言学的保罗相提并论,至今仍不乏其理论追随者。此外,索绪尔作为一名哲学家也获得了极高的评价。

诺姆·乔姆斯基

1928年生于美国费城。麻省理工学院语言学及语言哲学研究所教授兼名誉教授,被誉为"现代语言学之父"。

乔姆斯基认为"思考语言为何物,就是在思考人类为何物"。在20世纪50年代,年仅二十几岁的乔姆斯基就提出了著名的生成语法理论,在语言学中引起了革命性的变革。乔姆斯基主张语法是一种规则体系,能够生成某种语言全部的仅仅是合乎语法的句子,生成语法理论就是要找出这种语言模式。

乔姆斯基的生成语法理论也被称为"数学语言学",他的学说在数学、心理学、通信工程等其他领域都有相当大的影响。

心理学 ● Psychology ●

心理学的确立

随着哲学与生理学的结合，人类开始了对心灵的客观探索。

心灵是什么？它是如何发挥作用的呢？从远古时期起，人类就开始了对于心灵的追问。神话传说便是人类心灵变迁的集中反映，例如，心理学（psychology）一词便来源于希腊神话中灵魂女神 psyche 的名字。

心理学的起源也同样是始于古希腊的哲学家们。"理念说"的倡导者柏拉图和《论灵魂》的作者亚里士多德都坚信"灵魂"的存在，他们的一些研究与当今的心理学有着密切的联系。

人类对于心灵的关注往往来源于宗教信仰，奥古斯丁时期的古希腊基督教神学，将心理学彻底神学化。在经过了中世纪神学者的发展之后，一批伟大的哲学家为心理学的发展带来了全新的气象：如科学革命时期的弗朗西斯·培根、哲学家兼数学家笛卡尔、经验论的代表人物约翰·洛克和大卫·休谟等人。笛卡尔在《论心灵的情感》中提出的身心分离思想，为心理学的发展做出了巨大的贡献；洛克和休谟等经验论哲学家继承了笛卡尔的思想，将心灵作为一种客观性存在进行研究，促进了以约翰·斯图尔特·密尔为代表的联想心理学的诞生和发展。

从哲学心理学迈向科学心理学时期的重要人物是威廉·冯特。冯特在其出版的第一部实验心理学著作《感官知觉理论》中，首次提到了"实验心理学"这一概念，被誉为"实验心理学之父"。冯特既是一位哲学家，又是一位生理学家，他认为一切心理现象都是由心理元素构成的，心理元素包括感觉和感情，通过实验和观察发现这些元素，分析其中的规律，就是心理学首先要回答的问题。

冯特的实验心理学有着极其复杂的科学背景。首先是物理学家兼哲学家古斯塔夫·西奥多·费希纳所创立的心理物理学。心理物理学以研究物理刺激和感觉反应之间的关系为对象，为实验心理学的创立奠定了基础。生理学家兼解剖学家约翰内斯·米勒、生理学家兼物理学家赫尔曼·赫尔姆霍茨等人通过广泛的跨学科研究，在感官生理学研究方面取得的重大成果，也对实验心理学的发展起到重要的推动作用。

心理学的发展

批判实验心理学的三大学派——现

心理学的发展历程①

哲学心理学的发展

哲学心理学的发展

柏拉图
（公元前427—前347）
"灵魂的三部分"

亚里士多德
（公元前384—前322）
"心灵等级"

奥古斯丁
（354—430）
"心灵图式"

合理主义哲学

培根（英1561—1626）
《新工具》（1620）
笛卡尔（法1596—1650）
《论心灵的情感》（1649）

自然心理学的发展

物理学的发展

道尔顿（英1766—1844）
"色觉研究"
托马斯·杨（英1773—1829）
"三原色理论"

解剖学的发展

加尔（德1758—1828）
"颅相学"

联想心理学

霍布斯（英1588—1679）
"观念联想"
洛克（英1632—1704）
"白板说"
休谟（英1711—1776）
"怀疑论"
密尔（英1806—1873）
"心理化学"

近代心理学的创始人

韦伯（德1795—1878）
"韦伯定律"
费希纳（德1801—1887）
"心理物理学"

生理学的发展

贝尔（英1744—1842）
马让迪（法1783—1855）
"贝尔-马让迪定律"
米勒（德1801—1858）
"神经特殊能学说"
赫尔姆霍茨（德1821—1894）
"神经传导速度研究"

科学心理学

近代心理学的诞生

实验心理学

冯特（德1832—1920）

心理学的发展历程②

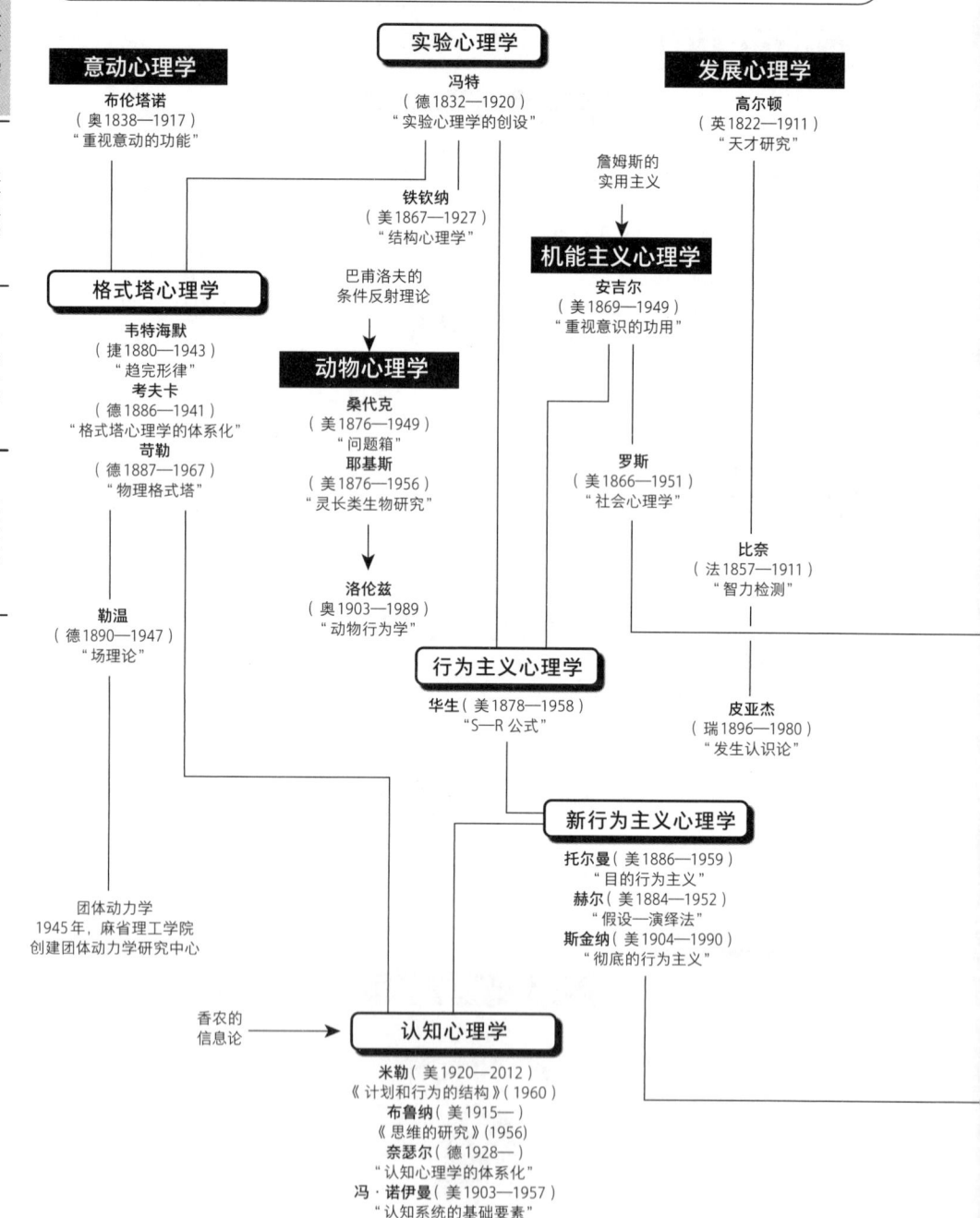

意动心理学
布伦塔诺
（奥 1838—1917）
"重视意动的功能"

实验心理学
冯特
（德 1832—1920）
"实验心理学的创设"

铁钦纳
（美 1867—1927）
"结构心理学"

发展心理学
高尔顿
（英 1822—1911）
"天才研究"

詹姆斯的实用主义

机能主义心理学
安吉尔
（美 1869—1949）
"重视意识的功用"

罗斯
（美 1866—1951）
"社会心理学"

比奈
（法 1857—1911）
"智力检测"

皮亚杰
（瑞 1896—1980）
"发生认识论"

格式塔心理学
韦特海默
（捷 1880—1943）
"趋完形律"
考夫卡
（德 1886—1941）
"格式塔心理学的体系化"
苛勒
（德 1887—1967）
"物理格式塔"

勒温
（德 1890—1947）
"场理论"

团体动力学
1945年，麻省理工学院创建团体动力学研究中心

巴甫洛夫的条件反射理论

动物心理学
桑代克
（美 1876—1949）
"问题箱"
耶基斯
（美 1876—1956）
"灵长类生物研究"

洛伦兹
（奥 1903—1989）
"动物行为学"

行为主义心理学
华生（美 1878—1958）
"S—R 公式"

新行为主义心理学
托尔曼（美 1886—1959）
"目的行为主义"
赫尔（美 1884—1952）
"假设—演绎法"
斯金纳（美 1904—1990）
"彻底的行为主义"

香农的信息论

认知心理学
米勒（美 1920—2012）
《计划和行为的结构》（1960）
布鲁纳（美 1915—）
《思维的研究》（1956）
奈瑟尔（德 1928—）
"认知心理学的体系化"
冯·诺伊曼（美 1903—1957）
"认知系统的基础要素"

人文科学　社会科学　自然科学　文化艺术

代心理学的源头。

　　19世纪末至20世纪初，冯特的实验心理学得到了极为迅猛的发展。以欧美各国为首，世界各地的大学都陆续开设了心理学实验室。其中，德国的心理学研究注重严谨性、科学性以及实验性；而美国则更倾向于采用哲学性的理论研究方法；日本也于1903年在东京大学首次开设了心理学实验室。

　　然而，实验心理学自创建以来，批判之声不绝于耳。事实上，20世纪初的各种学派，包括精神分析学、格式塔心理学、行为主义心理学等都是在批判实验心理学的基础上诞生的。而这些学派又共同构成了现代心理学的源头。在法国巴黎，神经生理学家让·马丁·夏尔科运用催眠术治疗分离性障碍，他的学生心理学家兼精神病学家皮埃尔·让内，早先在夏尔科的指导下研究催眠疗法，后又专攻精神性疾病，提出了潜意识概念，为西格蒙德·弗洛伊德的精神分析论奠定了基础。

　　实验心理学的主要研究方法是内省法，通过个体对自己内心活动进行观察、体验和陈述来研究其心理活动，这使得不少人将实验心理学称之为"意识主义心理学"。而精神病学家弗洛伊德的精神分析心理学强调的则是潜意识的作用，认为潜意识是人类心理和活动的内驱力。

　　马克斯·韦特海默等人继承了哲学家兼心理学家弗朗兹·布伦塔诺的意动

精神病理学
夏尔科
（法1825—1893）

里博
（法1839—1916）
"心理病理学"

让内
（法1859—1947）
"行为心理学"

精神分析学
弗洛伊德
（奥1856—1939）

罗杰斯
（美1902—1987）
"患者中心疗法"

荣格学派
荣格
（瑞1875—1961）

马斯洛
（美国1908—1970）
"人本主义心理学"

生理学/脑外科学

生理心理学

心理学思想，提出了格式塔心理学。韦特海默认为运动知觉是一个整体，而不是若干不动的感觉元素的集合。格式塔心理学反对把意识分析为感觉元素，强调意识中所显现的结构整体（格式塔）。

美国心理学家约翰·华生在其著作《行为主义观点的心理学》中，提出了行为主义的基本理论。华生认为心理学应当是一门研究行为的科学，而不应研究意识这种主观性事物。

20世纪上半叶心理学的发展，主要围绕着上述学派展开，然而为了躲避纳粹的迫害，欧洲大批精神分析学家和格式塔心理学家纷纷移居美国。之后，在诸多因素的影响下，行为主义心理学逐渐成为主流官方心理学派。

现代心理学

根据相应的研究领域，采取不同的研究方法，现代心理学无主流。

现代心理学之前的心理学，是由不同的学派和不同的观点构成的。而现代心理学则多是在继承以往学派理论的基础上，又分为诸多不同的专业或研究领域，如知觉和记忆、学习、临床等专业。

行为主义心理学之后，也出现过几个有明确理论立场的学派。在美国，新行为主义批判继承了古典行为主义的理论体系，代表人物主要有：目的行为主义的创始人爱德华·托尔曼，提出了假说-演绎法的克拉克·赫尔，彻底行为主义的伯尔赫斯·斯金纳等人。华生以"刺激-反应"公式来说明各种心理现象，他认为反应最终可分析为肌肉收缩和腺体分泌。而新行为主义则主张在刺激和反应之间应考虑机体的内部变化，把行为看作是具有目的性的整体行为。

生理心理学则认为：心理学并不是一门行为科学，而应该是生物科学的分支学科。生理心理学作为生理学与心理学的交叉性学科，通过科学的测定方法，揭示心理学的生理性指标，也可以看作是神经科学这一广阔研究领域的一分子。

随着科学技术的进步，计算机与信息科学飞速发展，认知心理学继承了格式塔心理学的思想应运而生。认知心理学将人脑看作类似于计算机的信息加工系统，用信息加工的观点研究人的认知过程，包括知觉、记忆、思维等。

近年来，活跃于心理学界的主要人物有保罗·艾克曼和丹尼尔·夏克特等人。保罗·艾克曼是情感心理学的创始人，主张人类的表情具有普遍性和生物学性；夏克特则主要从事记忆的研究。

综上所述，行为主义心理学属于现代心理学流派之一。认知心理学主要是对于知觉、记忆、思维的研究。现代心理学是对以往学派和理论的折中，根据各自不同的研究领域，采取各种不同的研究方式。唯有精神分析法以其独特的"心理疗法"自成一脉。

高尔顿·奥尔波特指出，社会心理学是"力图说明个人思想、感情和行为如何受到实际上或想象中存在的他者之影响的一门学问"。

1950年，爱利克·埃里克森将人格的社会心理发展划分为八个阶段，研究人类整个生命过程中心理现象的发展。西蒙·巴伦-科恩继承了这种"发展心理学"，提出了著名的自闭症研究理论——"心智理论"。其后，以情绪心理学的尼科·弗里达为代表的心理学家们，为各类心理学研究做出了不可忽视的贡献，其中包括"特性学说"人格心理学、引入了智力研究的"差异心理学"。

21世纪的心理学，不再被当作是一门独立的学科中或"主义"或"理论"层面上的对立关系。根据研究对象和目的的不同，心理学家们的研究取向趋于多元化。心理学与各临近学科之间相互交叉、彼此渗透，作为一门不限于临床的"心灵科学"，心理学必将进入一个新的大发展时期。

入门者须知

机能心理学

19世纪末至20世纪初产生于美国的一个心理学派别。由哲学家兼心理学家威廉·詹姆斯、哲学家兼社会思想家约翰·杜威创立。

机能心理学研究的重点不是意识本身，而是意识的机能和功用，其研究目的是对心理现象的考查，以及对现象间关系的规律性把握。

机能心理学与同时期欧洲弗朗兹·布伦塔诺等人的意动心理学有相似之处。

心理物理学

德国费希纳所建立的学科体系。费希纳通过实验和测量来研究心与物、精

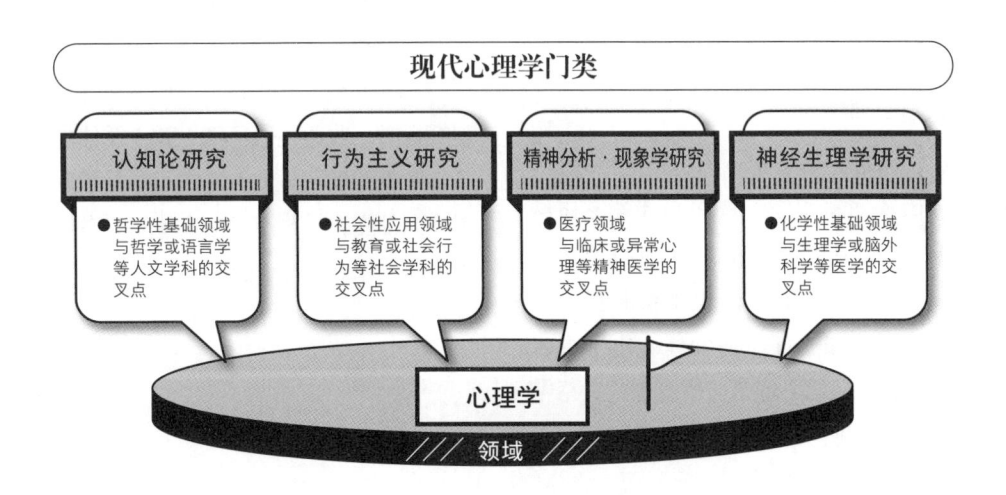

现代心理学门类

认知论研究	行为主义研究	精神分析·现象学研究	神经生理学研究
●哲学性基础领域与哲学或语言学等人文学科的交叉点	●社会性应用领域与教育或社会行为等社会学科的交叉点	●医疗领域与临床或异常心理等精神医学的交叉点	●化学性基础领域与生理学或脑外科学等医学的交叉点

心理学领域

神与身体间的关系。他将数量化测量方法引入心理学研究，提出了表示感觉强度与刺激强度间函数关系的"费希纳定律"，为心理学的实验研究打开了新局面。

感觉生理学

用生理学知识解释外界刺激所引起的意识现象。生理学家、物理学家赫尔姆霍茨是感觉生理学的集大成者。赫尔姆霍茨等人的感觉、知觉研究有力地推动了心理学的现代性学科建设。

格式塔心理学

捷克斯洛伐克心理学家韦特海墨所创立的心理学流派。格式塔心理学反对将任何心理现象进行元素分析，而强调整体组织。这种组织结构化的体系就是格式塔。

格式塔心理学作为一门研究知觉和认识问题的学科，不仅在心理学方面，对于其他学科领域也产生了深刻的影响。

认知心理学

以信息加工观点为特征的心理学。美国认知科学家、认知心理学家唐纳德·诺曼所著的《信息处理心理学入门》一书，介绍了认知体系的基本要素，为认知心理学的发展做出了卓越的贡献。认知心理学与信息理论关系密切，是一种广义上的认知科学。

发展心理学

人类的心理功能和结构是怎样趋于成熟的，这一过程在心理学中被称为"发展"。人类"心理发展"的过程与人的身体，尤其是与大脑密切相关，人类的心理发展在很大程度上也受到个人生活环境与文化背景的影响。发展心理学就是研究人类心理"发展"规律的学科。

社会心理学

研究人类在特定社会条件下的社会行为与心理状态的学科。社会心理学旨在探究心理、行为与社会环境的相互关系。

社会心理学研究可大致分为两类：一类是研究个人的心理和行为；另一类是侧重于研究团体的心理现象。

差异心理学

比较分析心理学研究的总称。差异心理学认为：任何个体在性别、年龄、人种上的差异，都是数量上的而并非质量上的差别。

差异心理学在评估智力或性格等心理特征时，收集不同环境下关于个体的各种数据。如常见的不考虑个体只考虑团体内部变化，与不考虑个体间只考虑团体间的比较统计手法。

心理学门类

根据研究领域分类

- 【临床心理学】——以实际治疗为目的的心理学
- 【行为心理学】——以研究行为为中心的心理学流派
- 【知觉心理学】——研究知觉行为现象的特征、种类及其规律的学科
- 【学习心理学】——研究学习活动的特点、产生条件和规律的学科
- 【认知心理学】——以信息加工观点为核心的心理学研究
- 【智力心理学】——研究智力的心理学科
- 【性格心理学】——运用心理学的原理研究人的性格形成和发展规律的学科
- 【发展心理学】——研究个体心理的演化和发展规律的学科

精神分析学
精神医学
神经生理学
生物学
语言学
文化人类学
民族学等

根据研究对象分类（应用领域）

- 【教育心理学】——分析教育与心理发展之间关系的学科
- 【动物心理学】——研究动物心理活动的心理学分支学科
- 【儿童心理学】——研究儿童心理活动及其一般规律的学科
- 【青年心理学】——研究青年心理特征及其规律的学科
- 【家庭心理学】——研究家庭成员心理的相互关系及其规律的学科
- 【犯罪心理学】——研究犯罪人犯罪心理和行为规律的学科
- 【社会心理学】——研究个人心理与社会环境的相互关系的学科
- 【管理心理学】——研究管理活动中人的心理规律的学科
- 【工业心理学】——研究工业领域中人际关系与工作效率的学科
- 【环境心理学】——探讨什么样的环境才是符合人们心意的环境的学科
- 【灾害心理学】——研究灾难与人类活动的学科
- 【交通心理学】——研究汽车驾驶员和行人在交通过程中的心理活动规律和个性心理特征的学科
- 【被害人心理学】——研究被害人心理活动，对被害者给予心理治疗的学科
- 【运动心理学】——研究人在从事体育运动时的心理特点及其规律的学科
- 【健康心理学】——研究影响人类健康的各因素的学科
- 【音乐心理学】——研究音乐艺术活动中的心理现象的学科
- 【艺术心理学】——从心理学的立场出发研究艺术的学科
- 【广告心理学】——研究广告活动中有关信息传递的学科
- 【宗教心理学】——研究人类宗教信仰的心理活动特点和规律的学科
- 【福利心理学】——从心理学角度研究社会福利的学科

精神分析学 ● Psychoanalysis ●

> 弗洛伊德对"无意识"机制的研究，为研究人类生存方式带来了巨大的变革。

西格蒙德·弗洛伊德的精神分析学对20世纪学科发展做出的巨大贡献，足以与卡尔·马克思的经济学、索绪尔的语言学相提并论。其中最重要的原因是精神分析学说从根本上颠覆了"我＝主体"这一西方学科的基础。

弗洛伊德曾是维也纳的神经科临床医生。在对身体并无异样的癔病患者和神经症患者进行诊察时，弗洛伊德察觉到患者出现心理异常的原因实则在于内心本身。他结合自己的临床经验，创立了"自由联想"治疗方法，借以挖掘人们潜意识中的思想，并与布罗伊尔伊合著出版了《癔病研究》。弗洛伊德的思想建立在临床观察和病例报告的基础之上，这一点与注重实验性证据的行为主义不同。

"无意识"机制

弗洛伊德通过"梦的解析"，认为梦是人们潜意识中被压抑的思想通过伪装的形式显现而成的。他于1900年出版的首部独著《梦的解析》，体系化地叙述了释梦的方法和理论，创立了"精神分析的关键性概念"。

在此基础上，弗洛伊德假设了"无意识"这一精神分析学基本概念的存在，弗洛伊德通过考察"无意识"的复杂机能，认为人类的心理活动作为一种科学性和心理学性的研究对象，除了研究其意识化的精神过程，还必须研究其中的"无意识"机制。

弗洛伊德之后的精神分析学

弗洛伊德之后的精神分析学，在诸多继承者们的批判、修正和诠释下不断发展。弗洛伊德注重对"性"的研究，而他的继承者们则多是以他的基础性成果为根本，又呈现出不同的思想。例如，奥地利的精神科医生、心理学家、社会理论家阿尔弗雷德·阿德勒更加注重社会性研究；瑞士的精神科医生、心理学家卡尔·古斯塔夫·荣格则更加关注人类共通的普遍性无意识，即集体无意识的存在。

关于弗洛伊德理论的理论重点和适用领域，至今仍然存在着诸多争议。例如，在20世纪50年代以前，结构主义–

符号论视点占据着主导地位，之后又出现了以法国拉康学派为代表对弗洛伊德的新的理解尝试。随后，在更具科学性的认知心理学的影响下，阿尔伯特·艾利斯的理性情绪行为疗法、阿伦·特姆金·贝克的认知疗法等心理疗法也应运而生。

如上所述，弗洛伊德虽然遭到了不少批判，但是在以精神分析为基础的认知疗法以及人类性心理学的发展方面，弗洛伊德的理论至今仍发挥着举足轻重的作用。

入门者须知

无意识

弗洛伊德精神分析学的最基本概念。弗洛伊德在长期的医疗实践活动中，发现心理现象存在着无法还原为意识的领域。初期，他将人类的心理结构分为无意识、前意识、意识这三个层次；后期，又将这三个层次以本我、自我、超我的形式重新理论化。

本我

本我是人类最原始的本能冲动，完全属于无意识的领域。本我主要来源于先天遗传，也有原先是有意识的，后被压抑于无意识底部的后天因素。

超我

超我是对自我发挥法官、检察官、监护人作用的无意识领域，是"父母"的禁令内在化的体现。这里的父母并不仅仅指现实的父母，更是社会性规范、传统性规范和价值观的反映。

俄狄浦斯情结

指男孩对父母中母亲一方具有性欲望，而对同性的另一方怀有杀机。俄狄浦斯情结借助古希腊神话中《俄狄浦斯王》的故事，阐述儿童对双亲的矛盾性心理和欲望（爱与憎），这一情结是所有文化中普遍存在的心理现象。

梦

在弗洛伊德的精神分析学中，梦占据着重要的地位。

弗洛伊德将梦所表现出的心理活动从梦的表面情节和梦的改装两种情况进行分析。比起梦的表面情节，弗洛伊德更加关注梦的改装行为和改装过程，他将梦的改装方法归纳为凝缩、移置、象征化、润饰这四种方式。

临床心理学

运用心理学理论和方法对心理疾病患者进行诊断、治疗的学科。该学科也有保持、增强和指导普通人精神健康的预防性医学目的。

临床心理学分为心理检查、心理咨询、社会服务、调查研究四大领域，与精神医学和精神病理学具有密切的联系。该学科的研究者称为临床心理学

精神分析学的发展历程

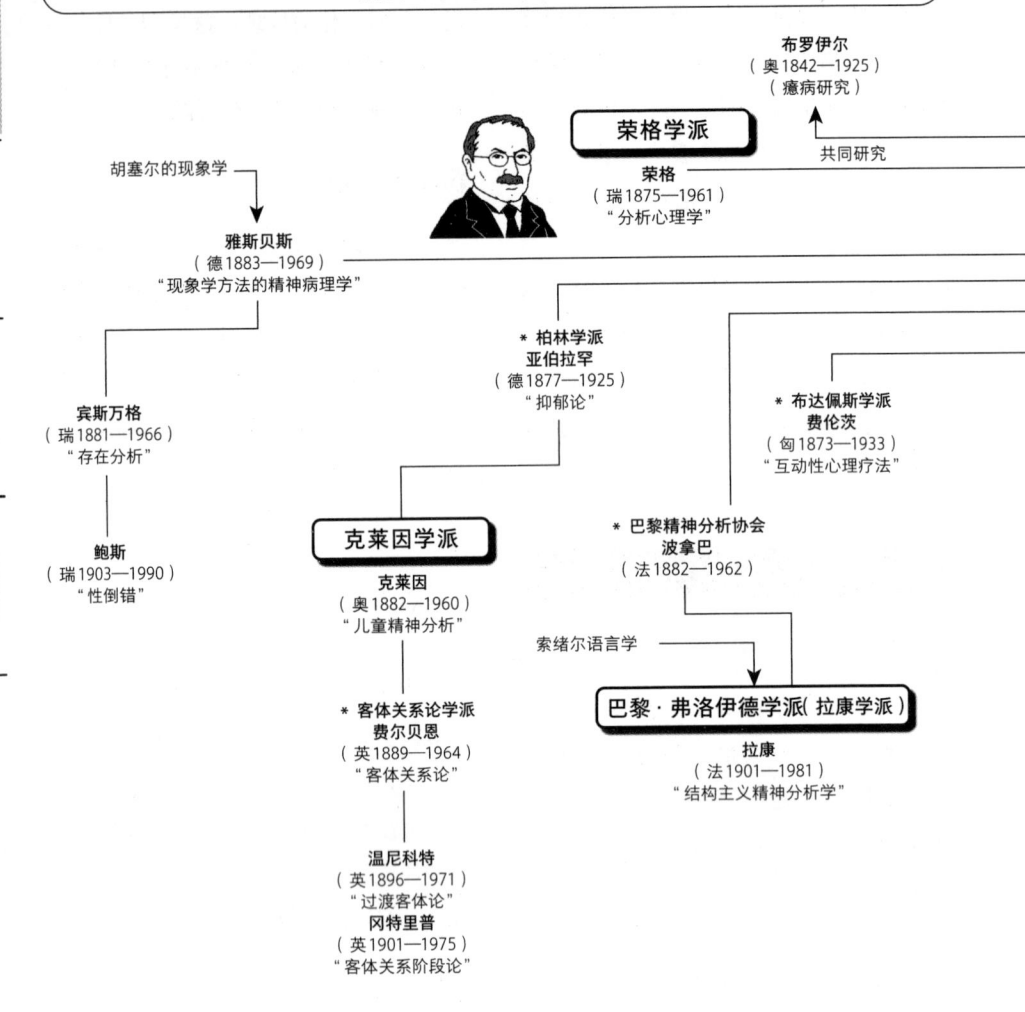

```
                                                    布罗伊尔
                                                  (奥 1842—1925)
                                                    (癔病研究)
                            荣格学派                    ↑
                                                  共同研究
                              荣格
                          (瑞 1875—1961)
         胡塞尔的现象学        "分析心理学"

         雅斯贝斯
        (德 1883—1969)
    "现象学方法的精神病理学"

                          * 柏林学派
                           亚伯拉罕
                         (德 1877—1925)          * 布达佩斯学派
                            "抑郁论"                费伦茨
   宾斯万格                                        (匈 1873—1933)
  (瑞 1881—1966)                                  "互动性心理疗法"
    "存在分析"

                      克莱因学派         * 巴黎精神分析协会
                                           波拿巴
    鲍斯                    克莱因         (法 1882—1962)
  (瑞 1903—1990)          (奥 1882—1960)
    "性倒错"              "儿童精神分析"
                                      索绪尔语言学
                        * 客体关系论学派                巴黎·弗洛伊德学派(拉康学派)
                           费尔贝恩
                         (英 1889—1964)                   拉康
                          "客体关系论"                (法 1901—1981)
                                                    "结构主义精神分析学"
                           温尼科特
                         (英 1896—1971)
                          "过渡客体论"
                           冈特里普
                         (英 1901—1975)
                         "客体关系阶段论"
```

家；理论实践者称为（心理）临床学家；以临床心理学为学科基础，取得职业心理资格的称为临床心理师。

卡尔·罗杰斯

临床心理学家，开创了以来访者（人）为中心的治疗模式。逐字记录咨询内容，将咨询对象称为"来访者"而不是"患者"，这些罗杰斯首创的研究手法，已经在现在的心理咨询实践中得到了广泛的应用。

据美国心理学会1982年的调查显示，在"20世纪最具影响力的心理治疗师"中，罗杰斯位列第一（第二是阿尔伯特·艾利斯，第三是西格蒙德·弗洛伊德）。

夏尔科的精神病理学

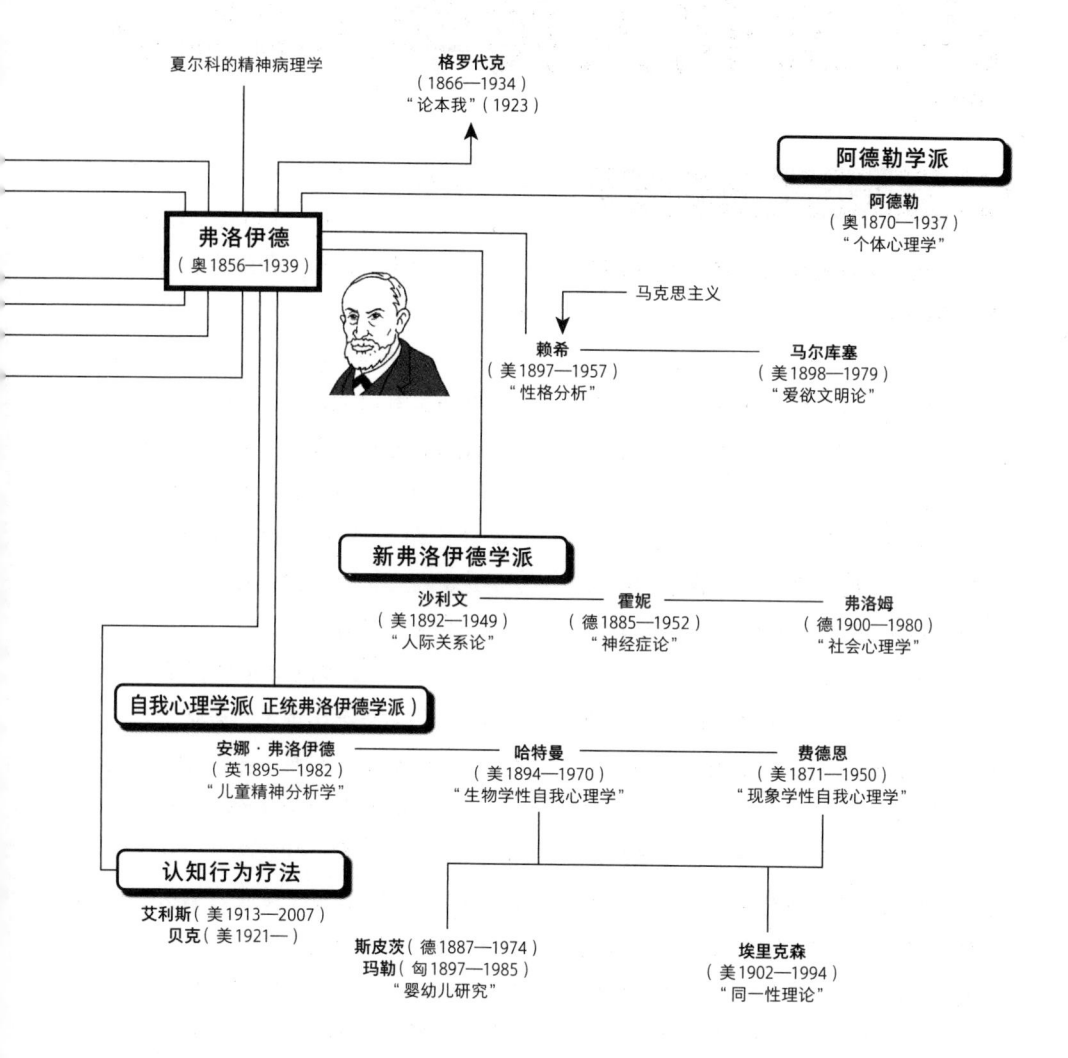

格罗代克
（1866—1934）
"论本我"（1923）

阿德勒学派

阿德勒
（奥1870—1937）
"个体心理学"

弗洛伊德
（奥1856—1939）

马克思主义

赖希
（美1897—1957）
"性格分析"

马尔库塞
（美1898—1979）
"爱欲文明论"

新弗洛伊德学派

沙利文
（美1892—1949）
"人际关系论"

霍妮
（德1885—1952）
"神经症论"

弗洛姆
（德1900—1980）
"社会心理学"

自我心理学派（正统弗洛伊德学派）

安娜·弗洛伊德
（英1895—1982）
"儿童精神分析学"

哈特曼
（美1894—1970）
"生物学性自我心理学"

费德恩
（美1871—1950）
"现象学性自我心理学"

认知行为疗法

艾利斯（美1913—2007）
贝克（美1921—）

斯皮茨（德1887—1974）
玛勒（匈1897—1985）
"婴幼儿研究"

埃里克森
（美1902—1994）
"同一性理论"

河合隼雄

　　日本心理学家，京都大学名誉教授、国际日本文化研究中心名誉教授、"文化功劳者（日本）"称号获得者，曾任日本文化厅厅长。其研究方向主要有分析心理学（荣格心理学）、临床心理学、日本文化。河合隼雄是日本第一位在荣格研究所取得荣格心理分析师资格的学者，并且首次将"箱庭疗法"引入日本，为日本分析心理学的普及和实践做出了特殊贡献。河合隼雄以临床心理学/分析心理学为立足点，于1988年设立了日本临床心理医师资格认定协会，促进了日本临床心理医师资格考核制度的完善。

文化人类学 · Cultural Anthropology

文化人类学的起源

文化人类学研究始于欧洲人对非欧洲人的兴趣。

从"未开化"社会的生活、宗教信仰、风俗习惯等方面，研究人类文化的发展与变迁，这就是文化人类学的学科起源。

文化人类学曾被称为"民族学"（ethnology），在日语中，民族学与民俗学（folklore）的发音完全一致，有关这两者的区别问题曾经引发过一场严肃讨论。大多数人认为，民俗学研究的对象多是日本国内，而民族学则是对整个世界范围的研究。

在诸多学科领域均处于中心地位的近代欧洲人，通过各种渠道了解到欧洲以外的诸如亚洲与新大陆地区的神话、宗教和生活习惯。开始于大发现时代的文化人类学研究，到了19世纪时逐渐发展成为一门正式的学科。

在文化人类学发展的初期阶段，受自然科学家达尔文于1859年发表的《物种起源》的影响，进化论的观点占据了主导地位。例如，为印第安人的土地权利辩护的律师路易斯·亨利·摩尔根，他通过实地考察印第安社会的婚姻和氏族制度，于1877年发表了著作《古代社会》。他使用"野蛮""未开化""文明"等术语区分人类进化的过程，认为在一夫多妻制形成以前，曾经存在过"乱婚"时代。

其后的弗里德里希·恩格斯同样在《物种起源》的影响下，著成《家庭、私有制和国家的起源》一书。文化人类学的创始人泰勒也在其著作《原始文化》中主张：在形成宗教之前，先有了泛灵论的观点，之后向多神教发展，最终进化成为一神教。

然而，进入19世纪80年代后，文化人类学领域逐渐出现了与进化论观点不同的研究，其中包括"美国文化人类学之父"、德裔文化人类学家博厄斯。博厄斯曾在西伯利亚的阿穆尔河到美国的哥伦比亚河之间的北太平洋地区实地调查，他强调在文化的形成和发展过程中，"模仿"与"发明"发挥着极为重要的作用。博厄斯始终坚持文化相对主义的立场，认为文化是平等的，任何文化都有其独特的价值，这也成了后世文化人类学的基本立场。

此外，传播主义认为，正如日本的稻作文化是经由种子的传播，从东南亚传到日本一样，在文化发展的过程中，"交流"与"传播"发挥着极为重要的作用。德国的莱奥·佛罗贝纽斯在传播主义的基础上，又进一步提出了"文化圈"这一概念。

另一方面，英国的詹姆斯·弗雷泽放弃实地调查，采用文献学方法对巫术、仪礼、图腾崇拜（将动物等自然物视为祖先并加以崇拜）等进行了研究，著成《金枝》一书。该著作对后世的文艺作品产生了深远的影响，其中的"弑王"理论，至今仍被引用于王权论中。

文化人类学的发展

20世纪的文化人类学，在批判与发展"进化"和"传播"理论的过程中展开。田野调查的引入，促进了学科的成型。

1922年是文化人类学发生大变革的一年。出生于波兰的英国人类学家布罗尼斯拉夫·马林诺夫斯基，在太平洋的特罗布里恩群岛进行了长期的田野调查之后，于是年出版了《西太平洋上的航海者》一书。马林诺夫斯基深入当地生活，使用当地语言与当地居民交流，系统化地收集资料并进行分析，这种研究方法成为后世文化人类学的标准研究方法之一。

该书介绍了特罗布里恩群岛上一种名为"库拉"的礼仪性交换制度，交换的物品是贝壳制成的项链和手镯。马林诺夫斯基之后，大量的文化人类学家都曾以此为题展开研究。

同样是在1922年，英国的另一位人类学家阿尔弗雷德·拉德克利夫－布朗出版了《安达曼岛人》。拉德克利夫－布朗主要研究对个人行为起决定性作用的社会结构，开创了结构功能主义人类学。

马林诺夫斯基与拉德克利夫－布朗共同创立的英国人类学，又称社会人类学，在之后的爱德华·埃文斯－普里查德等人那里得到了进一步的发展。

普里查德在其著作《亚赞地人的妖术、神谕与巫术》（1937）中，运用语义学的诠释方法，主张所有的社会制度都必须从该社会成员的信仰和价值观角度出发进行解释。

在法国，社会学家爱米尔·杜尔凯姆的外甥兼学生马塞尔·莫斯发表了《论赠予》（1925）。该书探讨赠礼和还礼的交换形式，开创了法国文化人类学的实证主义道路，对结构主义人类学的诞生产生了深远的影响。

博厄斯引导下的美国人类学界，逐渐从文化史研究转向了文化与个人的相互关系以及文化的动态性研究。例如，从心理学角度研究文化人类学的鲁思·本尼迪克特在其著作《文化模式》一书中，继承了博厄斯的文化相对主义。以往的文化人类学家多以原始社会为研究对象，而本尼迪克特于1946年发表的日本文化论著《菊与刀》却选取了日本这一东方文化社会，探讨了情义和忠义等在日本社会中具有代表性的文化形态。此外，玛格丽特·米德也曾在

文化人类学的发展历程

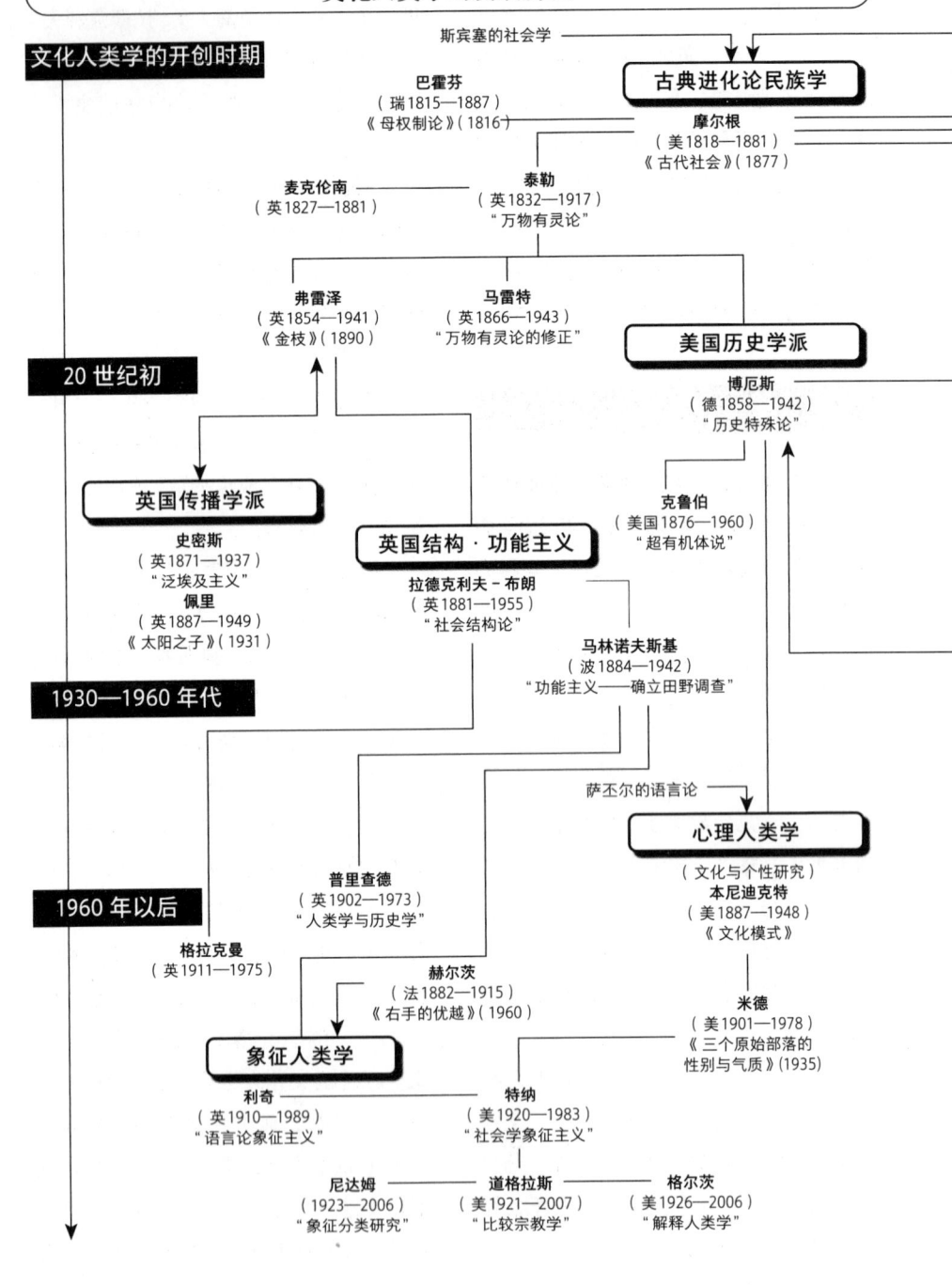

人文科学 | **社会科学** | **自然科学** | **文化艺术**

文化人类学的开创时期

斯宾塞的社会学 → **古典进化论民族学**

巴霍芬
（瑞 1815—1887）
《母权制论》(1816)

摩尔根
（美 1818—1881）
《古代社会》(1877)

麦克伦南
（英 1827—1881）

泰勒
（英 1832—1917）
"万物有灵论"

20 世纪初

弗雷泽
（英 1854—1941）
《金枝》(1890)

马雷特
（英 1866—1943）
"万物有灵论的修正"

美国历史学派

博厄斯
（德 1858—1942）
"历史特殊论"

英国传播学派

史密斯
（英 1871—1937）
"泛埃及主义"

佩里
（英 1887—1949）
《太阳之子》(1931)

英国结构·功能主义

拉德克利夫-布朗
（英 1881—1955）
"社会结构论"

马林诺夫斯基
（波 1884—1942）
"功能主义——确立田野调查"

克鲁伯
（美 1876—1960）
"超有机体说"

1930—1960 年代

萨丕尔的语言论

心理人类学

（文化与个性研究）
本尼迪克特
（美 1887—1948）
《文化模式》

米德
（美 1901—1978）
《三个原始部落的性别与气质》(1935)

1960 年以后

普里查德
（英 1902—1973）
"人类学与历史学"

格拉克曼
（英 1911—1975）

赫尔茨
（法 1882—1915）
《右手的优越》(1960)

象征人类学

利奇
（英 1910—1989）
"语言论象征主义"

特纳
（美 1920—1983）
"社会学象征主义"

尼达姆
（1923—2006）
"象征分类研究"

道格拉斯
（美 1921—2007）
"比较宗教学"

格尔茨
（美 1926—2006）
"解释人类学"

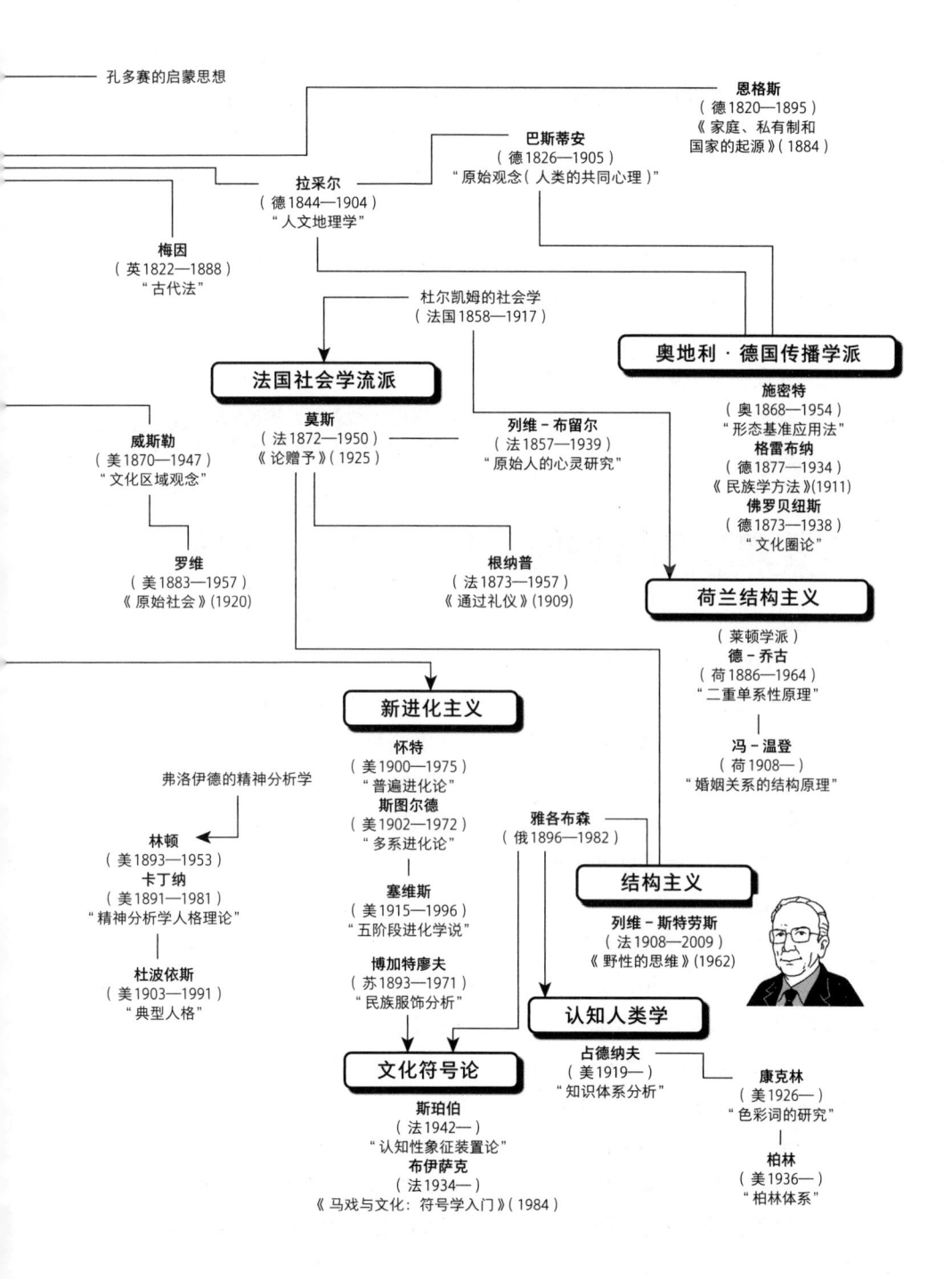

```
                    孔多赛的启蒙思想                                          恩格斯
                                                                          （德 1820—1895）
                                                                          《家庭、私有制和
                                                                          国家的起源》(1884)
                                           巴斯蒂安
                                          （德 1826—1905）
                                          "原始观念（人类的共同心理）"
                          拉采尔
                        （德 1844—1904）
                         "人文地理学"

          梅因
        （英 1822—1888）        杜尔凯姆的社会学
         "古代法"               （法国 1858—1917）
                                                                    奥地利·德国传播学派

                        法国社会学流派
                                                                       施密特
               威斯勒        莫斯          列维-布留尔                  （奥 1868—1954）
              （美 1870—1947） （法 1872—1950）（法 1857—1939）        "形态基准应用法"
              "文化区域观念"   《论赠予》(1925) "原始人的心灵研究"       格雷布纳
                                                                     （德 1877—1934）
                                                                     《民族学方法》(1911)
                                                                      佛罗贝纽斯
                 罗维              根纳普                             （德 1873—1938）
               （美 1883—1957） （法 1873—1957）                       "文化圈论"
              《原始社会》(1920) 《通过礼仪》(1909)
                                                                      荷兰结构主义
                                                                      （莱顿学派）
                                                                       德-乔古
                         新进化主义                                  （荷 1886—1964）
                                                                    "二重单系性原理"
                          怀特
                        （美 1900—1975）
                         "普遍进化论"                                 冯-温登
弗洛伊德的精神分析学     斯图尔德                                     （荷 1908—）
                       （美 1902—1972）                             "婚姻关系的结构原理"
        林顿            "多系进化论"
      （美 1893—1953）                    雅各布森
       卡丁纳            塞维斯          （俄 1896—1982）
      （美 1891—1981）  （美 1915—1996）
      "精神分析学人格理论" "五阶段进化学说"            结构主义
        杜波依斯         博加特廖夫
      （美 1903—1991） （苏 1893—1971）    列维-斯特劳斯
       "典型人格"        "民族服饰分析"    （法 1908—2009）
                                          《野性的思维》(1962)
                         文化符号论
                                           认知人类学
                          斯珀伯
                        （法 1942—）      占德纳夫            康克林
                        "认知性象征装置论"（美 1919—）       （美 1926—）
                         布伊萨克         "知识体系分析"    "色彩词的研究"
                        （法 1934—）
                        《马戏与文化：                        柏林
                        符号学入门》(1984)                  （美 1936—）
                                                            "柏林体系"
```

多个地区进行实地调查，研究文化与人类的相互关系。

在日本文化人类学的发展方面，石田英一郎将大地母神的门类从日本追寻至希腊，著成《桃太郎之母》一书，阐明了"传播"于整个欧亚大陆的文化。之后的山口昌男经过在亚洲和非洲等地的实地调查，在《文化的两义性》等著作中，提出了"中心与边缘"等概念，说明从未开化社会到文化社会中所有领域的结构性状态，对其他学科领域也产生了深刻的影响。

结构主义人类学的诞生

结构主义研究方法的运用，使得文化人类学成为20世纪的核心学科。

进入20世纪下半叶，文化人类学与宗教学、民俗学以及现代思想领域相结合，取得了多元化的发展。

其中，尤以结构主义人类学的列维－斯特劳斯为之后的现代思想带来了最为深远的影响。

列维－斯特劳斯的早期著作《忧郁的热带》是一部有关其在南非旅行和调查的文学性作品。他在之后出版的《野性的思维》中指出："未开化社会并不是野蛮或非文化，他们的智慧与文明社会是一种互相渗透、平行发展的关系。"该书既是一部结构主义著作，同时在重新认识未开化社会的思维这一点上，又是一部极富深意的宝贵作品。

列维－斯特劳斯于1929年出版的《亲属关系的基本结构》讲述了因亲族乱伦禁忌而形成的外婚制。在之后的《今日的图腾主义》和《神话学》等著作中，他皆熟练地运用了数学、语言学和语义学知识阐述制度、宗教以及神话。列维－斯特劳斯被誉为"最伟大的人类学家"，是20世纪学科领域当之无愧的巨匠。

现代文化人类学

文化人类学的研究对象与记述风格不断丰富，人们开始重新审视调查的方法论以及"文化记录"这一根本性工作。

20世纪40年代，文化人类学的研究对象从没有文字的"未开化"社会，深入到了日本和欧洲的农村、渔村的日常家庭生活。到了50年代以后，发达国家的城市也逐渐成为研究的对象。70年代初，出现了"城市人类学"这一概念。

在写作风格方面，科林·特恩布尔放弃了传统的客观性叙述，运用富有叙述者主观性色彩的写作风格发表了大量的民族志。进入20世纪80年代，越来越多的民族志开始将研究焦点放在具体的个人上。

20世纪70年代，在研究的方法论方面，要求文化人类学研究脱离殖民地主义和军事行动的呼声日渐高涨，人们开始关注研究者的伦理道德问题。出生

文化人类学门类

文化人类学的学科位置

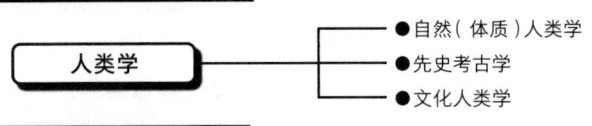

人类学
- 自然（体质）人类学
- 先史考古学
- 文化人类学

文化人类学的研究分类

- Fieldwork（实地调查）/ 方法论 / 学说史
- 民族史 / 民族文化史
- 语言人类学［语言学性研究］
- 自然环境 / 职业 / 衣食住 / 生活用具 / 技术 / 艺术等研究
  ［生物学 / 社会学 / 技术史 / 艺术学性研究］
- 婚姻制度 / 家族·亲属结构 / 社会·政治·经济结构 / 集团性 / 习俗·制度等研究
  ［政治人类学·法人类学·经济人类学性研究］
- 宗教 / 巫术 / 仪礼 / 祭礼等研究［宗教学性研究］
- 神话 / 传承 / 民间传说等研究［神话学·民俗学性研究］
- 民谣·音乐·舞蹈等研究［文学·音乐·身体论性研究］
- 都市文化·文明的研究［都市人类学］
- 教育 / 人格形成 / 国民性 / 文化与心理 / 精神卫生等研究［心理人类学］
- 其他［医疗人类学 / 影视人类学 / 认知人类学等］

于巴勒斯坦的美国文学家爱德华·萨义德在《东方学》(1978) 一书中指出，正是西方的殖民霸权赋予了西方学者任意歪曲东方社会的权利。萨义德对西方文化霸权的批判，激起了学界对人类学发展的反思浪潮。

20世纪80年代，人们开始反思"调查者们奔赴不同的地区进行田野调查，记录成书"是否能代表文化人类学自身的真正意义。1986年，詹姆斯·克利福德等人合著的《写文化》应运而生。

以欧洲人对非欧洲人的兴趣为起点的文化人类学，与医疗、生物科学、全球化、环境等现实问题相结合，实现了学科的不断壮大，取得了新的发展。

入门者须知

田野调查

人类学家长期居住于某一地区，在与当地原住民共同生活的过程中进行系统化的调查研究。以长期观察性的田野调查为主的实证性研究，是文化人类学的一大特征。

马林诺夫斯基于1922年发表的《西太平洋上的航海者》，开创了这一文化人类学的标志性方法论。自此以后，以田野调查为基础的研究成为文化人类学独特的学科传统。

功能主义人类学

创始人是英国人类学家拉德克利夫 - 布朗。布朗继承了杜尔凯姆的理论和分析方法，将社会和文化当作一个有机的整体，研究各个要素间的相互关系及其在整体中的功能。

诸教混合主义（syncretism）

指不同宗教信仰的折中、调和。"syncretism"一词源于希腊语"synkretismos"（克里特岛城市联盟），相传"克里特岛上的人们虽然内部不和，却能够一致对外"，古希腊作家普鲁塔克在"Kretes（克里特）"的基础上，将克里特人的这一现象称为"synkretismos（克里特岛城市联盟）"。

鬼

在中国，鬼指的是人死后的灵魂。然而在日本，关于鬼有各种各样的说法。例如，在《日本书纪》中，鬼是"吃人的东西"。在镰仓、室町时代的讲经曲《小栗判官》中，鬼则是一种名为"鬼鹿毛"的马。专从京都抢贵族少女吃的"鬼吞童子"，也可以看作是鬼的一种。而关于山鬼的传说，则又与柳田国男的"山人"有着千丝万缕的联系。

偶像崇拜

偶像指用木头、土或金属塑造的神像。犹太教尤其禁止偶像崇拜，早期的基督教也曾开展过偶像禁止运动（反拜像之争）。

文化传播主义

文化传播主义产生于19世纪末20世纪初，认为文化并非是在一个民族内部独立发展形成的，而是由其他地方传播而来的。在文化传播主义出现以前，人类学家们在进化论的影响下，坚信所有民族的文化基本都是以相同的方式形成的。

首次对进化论观点提出质疑的是英国人类学家泰勒。泰勒运用统计学方法，证明了文化现象之间存在的相互关系。人文地理学家弗里德里希·拉采尔将文化要素分布绘制在地图上，认为文化是随着民族的迁移不断地传播开来的。如今，文化传播已经成为文化史研究的一部分，然而它也并不足以解释文化形成的全部过程。

通过礼仪（initiation）

在一些原始社会和未开化社会，少年少女成年之时，会被要求在一定的时间内通过某种困难的考验，以此作为他们被认可成人的标志。这种考验就称为"通过礼仪"（initiation）。

道化（trickster）

出现于世界各地的神话和民间传说中，擅长使用各种计策和骗术的恶作剧者，既有破坏性的一面，又有创造性的一面，与欧洲的小丑十分相似。

山口昌男的《道化的民俗学》等研究道化的著作出版后，trickster（道化）引起了学界乃至普通大众的兴趣。长久以来，在山口的"中心与边缘"理论中处于边缘地位的道化，对处于中心地位的人类社会起着一种活性化的作用。

《桃太郎之母》

石田英一郎于1956年出版的著作。桃太郎与金太郎等少年英雄为什么没有母亲？怀着这一疑问，石田展开了一系列的调查研究，发现正如希腊神话中的阿芙洛狄忒与厄洛斯是一对母子一样，桃太郎的背后也潜藏着类似古代地中海地区大地之母的形象。之后，石田又进一步考察了包括"圣母怜子"中怀抱耶稣遗体的圣母玛利亚在内的母子神信仰。

詹姆斯·弗雷泽

1854年生于苏格兰，父亲是一名商人，并且是虔诚的长老会派基督教徒。弗雷泽曾就读于格拉斯哥大学，后在剑桥大学主修民俗学和神话学。弗雷泽于1890年发表的经典著作《金枝》在世界范围内产生了极大的影响，众多的文学和影视作品都曾从中汲取灵感。据说日本民俗学家柳田国男也曾读过此书。

夸富宴

在卡尔·马克思提出了"交换"这一概念之后，以莫斯的《论赠予》为代表，关于人类社会的交换、交易、赠予问题成为研究的一大主题。马林诺夫斯基所论述的"库拉"概念，是一种使用贵重装饰品在诸岛间交换流通的形式，具有稳定社交的功能。而莫斯所研究的夸富宴，实则是一种竞争性的交换形式。社群中的赠答竞争越演越烈，最后人们甚至通过挥霍掉自己最贵重的东西来达到更高的夸富目的。

游牧民

游牧与农耕是平行发展的，还是牧农生活并存的团体，一段时间生活在欧亚大陆内部的草原地带，一段时间又迁移至海岸边的农耕地带形成的？对于这些问题，石田英一郎经过一系列细致认真的调查之后，认为是农耕社会的人们携带着羊等家畜迁移至草原地带，逐渐发展形成了游牧民。

神话学 ● Mythology ●

从希腊、罗马等古代民族的神话到未开化社会的神话，神话学的研究对象不断广泛化。异学科研究方法的引入，为神话学带来更为宽广的发展前景。

民间故事通常以"在很久很久以前……"作为开场白，具有较强的娱乐性色彩。传说讲述的是有一定事实根据的故事。相比较而言，以宇宙创始和人类起源为主题的神话，总是更加的天马行空而又富有宗教的神秘性色彩。阐明神话的起源和本质是一件极为困难的事，自古希腊以来，人们曾进行过无数次的尝试，直到18世纪，神话学才逐渐发展成为一门系统化的学科。

比较神话学研究方法

19世纪下半叶，以麦克斯·缪勒为代表的自然神话学派从比较语言学的研究方法入手，认为神是风暴和太阳等自然现象的人格化。然而，并不是所有神话的起源都能归结于自然现象，自然神话学派受到了安德鲁·朗格等学者的强烈批判。

朗格在将希腊神话等古代神话与未开化民族的神话进行比较时，获得了神话解读的新启示，发展出比较神话学的方法论，对之后的学者产生了深远的影响。

例如，乔治·杜梅齐尔对印欧语系各国的神话和宗教进行比较和分析，发现各国神话中普遍存在着三种等级结构：祭司、战士、生产者。杜梅齐尔将其命名为"三维功能性结构假说"。

进入19世纪后半叶，心理学领域也开始出现对于神话的研究。精神医学家西格蒙德·弗洛伊德提出，人类社会的心理现象在深层上实则反映了古希腊等神话中的故事。例如，男孩恋母仇父的倾向被称为"俄狄浦斯情结"，俄狄浦斯情结源于希腊神话中俄狄浦斯弑父娶母的故事。

卡尔·古斯塔夫·荣格从心理学的角度出发研究神话学，认为人类所共有的"集体无意识"是神话和梦的反映。他曾与出生于匈牙利的希腊古典研究者、神话学家卡尔·凯伦依合著出版了神话学方面的著作。

文化人类学的神话学

20世纪神话学的一大特征是与文化人类学的紧密联系。学者们通过田野调查的方法收集未开化民族流传至今的

神话学的发展历程

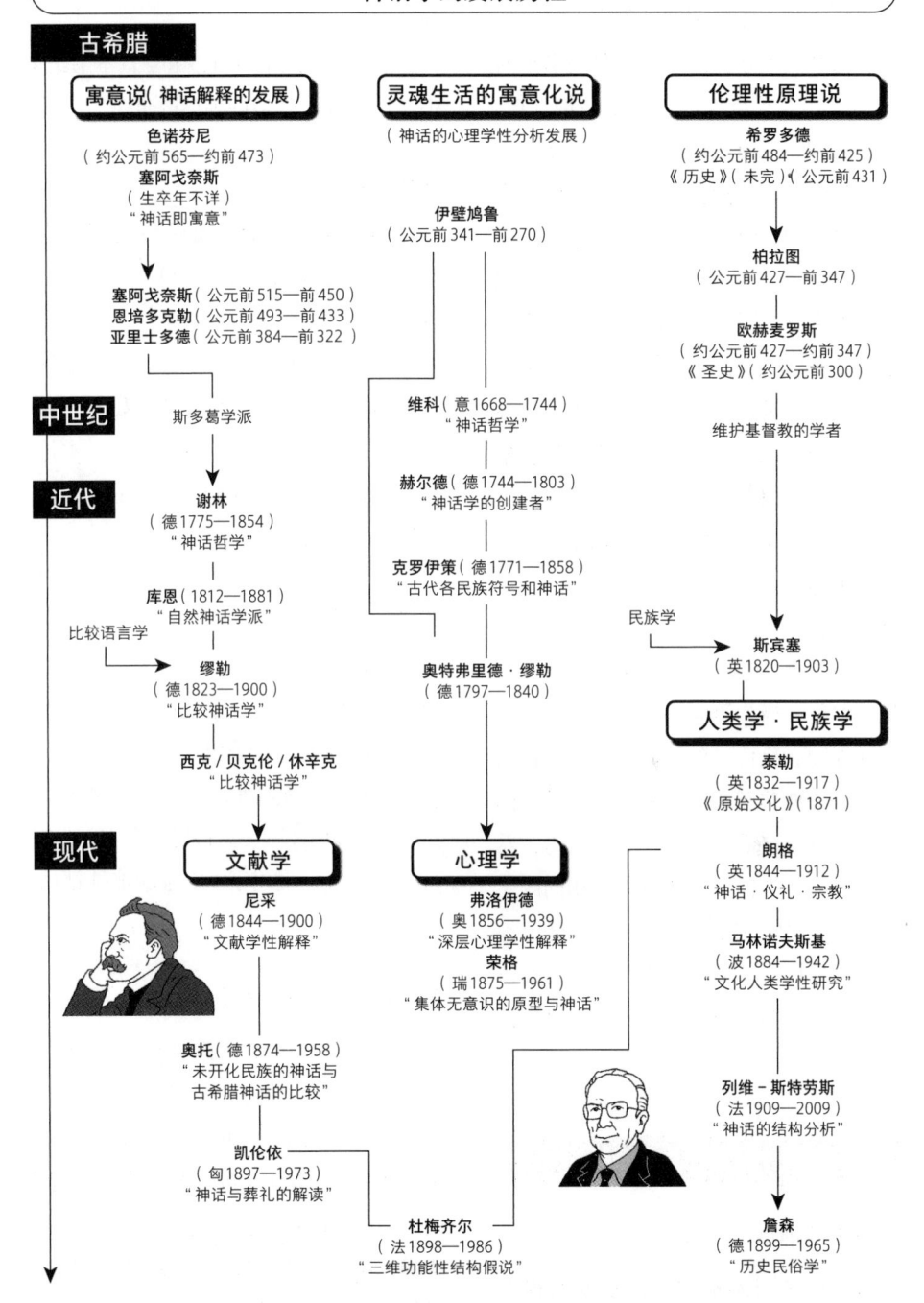

古希腊

寓意说（神话解释的发展）

色诺芬尼
（约公元前565—约前473）

塞阿戈奈斯
（生卒年不详）
"神话即寓意"

↓

塞阿戈奈斯（公元前515—前450）
恩培多克勒（公元前493—前433）
亚里士多德（公元前384—前322）

灵魂生活的寓意化说
（神话的心理学性分析发展）

伊壁鸠鲁
（公元前341—前270）

伦理性原理说

希罗多德
（约公元前484—约前425）
《历史》（未完）（公元前431）

↓

柏拉图
（公元前427—前347）

欧赫麦罗斯
（约公元前427—约前347）
《圣史》（约公元前300）

↓ 维护基督教的学者

中世纪

斯多葛学派

近代

谢林
（德1775—1854）
"神话哲学"

库恩（1812—1881）
"自然神话学派"

比较语言学

缪勒
（德1823—1900）
"比较神话学"

西克／贝克伦／休辛克
"比较神话学"

维科（意1668—1744）
"神话哲学"

赫尔德（德1744—1803）
"神话学的创建者"

克罗伊策（德1771—1858）
"古代各民族符号和神话"

奥特弗里德·缪勒
（德1797—1840）

民族学 → 斯宾塞
（英1820—1903）

人类学·民族学

泰勒
（英1832—1917）
《原始文化》（1871）

现代

文献学

尼采
（德1844—1900）
"文献学性解释"

奥托（德1874—1958）
"未开化民族的神话与
古希腊神话的比较"

凯伦依
（匈1897—1973）
"神话与葬礼的解读"

心理学

弗洛伊德
（奥1856—1939）
"深层心理学性解释"

荣格
（瑞1875—1961）
"集体无意识的原型与神话"

杜梅齐尔
（法1898—1986）
"三维功能性结构假说"

朗格
（英1844—1912）
"神话·仪礼·宗教"

马林诺夫斯基
（波1884—1942）
"文化人类学性研究"

列维－斯特劳斯
（法1909—2009）
"神话的结构分析"

詹森
（德1899—1965）
"历史民俗学"

神话故事，神话的解读开始建立在对当地文化进行整体把握的基础之上。

文化人类学大师列维－斯特劳斯对美洲大陆上各类神话进行了结构分析。其独特的研究方法突破了神话中单个因素的局限，以诸神间的关系等为出发点分析全体的逻辑性结构。

20世纪影响较大的神话学家还包括米尔恰·伊利亚德和约瑟夫·坎贝尔，伊利亚德是罗裔宗教学家、文学家，主要从神话和祭祀等方面进行世界宗教思想的比较研究。约瑟夫·坎贝尔出版了《千面英雄》等著作，其中的英雄神话概念为电影《星球大战》等作品提供了创作灵感。

从古代民族神话的比较，到未开化社会神话的比较，比较神话学也于20世纪取得了极为迅猛的发展。在关于民族迁徙和文化传播的研究中，洪水神话等世界各地共有的神话具有非常重要的意义。日本神话学家吉田敦彦认为，希腊神话与日本神话之所以具有相同的主题，是因为在亚欧大陆中心的草原地带，以乌拉尔·阿尔泰语民族为传播媒介，印欧民族曾与日本民族发生过神话上的交流。

入门者须知

海努韦莱神话

一位名叫海努韦莱的少女被谋杀之后，从埋有她尸体的土地中长出了食物和财宝。该神话广泛流传于东南亚地区。

在日本的《古事记》和《日本书纪》中，也记载了类似的神话故事。

女装英雄

神话中的英雄（死后为人所供奉的神与人之间的存在）男扮女装将对手打败。

女装英雄的神话并不罕见。北欧神话中的雷神索尔就曾假扮成新娘与偷其圣器的人结婚，趁机将其杀死。日本神话中的日本武尊，在刺杀九州的熊袭族首领时也是男扮女装。

乔治·杜梅齐尔

法国语言学家、神话学家。在比较神话学的研究中，以麦克斯·缪勒为代表的自然神话学派采用的是比较语言学的研究视角，而杜梅齐尔则是以诸神的功能体系为出发点，将神话研究与社会结构相结合，提出了"三维功能性结构假说"。

三维功能性结构假说

杜梅齐尔在对印欧神话系统进行考察时，发现这些神话的深层实际上反映了人类社会的三种等级：祭司（王和神职人员）、战士（贵族）、劳动者（农民）。印度的卡斯特制度也有这三种等级的意味，其中婆罗门是祭司、刹帝利是战士、吠舍与首陀罗则相当于劳动者

（平民和奴隶）。

吉田敦彦认为，日本天皇家族的三大神器：剑、镜、玺也同样反映了这种三维功能性结构。

厄洛斯与普赛克

厄洛斯相当于古罗马神话中的男神丘比特，象征着古代农耕社会中性的力量，曾于黑夜中与普赛克结合。"普赛克"在希腊语中，是"蝴蝶"与"灵魂"的意思。

凯伦依分析这一神话认为，蝴蝶和灵魂是一种轻盈往返于人间与阴间的意象。

锻冶神系列

希腊神话中，英雄奥德修斯曾因刺瞎了库克罗普斯（独眼巨人）仅有的一只眼睛，而受到独眼巨人的父亲海神波塞冬的惩罚。日本神话中名为天独眼神的锻冶之神也是独眼。此外，希腊神话中的火和锻冶之神赫菲斯托斯是位瘸腿的神。伊利亚德认为，在农耕之神出现以前就已经有了锻冶神，后来，锻冶神的地位不断遭到贬低，逐渐沦为了残疾之身。

凯尔特神话

主要残存于爱尔兰岛的凯尔特族神话。凯尔特民族在希腊语中被称为"Keltoi"，在拉丁语中称为"Celtae"或"Galli"。凯尔特人由多个不同的民族组成，他们之间有相似的语言、文化和宗教，却没有统一的政治形态，在部族战争和异民族同化的影响下，逐渐被淹没于罗马和北日耳曼世界，分散于现在的欧洲各地。

希腊和罗马神话是一个体系化的世界，众神们分工明确。然而凯尔特神话却是一个流动性的世界，众神、妖精、英雄、人类之间可以自由交流，自然界的生物与非自然界的生物都能进行各种神奇的变身。从本质上而言，凯尔特神话具有浓厚的灵魂不灭和生命轮回色彩。

洪水神话

指大洪水和洪水遗民再造人类的神话。如《旧约圣经》的《诺亚方舟》中，神为了惩罚堕落的人类而降下了洪水。洪水神话在世界各地广为流传，虽然说法不一，却有共通之处。印度神话中有这样一则轶话，人类的始祖摩奴在洗手时，一条小鱼游到了他的手上，摩奴将鱼养了起来，后因获得鱼的启示而在大洪水中幸免于难。

民俗学 ● Folklore ●

> 柳田国男所开创的日本民俗学，现在主要以社会风俗和文化为研究对象。

民俗学是一门通过研究传说、故事、习俗、祭礼、建筑物、生活用具、戏剧、舞蹈以及民谣艺能等传承于民间的有形或无形的民俗资料，探明该民族文化的学科。与文化人类学的区别在于民俗学主要以各自民族的文化为研究对象，古时称为"民间传承学"。

说起日本民俗学，不得不提柳田国男。柳田国男曾广泛收集流传于日本各地的民间传承和传说，出版了以《远野物语》为代表的多部著作。其核心概念之一是"常民"，柳田的常民指的是像农民这类不论在哪个时代都保持着稳定生活的民众。

柳田国男的身边聚集了多个学科的优秀学者，其中包括宗教民俗学家及国文学民俗学家折口信夫、黏菌学及博物学大家南方熊楠。此外，提出了"民具（平民的日常生活用具，也包括生产工具在内。民具是日本民俗学研究物质文化的核心概念之一。民具的主要范围包括衣食住行民具、生产用具、团体生活用具、宗教礼仪用具、娱乐游戏用具等。——译者注）"这一术语并以收集民具等方法进行民俗学研究的实业家涩泽敬三，也通过为各类野外调查提供资助等方式，成就了众多的民俗学家。

日本民俗学的发展

不同于历史学格外重视文献资料，对于民俗学而言，口头传承下来的传说故事，野外调查中的所见所闻，以及民具和艺能等非文字资料都是重要的研究材料。

以宫本常一等人为代表的民俗学家曾在日本各地的村庄进行野外调查，出版了大量的民俗志。在历史学上从未被当作史料对待的画卷开始得到他们的重视。这种活用图像史料的研究手法随后被历史学家纲野善彦和黑田日出男所继承。根据时间的变化对人类社会进行历时性研究的历史学也开始借鉴民俗学的研究方法。

当今的日本民俗学正处于一个巨大的转折时期，农村和山村作为传统民俗学的调查对象已发生变化，许多仪礼和习俗都在快速消失，进入20世纪70年代后半期，都市民俗学逐渐兴起。以现代社会的风俗和文化为研究对象的都市

民俗学的发展历程

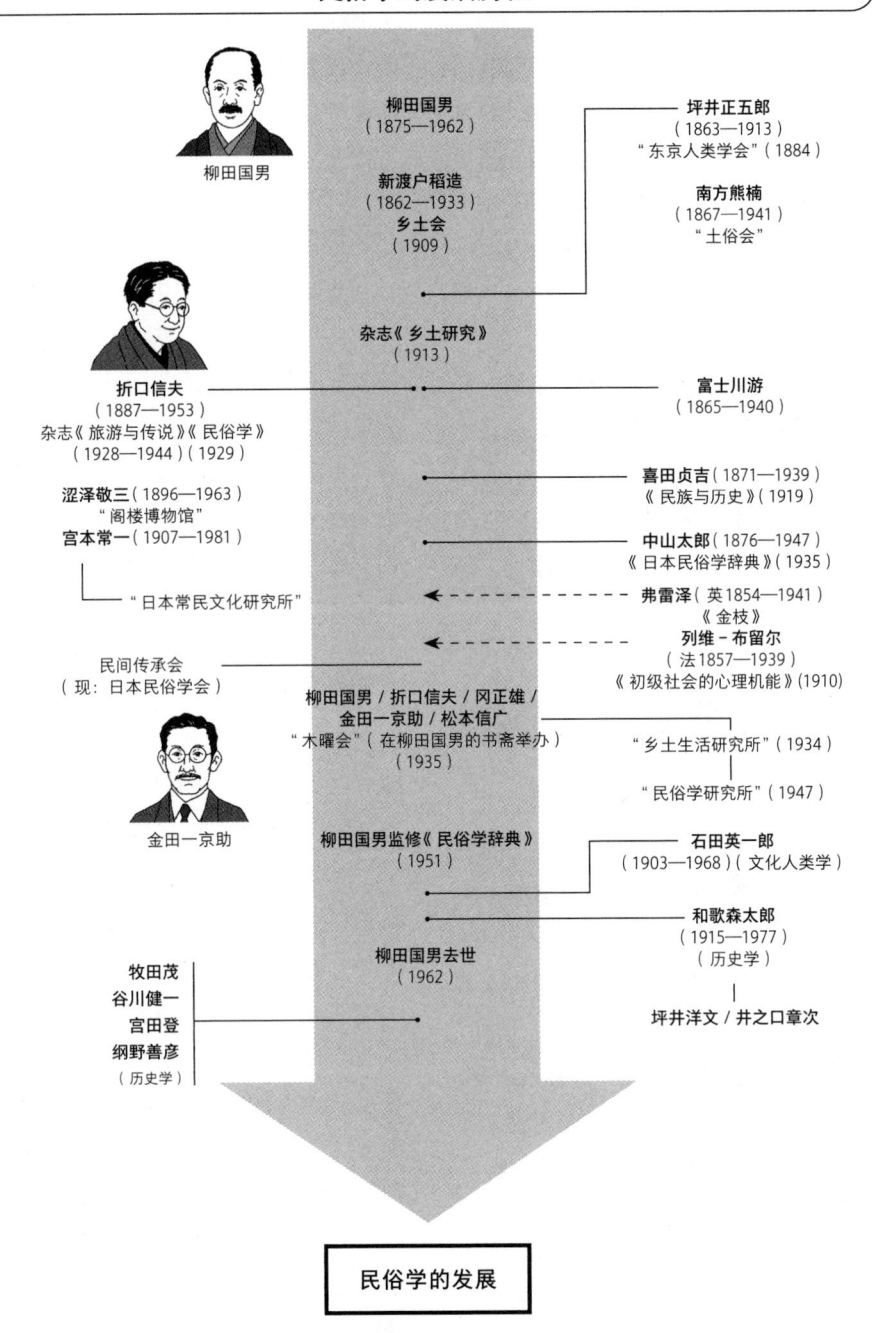

柳田国男

柳田国男
(1875—1962)

新渡户稻造
(1862—1933)
乡土会
(1909)

坪井正五郎
(1863—1913)
"东京人类学会"(1884)

南方熊楠
(1867—1941)
"土俗会"

折口信夫
(1887—1953)
杂志《旅游与传说》《民俗学》
(1928—1944)(1929)

杂志《乡土研究》
(1913)

富士川游
(1865—1940)

涩泽敬三(1896—1963)
"阁楼博物馆"
宫本常一(1907—1981)

喜田贞吉(1871—1939)
《民族与历史》(1919)

中山太郎(1876—1947)
《日本民俗学辞典》(1935)

"日本常民文化研究所"

弗雷泽(英 1854—1941)
《金枝》

列维-布留尔
(法 1857—1939)
《初级社会的心理机能》(1910)

民间传承会
(现:日本民俗学会)

柳田国男/折口信夫/冈正雄/
金田一京助/松本信广
"木曜会"(在柳田国男的书斋举办)
(1935)

"乡土生活研究所"(1934)

"民俗学研究所"(1947)

金田一京助

柳田国男监修《民俗学辞典》
(1951)

石田英一郎
(1903—1968)(文化人类学)

和歌森太郎
(1915—1977)
(历史学)

柳田国男去世
(1962)

坪井洋文/井之口章次

牧田茂
谷川健一
宫田登
纲野善彦
(历史学)

民俗学的发展

民俗学、环境民俗学、观光民俗学等新的研究领域不断形成。此外，民俗学还开始尝试与其他学科领域进行跨学科研究和交流。例如，2000年出版的《日本王权论》记录了民俗学家宫里登、历史学家纲野善彦以及社会学家上野千鹤子三人关于日本天皇王权的对话内容。

此外，民俗学研究进一步突破了以往以乡土研究为基础的"一国民俗学"的局限，摆脱了历时性研究的束缚，开始在与海外国家的比较中重新认识日本民族，促进了比较民俗学的兴起。日本的民俗学家们在超越学界泰斗柳田国男，推动新时代民俗研究的道路上，仍在进行着不懈的努力。

入门者须知

《月与永生》

日本全国各地均有"迎若水"的习俗，若水指的是人们在元旦早晨第一次打的水，人们相信若水能驱除一年间的晦气。此外，自古以来，日本就有饮了若水即可返老还童的"变若水"信仰，这种信仰又与"月夜见尊（又称月读命，是日本神话中的月神，据《万叶集》记载，变若水是月神之物。——译者注）"有着密切的联系。

曾在日本冲绳县和东北等地进行民俗学研究的俄国东方学家涅夫斯基在《月与永生》中介绍了有关永生之水的民间传说。人类不慎将神明赐予的永生之水弄洒，狡猾的蛇跳入了水中，从此人类无法逃避死亡而蛇却得到了永生。蛇会反复地蜕皮，月亮会从满月到新月不断循环，两者在循环重生这一点上正好吻合。

柳田国男

青年时期曾与田山花袋等人共同立志于文学创作，大学毕业后就职于农商务省，开始关注农民生活与乡间传承。柳田国男将从作家及民俗学者佐佐木喜善那里听来的日本东北地区的地方传承汇集起来，著成《远野物语》一书，开创了通过研究地方的传说与传承探明日本社会结构的日本民俗学。

《蜗牛考》

柳田国男的著作。柳田国男通过考察方言"蜗牛"一词在日本的分布情况，发现方言呈同心圆状向四周传播，提出了"方言周圈论"。在冲绳和东北等远离东京的地区以及一些少有文化交流的半岛上还残留着古语的痕迹。例如，在古代日语中，花读作"pana"，将"h"发成"p"的音，这样的发音方式现在依然存在于冲绳等地。柳田国男主张这种现象不仅适用于语言的研究，也可以拓展到对文化整体的解释上，他认为自古以来，语言、文化以及生活方式都是以东京为中心呈环形波纹状向日本全国传播的。

折口信夫

折口信夫的著作涉及国文学（日本文学史概念。指日本本国的文学，亦指研究日本文学的学问。——译者注）、宗教学、艺能史等众多领域，因此不能仅将他定位为民俗学家。折口信夫的研究成果中，最广为人知的是"客人论"、物语文学的基本类型"贵种流离谭"（幼神或者神一般高贵的人因故被流放，不得不离开神的世界或都城，经历众多苦难后重新作为神被景仰或者在现世再次飞黄腾达。折口信夫将这种类型的物语命名为贵种流离谭。——译者注）以及《万叶集》的口语化翻译等，此外，他也有许多对于天皇一族的仪礼和古代宗教的考证。

客人论

简单来说，"客人"的原型是从遥远的异乡来访，给人们带来丰收的祝福后离去的神。折口信夫认为祭祀是对客人来访的再现，挨门念经的乞讨者和说唱祭文的艺人（僧侣或法师挥舞着锡杖，吹着螺号，诵祭文，挨门说唱。江户时代形成了以三味线伴奏的街头说唱艺术。——译者注）等云游僧侣身上也有着客人的痕迹。然而，文化人类学家、民俗学家小松和彦的"杀异人"理论，则认为外来者并非受到了人们的欢迎，而是遭到了排挤。

游女考

中山太郎认为游女起源于侍奉神明的巫女，她们为来访的神明提供性方面的服务。折口信夫也曾阐述过"一夜妻"的习俗，人们将远道而来的旅人看作是神明，让自己的妻子侍奉这些宾客。然而，法治史学家泷川政次郎则主张游女是与木偶师样的艺人结伴，游走于一定居民社会的卖身女，她们是朝鲜半岛上身份极其低微的"白丁"的后代。关于游女的起源及身份至今还未有明确的结论。

人文科学		
社会科学		
自然科学		
文化艺术		

日本民俗学门类

民俗学
- **民间传承研究**
  - ●口承（无文字的传承）
    [昔话][传说][民间故事][谚语][史诗]等
  - ●文献（文字化的传承和物语）
    [神话][祷词][歌谣][和歌][传说]
    [日记][物语][戏曲][古记录]
    [画卷][风俗画]等

- **习俗研究**
  [信仰][冠婚葬祭][疾病·治疗]
  [占卜][祭祀][游戏][性][年中活动]
  [社会制度·结构]

- **产业社会研究**（社会结构与时代变迁）
  [劳动与生产][交换][消费]
  [财富掠夺]

- **非定居民研究**
  [艺能][卖春][男色][山民·山窝人]
  [贱民阶层的社会结构]

- **乡土史研究**

- **生活全貌研究**
  [住居][饮食][服饰][工具]等

- **田野调查**（实地调查）

- **关联学科**
  - ●表现学（研究现代风俗）
  - ●民族艺术学（研究民族艺术）
  - ●民间工艺学（研究民具）
  - ●文化人类学（与民族学的比较研究）

考古学 ● Archaeology ●

考古学的起源

考古学始于对古代的研究，以发掘调查为基础，逐渐发展为一门实证性学科。

提起考古学，很容易让人想到《对古代的热情》这部自传的作者谢里曼。谢里曼本是一名成功的商人，后弃商治学，用积攒的资产在土耳其的希拉利克山丘进行考古发掘，成功证明了特洛伊文明的真实存在。除此之外，谢里曼还发现了迈锡尼遗址，揭开了爱琴文明研究的序幕。作为近代最伟大的考古学家，谢里曼的研究体现了在发掘调查的基础上进行实证这一考古学特性。

荷马所著的《伊利亚特》是古希腊最古老的史诗，描写了古希腊军队与对岸的特洛伊军队之间一场持续10年的战争。这场战争一直被人们看作是神话，没有人相信它是真实存在的历史。然而，曾在少年时代读过这部史诗的谢里曼却在特洛伊遗址层层堆积的土壤中，发掘出了在战争中被破坏的陶器类文物。这一发现，使得神话中的特洛伊战争有了真实存在的可能性。

根据德国史学家奥特弗里德·缪勒的记述，由于在古希腊史的研究方面广泛使用着神话传说，因此考古学最初是为了研究政治、艺术以及美术文物，与"发掘"这类实地操作并无关系。

以古典学形式发展起来的欧洲考古学，在文艺复兴运动和大航海时代潮流的影响下，逐渐形成了学科雏形。15世纪时，人们开始关注古代遗址。到了16世纪，王侯贵族们开始热衷于古董和美术作品的收藏。17世纪人们开始建造博物馆和美术馆，并于18世纪中叶建成了大英博物馆。德国艺术史家温克尔曼被庞贝遗址的发掘所激励，对古希腊和古罗马的艺术品进行了科学性分析，著成《古代艺术史》一书，开创了以实物研究古代艺术的新途径。缪勒在其于1830年整理出版的《艺术考古学手册》中，开始使用"考古学"（Archaeology）这一术语。

丹麦国立博物馆馆长克里斯蒂安·汤姆森曾按照材质的不同对刀剑文物进行分类，并在《北方文物陈列指南》（1836）中提出了将人类历史划分为"石器时代""青铜时代""铁器时代"的三段分期法。其后，汤姆森的弟子延斯·雅各布·沃尔索通过实地发掘和调查证实了三段分期法的合理性。不仅如此，他也继承了老师的衣钵，担任过丹麦国立博物馆馆长，并且证明了贝冢是人造形成而非自然堆积之物。师徒二人皆以考古学家的身份名扬后世。

虽然自古以来，人类就对埋藏于地下的古建筑和出土的文物充满好奇心，但直到不再依据基督教的教义把它们当作是"神造之物"放置不管，而是对其进行系统化的调查和记录之后，考古学才作为一门学科正式成立。

特别是随着克里特岛和迈锡尼遗址的发掘，对于古代晚期的研究成为考古学的一大方向。古希腊雕塑和瓶画的出土，推动了包括古希腊在内的地中海文化研究的进一步发展。

考古学的发展

考古学的研究范围从古希腊文明、基督教文明，扩大到整个亚洲地区，研究手法和领域也随之多元化。

19世纪以后，古地中海地区作为欧洲文明的发祥地引起了人们的研究兴趣。盛行于这一时期的中东考古学，主要关注的是埃及以及幼发拉底河与底格里斯河流域的中东地区。此外，以欧洲人的根本性宗教——早期基督教的文化和艺术为研究对象的基督教考古学也逐渐发展起来。

例如，在基督教出现以前，古罗马士兵间曾流行过一种名为密特拉的宗教。该宗教发源于中东地区，其神庙遗址遍布现在的欧洲各地。虽然有说法认为，密特拉教的神庙大多是被基督教徒破坏的，但密特拉教神庙设有地下礼拜堂等特点又与早期基督教十分相似，因此关于两者的比较研究也受到了人们的重视。

此外，基督教的发源地古代犹太也是人们关注的焦点。始于16世纪的希伯来考古学、圣经考古学等学科逐渐盛行。1947年，一名贝都因族少年在巴勒斯坦境内死海岸边的一座洞穴里发现了"死海古卷"。对于死海古卷的发现，不仅是希伯来考古学家和圣经考古学家，全世界都为之震撼。然而最初，人们甚至都不知道这些古卷的年代究竟有多么古老。

正如美国东方研究院院长奥尔布赖特所感叹的那样，诸多考古学家和历史学家对死海古卷的真伪表示怀疑，就像曾经对待谢里曼与德国考古学家德普费尔德等人发掘出的特洛伊遗址一样，他们不愿意接受死海古卷的可信性。死海古卷甚至引发了国家和宗教方面的诸多争论。因此，对发掘和发现的考古学史料的科学研究以及全世界范围内的公布，直到20世纪下半叶才陆续展开。

19世纪下半叶，瑞典的考古学家奥斯卡·蒙特柳斯为考古材料的编年和相对年代的确定做出了巨大的贡献。在方法论方面，蒙特柳斯首创类型学编年法，为近代考古学的确立做出了卓越的贡献，其丰硕的成果在全世界范围内产生了深远的影响。

随着语言学界对印欧语言的研究不断取得进展，印度史前考古学也开始进

考古学的确立

欧洲史前学

汤姆森
（丹 1788—1865）
"三段分期法（石器时代、青铜时代、铁器时代）"

拉尔泰
（法 1801—1871）
"石器时代研究"

莫尔蒂耶
（法 1821—1898）
"地层学研究法的确立"

卢伯克
（英 1834—1913）
"旧石器时代与新石器时代的区分"

雅克·德·摩根
（法 1857—1924）
"中石器时代的提出"

古典考古学

"石器时代研究"

温克尔曼
（德 1717—1768）
《古代艺术史》(1764)

谢里曼
（德 1822—1890）
"特洛伊遗址的发掘"

达尔文
（英 1809—1882）
《物种起源》(1859)

蒙特柳斯
（瑞 1843—1921）
"类型学研究法的确立"

东方研究

（埃及学·亚述学）

商博良
（法 1790—1832）
"象形文字的解读"

罗林森
（英 1810—1895）
"楔形文字的释解"

摩尔根
（美 1818—1881）
《古代社会》(1877)

史前时代五段分期法
（铁器·青铜器·新石器·中石器·旧石器）

考古学基本方法的确立

莫斯
（法 1872—1950）
《论赠予》(1925)

→ **文化人类学**

柴尔德
（澳 1892—1957）
《欧洲文明的曙光》(1925)

J. G. D. 克拉克
（英 1907—1995）
"民族志调查"

利比
（美 1908—1980）
"放射性碳年代测定法"

一般系统论·统计学

宾福德（美 1931—2011）
"新考古学"

入人们的视野。印欧语言民族入侵印度之前的古印度文化面貌逐渐明朗，古印度文化与美索不达米亚等西亚文化间的相似性得到了证明。

亚历山大大帝的东征曾使希腊艺术传播到了丝绸之路上的国家。犍陀罗等遗址的发掘，对人们研究印度佛教艺术的起源、发展以及在周边地区的传播状况具有重大的意义。

以欧洲的考古学家为主的调查研究，逐渐扩展到包括古代中国文化在内的整个亚洲地区。面向新大陆地区的美国考古学也逐渐发展起来。在这种情况下，科学性证明的重要性越来越受到人们的重视。

值得一提的是，欧洲的考古学主要是对史前时代的一般考古性研究，美国的考古学则充满浓厚的人类学色彩。

日本考古学

日本近代考古学始于以补充文献为

考古学与关联学科

人文科学类
- 民族(俗)学
- 语言学
- 宗教学
- 艺术学
- 文化人类学
- 经济人类学
- 社会人类学
- 美术史学
- 行为心理学
- 经济史学
- 文献史学
- 建筑史学
- 技术史学

自然科学类
- 体质人类学
- 古生物学
- 矿物学
- 动物学
- 植物学
- 化学
- 天文学
- 土壤学
- 生态学
- 气象学
- 物理学
- 文物保护学
- 放射物理学
- 统计学
- 分子生物学
- 地质学

考古学

领域

目的的发掘调查。1871年，莫尔斯发现了绳纹时代的贝冢，正式拉开了日本近代考古学的序幕。

在日本，长期以来，考古学都是文献学的补充性存在，主要通过发掘资料进行历史研究，被当作是历史学的一个分支学科。例如，1692年，《大日本史》的编纂者德川光圀对栃木县5世纪时的前方后圆坟进行调查，这是日本的首次古坟发掘。在德川幕府统治末期，幕府组织了对天皇陵墓的发掘调查。

1877年，美国动物学家爱德华·S.莫尔斯在日本东京的大森一带发现贝冢，由此揭开了日本近代考古学的序幕。人们把大森贝冢出土的陶器称为"绳纹式陶器"，这就是"绳纹"的由来。此后至今的一百多年间，依据考古学的发现和出土文物而形成的日本历史，由于其发现和出土的顺序与实际的年代顺序并不一致，甚至在旧石器时代的研究发掘上曾出现过"捏造的发现（日本考古界轰动一时的考古作假案。据日本考古协会特别委员会公布的最终报告显示，日本东北旧石器文化研究所原副理事长藤村新一参与的162处旧石器遗迹挖掘纯属捏造。——译者注）"。这一重大事件使得一度成为定说的日本人类史发生倒退。然而，在莫尔斯发现了贝冢之后，日本考古学总体上保持着向前发展的态势。放射性碳年代测定法等科学方法开始被运用于考古学的研究，仅绳纹时代就可被分为草创期、早期、前期、中期、后期、晚期6个时期。

日本历史的研究重点包括以绳纹陶器的花纹类型命名的绳纹时代、以水稻和金属的出现为划分标准的弥生时代、农耕的起源、邪马台国的位置、古坟时代与大和王权、大和王权与地方王权的关系、日本最古老的文字、朝鲜半岛与日本的关系等。考古学与文献性历史研究始终保持着并行发展的密切关系。

特别是考古学能够提供真实的文物这一点，在历史性概念的确认上，发挥着为文献和假说提供证明的重要作用。随着科学技术的进步，新的发掘和发现不断出现，虽然因此使得一些定论有了随时会被推翻的可能，但这也是考古学最为吸引人的魅力之处。

例如，因在陶器底部发现了附着的植物种子，人们曾断定稻作起源于弥生时代。但根据新的测定发现，早在绳纹时代末期就已经出现了农耕。然而近年来，在全球考古学界的研究中，比起农耕的出现年代问题，更为关注的是农耕在日本绳纹时代并非必不可少这一奇特的现象。这种研究视角的特殊性和深奥性也是考古学所独有的特征之一。有关邪马台国的位置问题，从铜剑、铜矛、特别是铜铎的分布情况，或是从来自中国的舶载镜（有争议）"三角缘神兽镜"的出土地等角度，曾流行过很多"有力的说法"，但目前为止都还没有足够的证据，这一点也十分有趣。

关于邪马台国的所在地，长期以来

存在着"九州说"与"近畿说"两种争论。1989年，考古学家在日本佐贺县的吉野里遗址发现了大规模的环壕聚落，其中包括瞭望台、仓库群以及日本最大规模的坟丘墓等遗址。一时之间"九州说"占据了压倒性的优势地位。然而2011年，考古学家在奈良县樱井市的缠向古坟，于建造年代为3世纪上半叶的大型建筑物，即疑是"卑弥呼寝宫"东边约5米处，又发现了另一座大型建筑物遗址的一部分，并判定其建造年代在3世纪以后。目前还没有发现确切的证据，研究仍在进行中。

始于江户时代的日本考古学，在近年来的一系列调查发掘中，特别是青森县三内丸山遗址的发掘，推翻了之前关于绳纹时代的诸多定论。日本各地新出土的青铜器，刷新了弥生时代青铜器的分布图。缠向遗址的发掘使有关邪马台国的争论更加白热化。

虽然进入明治时期后，绝大多数的古坟都因政府以"皇室陵墓"为由被禁止发掘，但是在"二战"后，调查发掘工作又重新步入了正轨。其中最引人注目的成果是1972年考古学家在高松冢古坟发现的壁画"女子群像"和"四神图"。其鲜艳的色彩和精细的画工令人叹为观止，很快就被指出与古代朝鲜的高句丽古坟壁画具有相似之处。

此外，考古学家于1983年在飞鸟地区的龟虎古坟石室内发现了绘有玄武的彩色壁画，这是继高松冢古坟之后发现的第二座有大陆风格壁画的古坟，一时之间成为人们关注的焦点。1998年考古学家们进一步发现了青龙、白虎、天体图等壁画，2001年又发现了朱雀图和十二生肖像。龟虎古坟是日本与大陆文化交流方面的重大发现，为新假说的出现带来了发展空间。

古代飞鸟和藤原京的天皇足迹以及都城的制度设计，进一步证实了古代日本与中国和朝鲜半岛之间的联系。中世纪研究也有了新的发现，如战国时代（一般指日本室町幕府后期到安土桃山时代的这段历史。——编者著）的武士之馆、连接各地的街道以及人们的生活面貌等。文献史学、历史地理学、考古学互为补充的研究方法逐渐形成。

然而，日本考古学依然存在着一些有待调查发掘的谜题，如天皇陵墓、海底遗迹等。

入门者须知

谢里曼

在荷马所著的、世界上最古老的史诗《伊利亚特》中，记载了一座名为特洛伊的传说之城。为了夺回王后海伦，希腊曾与特洛伊爆发了一场长达10年的战争，最终，希腊军队凭借著名的"特洛伊木马"之计一夜之间攻下了特洛伊城。因为被毁灭的特洛伊城别名"伊利昂"，因此这部史诗被命名为"伊利亚特"。

考古学门类

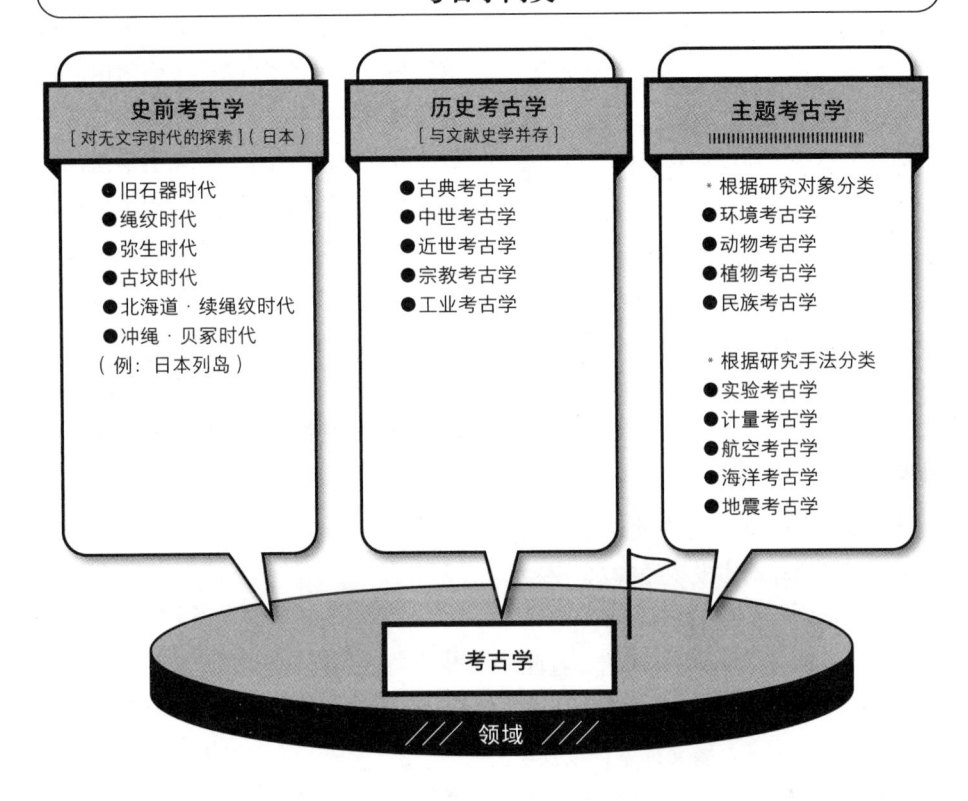

史前考古学
[对无文字时代的探索]（日本）
- 旧石器时代
- 绳纹时代
- 弥生时代
- 古坟时代
- 北海道·续绳纹时代
- 冲绳·贝冢时代
（例：日本列岛）

历史考古学
[与文献史学并存]
- 古典考古学
- 中世考古学
- 近世考古学
- 宗教考古学
- 工业考古学

主题考古学
* 根据研究对象分类
- 环境考古学
- 动物考古学
- 植物考古学
- 民族考古学

* 根据研究手法分类
- 实验考古学
- 计量考古学
- 航空考古学
- 海洋考古学
- 地震考古学

考古学

领域

有一位阅读过这部史诗的少年，在长大成为富有的商人后，发掘了这座特洛伊城，这位少年就是谢里曼。有关发掘特洛伊城的详细内容记载在他的自传《对古代的热情》中。谢里曼从地下深层挖掘出了带有战火焚烧痕迹的陶器类文物，从而印证了《伊利亚特》所记载的战争是真实发生过的，而不是人们此前所认定的神话传说。然而，由于谢里曼的发掘工作缺乏专业的考古学知识，直到很久以后，他的卓越贡献才得到了学界的认可。

古文字释解

在谢里曼发现了特洛伊遗址之后，伊文思进一步继承了他的工作，将所发现的古希腊文字体系分为"线形文字A"和"线形文字B"两种。

无数的语言学家都曾挑战过对这种文字进行释解，却均以失败告终，最终成功将其释解的竟是一位名为文特里斯的建筑学家。文特里斯与柴德威克成功释解了"线形文字B"，"线形文字A"至今尚未释解成功。

罗塞达石碑

1799年，拿破仑的埃及远征军在尼罗河支流河口的罗塞达发现的石碑，现存于大英博物馆。碑文由两种文字三种字体刻成，包括埃及象形文字（圣书字）、俗体文（民众文字）和古希腊文。1822年，法国的古埃及学家商博良根据此碑成功破解了象形文字，为之后大量埃及文文献释解工作提供了重要的线索。

死海古卷

指1947年，在死海西北岸希尔巴特的库姆兰遗址周边发现的972份手稿的总称。死海古卷的发现震惊了当时全世界的犹太教学者和基督教学者。在此之前，最古老的犹太教圣经是亚历山大里亚地区的七十子希腊文译本，以及4世纪的哲罗姆拉丁文译本。而在死海古卷中却发现了以犹太人的希伯来文著成的圣经，虽然此前也曾出现过名为马所拉本的希伯来文圣经，但该版本的形成年代却是比死海古卷晚了约1000年的9世纪。截至目前，已经从11个洞穴中发掘出了约900份古文献（包括残篇），死海古卷的解读工作目前仍在进行中。

骑马民族征服王朝说

日本学者江上波夫提出的著名假说。江上波夫通过分析人类学和考古学方面的史料，认为日本的天皇一族，是通古斯语游牧民族经由朝鲜半岛到达日本，征服了当时的日本民族后形成的。考古学家佐原真，以日本没有养马的游牧民族中常见的"阉割"习俗为由，认为骑马民族并没有到达过日本，与江上波夫展开争论。江上波夫富有浪漫色彩的骑马民族征服王朝说，吸引了大批历史学和考古学爱好者。自该学说发表后50余年来，其不完备之处经历了多次的质疑、修正和补充，尽管学界仍对其持强烈的怀疑态度，但它作为一种广泛流传于民间的学说，至今依然有着较强的生命力。

江上波夫

考古学家，东方史学家。生于日本山口县，毕业于东京大学东方史学科。曾任东京大学东方文化研究所所长、日本东方学会会长、东亚史学会会长、日本考古学协会委员长等。江上波夫常年在从亚欧大陆北部到西亚的各地开展实地调查，致力于匈奴文化、东西方文化交流，以及亚洲各地民俗和文化的形成等研究。著作有《欧亚大陆古代北方文化》（1950）,《江上波夫著作集》（全12卷，1984—1986）等。

三内丸山遗址

位于日本青森市的三内丸山遗址，建成于至今约四千至五千年前的绳纹时代中前期，是日本规模最大、年代最早的绳纹遗址。

早在日本江户时代，山崎立朴在

《永禄日记》中就记载了这处遗址。之后，虽然也曾有过几次学术性的调查发掘，但直到1992年青森县政府决定在此修建青森县立棒球场时，才在建设前期的调查中发现了这处相当于七个东京巨蛋规模的、日本最大的聚落遗址。

在挖掘出的遗址中，有用直径一米左右的栗木建成的大型立柱式建筑，成人和儿童的墓葬，以及竖穴式住居，等等。

据称，这个聚落在鼎盛时期，大概有100栋可供5000人生活、居住的房屋。有关该聚落的具体情况目前还在研究中。

缠向遗址

在日本奈良县樱井市三轮山的山麓地区，有疑是卑弥呼之墓的箸墓古坟、缠向石冢古坟、胜山古坟、hokeno古坟、矢冢古坟等古坟和遗址，统称为"缠向遗址"。

由于出土的陶器中有相当一部分是来自多地的外来陶器，且土木工具的出土量大于农具，加之该地区被看作是前方后圆坟的发祥地，因此有观点认为缠向遗址是早期大和政权所在地。

社会科学

SOCIAL SCIENCE

政治学

经济学

社会学

法学

教育学

统计学

企业管理学

政治学 ● Political Science ●

政治理论的确立

摆脱了神学的束缚，以人性为基础的国家理论逐渐形成。

虽然古希腊历史学家希罗多德的《历史》和修昔底德的《伯罗奔尼撒战争史》都在一定程度上表现出了对于政治的关心，然而政治学真正意义上的开创者是古希腊的柏拉图以及《政治学》的作者亚里士多德。

柏拉图的《理想国》和亚里士多德的《政治学》，论述了作为政治和宗教共同体的城邦的运作以及市民参与城邦政治的目的。对于柏拉图和亚里士多德而言，政治学是一门探讨"善"和"正义"的科学，因此他们认为政治学是最具权威性的科学。

中世纪时，政治学主要围绕着"神学国家观"展开争论，认为国家是神的意志的体现。然而，在经过了文艺复兴和宗教改革之后，经验主义思想广泛传播，政治思想实现了与近代政治学相关的一系列转变。意大利的马基雅维利在《君主论》中主张，政治的本质是自私自利的人类建立统治秩序的过程，提出了作为政治技巧和策略的"马基雅维利主义"。

马基雅维利首次以内在的"国家理性"认识君权，实现了君权与神权的分离。由此，政治摆脱了规范性道德体制的束缚，开始向近代政治学过渡。

英国的托马斯·霍布斯彻底摆脱了宗教性伦理思想的束缚，认为由于人人都拥有平等的自然权利，在利己本性的驱使下必将引发"一切人反对一切人的战争"，为了防止战争的爆发，人类在理性的帮助下，订立契约建立起了和平的社会秩序。霍布斯的思想为社会契约论的发展做出了先驱性的贡献，被誉为近代政治学的开创者之一。

英国政治学家约翰·洛克强调社会契约的重要性，认为个人将自己的生命、自由、财产等自然权利的保护权委托给国家，国家必须实现立法机关和执法机关的权力分立。同时，洛克主张如果政府违反了社会契约，那么人民也拥有将其推翻的"革命权"。

法国的让－雅克·卢梭所倡导的直接民主主义，为法国大革命奠定了理论基础。霍布斯、洛克、卢梭等"近代自然法"思想家相继发展了"社会契约论"，认为人类在形成国家之前处于一种"自然状态"，为了结束这种状态，人们通过订立"社会契约"组成了国家。卢梭等人从人类的角度出发研究政治的起源，提出了全新的政治观，强调政治

政治理论的确立

<希腊>

（公元前8世纪） 荷马
（公元前5世纪） 希罗多德
（约公元前484—约前425）
修昔底德
（约公元前460—约前400）
"政治史"

[智者派]　　　　　　　　　　**伦理学政治观**　　　　　　　　　孔子
　　　　　　　　　　　　　　　　　　　　　　　　　　　　　　（约公元前551—前479）

　　　　　苏格拉底　　　　柏拉图　　　　亚里士多德　　　　　墨子
（约公元前469—前399）（公元前427—前347）（公元前384—前322）（约公元前470—约前390）
　　　　　　　　　　　　　"理想政治"　　"人是天生的政治动物"

<罗马>

[斯多葛学派]　西塞罗　　　塞涅卡
（公元前106—前43）（约公元前4—公元65）

<中世纪>

神学国家观

（文艺复兴人文主义）
（宗教改革）
　　　　　　　　　　奥古斯丁（354—430）
　　　　　　　　　　托马斯．阿奎那（意约1225—1274）

　　　　　　马基雅维利　　　博丹
　　　　　　（意1469—1527）（法1530—1596）
自由主义　"马基雅维利主义"　"主权概念"

霍布斯
（英1588—1679）
"一切人反对一切人的战争"
洛克
（英1632—1704）
"三权分立"

民主主义

卢梭
（法1712—1778）
"普遍意志"

马克思主义　　　　　　　　　**德国理想主义**

边沁
（英1748—1832）
"功利主义"
密尔
（英1806—1873）
《论自由》（1859）

马克思
（德1818—1883）
恩格斯
（德1820—1895）
"阶级斗争"

康德
（德1724—1804）
"共同意志"
黑格尔
（德1770—1831）
"欲望体系"

学发展的必要性，认为政治存在的意义乃是为了维护人类的利益。

政治理论的发展

随着资本主义的发展，马克思主义和自由民主主义政治理论广泛传播。

"马克思主义"政治经济理论对19世纪至20世纪上半叶的世界资本主义的发展和矛盾的分析，堪称是对时代全貌的最精准把握。俄国的弗拉基米尔·列宁理论化地发展了马克思主义，使其适用于推翻俄国资本主义及帝国主义的国际形势。列宁主义推动了俄国革命的成功，为世界工人运动和各殖民地的民族解放运动提供了理论指导。

另一方面，为了对抗急速发展的马克思主义运动，西欧各国中原本在思想理论上互不相容的自由主义与民主主义走向和解，形成了"自由民主主义"。在英国工人阶级取得了参政权的背景之下，托马斯·希尔·格林看到了自由放任主义的局限性，作为改良的方法，格林认为在保障个人的政治性和社会性自由的基础上，对于经济自由所带来的弊端，国家有责任进行政策上的干预。

随着资本主义的发展，社会利益关系逐渐复杂化，除工会组织外，消费合作社、农业合作社、妇女联合会等社会团体也相继成立。在英国，各类社会团体的发展尤为迅猛，基尔特社会主义主张建立生产者联合会，实行产业自治，而韦伯夫妇的社会主义则提倡建立消费合作社以对抗基尔特社会主义，形成了"社会民主主义"理论。

英国的欧内斯特·巴克和哈罗德·拉斯基指出，既然这些社会团体各自都有一定的政治权力，那么国家与社会团体间就应该是一种平等地位。在此基础上，巴克与拉斯基提出了"多元国家理论"，认为国家只是各社会团体的协调者，他们否认在政治现象中国家的绝对性，更加强调各社会团体所发挥的政治性功能。巴克与拉斯基的思想改变了以往以国家和政府的制度为中心的政治学，拓宽了研究的对象和方法。

在德国，虽然存在着一门从制度或法律的角度分析政治现象的"国家学"，然而由于德国的市民社会形成较晚，政治学也迟迟未能从国家学中独立出来。唯一值得一提的是，马克斯·韦伯创立了以"理想类型"为基础的社会科学方法论。韦伯十分重视宗教理念和民族精神，强调合理性及官僚式统治的必要性，为近代政治学带来了深远的影响。

现代政治学

兴起于美国的实证性政治行为论和政治过程论等理论，成为引领现代政治学发展的主流思潮。

在英国和美国社会，随着教育的普及和民众选举权的扩大，民众期待着自由民主主义的到来，然而这种源于19

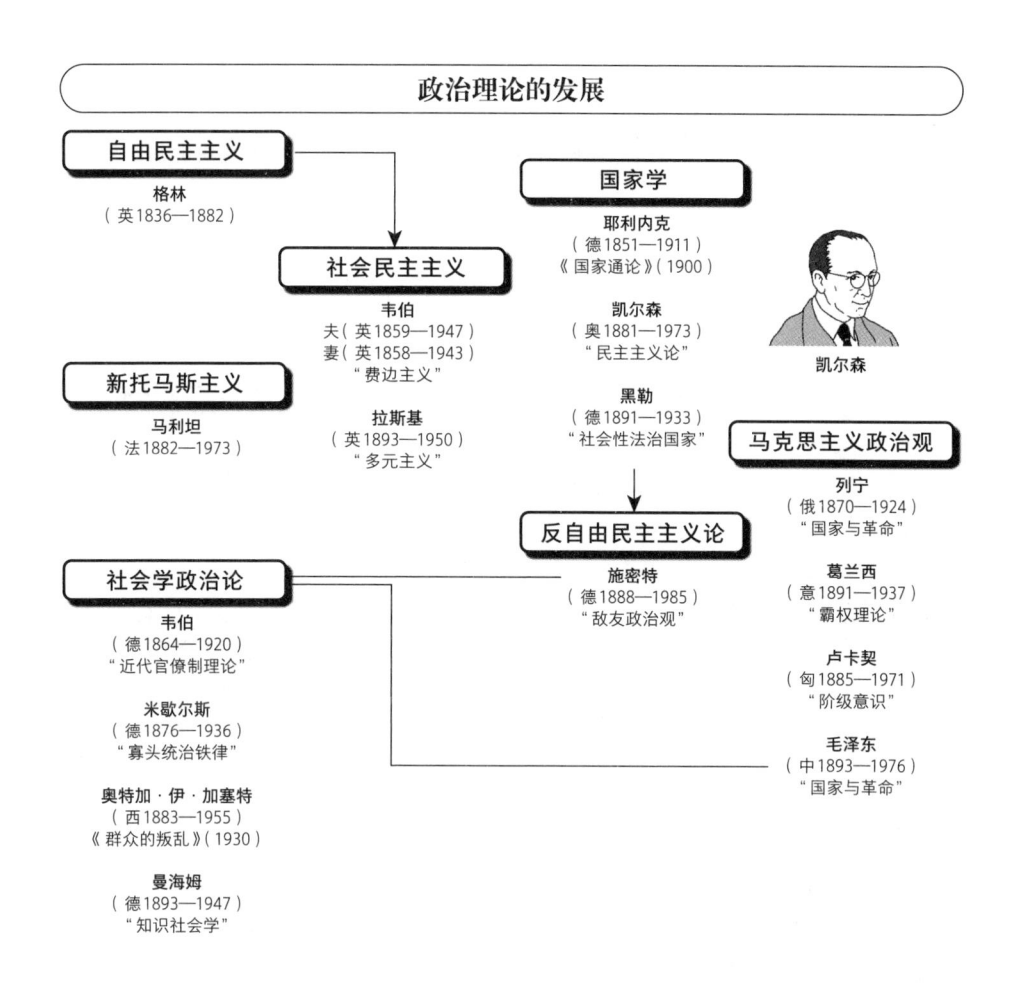

政治理论的发展

自由民主主义
格林
（英1836—1882）

国家学
耶利内克
（德1851—1911）
《国家通论》(1900)

凯尔森
（奥1881—1973）
"民主主义论"

社会民主主义
韦伯
夫（英1859—1947）
妻（英1858—1943）
"费边主义"

拉斯基
（英1893—1950）
"多元主义"

新托马斯主义
马利坦
（法1882—1973）

黑勒
（德1891—1933）
"社会性法治国家"

马克思主义政治观
列宁
（俄1870—1924）
"国家与革命"

反自由民主主义论
施密特
（德1888—1985）
"敌友政治观"

葛兰西
（意1891—1937）
"霸权理论"

社会学政治论
韦伯
（德1864—1920）
"近代官僚制理论"

米歇尔斯
（德1876—1936）
"寡头统治铁律"

卢卡契
（匈1885—1971）
"阶级意识"

毛泽东
（中1893—1976）
"国家与革命"

奥特加·伊·加塞特
（西1883—1955）
《群众的叛乱》(1930)

曼海姆
（德1893—1947）
"知识社会学"

凯尔森

世纪的乐观主义精神，很快就遭到了来自现实的沉重打击。在这种社会环境之中，数量庞大的民众开始产生虚无感，对投票失去了积极性，不再关心政治问题。而善于操纵媒体的独裁者们却越来越受到人们的支持。在这种背景之下，现代政治学应运而生。

兴起于美国的政治理论和方法广泛应用于世界政治学的研究中，美国成为现代政治学发展的中心地区，因此甚至有人将现代政治学称为"美国政治学"。

现代政治学的诞生与"大众时代"的到来密不可分。1908年出版的英国政治学家格雷厄姆·沃拉斯的《政治中的人性》和美国政治学家亚瑟·本特利的《政治过程》堪称现代政治学的开山之作。前者运用心理学方法研究人性与政治行为以及环境间的关系，后者认为政治过程的实质就是不同利益集团间压力的对抗和妥协。

第二次世界大战以后，随着政治和经济的飞速发展，美国的大众社会化进

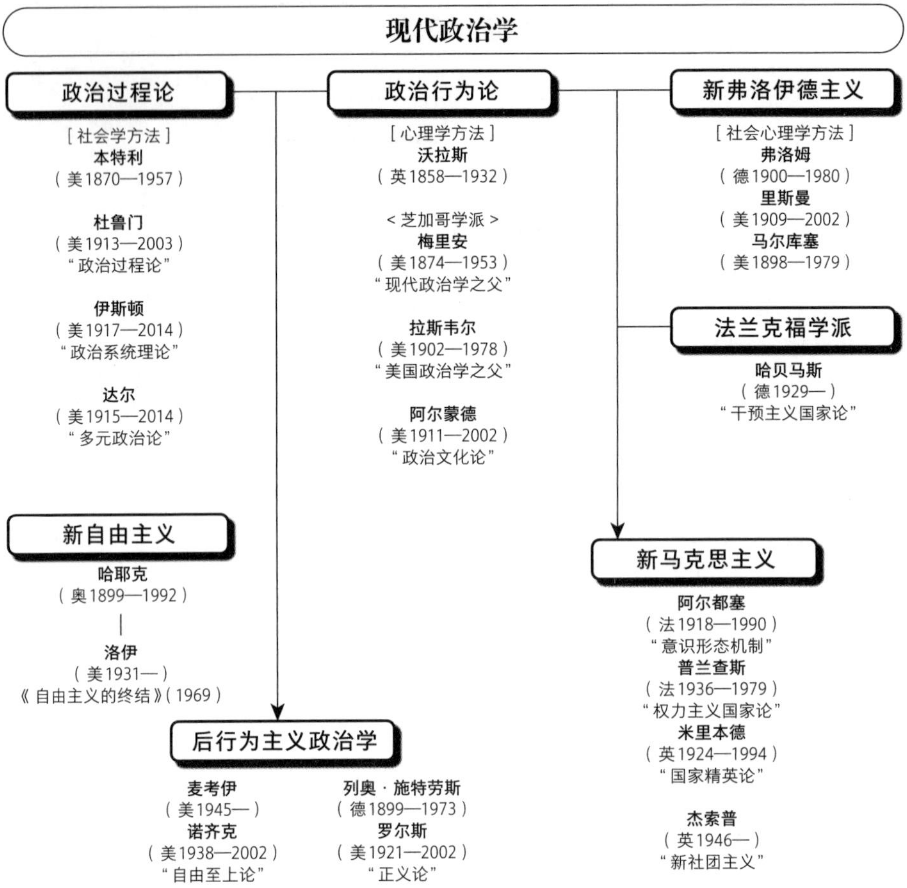
现代政治学
政治过程论
[社会学方法]
本特利
(美1870—1957)
杜鲁门
(美1913—2003)
"政治过程论"
伊斯顿
(美1917—2014)
"政治系统理论"
达尔
(美1915—2014)
"多元政治论"
政治行为论
[心理学方法]
沃拉斯
(英1858—1932)
<芝加哥学派>
梅里安
(美1874—1953)
"现代政治学之父"
拉斯韦尔
(美1902—1978)
"美国政治学之父"
阿尔蒙德
(美1911—2002)
"政治文化论"
新弗洛伊德主义
[社会心理学方法]
弗洛姆
(德1900—1980)
里斯曼
(美1909—2002)
马尔库塞
(美1898—1979)
法兰克福学派
哈贝马斯
(德1929—)
"干预主义国家论"
新自由主义
哈耶克
(奥1899—1992)
洛伊
(美1931—)
《自由主义的终结》(1969)
新马克思主义
阿尔都塞
(法1918—1990)
"意识形态机制"
普兰查斯
(法1936—1979)
"权力主义国家论"
米里本德
(英1924—1994)
"国家精英论"
杰索普
(英1946—)
"新社团主义"
后行为主义政治学
麦考伊
(美1945—)
诺齐克
(美1938—2002)
"自由至上论"
列奥·施特劳斯
(德1899—1973)
罗尔斯
(美1921—2002)
"正义论"

程不断加快，比较政治学研究、以市民的政治行为和集团的相互作用为对象的研究引起了人们的重视，美国政治学获得了极为迅猛的发展。

查尔斯·梅里安和哈罗德·拉斯韦尔的政治行为论进一步继承和发展了沃拉斯的心理学研究方法，戴维·比克奈尔·杜鲁门继承了本特利的政治过程论。

以构建综合性社会科学为目标的“行为科学”运动也为政治学的发展带来了深远的影响。其中，戴维·伊斯顿从个人和集团的政治行为入手，对政治现象进行了科学性的分析，创立了政治系统模型。行为科学（行为主义）的研究方法中也包含之前提到的心理学方法和集团理论方法，此外，又进一步引入了数字分析法，在政治文化和选举的研究方面也取得了令人瞩目的成果。

然而，20世纪60年代后半期出现了越南战争和水门事件，对于政局的混乱，行为主义政治学也束手无策，人们开始指责行为主义政治学回避了政治的本质性问题。在这种背景下,"后行为主义"政治学应运而生,政治哲学(规范性政治理论)的地位重新得到了肯定。

另一方面,共产主义国家长期处于动荡的政治现实中,迫使人们也开始重新思考马克思主义政治学的发展道路。

入门者须知

托马斯·霍布斯

英国哲学家。霍布斯思想的核心是:人天生具有不可侵犯的自然权利,这种自然权利就是人的生存权。

霍布斯在《利维坦》中主张,因为人人都有充分的自然权利,在利己本性的驱使下必将引发"一切人反对一切人的战争"。为了防止战争的发生,人类在理性的帮助下,订立契约、建立起和平的社会秩序。霍布斯的思想为社会契约论的发展做出了先驱性的贡献。

洛克与自由主义

洛克在《政府二论》中主张,人生而自由平等,享有生命、自由、财产不受侵犯的自然权利。人民拥有建立在自然权利基础上的主权,设立政府的唯一目的是保护人民的自然权利。立法机关负责制定合乎自然法的法律,执行机关负责具体实施(权力分立)。

洛克认为,如果立法权和执行权被同一个机构掌握的话,就会发生立法为私,执法不严的现象。如果政府违背了人民的意志,那么人民也拥有将其推翻的"革命权"。

洛克主张通过制定各种制度来限制权力的任意行使,这是一种以实现和保护个人自由为目的的"自由主义"思想。

卢梭与民主主义

卢梭在《社会契约论》中提出,在原始社会的"自然状态"下,人人都享有绝对的自由和平等,为了防止由此引发的无秩序现象,人们通过制订社会契约成立政治共同体,这种政治共同体代表了人类的"普遍意志"。

"普遍意志"是人类追求自由和平等的集体性意志,也是主权的基础,国家是一种以普遍意志为基础,以保护社会共同利益为目的的组织。卢梭所倡导的是人民既是被统治者又是统治者的直接民主制,具体而言,他所构想的是一个自给自足的地域社会。

卢梭十分注重国家权力的民主化,主张政治必须体现大多数人的意志,是一种"民主主义"思想。

马克思、恩格斯

卡尔·马克思和弗里德里希·恩格斯主张,在人类历史中,各时代的生产方式和交换方式决定了该时代的社会结构,而社会结构是该时代政治和思想形成的基础。

马克思和恩格斯认为,人类社会的

历史就是一部阶级斗争史，在现阶段，无产阶级必须掌握国家政权，废除资本主义生产关系，消除阶级存在的条件。国家是社会处于一定发展阶段上的产物，也是经济利益互相冲突的各阶级为了保护自身和社会而形成的一种权力，通过这种权力来缓解冲突，将阶级对立控制在一定的秩序范围内。

马克思和恩格斯的政治、国家思想与实践相结合，与自由主义政治理论和理想主义政治哲学间存在着根本性的对立。

韦伯的政治理论

德国在第一次世界大战中战败后，韦伯透彻地分析了当时激荡的政治现实，敏锐地洞察到了政治的演变趋势。在《政治作为一种职业》中，韦伯认为在政治中存在着支配者和被支配者，然而事实上参与政治活动的只是少数人，并由此引发了以权力为中心的斗争。

虽然韦伯强调的是政治和国家权力这一方，但是他也认为政治不仅仅只是统治，还需要被统治方的自愿接受。在此基础上，韦伯将合法统治分为三种类型：个人魅力型、传统型、法理型。

伊斯顿与政治系统理论

政治系统理论认为，政治系统整体具有与生命体相类似的运作模式，其基本内容是以输入、输出、反馈为核心概念的循环模式。政治系统接受环境中人民对政治体系的要求或支持（输入），做出相应的决定和行动（输出），人民对输出再次做出要求或支持的反应，以此影响政治体系的继续运行（反馈）。

政治文化论、政治发展论

政治文化论是对一个政治系统内普遍奉行的政治态度、信仰、情感、意识等基本取向的研究。

加布里埃尔·阿尔蒙德和西德尼·维巴于1963年共同出版了《公民文化》一书，就政治活动的频度、接受政治性交流的频度、参与政治性议论的频度、对政治问题的关心程度等问题，在德国、英国、法国、美国和墨西哥五国进行了访谈调查。这是首次使用通用的评估框架进行的比较性实况调查。

这种对不同国家的政治进行比较研究的学科就是比较政治学。当时的主流思想是以美国政治社会为典范的"近代化论"，而阿尔蒙德却提出了不以欧美的政治社会为目标的"政治发展论"。

国际政治学

兴起于第一次世界大战后的新兴学科。在第一次世界大战以前，只有在外交史和国际法的研究中才会涉及对国际关系的系统性分析，然而，在经历了第一次世界大战这一全球性战争之后，人们开始思考如何避免战争给人类带来的毁灭性灾难。

与此同时，亚洲和非洲各地爆发

的独立运动此起彼伏，以欧洲为中心的国际关系认知已经不能适应新的世界格局。国际政治的变化推动了国际政治学这一新兴学科的诞生。

英国的国际政治学家爱德华·卡尔认为，每个国家为了自己的生存都在追求国家权力的强化，对国家间的协作持悲观态度。他将自己的这一思想称为"realism（现实主义）"。卡尔认为企图通过建立国际联盟和签订不战条约，使各民族得到永久和平的"utopianism（理想主义）"只是空洞的设想而已。

兴起于20世纪70年代至80年代的新自由主义，继承了现实主义的基本思想，将经济学、认知科学、行为科学等学科与国际政治学相结合，从可评估的各种因素出发分析国际政治。

不同于现实主义的是，自由主义认为，只要各个国家能采取成熟理性的行为，就可以实现互相协作，达成国际共识和准则，形成一定的国际社会秩序。

美国霸权治下的和平（Pax Americana）

从第二次世界大战结束后到20世纪60年代中期，美国凭借其压倒性的经济实力、军事实力和政治势力维持着西方世界的秩序。美国在西方世界的霸权地位称为"美国霸权治下的和平"，与以苏联为首的东方世界相抗衡，形成美苏两极体制。

关于如何理解冷战后的国际社会，有各种各样的说法。单极说认为在冷战中取得胜利的美国，凭借压倒性的军事实力和经济实力实现了一极统治。也有说法认为，在冷战结束后，并不是由美国一国控制着世界的管理权，而是由几个主要的大国组成的共同管理体系维护着世界的和平。这种说法称为共同体支配下的和平（Pax Consortis 或 Pax Consortium）。

经济学 ● Economics ●

经济学的诞生

经济学随着近代国家的形成而诞生，随着资本主义的发展而精细化。

人类与动物的区别在于人类会制造生产工具，因此可以说人类自诞生起就有了经济生活。事实上，早在古希腊时期，哲学家们就已经有了对于经济生活的意识。然而，这种意识更加侧重于伦理学方面，不能算作是在与社会的联系中所进行的经济学研究。

直到18世纪，亚当·斯密的出现才使得经济学作为一门独立的社会学科正式确立。然而此前，早在15世纪末，随着西欧近代国家的形成，在对国家经济政策进行理论性指导和论证的过程中，经济学已经开始具有了学科的雏形。从这一时期起直到亚当·斯密出现前的这段时间被称为"重商主义时代"。

众所周知，在整个古代和中世纪时期，人们频繁地进行着各种近距离或远距离的商业活动。然而，当近代国家开始形成之后，金银货币积累的多寡成为衡量国家富裕程度的标准，因而比起国内市场，对外贸易以及与此相关的经济政策更加受到了人们的重视。

重商主义理论的开山之作是英国的约翰·海尔斯所著的《关于英格兰王国公共财富的讨论》(1549)。在当时资本主义经济发展极为迅猛的英国，出现了通货膨胀和货币外流等各种各样的问题，海尔斯将这些问题看作是国家的经济问题，在寻找解决策略的过程中，开始了对于经济生活的分析。

进入17世纪，英国与荷兰之间为了争夺海上贸易权爆发了数场激烈的战争，在这一背景之下，托马斯·孟的"贸易差额论"应运而生。作为英国东印度公司的重要董事，托马斯·孟主张只有通过对外贸易积累商业资本才是增加国家财富的真正源泉。

海尔斯和托马斯·孟认为国家财富的源泉存在于商品的流通过程之中，而威廉·配第则认为国家财富的源泉存在于生产过程之中。配第首次将经济生活看作是一种客观性自然法则，主张"土地是财富之母，劳动是财富之父"。

进入18世纪，以尼古拉斯·巴尔本的《交易论》和达德利·诺思《贸易论》为代表的自由贸易理论开始盛行。经济自由主义思潮的出现为重商主义带来了巨大的变革。

经济史与经济学的发展历程

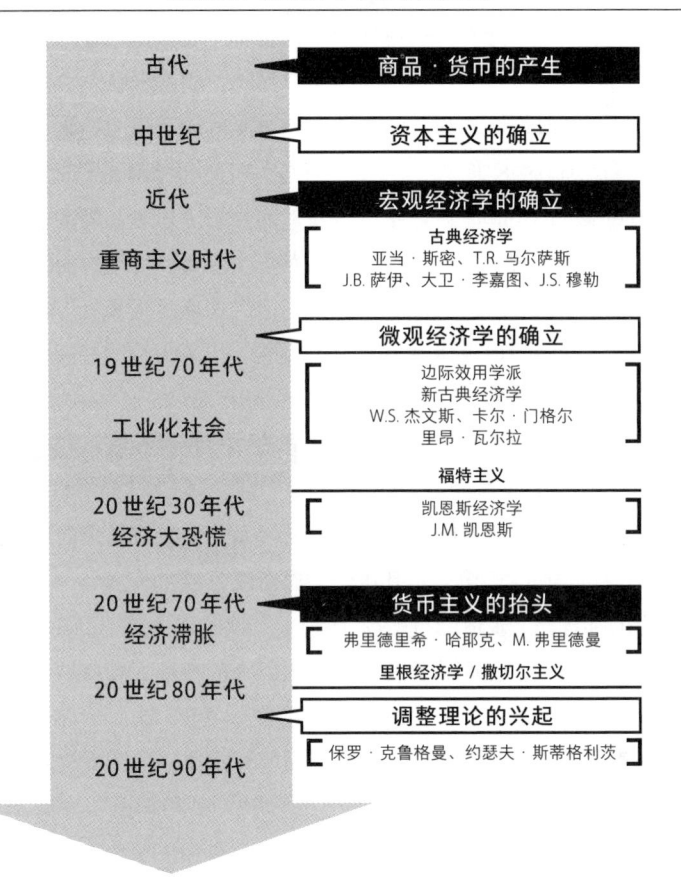

古代	◀ 商品・货币的产生
中世纪	◁ 资本主义的确立
近代	◀ 宏观经济学的确立
重商主义时代	古典经济学 亚当・斯密、T.R. 马尔萨斯 J.B. 萨伊、大卫・李嘉图、J.S. 穆勒
19世纪70年代 工业化社会	◁ 微观经济学的确立 边际效用学派 新古典经济学 W.S. 杰文斯、卡尔・门格尔 里昂・瓦尔拉
	福特主义
20世纪30年代 经济大恐慌	凯恩斯经济学 J.M. 凯恩斯
20世纪70年代 经济滞胀	◀ 货币主义的抬头 弗里德里希・哈耶克、M.弗里德曼
20世纪80年代	里根经济学 / 撒切尔主义
	◁ 调整理论的兴起
20世纪90年代	保罗・克鲁格曼、约瑟夫・斯蒂格利茨

古典经济学的确立与发展

18世纪的古典经济学,19世纪的马克思主义经济学。历史的发展动向与经济学息息相关。

自亚当・斯密创立了古典经济学后,经济学才真正成为一门独立的学科。斯密原本是一名道德哲学教授,在意识到唯有经济的繁荣才能带来社会秩序的稳定和正义的实现之后,开始着力于探究经济问题。斯密曾与弗朗索瓦・魁奈等重商主义经济学家进行过密切的思想交流,之后,他返回故乡苏格兰,在那里完成了自己最重要的著作《国民财富的性质和原因的研究》(即《国富论》),并于1776年正式出版。

以亚当・斯密的理论为代表的经济学思想,是对以往的重商主义的批判。

斯密提出了著名的经济学术语"看不见的手",他反对政府对经济的干预,认为若要实现国家的繁荣,政府应该放任个体经济活动自由发展,在"看不见的手"的引导下,人们追求个人利益的行为最终会促进社会利益的实现。

亚当·斯密通过对资本主义社会经济活动的细致分析,提出了"看不见的手"的概念,并在此基础之上,创立了古典经济学这一经济学理论体系。之后,在大卫·李嘉图和约翰·穆勒等人的努力下,资产阶级古典经济学最终得以完成。然而,随着工业革命的进行,周期性恐慌以及大众贫困化等问题越来越严峻,资本主义绝非亚当·斯密和李嘉图所断言的那样是"永恒的自然秩序"。卡尔·马克思深刻地揭露了资本主义的负面性质,开始了对其本质性结构的探索。

马克思的经济学思想,正如其著作《政治经济学批判》中所记载的那样,始于对古典经济学的批判。古典经济学将资本主义看作是自然的并且是最终的社会秩序,而马克思则认为资本主义经济不过是人类社会发展到一定历史阶段的产物,终将会被另一种社会经济制度所取代。马克思主义经济学的核心思想是"唯物史观"。唯物史观认为经济基础决定上层建筑,生产力和生产关系的矛盾运动是推动社会历史发展的根本动力。

随后,马克思在其于1867年出版的《资本论》(共3卷)中,对资本主义经济的运行机制进行了透彻的分析,指出资本主义经济只是一个特殊的历史过渡形态。很多人认为,由于马克思主义经济学的中心思想是无产阶级贫困化理论,因此它已经不再适用于现代社会。然而,马克思主义经济学的本质实则是对资本主义经济结构的探究,在这种意义上,马克思主义经济学必然还未走向终结。

近代经济学的确立

从古典经济学迈向近代经济学,凯恩斯成为20世纪经济学发展的轴心。

19世纪70年代,经济学迎来了一次巨大的变革,即所谓的"边际革命"。威廉·杰文斯、卡尔·门格尔、里昂·瓦尔拉三位经济学家几乎同时提出了"边际效用理论"。

古典经济学认为生产力是决定价值的因素,对于资源有限性(稀缺性)的认识却非常淡薄。"边际效用理论"对"供给自行创造自身的需求"(萨伊定律)的乐观性理论提出质疑,认为商品的原材料和销售市场都是有限的,对于经济活动的探究,应该以这种有限性和稀缺性认识为前提。相对于古典经济学而言,边际主义经济学又被称为新古典经济学。

洛桑学派的维弗雷多·帕累托,剑桥学派的阿尔弗雷德·马歇尔、弗里德里希·冯·维塞尔、约瑟夫·熊彼特等人进一步继承和发展了新古典经济学。从19世纪末到20世纪初，伟大的近代经济学家层出不穷。

20世纪最具代表性的近代经济学家当属约翰·梅纳德·凯恩斯。凯恩斯在其著作《就业、利息和货币通论》中，主张政府应该通过制定财政和金融政策，积极干预经济的发展。在斯密之后的古典经济学派和新古典经济学派都主张只要听任市场力量自行发挥作用，就能使供需自然调节，保持平衡。然而，凯恩斯认为，这种"自由放任"政策只适用于个体产业（即微观经济），而不能适用于经济整体（即宏观经济），因此，当经济发展出现严重问题时，必须由政府出面制定相应的经济政策。事实上，在20世纪30年代，资本主义经济正处于长期的经济大萧条之中。

凯恩斯以后的近代经济学体系分成了微观经济学和宏观经济学两大领域。其中宏观经济学主要分为凯恩斯经济学和古典经济学两大流派。

实际上，《就业、利息和货币通论》这部著作并非凯恩斯一人独立完成，而是他在与他共同任教于剑桥大学的优秀经济学家们的帮助下著成的。其中包括琼·罗宾逊、理查德·卡恩、皮埃罗·斯拉法、奥斯汀·罗宾逊、詹姆斯·米德，这5位经济学家合称为"凯恩斯马戏团"。

保罗·萨缪尔森于1948年出版了著作《经济学》，提倡将凯恩斯经济学与新古典经济学相结合。资本主义国家开始运用凯恩斯的经济学理论，通过制定财政和金融政策对市场进行干预，在经济发展上取得了令人瞩目的成果。与此同时，福利国家制度开始形成，推动了教育、福利、医疗等社会保障领域的发展。

1971年，美国的尼克松总统开始推行暂停美元兑换黄金的新经济政策（即尼克松冲击）。1973年爆发了第一次石油危机，受其影响，美国经济的增长速度开始放缓，并最终陷入了通货膨胀与经济停滞并存的"滞胀"局面。对此，新古典综合学派的经济学家们束手无策，民众逐渐对他们失去信心。与此同时，强调市场本身所具有的价格调节机制、否定政府的财政和金融政策的观点开始得到了人们的重视。

自由放任主义思想的后盾是弗里德里希·哈耶克所提出的反理性主义。在反凯恩斯经济学理论方面最具影响力的经济学家是米尔顿·弗里德曼。弗里德曼强烈反对凯恩斯派学者的主张，认为"最为理想的经济制度是不受干预的自由主义经济，任何对于市场的管制都应该被废除"，并且强调控制货币供应量的增长率将有利于经济的稳定。

这种货币数量理论被称为货币主义。货币主义对以美国为首的资本主义国家的经济产生了巨大的影响，并孕育出了供给经济学。供给经济学认为"在

经济学的发展历程

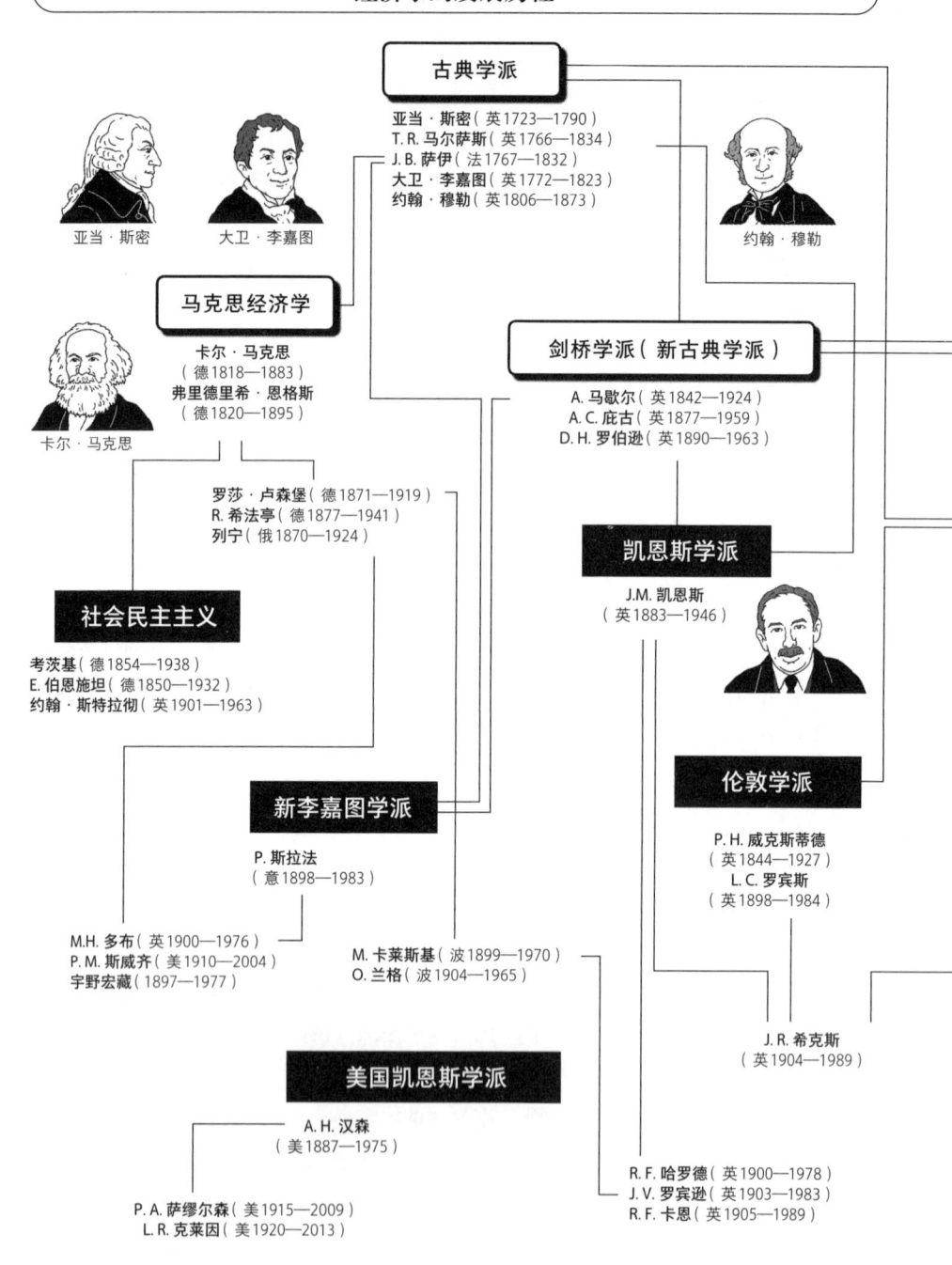

古典学派

亚当·斯密（英1723—1790）
T. R. 马尔萨斯（英1766—1834）
J. B. 萨伊（法1767—1832）
大卫·李嘉图（英1772—1823）
约翰·穆勒（英1806—1873）

亚当·斯密

大卫·李嘉图

约翰·穆勒

马克思经济学

卡尔·马克思
（德1818—1883）
弗里德里希·恩格斯
（德1820—1895）

卡尔·马克思

罗莎·卢森堡（德1871—1919）
R. 希法亭（德1877—1941）
列宁（俄1870—1924）

剑桥学派（新古典学派）

A. 马歇尔（英1842—1924）
A. C. 庇古（英1877—1959）
D. H. 罗伯逊（英1890—1963）

凯恩斯学派

J. M. 凯恩斯
（英1883—1946）

社会民主主义

考茨基（德1854—1938）
E. 伯恩施坦（德1850—1932）
约翰·斯特拉彻（英1901—1963）

新李嘉图学派

P. 斯拉法
（意1898—1983）

伦敦学派

P. H. 威克斯蒂德
（英1844—1927）
L. C. 罗宾斯
（英1898—1984）

M. H. 多布（英1900—1976）
P. M. 斯威齐（美1910—2004）
宇野宏藏（1897—1977）

M. 卡莱斯基（波1899—1970）
O. 兰格（波1904—1965）

J. R. 希克斯
（英1904—1989）

美国凯恩斯学派

A. H. 汉森
（美1887—1975）

P. A. 萨缪尔森（美1915—2009）
L. R. 克莱因（美1920—2013）

R. F. 哈罗德（英1900—1978）
J. V. 罗宾逊（英1903—1983）
R. F. 卡恩（英1905—1989）

人文科学

社会科学

自然科学

文化艺术

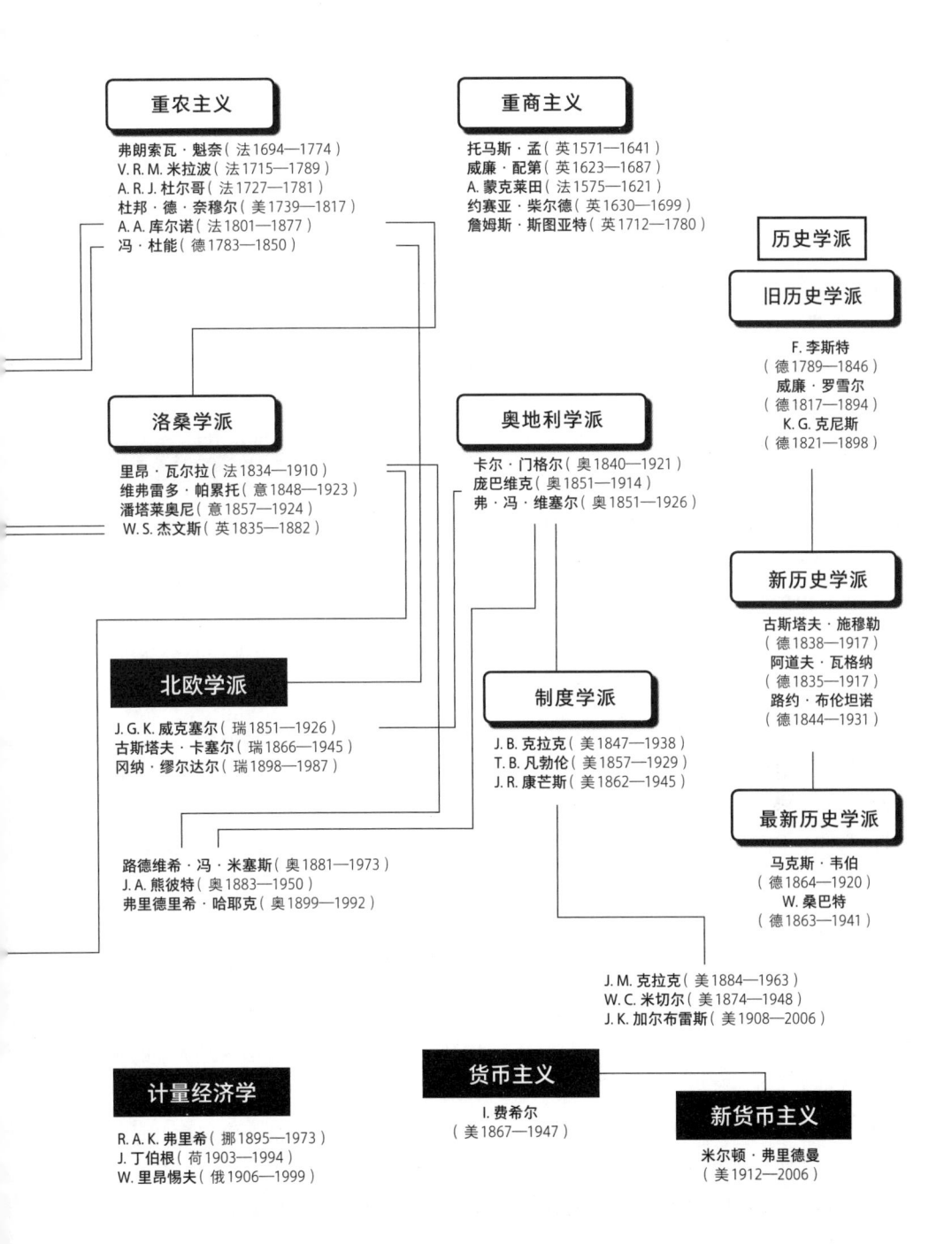

重农主义
弗朗索瓦·魁奈（法 1694—1774）
V. R. M. 米拉波（法 1715—1789）
A. R. J. 杜尔哥（法 1727—1781）
杜邦·德·奈穆尔（美 1739—1817）
A. A. 库尔诺（法 1801—1877）
冯·杜能（德 1783—1850）

重商主义
托马斯·孟（英 1571—1641）
威廉·配第（英 1623—1687）
A. 蒙克莱田（法 1575—1621）
约塞亚·柴尔德（英 1630—1699）
詹姆斯·斯图亚特（英 1712—1780）

历史学派

旧历史学派
F. 李斯特（德 1789—1846）
威廉·罗雪尔（德 1817—1894）
K. G. 克尼斯（德 1821—1898）

洛桑学派
里昂·瓦尔拉（法 1834—1910）
维弗雷多·帕累托（意 1848—1923）
潘塔莱奥尼（意 1857—1924）
W. S. 杰文斯（英 1835—1882）

奥地利学派
卡尔·门格尔（奥 1840—1921）
庞巴维克（奥 1851—1914）
弗·冯·维塞尔（奥 1851—1926）

新历史学派
古斯塔夫·施穆勒（德 1838—1917）
阿道夫·瓦格纳（德 1835—1917）
路约·布伦坦诺（德 1844—1931）

北欧学派
J. G. K. 威克塞尔（瑞 1851—1926）
古斯塔夫·卡塞尔（瑞 1866—1945）
冈纳·缪尔达尔（瑞 1898—1987）

制度学派
J. B. 克拉克（美 1847—1938）
T. B. 凡勃伦（美 1857—1929）
J. R. 康芒斯（美 1862—1945）

最新历史学派
马克斯·韦伯（德 1864—1920）
W. 桑巴特（德 1863—1941）

路德维希·冯·米塞斯（奥 1881—1973）
J. A. 熊彼特（奥 1883—1950）
弗里德里希·哈耶克（奥 1899—1992）

J. M. 克拉克（美 1884—1963）
W. C. 米切尔（美 1874—1948）
J. K. 加尔布雷斯（美 1908—2006）

计量经济学
R. A. K. 弗里希（挪 1895—1973）
J. 丁伯根（荷 1903—1994）
W. 里昂惕夫（俄 1906—1999）

货币主义
I. 费希尔（美 1867—1947）

新货币主义
米尔顿·弗里德曼（美 1912—2006）

供求关系中，只需强化供给方面，就能够刺激经济的增长"。美国的里根政权和英国的撒切尔政权，曾分别以"里根经济学"和"撒切尔主义"的形式将供给经济学思想引入到实际的经济政策中。

进入20世纪90年代，计算机和互联网的普及带动了美国民间设备投资尤其是IT投资的扩大，成为经济增长的主要推动力。IT产业的发展促进了融资、生产、库存、销售的最优化。有人认为美国经济的新发展宣告了由供需错位所导致的经济周期（库存周期）的彻底结束，即所谓的"新经济论"。然而，2001年爆发的IT经济泡沫，使美国经济出现衰退现象，新经济论也不再为人们所提及。

2008年的雷曼事件引发了全球范围内的重大经济危机，而此前一直在美国经济学界占据主导地位的新古典学派宏观经济学未能预测和防止这场经济危机的爆发，因而遭到了人们的猛烈批判，其中尤以保罗·克鲁格曼为代表。克鲁格曼十分重视被古典经济学派所否定的凯恩斯经济学，认为宏观经济学有必要加大对凯恩斯经济学精华部分的吸收。

贫富差距问题已经成为当前人们普遍关注的社会问题，不仅仅是国家间的差距，即使是在发达国家内部，贫富阶层之间的差距也在不断扩大。对此，与克鲁格曼同为改革派的经济学家约瑟夫·斯蒂格利茨通过以《不平等的代价》为代表的多部著作，向世人敲响了警钟。斯蒂格利茨认为"全球化和过度的自由主义所造成的贫富差距，将导致经济和社会的混乱，并最终带来全人类的危机"。2013年，法国经济学家托马斯·皮凯迪的《21世纪资本论》一经面世，很快成为全球畅销书。在该书中，皮凯迪主张政府有必要进行财富的再分配以求控制贫富差距。

入门者须知

近代经济学与马克思主义经济学

19世纪70年代的"边际革命"以后的经济学统称为近代经济学。近代经济学的重点是对经济行为进行变量分析，而马克思主义经济学则是从阶级对立所产生的矛盾入手分析经济活动。

在美国和英国，近代经济学占据着主流地位。日本经济学的发展则长期处于"近代经济学"和"马克思经济学"的对立之中。

微观经济学与宏观经济学

现代经济学一般分为微观经济学和宏观经济学两大领域。微观经济学的研究对象主要是家庭、企业的经济活动，分析个体经济单位中的经济规律。而宏观经济学则是以国民生产、投资、储蓄、物价等问题为研究对象，考查和说明社会整体经济活动的运行机制。法国经济学家瓦尔拉确立了微观经济学，凯恩斯则奠定了宏观经济学的理论基础。

计量经济学

又称经济计量学。运用数据分析经济变量间的关系，建立数学化的经济理论。计量经济学是一门通过运用统计学方法对经济数据和信息进行分析，建立理论模型，检验和完善模型，应用模型进行经济预测的经济学学科。

看不见的手

亚当·斯密在其著作《国富论》中提出的著名经济学术语。在"看不见的手"的引导下，尽管每个人所追求的只是自己的利益，其结果却会促进社会整体利益的实现。斯密认为在这种"自然秩序"的影响下，个人的自利行为会自然地带来社会财富的增长，政府无须对市场经济进行干涉，这一学说奠定了自由主义的思想基础。直到今天，"看不见的手"的理论都是货币主义和理性预期学派经济学的核心概念。

货币主义

货币主义经济学派强调货币政策的重要性，批判凯恩斯主义的需求管理政策。

美国经济学家弗里德曼反对凯恩斯主义财政政策，主张把货币供应量的增长率固定在同预计的经济发展速度大体一致的水平。

供给经济学

供给经济学主张通过降低所得税、削减政府开支、放松管制等政策，使资源从公共部门转向私人部门、从消费品转向资本品，实现生产力的提高和物价水平的稳定。

新凯恩斯主义经济学

新古典经济学以市场价格对需求的调节机能为前提，分析如何对生产资源进行高效配置。凯恩斯则指出了市场调剂机能的局限性，试图以此探明失业现象爆发的原因。

新凯恩斯主义经济学通过分析不完全竞争之下的价格变化，研究市场价格调节的局限性与失业问题间的联系，从而构筑起全新的凯恩斯经济学。

社会学 ● Sociology ●

社会学诞生的理论前提

社会契约论的提出，标志着以"探索社会的本质"为宗旨的社会学正式拉开了序幕。

社会学是一门综合性学科，它立足于社会整体的角度，广泛借助其他学科理论，对社会现象的各个方面进行综合性分析。

因此有学者认为社会学没有基础理论或共同理论，然而，社会学作为一个学科，它的确立必然受到与其相对应的时代因素的影响。

通过追溯社会学的诞生过程，可以发现包括社会学在内的社会科学萌芽于17世纪。英国哲学家托马斯·霍布斯和英国经验主义之父约翰·洛克等人提出了"社会契约论"的观点，奠定了近代政治哲学理论的基础。实际上，"社会契约"这一术语最早出现于法国著名哲学家让·雅克·卢梭于1762年出版的著作《社会契约论》中。《社会契约论》的核心思想是认为形成国家、法律以及社会秩序的原理是人们互相之间的协议和约定，卢梭将其具体归结为"普遍意志"和"社会契约"。

苏格兰哲学家大卫·休谟和《国富论》的作者亚当·斯密对社会契约论提出了反驳。

休谟凭借《人性论》一书成为英国经验主义哲学的集大成者。霍布斯和洛克主张法律和社会秩序是一种契约，休谟对此提出了不同的看法，认为社会秩序并非目的性的约定或契约，而是一种自然形成的、非强制的惯例（convention）。也就是说，社会秩序的形成并不是一种有意为之的结果。

社会学的诞生与古典理论的确立

社会学从萌芽到作为一门学科正式确立，大约经历了一百年的时间。

确定一门学科的开端对于任何学科而言几乎都是一件非常复杂的事，然而社会学却是个例外。"社会学"这一学科名称起源于19世纪上半叶，法国思想家奥古斯特·孔德在其著作《实证哲学教程》一书中首次使用了"社会学（法语：Sociologie，英语：Sociology）"一词。

在《实证哲学教程》的序言中，孔德认为社会是有秩序的、进步的。从实证主义观点出发，综合经济学、政治学、伦理学所形成的新的研究领域，就是孔德所构想的社会学。

斯宾塞是社会学诞生史上的另一位

重要人物。孔德与斯宾塞立足于社会有机体论，进一步提出了社会进化论的观点，强调适者生存和自由放任主义。社会进化论的灵感来源于著名的达尔文进化论，对19世纪的美国社会和日本明治时代的自由民权运动产生了深刻的影响，并为社会系统理论的诞生奠定了基础。

直到19世纪末，源于实证主义的社会学才作为一门独立的学科正式确立。在19世纪与20世纪之交，优秀的社会学家层出不穷，其中包括《礼俗社会和法理社会》的作者斐迪南·滕尼斯，《论社会分化》的作者格奥尔格·齐美尔，古典社会学经典著作《新教伦理与资本主义精神》的作者马克斯·韦伯以及《社会分工论》的作者杜尔凯姆等人。就历史性意义而言，该时期是古典社会学理论的形成时期。

其中，韦伯提出了近代化的根本性原理在于"合理性"的观点，为社会学的各个领域带来了极为深远的影响。一个极具代表性的例子就是美国政治家本杰明·富兰克林的名言"Time is money"（时间就是金钱）。这种将时间比作货币，主张"利用"时间的精神，正是建立资本主义社会即近代社会的基本理念。

此外，韦伯客观分析了宗教对于人类的影响，运用科学的方法，阐明了宗教对社会产生本质性影响的原理。韦伯认为人们必须认识到经济活动的"俗"与宗教活动的"圣"，对于社会而言是缺一不可的一对概念。

杜尔凯姆在《社会分工论》中提出了著名的机械团结和有机团结。在局部社会中，由于分工尚不发达，社会成员之间普遍具有相似的价值观和集体情感，联结社会的纽带是一种机械团结。而在分工制社会中，发达的社会分工强化了个人对于社会的依赖以及社会成员之间的相互依赖，机械团结逐渐转化为复杂的有机团结。

滕尼斯认为资本主义只是一种法理社会和异常的分工形态，正常的社会应该是由家庭和乡村组成的礼俗社会。资本主义若要形成正常的分工形态，就必须重视"有机团结"这种独特的道德意识所发挥的重要作用。

芝加哥学派的诞生

第一次世界大战后，社会学理论的中心转向了起步较晚的美国。

当社会学在欧洲兴起的时候，美国还只是一个农业国家。南北战争结束后，美国实现了国内市场的统一，推动了第二次工业革命的飞速发展。在此背景下，早期的美国社会学家开始将社会学由欧洲介绍到美国，其中，斯宾塞的"社会进化论"尤为受到人们的青睐，随后，大都市（Metropolis）的快速发展促进了美国社会学的本土化。

光鲜与艰辛并存的大都市社会使得

社会学的发展历程

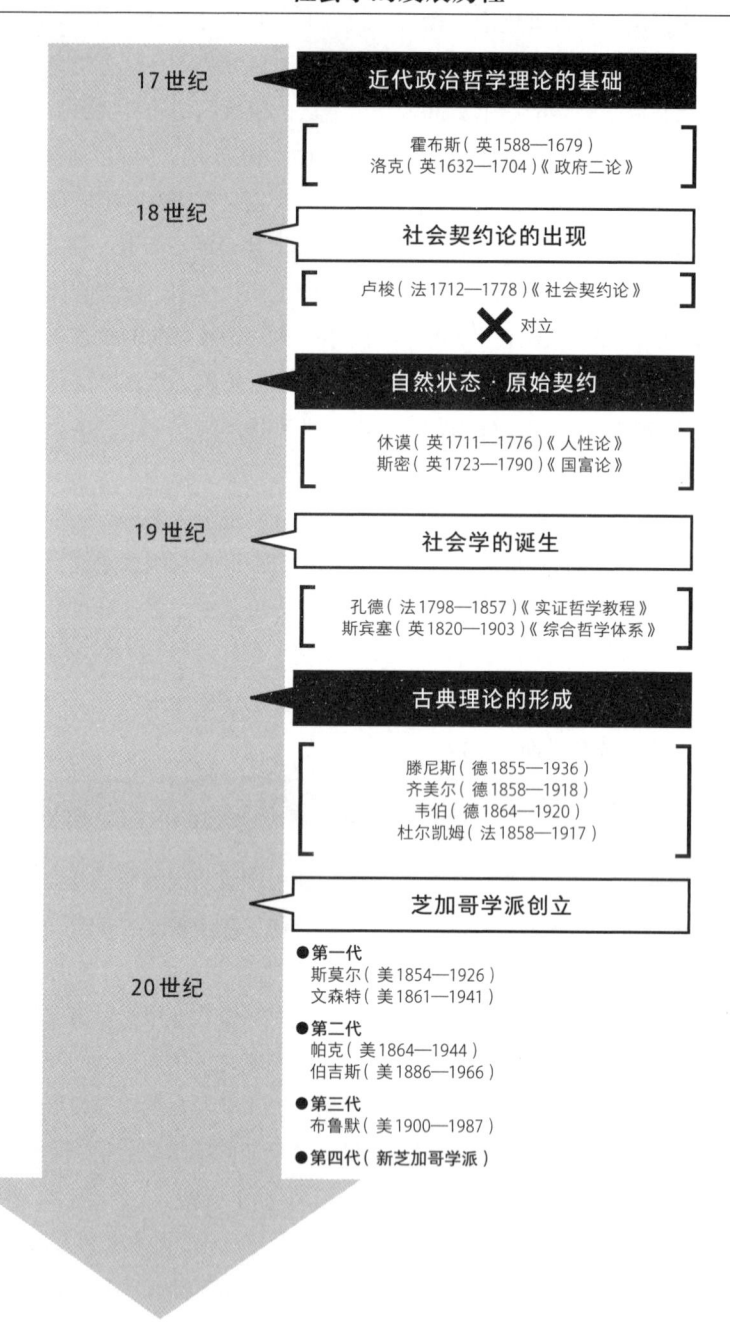

17世纪

近代政治哲学理论的基础

[霍布斯（英1588—1679）
洛克（英1632—1704）《政府二论》]

18世纪

社会契约论的出现

[卢梭（法1712—1778）《社会契约论》]

✗ 对立

自然状态·原始契约

[休谟（英1711—1776）《人性论》
斯密（英1723—1790）《国富论》]

19世纪

社会学的诞生

[孔德（法1798—1857）《实证哲学教程》
斯宾塞（英1820—1903）《综合哲学体系》]

古典理论的形成

[滕尼斯（德1855—1936）
齐美尔（德1858—1918）
韦伯（德1864—1920）
杜尔凯姆（法1858—1917）]

芝加哥学派创立

●第一代
　斯莫尔（美1854—1926）
　文森特（美1861—1941）
●第二代
　帕克（美1864—1944）
　伯吉斯（美1886—1966）
●第三代
　布鲁默（美1900—1987）
●第四代（新芝加哥学派）

20世纪

（左侧栏：人文科学　社会科学　自然科学　文化艺术）

市民的生活方式发生了巨大的变化。在此背景下，帕克领导的"城市社会学"应运而生。帕克原本是一名新闻记者，后在芝加哥大学任教。19世纪后半期的芝加哥吸引了大量的海外移民和以黑人为主的美国南部的劳动力，人口的急剧增长加之工业化和城市化的发展，使芝加哥成为一个集聚了多种族、多语言、多文化等要素的大都市，可谓是美国社会的缩影。

1890年，石油大王约翰·洛克菲勒出资创办了芝加哥大学，两年后，芝加哥大学成立了世界上第一个社会学系，成为引领美国社会学研究的中心地区，围绕该社会学所形成的社会学学派称为"芝加哥学派"。芝加哥学派的中心人物帕克以芝加哥这个急速发展起来的大都市为实验场，对其中出现的大量社会问题进行考察和分析，创立了从人类生态学的角度研究城市结构的"城市社会学"。

此外，在个人主义思潮的影响下，乔治·赫伯特·米德在其学术论文《自我的形成与社会控制》中主张自我的产生具有社会性，自我的成长来自与他人的互动，扭曲的成长历程将导致自我失去其社会性。美国社会学协会创立者之一的查尔斯·霍顿·库利也提出了著名的"镜中我"的概念，认为个人和社会是同一个事物的两个方面。

功能主义社会学引领下的新时代

功能主义诞生于已经成熟化的社会背景之下，为社会学学科的体系化做出了重要贡献。

19世纪末至20世纪初，逐渐成熟起来的社会学迈上了理论社会学研究的新道路。其中最著名的代表人物当属美国社会学家塔尔科特·帕森斯。

帕森斯是结构功能主义的创始人。功能主义主要研究各部分对其他部分及整体所发挥的功能；结构主义则是通过对社会的结构性分析，探究其整体性结构和规律。帕森斯将两者相结合，提出了结构功能主义，在此基础之上，又对行动体系进行了系统的分析，建立起了庞大的社会行为分析的一般理论体系。

帕森斯在其著作《社会行为的结构》中将行动体系具体分为四个子系统：（1）人格系统，构成人的动机的组织性系统；（2）社会系统，由行动者同其他行动者之间的角色关系构成；（3）文化系统，由价值规范和符号形象构成，对个体的行为方式起规范作用；（4）行为有机体系统，行为有机体的生物特性决定着系统适应问题的特质。其中，社会系统这一理论构想由于极具普遍适用性，时常被用以分析日本、东欧各国以及发展中国家的现代化历程，不受国家体制不同的限制，在全世界范围内得到了普及。

以美国为中心风靡一时的帕森斯理

论，因其自身的保守性而受到批判，开始走下坡路。进入20世纪60年代以后，该理论遭到了来自各方面更为猛烈的批判和否定。

欧洲社会学的复兴

后工业时代下的社会学进一步实现了多元化的发展，研究对象也更为精细化。

20世纪60年代，社会学研究进入了全新的发展时期。芝加哥学派第三代学者赫伯特·布鲁默对帕森斯的结构主义社会观提出反驳，认为人们生活的世界是一个"意义世界"，意义不是固定的，而是在解释的过程中不断加以修正的，即著名的"符号互动论"。欧文·戈夫曼将研究视角聚焦到更为具体的日常生活，认为社会是一座舞台，人生是戏剧，试图借用戏剧演出的方式来说明社会成员在社会舞台上扮演的多种角色。

此外，丹尼尔·贝尔在其著作《意识形态的终结》一书中详尽阐释了信息社会下，现代主义与后现代主义间出现种种冲突的必然性原因。

进入20世纪70年代，后现代主义以法国为中心风行全世界，对于语言的分析成为社会学研究的关键所在。法国哲学家米歇尔·福柯对从"现代语言学之父"费尔迪南·德·索绪尔开始，历经结构主义人类学家列维-斯特劳斯，直到语言哲学家路德维希·维特根斯坦为止的研究成果进行总结，发展出一套颇具社会学色彩的话语分析模式。

福柯深刻地揭露了现代性所带来的压制性后果，推动了后现代主义思潮的兴起与发展。作为该时代诸学科发展的领军人物，福柯的影响力堪比曾经的帕森斯。

德国的社会学在哈贝马斯与卢曼两位社会学家激烈的学术争论中，实现了现代性社会学理论的构建。哈贝马斯在其著作《交往行为理论》中主张20世纪是"生活世界殖民化"的世纪，语言交往过程中所形成的"生活世界"，被具有独立运行逻辑的庞大"系统"所控制，并认为唯有社会学能阐明20世纪的社会特征与结构。

然而，卢曼在其著作《社会系统》一书中认为，帕森斯提出的"社会系统"是由小到个人大到世界系统的递进关系构成的，而他想要构建的是一个平等多元，能够相互补充和渗透的系统。后期，卢曼又明确指出"个人"并不是其理论体系的出发点。

英国的社会学发展方面，中左派布莱尔工党政权的"思想导师"吉登斯在"自反性现代化"理论的基础上提出了"第三条道路"的设想。吉登斯不满于马克思和韦伯等人的古典社会学理论，主张社会学理论和方法论必须遵从一种"双重解释学"。此外，对于社会结构与个体行动之间的关系这一社会学研究的关键性问题，吉登斯在其著作《社会的构成》一书中提出了"结构二重性"的观点，认为结构与行为无论何者优先，两者之间都是相互作用的，而非单向的因果关系。

多种理论综合并存的当代社会学

当代社会学呈现出多种理论相互交叉、相互影响的发展趋势。

进入21世纪，社会学理论的中心又重新回到了欧洲。与此同时，学界也很难再出现单一的、占统治地位的理论观点。

尽管世界各地不断地兴起各种新的理论和范式，然而学术争论所围绕的中心理论，却并不一定都是源于专业的社会学家。

学者们尝试着将这些现代性的思潮和范式全面吸收，发展出新的综合性理论。虽然随着社会学的专业化发展，这一工作变得越来越复杂，但在全球化取代了本土化、信息化社会与风险社会急速发展的时代背景之下，社会学的理论构建逐渐呈现出全新的发展局面。

除了固有的劳动、宗教、阶级、家庭、性别差异等问题外，以互联网为代表的各种时代潮流也开始成为社会学的研究对象。在社会研究方面，形成了结构化、功能主义以及现象学等不同的研究视点和研究立场，在多种理论并存的背景之下，社会学理论的综合统一变得尤为困难。

虽然社会学没有统一的基础性理论，但是这并不意味着存在学科危机或者弱点。在各类不同性质的问题错综复杂、相互影响的多元化的现代社会，社会学顺应了新时代的发展需求，必将以多元化的方式为人类社会的发展做出应有的贡献。

入门者须知

价值无涉

马克斯·韦伯所提出的术语。"价值无涉"虽然是最基本的社会学概念，但却经常为人们所误解。实际上"价值无涉"并不意味着要抛却价值而达到无价值，也不是要保持价值中立，而是要求研究者意识到自己的价值立场和价值观念，并努力做到不受其影响，以自觉自省的态度对社会现象进行客观性的理论描述。

实证主义与经验主义

在勒内·笛卡尔、孟德斯鸠、孔多赛、圣西门等启蒙思想家的影响下，孔德建立了以实证主义为中心的社会学思想。实证主义只承认"实证的"事实，认为关于事实的知识只有通过一般观察才能得到。

斯宾塞的社会学思想继承了弗朗西斯·培根、霍布斯、洛克、休谟、斯密、约翰·斯图亚特·穆勒等人的英国经验主义。经验主义认为只有以经验为依据获得的知识才最为真实可靠。

礼俗社会与法理社会（Gemeinschaft／Gesellschaft）

一般指"人格关系"和"物象关系"，在社会学中则指两种基本的社会类型，滕尼斯将社会分为契约型社会和共同体型社会。此外，韦伯早期曾将行动者以其主观所认为的意义而与他人的行为相关的行动统称为社会行动，并将其中目的合乎理性的行动称为目的理性行动。后期，他将建立在感情性或传统型的归属感之上的群体关系，称为"共同体关系（vergemeinschaftung）"，而将基于对利益或目的进行理性调整的关系称为"结合体关系（vergesellschaftung）"。

社会性别

20世纪60年代，在美国的女性解放运动的推动下兴起的概念，指在社会性因素的影响下形成的性别差异。社会性别（gender）与生理性别（sex）没有必然的联系，它更倾向于指人们对于性别的看法、情感和态度。如"男子气概"和"女人味"等词汇并非表达了人类的本质性别，而是一种为了维护男权社会、显示男性性别特征的主观性判断。因此，社会性别指的是在社会、历史和文化等因素影响下形成的性别差异。

社会系统理论

美国帕森斯提出的，从系统分析的观点出发研究社会运行机制的理论。系统论发展于近代时期，伊曼纽尔·沃勒斯坦继承了研究发达国家与第三世界国家间关系的依附理论，并吸收了政治经济学思想，将世界看作是一个完整的体系，进一步提出了世界系统论。

失范（anomie）

法国哲学家居约在其《未来的无宗教信仰社会》一书中提出的概念，杜尔凯姆将其引入社会学中，用以描述当社会提供的条件不足以使个人实现其抱负和获得幸福时所出现的混乱状况。

杜尔凯姆认为，当社会整合出现故障时，规范对人的约束失去效力，社会就会陷入失去正常秩序的失范状态。

象征互动论

布鲁默所提出的社会学理论，是对以帕森斯为首的结构主义社会观的反驳。布鲁默的象征互动论认为，人对事物所采取的行动是以这些事物对人的意义为基础的，事物本身不存在客观的意义，意义是个体在社会互动过程中赋予事物的，个体在互动过程中通过自己的解释去运用和修改这些意义，并借助语言、行为、符号（象征）把意义传递给同伴。

神授魅力

指超自然的、极不寻常的能力。用于形容人时，指某人由于神的赋予而具有非凡的力量和资质。韦伯将"个人魅力型统治"与"法理型统治""传统型统治"并称为三大基本统治类型。

具有超凡能力的统治者通过预言和奇迹领导人民,当日常的统治生活出现危机时,"神授魅力"能赋予革命领导者以权威,为统治势力的扩大提供正当性。

吉本隆明《共同幻想论》

该书出版于1968年。马克思认为国家是一种幻想的共同体,吉本隆明在此基础上,提出了"个人幻想、对幻想、共同幻想"三种水平的幻想形式,并通过具体事例对三种幻想间的交叉和转换进行了阐述。

在该书中,吉本解读了《远野物语》中的村落以及《古事记》中的早期国家形态中所表现出的共同幻想,对20世纪60年代的日本全共斗(以大学为单位,由无党派激进系统的活动家和一般学生所组成的全学共斗组织。与一般的单位自治会或单位自治会联合团体不同的是,它包括研究院的研究生和教职员。1970年在同安保斗争结合在一起的学潮中成为主角。——译者注)产生了深刻的影响,受到了全共斗一代人的追捧。目前,也有一些批评的言论指出了该书的问题点。虽然人们对于这部著作的评价褒贬不一,但就研究日本这一国家和民族认同感的形成过程而言,该书依然具有阅读价值。

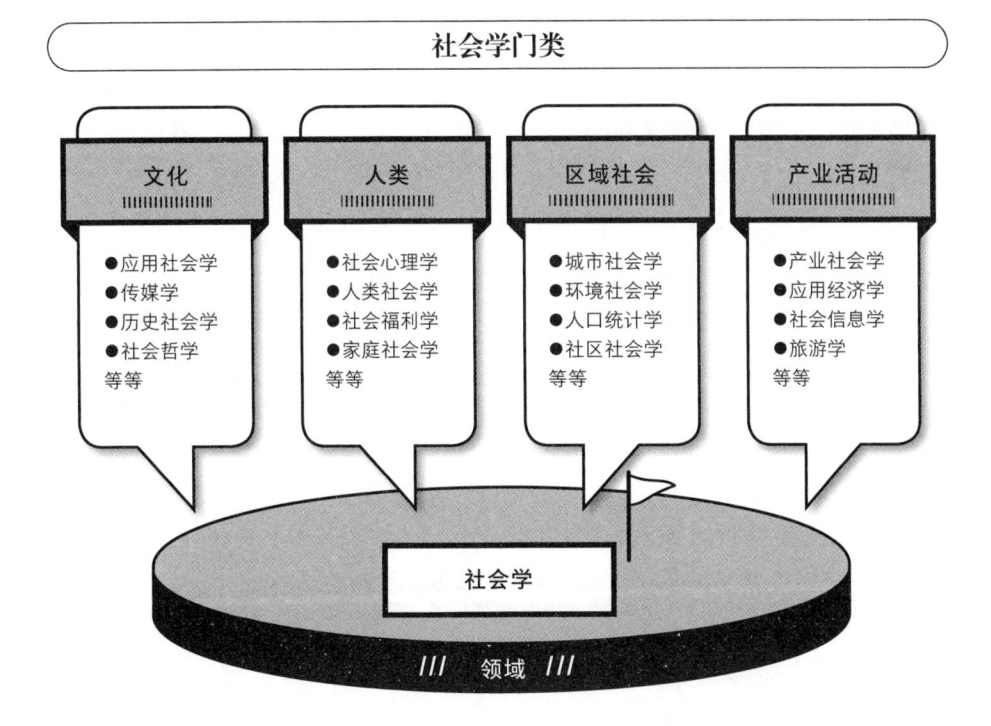

社会学门类

文化	人类	区域社会	产业活动
●应用社会学 ●传媒学 ●历史社会学 ●社会哲学 等等	●社会心理学 ●人类社会学 ●社会福利学 ●家庭社会学 等等	●城市社会学 ●环境社会学 ●人口统计学 ●社区社会学 等等	●产业社会学 ●应用经济学 ●社会信息学 ●旅游学 等等

社会学

领域

法　学 ●Law●

法学的起源

法学始于古代自然法思想的确立。中世纪时，意大利的波伦亚大学开始使用加注释的方式阐释罗马法。

在古代社会，法律通常与宗教和道德有着密切的联系。意识到法律是与宗教和道德相区别的独立的规范体系，这是法学确立的必要条件。在此基础上，解释法律和运用法律的专家的出现，以及法律解释的精炼化也是法学确立必不可少的条件。

公元前5世纪下半叶，古希腊著名城邦雅典的智者们将nomos（法）与physis（自然）相区别，主张法律并非自然或神话的产物，而是人为创造出来的。

古罗马设立了仅限平民参加的平民会议，公元前450年左右，在平民的要求下，古罗马制定出了第一部成文法《十二铜表法》，并设置了"裁判官"专门负责法律解释和司法事务的管理。裁判官在《十二铜表法》的基础上根据实际情况进行具体的解释，以《十二铜表法》为代表的一系列法律统称为"市民法"。斯多葛学派将法律与自然相结合，创立了"自然法"思想，认为nomos（法）是一种合乎logos（理性）的physis（自然）法则。当斯多葛学派的思想传入罗马时，罗马正处于以建立横跨欧亚非的大帝国为目的的扩张时期，西塞罗等人继承和发展了该学派的思想，为罗马政权下的、普遍适用于各民族的法律——万民法的制定奠定了理论基础。

此外，教父奥古斯丁对斯多葛学派的自然法理论加以修改，并借此推进了基督教教义的理论化，其思想成为"基督教自然法理论"的原型。基督教自然法理论认为，任何法律的根源都可归结于神的理性或意志。

6世纪上半叶，东罗马帝国皇帝查士丁尼下令汇总历代的学说和敕令，纠正当时混乱的法律体系，编纂出《查士丁尼法典》。

12至13世纪，西欧陆续出现了许多新兴城市。随着商业贸易的繁荣，人们迫切需要进一步完善法律制度。在此背景之下，以欧洲最古老的大学意大利波伦亚大学的法学院为中心，各地开始了罗马法的研究和教学。12至13世纪大学里的这些学者们形成了"注释法学派"，该学派为罗马法在西欧各国的传播做出了重要的贡献。

法学的源流

<希腊>

（公元前5世纪后半期，民主制全盛时期）
（伯罗奔尼撒战争败北后，城邦社会动荡不安）

智者派 （价值相对主义、自然法思想的先驱）

<罗马>

（约公元前450 罗马十二铜表法的制定）
（公元前367 裁判官的设置）

苏格拉底　　　　柏拉图　　　　亚里士多德
（约公元前469—前399）（公元前427—前347）（公元前384—前322）
　　　　　　　　　　　　　　　　（正义论的先驱）

（罗马版图的扩大）
（罗马法的确立）

斯多葛学派

（普遍主义）

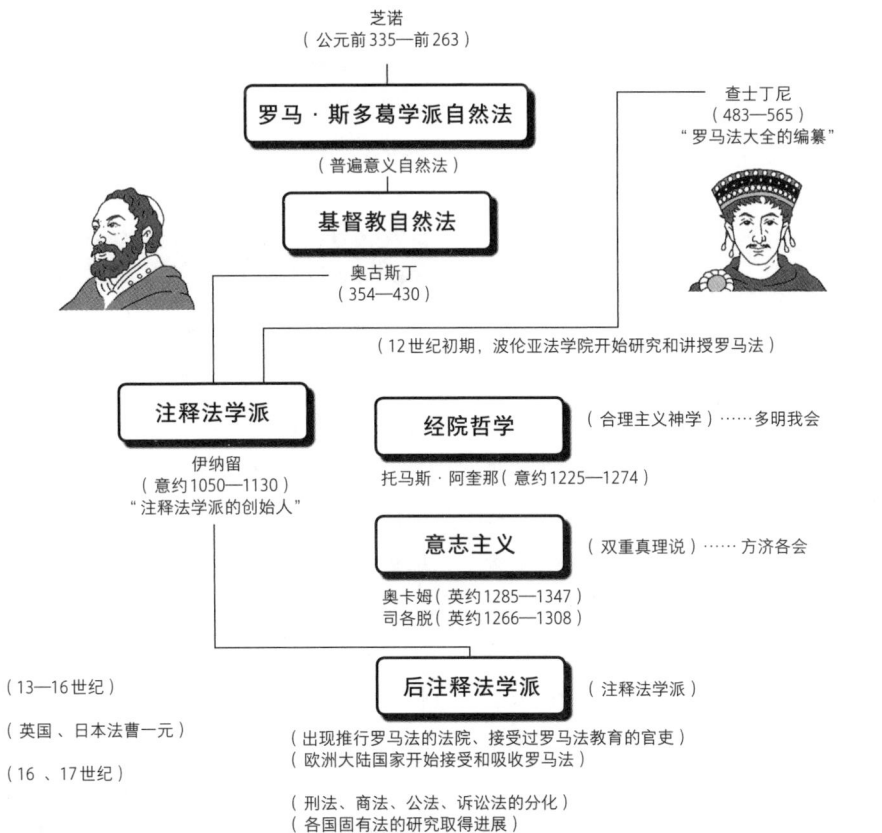

芝诺
（公元前335—前263）

罗马·斯多葛学派自然法

查士丁尼
（483—565）
"罗马法大全的编纂"

（普遍意义自然法）

基督教自然法

奥古斯丁
（354—430）

（12世纪初期，波伦亚法学院开始研究和讲授罗马法）

注释法学派　　　**经院哲学**　（合理主义神学）……多明我会

伊纳留　　　　托马斯·阿奎那（意约1225—1274）
（意约1050—1130）
"注释法学派的创始人"

意志主义　（双重真理说）……方济各会

奥卡姆（英约1285—1347）
司各脱（英约1266—1308）

（13—16世纪）

后注释法学派　（注释法学派）

（英国、日本法曹一元）

（出现推行罗马法的法院、接受过罗马法教育的官吏）
（欧洲大陆国家开始接受和吸收罗马法）

（16、17世纪）

（刑法、商法、公法、诉讼法的分化）
（各国固有法的研究取得进展）

105

法学的确立与发展

启蒙运动时期的自然法理论，为民族国家的兴起和法律体系的完善提供了理论依据，成为近代法学得以诞生的基础。

在文艺复兴运动、新大陆的发现、自然科学的发展以及宗教改革的背景之下，罗马教会主导下的中世纪秩序走向崩溃，大批17、18世纪的启蒙思想家摆脱了中世纪神学自然法的束缚，发展出"近代自然法理论"。

近代自然法理论创始人之一的荷兰法学家胡果·格劳秀斯认为，自然法是不可改变的，就算是上帝自己也不能，即使没有上帝，自然法也不失其有效性。格劳秀斯将自然法从神学的束缚下解放出来，实现了自然法的世俗化。此外，他认为自然法同样也是国际法的基础，试图通过自然法实现法律的体系化。

17、18世纪欧洲启蒙运动时期的自然法理论为民族国家的兴起提供了理论基础，推动了《人权宣言》的颁布和资产阶级革命的发展。在法国，对法律文本进行如实解释的注释法学派占据了主导地位。而德国虽然已经开始了法学的近代化进程，但国家长期处于四分五裂的状态，内部分化成大大小小多个邦国。就如何实现德国法律制度的统一这一问题，弗里德里希·卡尔·冯·萨维尼反对立法的形式，认为应该由研究古代罗马法的法律学家们通过罗马法总结出统一适用的共同法，这种思想被称为"历史法学"。在此基础之上，文德沙伊德等人所倡导的潘德克顿法学盛极一时，对德国民法典的编纂产生了重要影响。

18世纪下半叶，在率先进入工业革命的英国，休谟对社会契约论提出批判，其思想带有明显的功利主义倾向。之后的边沁正式创立了"功利主义"，他主张立法的任务在于满足最大多数人的最大幸福。边沁认为当时的英国法还很不完善，为此他提出了各种法律改革方案。约翰·奥斯丁则主张法学的研究对象应该限定于实在法，在此基础上他创立了"分析法学"。

现代法学

以实证主义思想为中心，在边缘学科发展的刺激下，法学界呈现出百家争鸣的发展态势。

潘德克顿法学是一种通过分析法规，从中抽象出新的概念的理论，因此也被称为"概念法学"。然而，德国民法典制定以后的概念法学逐渐走向僵化，不再根据社会变化做出相应的解释和调整。

进入20世纪，奥地利法学家埃利希提出了"自由法学"的主张，认为当以往的法律条文不能解决现实问题时，政府官员，尤其是法官，不应受立法

法学的确立与发展

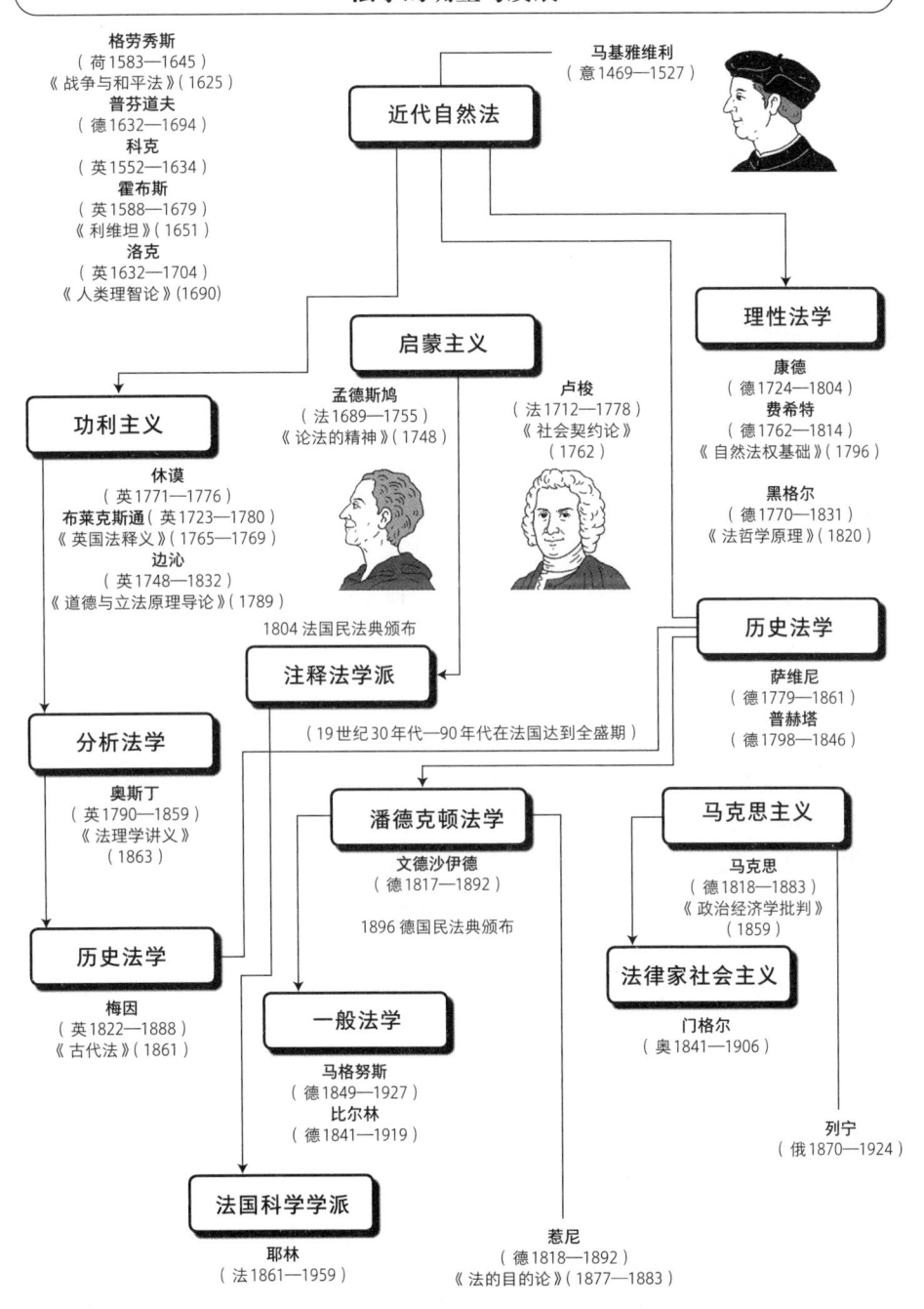

格劳秀斯
（荷 1583—1645）
《战争与和平法》（1625）

普芬道夫
（德 1632—1694）

科克
（英 1552—1634）

霍布斯
（英 1588—1679）
《利维坦》（1651）

洛克
（英 1632—1704）
《人类理智论》（1690）

近代自然法

马基雅维利
（意 1469—1527）

启蒙主义

孟德斯鸠
（法 1689—1755）
《论法的精神》（1748）

卢梭
（法 1712—1778）
《社会契约论》（1762）

理性法学

康德
（德 1724—1804）

费希特
（德 1762—1814）
《自然法权基础》（1796）

黑格尔
（德 1770—1831）
《法哲学原理》（1820）

功利主义

休谟
（英 1771—1776）
布莱克斯通（英 1723—1780）
《英国法释义》（1765—1769）
边沁
（英 1748—1832）
《道德与立法原理导论》（1789）

1804 法国民法典颁布

注释法学派

（19世纪30年代—90年代在法国达到全盛期）

分析法学

奥斯丁
（英 1790—1859）
《法理学讲义》
（1863）

历史法学

梅因
（英 1822—1888）
《古代法》（1861）

潘德克顿法学

文德沙伊德
（德 1817—1892）

1896 德国民法典颁布

历史法学

萨维尼
（德 1779—1861）

普赫塔
（德 1798—1846）

马克思主义

马克思
（德 1818—1883）
《政治经济学批判》
（1859）

法律家社会主义

门格尔
（奥 1841—1906）

列宁
（俄 1870—1924）

一般法学

马格努斯
（德 1849—1927）
比尔林
（德 1841—1919）

法国科学学派

耶林
（法 1861—1959）

惹尼
（德 1818—1892）
《法的目的论》（1877—1883）

107

约束，而应自由地发现法律，自由地判决。

凯尔森提出了"纯粹法学"理论，从规范体系的角度分析实在法，不考虑法与心理和社会的关系，将法律规范的正当性问题排除在法学考查的范围之外。

美国在南北战争结束后，工业经济得到了快速的发展，在实用主义思想的影响下，开始形成独具特色的法律思想。曾担任过美国联邦最高法院大法官的霍姆斯（1902—1932年在任）认为，在法律上唯一绝对的就是没有绝对的东西，判决的真正基础在于对政策与社会利益的考量，呼吁法院应该认识到他们所发挥的立法性功能。

在欧洲大陆形成对概念法学的批判热潮的影响下，庞德提出了"社会学法学"，他认为法律是一种社会控制的手段，以调节社会矛盾为主要目的。以卢埃林等人为代表的"现实主义法学"进一步继承和发展了庞德的思想，他们十分注重观察法官实际在干什么，认为真正的法律存在于法官的行为中。

第二次世界大战之后，英国法学家赫伯特·哈特将日常语言学派的分析方法引入法理学研究，开创了"现代分析法学"（分析实证主义法学），认为法是各种规则的结合。自哈特以后，分析实证主义法学又划分为多个阵营，如詹姆斯·科尔曼的"柔性实证主义"，约瑟夫·拉兹和约翰·加德纳的"刚性实证主义"，以及主张将法律与道德相分离的沃尔德伦的"规范性命题"。

近年来的法学界，以约翰·罗尔斯所激起的"现代正义论"浪潮为首，出现了具有各种思想倾向的法哲学和法学理论，形成了多元化的发展局面。

另一方面，功利主义者也开始重新阐释功利主义的基本原则，以应对来自正义论的批判和挑战。当今最具影响力的功利主义者彼得·辛格将其功利主义思想解释为"利益的平等主义"。

此外，罗尔斯直面多元价值观之间彼此冲突、难以调和的"多元事实"，放弃了对正义理论的哲学性论证，主张为使拥有多元价值观的人和团体接受正义原理，应该将关注的焦点放在不正义而非正义上。通过让人们就不正义达成共识，而间接地意识到正义，其在正义问题上的研究具有一定的消极性。

当代国际社会问题纷繁复杂，具体表现为大屠杀、南北问题、人权的普遍性与文化相对主义、人类安全、国际社会的法治问题和国际法、科学技术的发展与危害以及围绕人工流产、代孕产子、基因诊断技术、克隆、尊严死所产生的生命伦理问题。

在日本社会，关于日照权、环境权、隐私权等新的权利问题，以及自然和动物的权利诉讼越来越多，就同一性和差异性、配额制等积极性措施、死刑制度的存废、法治的多义性、宪法的解释和修改、东京审判所涉及的法的溯及

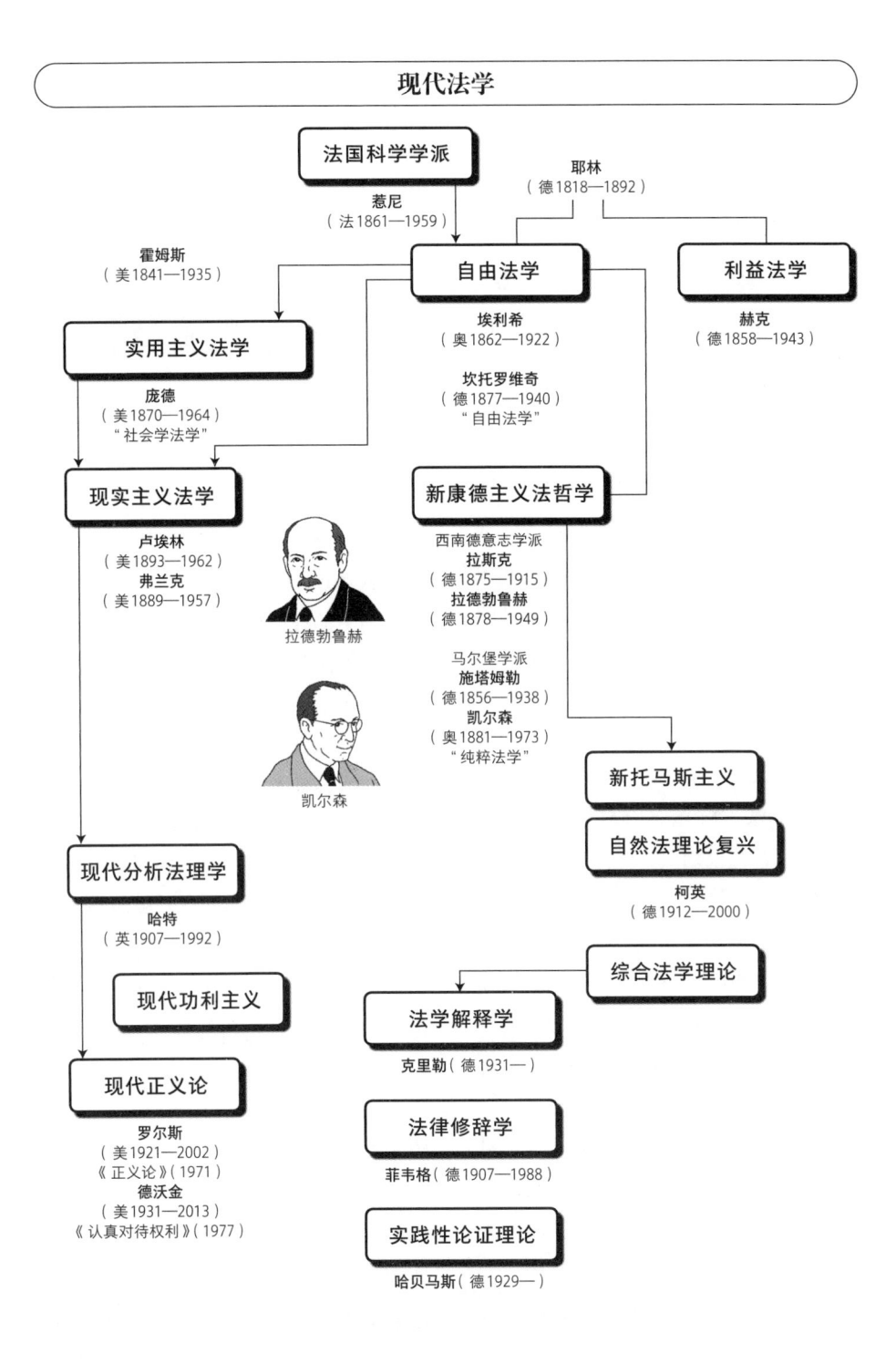

现代法学

- **法国科学学派**
  - 惹尼（法1861—1959）

- **耶林**（德1818—1892）

- **自由法学**
  - 埃利希（奥1862—1922）
  - 坎托罗维奇（德1877—1940）"自由法学"

- **利益法学**
  - 赫克（德1858—1943）

- 霍姆斯（美1841—1935）

- **实用主义法学**
  - 庞德（美1870—1964）"社会学法学"

- **现实主义法学**
  - 卢埃林（美1893—1962）
  - 弗兰克（美1889—1957）

（拉德勃鲁赫 画像）

- **新康德主义法哲学**
  - 西南德意志学派
    - 拉斯克（德1875—1915）
    - 拉德勃鲁赫（德1878—1949）
  - 马尔堡学派
    - 施塔姆勒（德1856—1938）
    - 凯尔森（奥1881—1973）"纯粹法学"

（凯尔森 画像）

- **新托马斯主义**

- **自然法理论复兴**
  - 柯英（德1912—2000）

- **现代分析法理学**
  - 哈特（英1907—1992）

- **现代功利主义**

- **现代正义论**
  - 罗尔斯（美1921—2002）《正义论》(1971)
  - 德沃金（美1931—2013）《认真对待权利》(1977)

- **综合法学理论**

- **法学解释学**
  - 克里勒（德1931—）

- **法律修辞学**
  - 菲韦格（德1907—1988）

- **实践性论证理论**
  - 哈贝马斯（德1929—）

109

力等一系列问题，从法哲学角度出发的论点层出不穷。

国际法

本国制定的在本国主权管辖范围内有效的法律称为国内法，而与之相对的国际法是否也是"法律"呢？

国际法是对国际社会（国际组织）具有法律约束力的一系列法规的总称，其主要渊源是国际条约和国际惯例。国际法实证主义的创始人奥本海认为，国际法是指"文明国家认为在它们彼此交往上有法律拘束力的习惯和条约规则的总体"。

从国际人权法和国际人道法中即可看出，在现代社会，国际法已经越来越趋向于承认个人的国际法主体地位，个人在国际法中开始享有权利和承担义务。然而，归根结底，国际法究竟是不是"法"呢？

虽然奥斯丁主张国际法并不是法律而仅仅是一种"实在道德"。但是国际法在各个方面都有着与国家法相同的特点，发挥着与国家法相似的功能，不能仅仅将其看作是实在道德或伦理。

日本国际法学家大沼保昭，通过对将法律作为最终评判标准的"合法性信仰"、源于正当权利的约束力、出现法律分歧时的第三者裁决制、法律的技术性和专门性倾向等方面问题的论述，认为"虽然奥斯丁主张国际法只是一种实在道德，但无论是任何政府、从业者、还是新闻工作者都没有将国际法看作是道德，或者是政治和政策的一部分，人们必须认识到，在事实上，国际法已经被当作是法律看待"。

入门者须知

法学的分类

法学又称法律学，广义上指一切专门以法律为研究对象的学科的总称。法学大致可分为两大类：（1）注重实用性和实践性的应用法学；（2）以研究基础理论为主的理论法学。其中应用法学又分为：①法律解释学。主要研究各类现行法的解释；②法律政策学、立法学。研究为了达到一定的政策目的而在法律上采取的各种手段和方法。理论法学则包括：①研究法律或制度的历史的法史学（法制史）、对不同国家的法律进行比较研究的比较法学、研究法律与社会现象间关系的法律社会学；②研究法的概念和价值的法哲学（法理学）。本书中的法学，主要探讨的是"法哲学"和"法律思想"。

历史法学

梅因创立的法学学派，主要研究原始法律在演变为成熟的法律体系的历史性发展过程中所存在的普遍理论。该学派主张法律的发展历程按照历史顺序来看，有以下3种：①拟制（指法律上将两种本不相同的事实等同视之的情形）；②衡平（指以公平正义为原则对既有法律进行修正的方法）；③立法（立法机关直接制定法律的方法）。此外，历史法学派将法律的进步总结为"一场从身份到契约的运动"，认为随着社会的发展，个人开始摆脱家族和团体的束缚，通过自愿签订契约来确定自己的权利和义务。在这种新的社会中，"身份"逐渐向"契约"转化。

功利主义

边沁的功利主义哲学思想认为"凡能带来快乐或幸福的行为便是善"，所谓"正当的行为"就是任何能使"效用"实现最大化的行为，"最大多数人的最大幸福"是衡量行为和政策正当与否的准则，"社会全体的幸福是组成这个社会的个人的幸福的总和，必须致力于实现社会全体幸福的最大化"。后期，边沁开始避免使用"最大多数人"的说法，而更倾向于使用"最大幸福原理"这一表达方法。此外，边沁进一步提出了"幸福计算"的方法，通过计算某一行为所产生的快乐的大小，判断该行为的善恶倾向，之后，边沁的弟子穆勒对功利主义进行了进一步的修正和发展，补充了关于公正的理论。

分析法学

奥斯丁创立的法学流派，主要通过分析罗马法或英国法等成熟的法律体系的结构和内容，得出法律共同的基本性概念和理论。该流派坚持"法律实证主义"，反对将道德列为法学的研究对象，认为法学家应无视法律的历史性发展，将法学的任务限定在分析实在法的范围之内。关于实在法的定义，奥斯丁提出了"主权者命令说"，认为实在法是"独立的政治社会中，掌握主权的统治者或团体对社会成员所下达的命令"。

现代分析法学派

哈特将日常语言学派的分析方法引入法理学研究，认为该学派从研究日常语言的用法入手研究哲学的方法也同样适用于法理学，并在此基础上创立了"现代分析法学派"。哈特在其著作《法律的概念》一书中，主张近代法律体系是设定义务的主要规则与授予权力的次要规则的结合。次要规则是关于"规则"的规则，可分为：承认规则，即评定成文法或习惯法的妥当性和效力的准则；改变规则，具有改变或取消其他规则的权力；审判规则，决定了审判权的归属以及审判的程序。新分析法学虽然坚持了法律实证主义的基本立场，主张道德与法律相分离，但同时也指出了两者之间存在的密切联系。

现代正义论的发展

在英国和美国，功利主义在探讨正义、自由和平等的规范伦理学中长期占据着统治地位，然而进入20世纪后，人们开始对功利主义提出质疑，认为其忽视了人的多样性，错误地将以牺牲少数人利益为代价维护多数人利益的做法正当化。在这一规范伦理学的转折时期，罗尔斯继承了以洛克、卢梭和康德等人为代表的社会契约论和自然权利思想，并对其进行了富有现代性特色的改造，于1971年出版了著作《正义论》。罗尔斯正义理论的前提预设是"原初状态"，在这一假设的环境中，任何经过反复协调而达成一致的原则都将是正义的。

罗尔斯所倡导的正义表现为两个原则：①人们在基本的自由方面享有平等的权利；②为使处于社会最不利地位的人的利益得到补偿，某些社会上的和经济上的不平等具有正当性（差别原则）。

罗纳德·德沃金在其《认真对待权利》等著作中，认为人最为基本的权利是要求平等关怀和尊重的权利。德沃金与罗尔斯同样认为为了缩小差距而采取的积极措施具有正当性。然而，即使是在专门研究正义论的学者中，对于什么才是人类最基本的权利这一问题的见解仍是千差万别。

教育学 ● Pedagogy ●

教育学的诞生

宗教改革后，夸美纽斯在欧洲各地进行了广泛的教育活动，发表了西方第一部系统的教育学著作。

早在古希腊时期，柏拉图和亚里士多德就曾分别论述过城邦"哲学王"的培养问题以及青少年的教育问题。文艺复兴时期，他们的教育理论与古罗马研究演说术原理的昆体良、演说家西塞罗一起重新受到人们的重视。

文艺复兴时期的伊拉斯谟认为教育的目的是培养有德行的人，他十分强调实用科学、母语以及体育的重要性，并且注重培养儿童的学习兴趣。

宗教改革时期，马丁·路德为了通过教育培养人们阅读《圣经》的能力，主张父母有义务让子女接受教育，并首次提出了"义务教育"思想。17世纪，被誉为"近代教育学之父"、泛智论的先驱者、曾任捷克兄弟会牧师的教育学家夸美纽斯，在其著作《大教学论》一书中，首次依据儿童的年龄特征系统地总结并创立了一套学校制度，确立了学年制以及统一使用的教科书，对近代学校教育产生了深远的影响。

教育学的成长

赫尔巴特将教育学建立在科学的理论基础之上，形成了包含教育目的和教育方法在内的教育学理论体系。

17世纪末至18世纪，西欧的启蒙主义者们致力于批判绝对王权、启迪民智，对教育表现出了强烈的兴趣。随着市民阶级的兴起，约翰·洛克主张以家庭为单位对儿童进行绅士教育。此外，在贫民子女的教育问题上，洛克提出了"贫穷儿童劳动学校计划"，主张由劳动学校无偿对他们进行必要的劳动技能培训，其教育思想具有一定的阶级性和两面性。

法国大革命时期，孔多塞向国民公会提交了一份教育改革计划，奠定了近代公共教育制度的基础。孔多塞主张：①父亲具有"子女教育权"，并承担教育义务；②国家不应垄断教育，父母具有一定的"教育自由"；③教育是实现人类和社会发展的重要途径，国家有义务建立"公共教育制度"；④为使改革顺利实施，具体而言，应取消宗教教育、实施世俗的学校教育、男女同校、单轨制、免费机制、奖学金制度、教育机构之间逐级管理、扩大高等教育机构自治权。

教育学的诞生

[古希腊]
柏拉图（公元前427—前347）《理想国》（公元前375）
亚里士多德（公元前384—前322）《政治学》（约公元前335）

[古罗马]
西塞罗（公元前106—前43）《论演说家》（公元前55）
昆体良（35—95）《论演说家的教育》

中世纪的教育理论
知识传授论、王子教导论
人类发展论、学徒论、礼仪论

文艺复兴时期的人文主义教育理论

[15—16世纪的意大利]
阿尔伯蒂、帕尔米耶里
（意1404—1472）（意1406—1475）
弗吉里奥（意1370—1444）
《论绅士风度与自由学科》（1400）
伊拉斯谟（荷1466—1536）
《一个基督教王子的教育》（1516）[教育的可能性]
《幼儿教育论》（1529）"早期教育的重要性"
蒙田（法1533—1592）
《随笔集》（1580）"判断力和道德的培养"

弥尔顿
（英1608—1674）
《论教育》（1644）
[教育的自由]

宗教改革派的教育理论
马丁·路德（德1483—1546）
"义务教育思想的先驱者"

教育学家
拉特克（德1571—1635）
"教育理论的体系化"
夸美纽斯（捷克1592—1670）
《大教学论》拉丁语版（1670）
"按年龄划分教育阶段的理论"
《世界图解》（1658）[教材观]

天主教教育理论
斐微斯（西1492—1540）
《论科学》（1531）
耶稣会
建立开展全面教育的"寄宿制学校"

洛克
（英1632—1704）

（左栏：人文科学、社会科学、自然科学、文化艺术）

启蒙主义者们提倡合理主义教育观，他们认为人之所以成为人，是因为人有理性。而让-雅克·卢梭则主张教育应该遵循儿童"内在的自然"，教育者的使命是帮助儿童发现并发展自己的自然天性。在卢梭思想的影响下，法国大革命期间，山岳派对孔多塞的教育改革计划提出批判，并制定出新的教育方案。山岳派认为虽然知识教育已经成为少数人的特权，但道德教育能为民众带来普遍性利益，理应得到重视，因此他们主张建立集教育与生活功能于一体的"国民教育之家"对儿童进行初级的道德教育。

在德国，康德认为教育是儿童作为人与生俱来的天赋的权利。赫尔巴特在继承了康德思想的基础上，又进一步主张教育不能单凭经验和惯例，还必须要有科学的理论基础。基于这样的思考，他出版了《普通教育学》和《教育学讲授纲要》等著作，创立了一套完整的教育学体系。赫尔巴特认为教育的目的在于培养儿童的德行，发展他们多方面的兴趣。此外，他将教学过程分为四个阶段，即著名的"四阶段教学法"，该理论经过了"赫尔巴特学派"的继承和发展后，在世界范围内产生了广泛的影响。

教育学的发展

19世纪末20世纪初，教育学思想广泛传播，兴起了声势浩大的"新教育"运动。

19世纪末20世纪初，兴起了以初等和中等教育为对象的"新教育"运动，该运动始于欧美并逐渐席卷日本。作为一场反对"旧教育"的运动，"新教育"主张尊重儿童的自由发展，反对过度强调教育的国家管理和教师权威，认为教师的任务是引导儿童观察和思考，帮助儿童培养兴趣，即"儿童中心主义"。新教育运动的兴起，离不开新兴的实验医学、心理学、社会学等实证性儿童研究的发展。此外，在该时代，教育生理学、发展心理学、教育心理学等教育科学也取得了初步的进展。

法国社会学家埃德蒙·德穆兰通过借鉴英国的教育制度，对法国僵化的教育制度进行改革。他将儿童思维的自由发展称之为"社会化"，并设立了以此为教育目标的私立学校。德穆兰所创立的私立学校注重培养儿童的自主学习能力和个性发展，减少了人文学科的开设，加大了实用科学教育和手工技术培训，注重拓展文化课程以外的多元课程。德穆兰的办学实践对新教育运动的发展产生了指导性的影响，一系列类似的私立学校在世界各地的乡村相继建立起来，形成了"乡村教育之家"体系。

美国的哲学家、教育学家杜威主张教育必须建立在儿童固有的活动和需求之上，且必须能够转化为与儿童的活动相互作用的方法和措施。在杜威看来，为了实现社会的进步，有必要推行民主主义教育，培养公民的主动性和责任心。其教育思想成为20世纪20年代美国"进步主义教育"运动的理论支柱。

而在德国，凯兴斯泰纳忧心于资本主义发展所带来的社会变化，主张实行"劳作教育"，对学生进行"性格陶冶"和"职业训练"，其教育思想的终极目的是实现伦理社会的理想，依然未能摆脱旧教育思想的局限。

在马克思主义教育学方面，苏联革命家列宁的夫人、教育学家克鲁普斯卡娅批判新教育是为了满足一部分资产阶级需求的产物，她主张为学生的个性发展创造条件，推行"综合技术教育"。克鲁普斯卡娅所倡导的综合技术学校是一种地区自治学校，工人可以参与学校的管理和教育过程，这是"新教育"所不具备的一大特色。

总之，"新教育"这一概念，成为现代各种"选择性教育"诞生的土壤。

教育学的成长

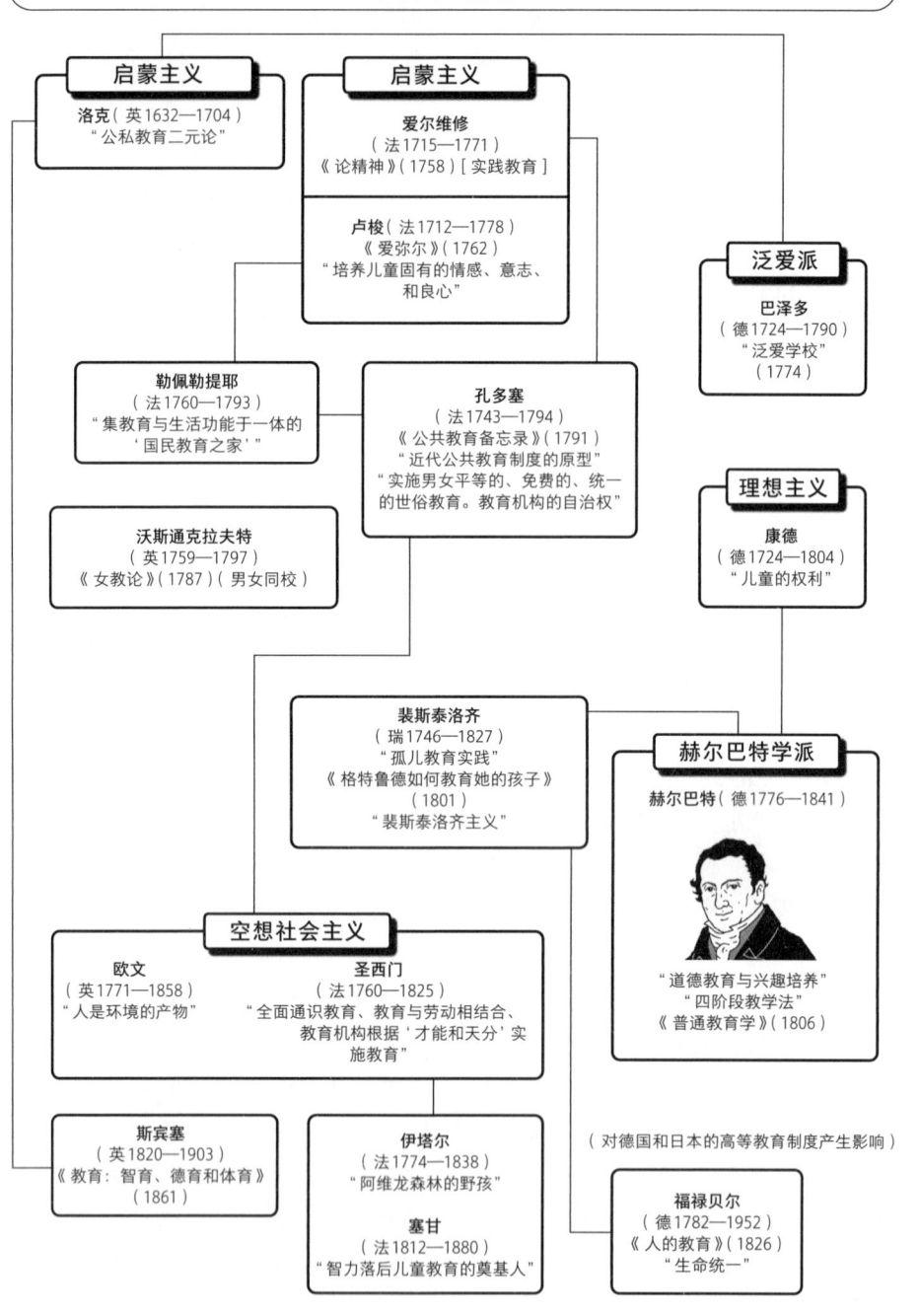

人文科学 | 社会科学 | 自然科学 | 文化艺术

启蒙主义
洛克（英 1632—1704）
"公私教育二元论"

启蒙主义
爱尔维修（法 1715—1771）
《论精神》（1758）[实践教育]

卢梭（法 1712—1778）
《爱弥尔》（1762）
"培养儿童固有的情感、意志、和良心"

勒佩勒提耶（法 1760—1793）
"集教育与生活功能于一体的'国民教育之家'"

孔多塞（法 1743—1794）
《公共教育备忘录》（1791）
"近代公共教育制度的原型"
"实施男女平等的、免费的、统一的世俗教育。教育机构的自治权"

沃斯通克拉夫特（英 1759—1797）
《女教论》（1787）（男女同校）

泛爱派
巴泽多（德 1724—1790）
"泛爱学校"（1774）

理想主义
康德（德 1724—1804）
"儿童的权利"

裴斯泰洛齐（瑞 1746—1827）
"孤儿教育实践"
《格特鲁德如何教育她的孩子》（1801）
"裴斯泰洛齐主义"

赫尔巴特学派
赫尔巴特（德 1776—1841）
"道德教育与兴趣培养"
"四阶段教学法"
《普通教育学》（1806）

空想社会主义
欧文（英 1771—1858）
"人是环境的产物"

圣西门（法 1760—1825）
"全面通识教育、教育与劳动相结合、教育机构根据'才能和天分'实施教育"

斯宾塞（英 1820—1903）
《教育：智育、德育和体育》（1861）

伊塔尔（法 1774—1838）
"阿维龙森林的野孩"

塞甘（法 1812—1880）
"智力落后儿童教育的奠基人"

（对德国和日本的高等教育制度产生影响）

福禄贝尔（德 1782—1952）
《人的教育》（1826）
"生命统一"

教育学的现状与展望

儿童的意见开始按照他们的年龄和成熟程度得到人们适当的重视，在新的时代背景下，教育学的新使命是探讨"新公共性"，培养"世界公民"。

社会性别与教育、女权主义等教育问题越来越受到人们的重视，与此同时，1985年联合国教科文组织提出了《学习权宣言》，将"学习"定义为人类追求幸福的不可欠缺的权利。由此，教育不再像"儿童中心主义"时代那样只能等待着被给予，而是转变成为人们可以主动要求的一种权利。1989年，联合国大会通过了《儿童权利公约》，在关于21世纪的学习和教育方面，该公约规定，儿童有权按照自己的个人意志自主参与社会生活。研究"儿童参与"领域的先驱者——罗杰·哈特提出了"参与阶梯理论"，将儿童参与活动的程度分为8个阶段。哈特的思想为后世所继承，并逐渐突破了儿童教育的局限，为"公民教育"的诞生奠定了基础。

随着时代的变迁，多元文化开始平等共存于同一个社会整体，并在交融的过程中不断诞生出新的文化。在这种多元文化共存的社会背景之下，美国的多元文化教育研究鼻祖詹姆斯·班克斯将多元文化教育实践划分为5个阶段：①单一民族学习；②多民族学习；③多民族教育；④多文化教育；⑤制度化。

与此同时，在全球化的过程中，多元文化进一步呈现出了加速发展的态势。新型社会中的社会成员，即"Citizenship"这一概念对教育的发展产生了深刻的影响，"社群主义教育"和"政治思想教育"日益兴盛。英国的教育政策同时吸收了这两种教育思想，1998年，以政治学家伯纳德·科瑞克为首的公民教育咨询委员会发表了《学校公民教育与民主教学报告》（也称《科瑞克报告》）。2002年，公民教育作为必修科目纳入了英国的中学课程体系。

此外，残障儿童教育也几经改革，从特殊教育转变为特殊需求教育，并最终发展为一体化（integration）教育。教育学在原有的公共性的基础上，逐渐发展为一门与政治和社会密切相关的学科。

日本于1992年开始推行学校"周五日制"（1995年再次进行改革，2002年完全实施），1998年开始致力于解决"40人班级问题"，但实际上只是改善了教师的工作环境，并没有真正设身处地为儿童考虑。一个最典型的例子就是2002年实施的"宽松教育"（与"宽松教育"相对的是以重视知识为教育方针的"灌输式教育"。"宽松教育"则是以重视经验为教育方针，通过减少"灌输式教育"的教育内容和教育时间，来达到建设宽松的校园教育环境的目标。——译者注），特别是其中的核心措施——设置"综合学习时间"课程，该课程的实施情况很容易受到教师本人

教育学的发展

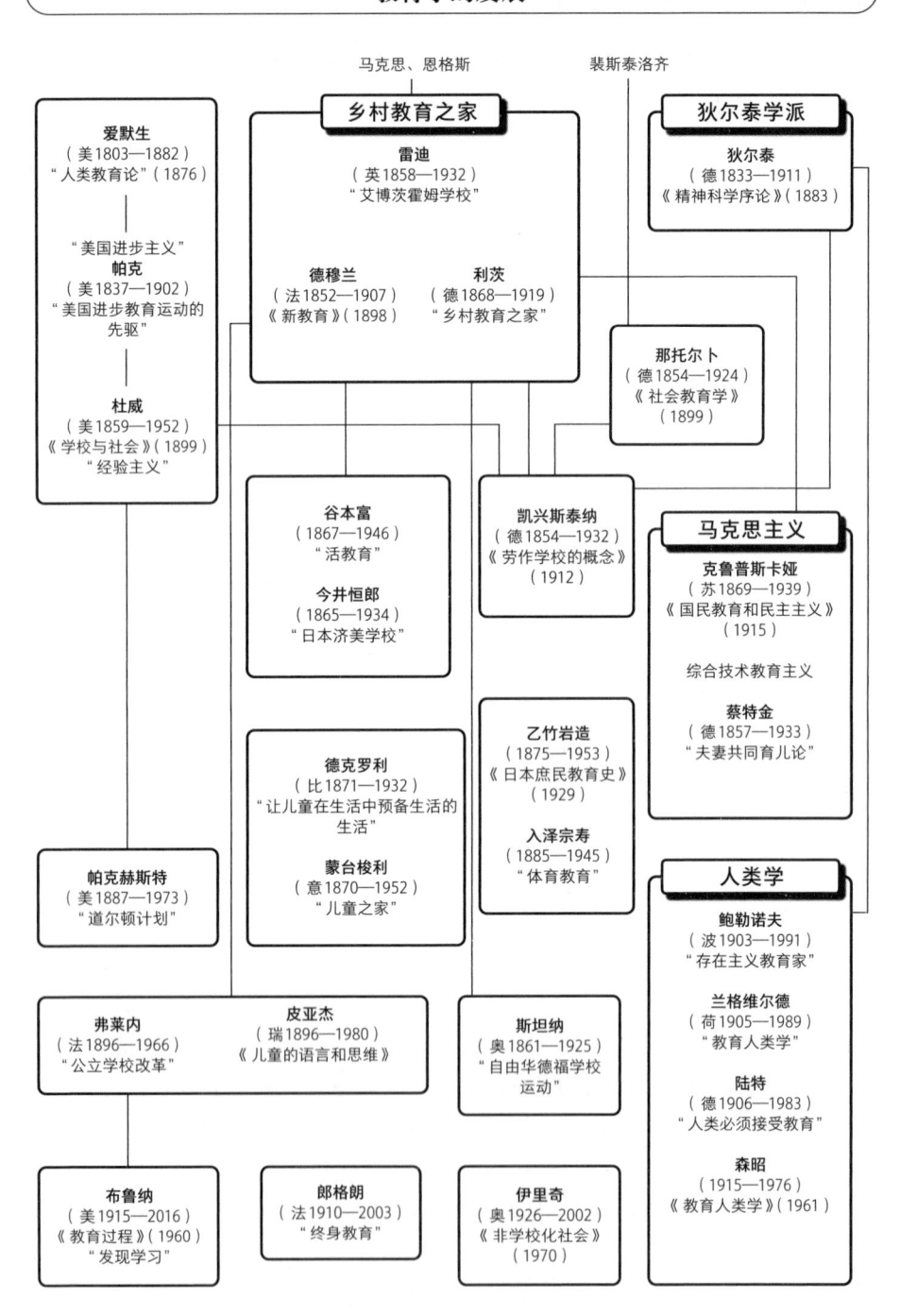

侧边栏： 人文科学 | 社会科学 | 自然科学 | 文化艺术

马克思、恩格斯 → **乡村教育之家**
裴斯泰洛齐 → **狄尔泰学派**

社会科学分支

爱默生
（美 1803—1882）
"人类教育论"（1876）

帕克
（美 1837—1902）
"美国进步主义"
"美国进步教育运动的先驱"

杜威
（美 1859—1952）
《学校与社会》（1899）
"经验主义"

乡村教育之家

雷迪
（英 1858—1932）
"艾博茨霍姆学校"

德穆兰
（法 1852—1907）
《新教育》（1898）

利茨
（德 1868—1919）
"乡村教育之家"

狄尔泰学派

狄尔泰
（德 1833—1911）
《精神科学序论》（1883）

那托尔卜
（德 1854—1924）
《社会教育学》（1899）

凯兴斯泰纳
（德 1854—1932）
《劳作学校的概念》（1912）

马克思主义

克鲁普斯卡娅
（苏 1869—1939）
《国民教育和民主主义》（1915）
综合技术教育主义

蔡特金
（德 1857—1933）
"夫妻共同育儿论"

其他

谷本富
（1867—1946）
"活教育"

今井恒郎
（1865—1934）
"日本济美学校"

德克罗利
（比 1871—1932）
"让儿童在生活中预备生活的生活"

蒙台梭利
（意 1870—1952）
"儿童之家"

乙竹岩造
（1875—1953）
《日本庶民教育史》（1929）

入泽宗寿
（1885—1945）
"体育教育"

人类学

鲍勒诺夫
（波 1903—1991）
"存在主义教育家"

兰格维尔德
（荷 1905—1989）
"教育人类学"

陆特
（德 1906—1983）
"人类必须接受教育"

森昭
（1915—1976）
《教育人类学》（1961）

其他学者

帕克赫斯特
（美 1887—1973）
"道尔顿计划"

弗莱内
（法 1896—1966）
"公立学校改革"

皮亚杰
（瑞 1896—1980）
《儿童的语言和思维》

斯坦纳
（奥 1861—1925）
"自由华德福学校运动"

布鲁纳
（美 1915—2016）
《教育过程》（1960）
"发现学习"

郎格朗
（法 1910—2003）
"终身教育"

伊里奇
（奥 1926—2002）
《非学校化社会》（1970）

的能力和热情程度的影响。"宽松教育"遭到了社会各界的批判,人们质疑该项措施只会招致学生学习能力的相对或绝对下降。最终,"宽松教育"在实施后仅10年左右就黯然收场。日本教育的当务之急,是以儿童的身心发展为核心,重新修改教育政策,改善教育制度。

入门者须知

教育学的研究对象

教育学按研究对象可分为:①研究教育的本质和目的的"教育哲学";②研究教育过程的特点,以及教育发展历史的"教育史""教育社会学""教育心理学";③研究如何制订教育规划、如何开展教育工作的"教育政策"和各类"教学理论"。

蒙台梭利与"儿童之家"

1907年,蒙台梭利开办了一所名为"儿童之家"的幼儿学校,专门招收3—7岁的贫苦儿童。蒙台梭利认为,处于这一年龄阶段的儿童对环境刺激所做出的反应最为敏感,通过充分锻炼他们的感觉功能和运动功能能为之后的智力和道德发展打下基础。蒙台梭利对全球幼儿教育界产生了巨大的影响。

自由的华德福学校

1919年,鲁道夫·斯坦纳在德国建立了第一所华德福学校,虽然在"二战"期间,德国境内的所有华德福学校均被纳粹政府强行关闭,但在战后,随着斯坦纳教育运动的广泛开展,全球多个国家均开始创办华德福学校。

斯坦纳的教育目标是引导儿童寻找真正的自我,使其成为一个会思考的自由人。他将人从出生至21岁的成长过程分为三个七年发展阶段,并且根据三个阶段的不同特点制定了相应的发展目标,以求达到个人在意志、情感、思考三方面能力的和谐发展。其中,斯坦纳尤为重视的是对学生进行艺术性情感的教育,他主张所有的教学科目都应该采用艺术化的教学方法,并设置了"Eurhymie(韵律舞)"等特色课程。韵律舞即让学生将身体作为乐器,用形体动作表达音乐、语言以及数字的概念。

终身教育与回归教育

促进终身教育思想产生和发展的社会因素包括:社会环境的急剧变化、科学技术的进步与发展、信息的剧增、闲暇时间的增多、人际关系危机等多个方面。1956年,UNESCO(联合国教科文组织)的教育专家保罗·朗格朗在成人教育国际促进委员会上提出了有关终身教育的提案,主张建立起能够为各个年龄阶段的人们提供必要的学习机会的教育体制。1981年,日本中央教育审议会公布了《关于终身教育》的咨询报告,开启了日本终身教育的政策化进程。

"回归教育"是1973年由经济合作

与发展组织（OECD）提出的，它是终身教育的重要战略之一。

伊里奇与"非学校化"理论

虽然长期以来，人们都相信教育事业的壮大必然会推动整个社会的发展，并从终身教育的观点出发提出了教育制度改革与重建的必要性，然而这些理论却都是以学校的存在为前提。

直到"非学校化理论家"的出现，才使得以学校为中心的教育制度开始受到质疑。其中，《非学校化社会》一书的作者奥地利哲学家伊凡·伊里奇批判学校教育，认为："学校制度的存在产生了学校教育的需求，迫使学生相信只有从学校学到的知识才是具有价值的，然而这种将'教'等同于'学'的教育方式实际上是在扼杀学生的想象力。学校教育是一种虚假的公用事业，其教育经费要依靠所有公民缴纳的税收，但却只有一部分人能够从中受益。"伊里奇主张为了重振教育，需要建立起四种"学习网络"：①教育资源服务；②技能交流；③学习伙伴；④专职教育工作者。此外，伊里奇提议建立技能交换银行，每个公民均可获得入门技艺的基本信贷，当他们要求学习更高层次的技能时，需要支付一定的教育信贷。

Citizenship

在日语中有"公民制""市民性"等译法。近年来，在瞬息万变的现代社会背景之下，就如何将儿童培养成为合格的公民这一问题，以欧美国家为首，世界各国陆续开始将公民教育（Citizenship Education）纳入学校教育体系。在此之前，"Citizenship"通常被翻译成"市民权""公民权"，是一个与国籍或参政权意思相近的概念，而现在，这个词的词义有所扩大，可以表达"公民社会中的行为准则"等意义。英国新增了一门名为"Citizenship"的必修课，与日本的"公民"课相似，但是课程内容更加深入。

参与阶梯理论

罗杰·哈特将儿童参与活动的程度分为8个阶段进行解说。其中，1—3阶段是非参与阶段，4—8阶段是实质参与阶段。

①操纵（用零食引诱或者哄骗的方式使儿童参与活动）；②装饰（虽然不用零食引诱或者哄骗儿童，但依然未使儿童明白参与活动的意义，仅仅是让他们遵从成人的指挥而行动）；③象征性的表示（成人仅仅是象征性地询问了儿童的意见，但实际上并没有加以考虑）；④成人为儿童指派任务，但尚能告知儿童（给儿童明确的任务，并告知他们活动的意义等必要信息）；⑤成人与儿童商量并告知信息（儿童对被赋予的职责可以提出自己的意见，并且成人会告知儿童他们对于意见的处理态度）；⑥成人提案，并与儿童共同做决定（由

成人提出方案，但会与儿童共同商讨决定，在互相理解的基础上推进活动进程）；⑦儿童提案，成人指导（主导权在儿童，成人起辅助作用）；⑧儿童提案，并与成人共同做决定（儿童提出方案，但会让成人参与决策过程）。

综合学习时间

根据日本文部科学省对综合学习时间的定义，实施综合学习时间的目的，在于培养儿童在急剧变化的社会环境中能够自主发现问题、自主学习、自主思考、自主判断以及更好地解决问题的资质和能力。在注重思考力、判断力、表现力的"知识社会"的时代背景之下，综合学习时间发挥着日益重要的作用。

虽然在教师和学生水平与学习欲望较高的一部分中小学校，综合学习时间取得了较为显著的成果，但是该课程的一大缺点就是很容易受到教师本人的能力和热情程度的影响。此外，以什么为标准来衡量该项课程实施的成功与否？这也是长期存在的一大难题。事实上，虽然有一部分学校严格按照要求实施综合学习时间，取得了预期的效果，但是也有不少学校将综合学习时间视为其他必修课的补充学习时间，用以提高学生的学业成绩。

统计学 ● Statistics ●

统计学的确立

统计学的诞生，是英国的人口研究、德国的国势研究以及法国的概率论三者相结合的产物。

统计学是一门历史悠久的学科。早在公元前3000年左右的埃及，以及公元前2300年左右的中国就曾举行过人口普查。公元前435年，古罗马创立了"国势调查"(Census)制度，开始了定期性的人口普查。中世纪时，欧洲各国都曾制作过反映耕地、财产、物产以及各阶层人口等情况的一览表，然而在统计方法和统计理论方面，却并未出现任何进展。

16、17世纪的重商主义时代，欧洲各国在积极谋求工业发展和人口增长的过程中，深切地感受到了准确把握国家情势的必要性。诞生于德国的"国势学"主要使用文字记述的方式对各个国家的土地、居民、组织、租税、军事等情况进行系统化的记述。17世纪下半叶至18世纪，国势学发展极为迅猛，形成了"德国大学统计学派"（国势学派）。该学派首次使用了德文"统计"(statistik)这一术语。

在英国，随着资本主义的发展，在弗朗西斯·培根的经验哲学的影响下，通过数据资料研究客观现象间数量关系的"政治算术学派"应运而生。其中，格朗特根据伦敦的死亡人数推算出了全市的总人口数。威廉·配第对各大城市的人口和经济情况进行了系统的数量对比分析，"政治算术学派"这一名称即来自其著作《政治算术》一书。"哈雷彗星"的发现者埃德蒙·哈雷曾推算过年龄性别死亡率和生存概率。

在法国则出现了研究概率的热潮。虽然实用性概率的研究主要依赖于爱好骰子赌博的专业赌博者，然而真正为概率论和组合论的发展奠定了基础的，却是解答了各类赌博问题的帕斯卡和费马二人。此外，雅各布·伯努利首次将概率论建立在稳固的数学基础上，拉普拉斯确立了概率论的古典型定义。

比利时的凯特勒使用数理统计的方法研究生物学现象和社会现象，试图将统计学创建为改良社会的一种工具。由此，统计学正式加入了近代科学的行列。

统计学的成长

兴起于农业和生物学领域的描述统计学与推断统计学，构成了现代统计学的基本框架。

在凯特勒以后，既出现了习惯将自然法则观念引入社会现象研究的倾向，也出现了无论对象是自然还是社会皆可适用的"数理统计学"。数理统计学分为"描述统计学"和"推断统计学（推计学）"，这两种统计学类型构成了现代统计学的基本框架。其中，卡尔·皮尔逊提出了检验分布和拟合优度的"X^2检验"等理论，完善了描述统计学。

描述统计学认为搜集到的数据越全面，对于现象的解释（描述）就越准确。而后期发展起来的推断统计学则摆脱了全面调查的束缚，开始借助概率论和数学的方法，运用抽样（sample）调查，尽可能地根据有限的样本数据推断出研究对象的总体特征。威廉·戈塞特（英1876—1937，笔名"学生"）开创了小样本理论的先河，提出了"t 分布（t-distribution）"。"t 分布"是"学生分布（Student distribution）"的简称。罗纳德·费希尔通过观察田间试验，区分了总体与样本两个概念，并提出了研究两者间关系的方法，被誉为"推断统计学的创始人"。

在此基础上，随着"抽样调查理论"的进一步发展，统计学的应用范围也不断扩大。马哈拉诺比斯在孟加拉地区进行了大规模的农作物产量调查，证明了抽样调查的可靠性。瓦尔德运用诺伊曼的"博弈论"思想，创立了"统计决策理论"，试图将形形色色的统计问题归并在一个统一的模式之下。

统计学的发展

随着计算机技术的迅速崛起与普及，对复杂现象进行客观分析的统计学方法实现了飞跃性的发展。

"多变量分析"和"数据分析"形成于20世纪60年代左右，主要通过积极获取所有可利用的信息，尽可能准确地从多元角度对复杂的现象进行分析。随着计算机技术的迅速崛起与普及，这种新的统计学领域在70年代以后实现了飞跃性的发展。

其中包括日本文部省统计数理研究所的林知己夫所倡导的"数量化理论"、美国的图基等人所开发的"探索性数据分析（EDA）"。在具体的方法方面，法国的本泽克里批判数理统计学，提倡"对应分析法"。此外，对数据进行客观分类的"聚类分析"，主要是根据数据间的相似性将其分为不同的类（cluster），并通过树状图的形式呈现出来。

如此一系列的数据分析方法汇成了统计学界的一大潮流，并随着计算机技术的蓬勃发展，逐渐形成了"计算机统计学"研究领域。

进入21世纪，统计学开始被广泛应用于各个领域，其中影响最大的是以18世纪的概率论为理论基础的"贝叶斯统计学"。贝叶斯统计学不仅被应用于数学、经济学、信息科学、心理学、商业、销售等领域，同时也是计算机普及

统计学的确立与发展

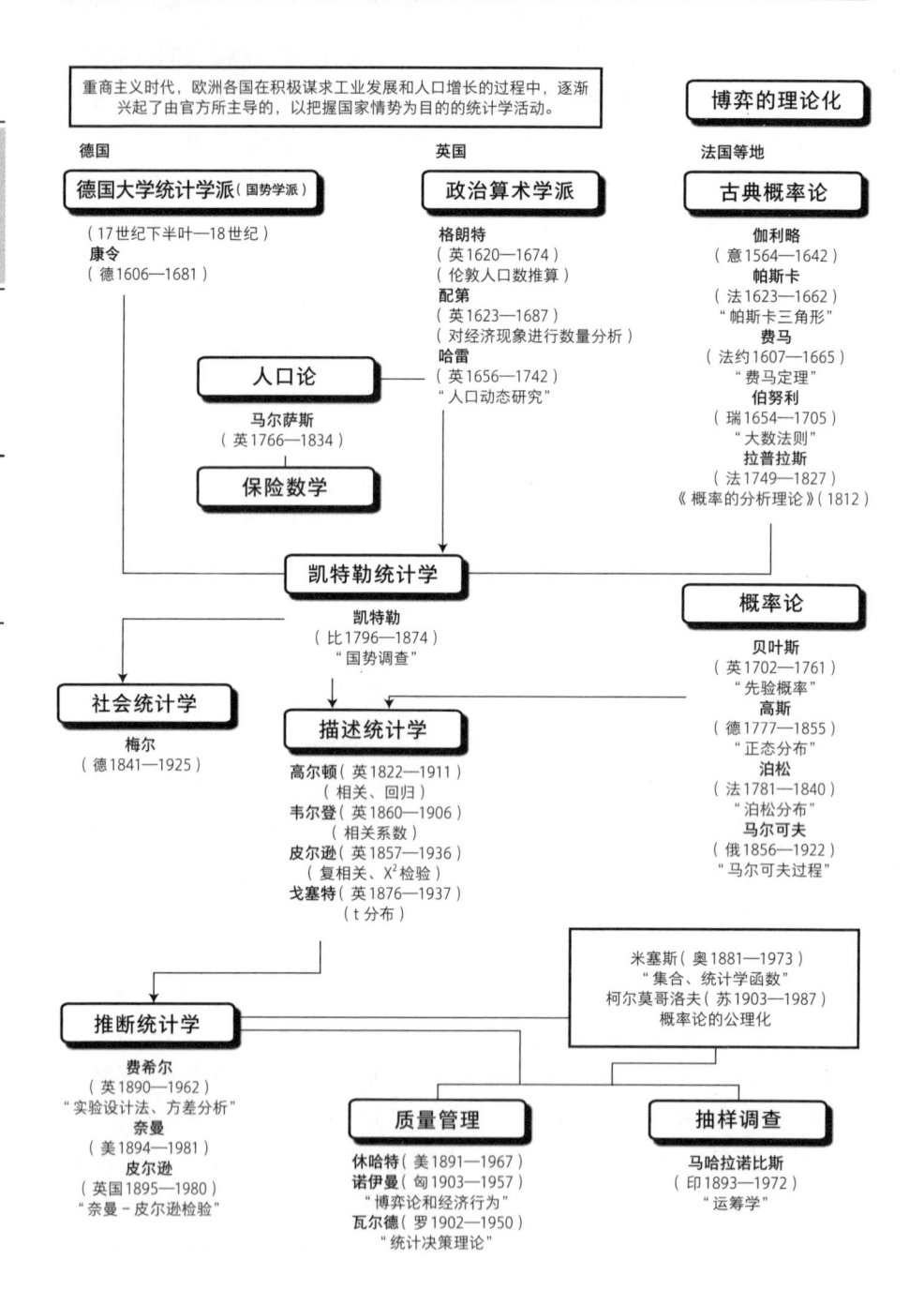

重商主义时代，欧洲各国在积极谋求工业发展和人口增长的过程中，逐渐兴起了由官方所主导的，以把握国家情势为目的的统计学活动。

博弈的理论化

德国
德国大学统计学派（国势学派）
（17世纪下半叶—18世纪）
康令
（德1606—1681）

英国
政治算术学派
格朗特
（英1620—1674）
（伦敦人口数推算）
配第
（英1623—1687）
（对经济现象进行数量分析）
哈雷
（英1656—1742）
"人口动态研究"

法国等地
古典概率论
伽利略
（意1564—1642）
帕斯卡
（法1623—1662）
"帕斯卡三角形"
费马
（法约1607—1665）
"费马定理"
伯努利
（瑞1654—1705）
"大数法则"
拉普拉斯
（法1749—1827）
《概率的分析理论》(1812)

人口论
马尔萨斯
（英1766—1834）

保险数学

凯特勒统计学
凯特勒
（比1796—1874）
"国势调查"

概率论
贝叶斯
（英1702—1761）
"先验概率"
高斯
（德1777—1855）
"正态分布"
泊松
（法1781—1840）
"泊松分布"
马尔可夫
（俄1856—1922）
"马尔可夫过程"

社会统计学
梅尔
（德1841—1925）

描述统计学
高尔顿（英1822—1911）
（相关、回归）
韦尔登（英1860—1906）
（相关系数）
皮尔逊（英1857—1936）
（复相关、X^2检验）
戈塞特（英1876—1937）
（t分布）

米塞斯（奥1881—1973）
"集合、统计学函数"
柯尔莫哥洛夫（苏1903—1987）
概率论的公理化

推断统计学
费希尔
（英1890—1962）
"实验设计法、方差分析"
奈曼
（美1894—1981）
皮尔逊
（英1895—1980）
"奈曼－皮尔逊检验"

质量管理
休哈特（美1891—1967）
诺伊曼（匈1903—1957）
"博弈论和经济行为"
瓦尔德（罗1902—1950）
"统计决策理论"

抽样调查
马哈拉诺比斯
（印1893—1972）
"运筹学"

下的大数据时代中不可或缺的工具，还是解释邮购业务界的"长尾效应"的必要理论。

在人们的印象中，统计学似乎是一门急速发展起来的学科，但实际上，该学科的基本理论早在18世纪时就已经形成，统计学在发展过程中注重基础知识与实际应用的结合，始终贯彻着"温故知新"的原则。当代社会作为复杂的信息社会，已经越来越离不开统计学的支持，需要分析的信息对象也变得更加多样化。在此背景之下，学者们开始研究如何将分析出来的结果简单易懂地呈现出来，"信息可视化（Infographics）"等新的统计学领域应运而生。

大数据时代的到来之所以引发了人们对于统计学的关注，主要是因为对大数据的分析，在制定经营战略和市场营销战略、开发新产品和新服务等方面发挥着重要的作用。比起以"参数"为出发点的经典统计学，以"数据"为出发点的贝叶斯统计学更加适应大数据时代的需求。然而，尽管人们早已意识到合理的决策不应建立在经验和直觉的基础上，而应该以对数据的科学性分析为依据，但是统计学在发展的过程中，却始终未能形成作为一门"学科"所应具备的坚固的学科体系和学科地位，日本的大学里并不存在统计学系就是很好的证明。

在大数据时代背景下，个人的手机位置信息、IC卡信息、网页浏览记录、购物记录、社交媒体信息等都已经能够轻松获取。企业在营销上最感兴趣的始终是如何准确得知顾客需要什么、正准备购买什么。以往的企业在分析顾客的喜好时，关注的都是个人的基本特征、价值观以及生活方式等较为稳定的信息，比如性别、年龄段、居住地、可支配收入等。但是如果想要据此预测出顾客将来会购买什么商品，那几乎是不可能的，而大数据和统计学却使这一不可能变为了可能。因此，当现在的人们在浏览购物网站时，即使他们并没有主动要求检索某样特定的商品，网站也能主动向其推荐"您可能感兴趣的商品"。

随着信息时代的进一步发展，必将出现更多的海量大数据，然而漫无边际的数据增长如果离开了统计学，将不具有任何价值。统计学的发展前景具有无限的可能性，大数据为统计学提供了绝佳的发展平台，统计学需要抓住这次机遇建立起稳固的学科地位。

入门者须知

概率

表示随机事件发生的可能性大小的度量。拉普拉斯曾这样定义"算术概率（先验概率）"：掷一枚骰子，从1点到6点每一个面朝上的可能性相等，那么掷出1点的概率就是1/6。然而，又何以证明"从1点到6点每一个面朝上的可能性相等"呢？而且这种定义并不适用于

现代统计学门类

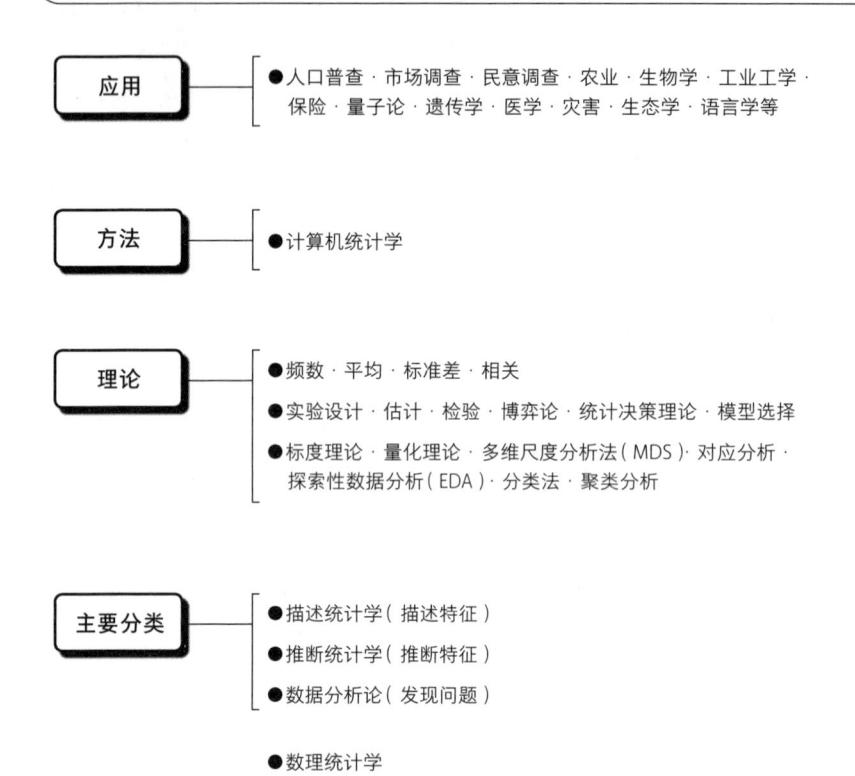

应用
- 人口普查・市场调查・民意调查・农业・生物学・工业工学・保险・量子论・遗传学・医学・灾害・生态学・语言学等

方法
- 计算机统计学

理论
- 频数・平均・标准差・相关
- 实验设计・估计・检验・博弈论・统计决策理论・模型选择
- 标度理论・量化理论・多维尺度分析法（MDS）・对应分析・探索性数据分析（EDA）・分类法・聚类分析

主要分类
- 描述统计学（描述特征）
- 推断统计学（推断特征）
- 数据分析论（发现问题）
- 数理统计学

侧栏：人文科学 / 社会科学 / 自然科学 / 文化艺术

计算生物学现象的概率。因此，人们暂且放弃了这种最方便说明问题的先验假设，不再从最初就设定好事件发生的概率，开始探索概率的理论发展。

米塞斯的统计概率（经验概率）是将频率的稳定值理解为事件的概率。例如，无限次地抛掷一枚硬币后，可以通过正面出现的频率估计出反面出现的概率。现在的"公理化概率论"对概率的定义则是着眼于事件及事件概率的最基本的性质，具有更广泛的适用性。此外，贝叶斯统计学区分了事件出现之前的主观概率（先验概率），以及事件出现后根据实验结果得出的概率（后验概率或条件概率）。近年来，贝氏统计学已成为经营分析等领域的重要决策工具。

贝叶斯统计学

创始人是托马斯・贝叶斯。著名人寿保险原理的开拓者理查德・普莱斯在贝叶斯逝世三年后，公布了贝叶斯的遗作《论有关机遇问题的求解》，之后，数学家、物理学家拉普拉斯再次总结并发展出了"贝叶斯定理"。进入21世纪，"贝叶斯定理"得到了数学、经济学、信息科学、心理学等领域的广泛关注，逐渐成为现代概率论、统计论、信息论等科学理论中不可或缺的一部分。

与经典统计学相比，贝叶斯统计学采用了一种全新的思维范式，不再将概率分布的参数设为定值（常数），而是将其看作随机变量，通过得出的数据推导出参数的概率分布。也就是说，经典统计学是以参数为出发点，而贝叶斯统计学则是以数据为出发点。

检验

在统计学中，设立两种假设：一种是预期假设（原假设）；一种是与原假设相对立的备择假设。然后根据样本的信息做出拒绝原假设或者接受原假设的判断，这就是"检验"。

当原假设为真时只有很小的概率出现，小概率发生的区域称为拒绝域，当统计量的结果落入拒绝域时便应拒绝原假设，接受备择假设。反之，则拒绝备择假设，重新考虑原假设。

这种检验方法称为"奈曼－皮尔逊检验法"。此外，在假设检验中，当样本资料比较小或样本信息完全陌生时，样本所属的总体分布形态一般是未知的。在这种情况下使用的检验方法称为"非参数检验"，主要是将分类数据和顺序数据转换为数值后再加以利用。瓦尔德所创立的统计决策理论，是指在实际进行检验的时候，要在分析比较各行动方案的损益的基础上，选择最佳的检验方法。

多变量分析

在进行多变量分析时，根据测定的对象是否具有某种特殊性质（外部变量）所使用的手法大不相同。

例如，将收视率设为外部变量时，影响收视率的因素（题材、演员、编剧、主题曲、赞助商）称为"项目（item）"，项目中的种类（当项目为电影"题材"时，包括推理片、绝症片、爱情片等）称为"类目（category）"，多变量分析就是对这些定性数据进行数量化处理。定性数据可以用两种计量尺度表示：划分"喜欢、一般、讨厌"等程度的"定序尺度"；将对象按属性进行分类的"分类尺度"，如划分节目类型等。当基准变量存在时，可以使用"数量化Ⅰ类""数量化Ⅱ类"等方法。也就是说，当基准变量已知时，就可以研究数据对基准变量的影响，以及基准变量与数据间的因果关系。

然而，在调查例如某个班同学所喜欢的明星类型时，并不存在外部变量，只能从数量化数据的测定模式入手。在对模式进行分析，寻找数据间的相关性和结构时，一般使用"数量化Ⅰ类""数量化Ⅱ类""多维尺度分析法""聚类分析""主成分分析""因子分析"等方法。

帕累托法则

一种市场营销法则。80%的销售额来自20%的核心产品和20%的重要客户。

长尾理论（效应）

长尾效应是对长期以来在市场上占据主导地位的"帕累托法则"的颠覆。网络零售不存在展示空间等物理性限制，即使是非畅销商品（长尾）也能很容易地销售出去，与实体店销售相比，得到商家关注的商品的比例越来越大，这就是长尾理论（效应）。

企业管理学 · Business Administration

企业管理学的诞生

第一次世界大战后，随着工业的迅速发展，在美国和德国最先出现了企业管理学。

南北战争结束后，美国的各大产业迅速向中西部拓展，在机械工业和金属加工工业等领域，机床的普及与零部件的标准化使得企业的内部分工得到了进一步的发展，企业内开始出现了专门负责管理作业现场的机械工程师。19世纪末，美国兴起了以体系化解决管理问题为目的的"管理运动"。

另一方面，随着竞争的激烈化和生产的机械化发展，劳动力需求急剧增长。虽然来自东欧和南欧的移民为美国提供了大量的劳动力，但大都是些非熟练工人。这些非熟练工人在钢铁、纺织、机械工业等行业长期处于低工资、高工时的恶劣劳动环境。在此背景之下，机械工程师弗雷德里克·泰勒提出了"差别计件工资制"的建议，将以往以经验和感觉为依据的漏洞百出的管理，转变为建立在时间研究和动作研究基础上的系统化管理，泰勒将其命名为"科学管理方法"。

20世纪20年代，在管理作业现场的过程中，各个工种的时间研究和动作研究均取得进展，销售、采购、财务等管理理论逐渐形成。各大学也开始开设专门培养企业管理人才的商学院，成为推动企业管理学体系化发展的原动力。此外，亚历山大·丘奇反对泰勒的标准工作法，认为管理活动的根本在于协调，提出了综合管理理论。该理论在20世纪20年代，随着各种托拉斯组织的相继出现，受到了美国企业管理者的追捧，成为企业管理学的核心理论。

与此同时，在雇佣管理负责人中开始兴起了"雇佣管理运动"。斯科特创立了科学的人事管理方法，狄德和梅特卡夫则进一步发展了人事管理的实质在于协调人际关系的理论。

德国原本就具有对实践性理论进行总结的商业学传统，尼克利施提出了以经营为研究对象的规范性经营经济学，对德国经营学的重建发挥了指导性的作用，施马伦巴赫则对成本会计和定价政策进行了系统的研究，提出了技术论经营经济学。

总而言之，企业管理学是一门诞生于第一次和第二次世界大战之间的新兴学科。

企业管理学的诞生

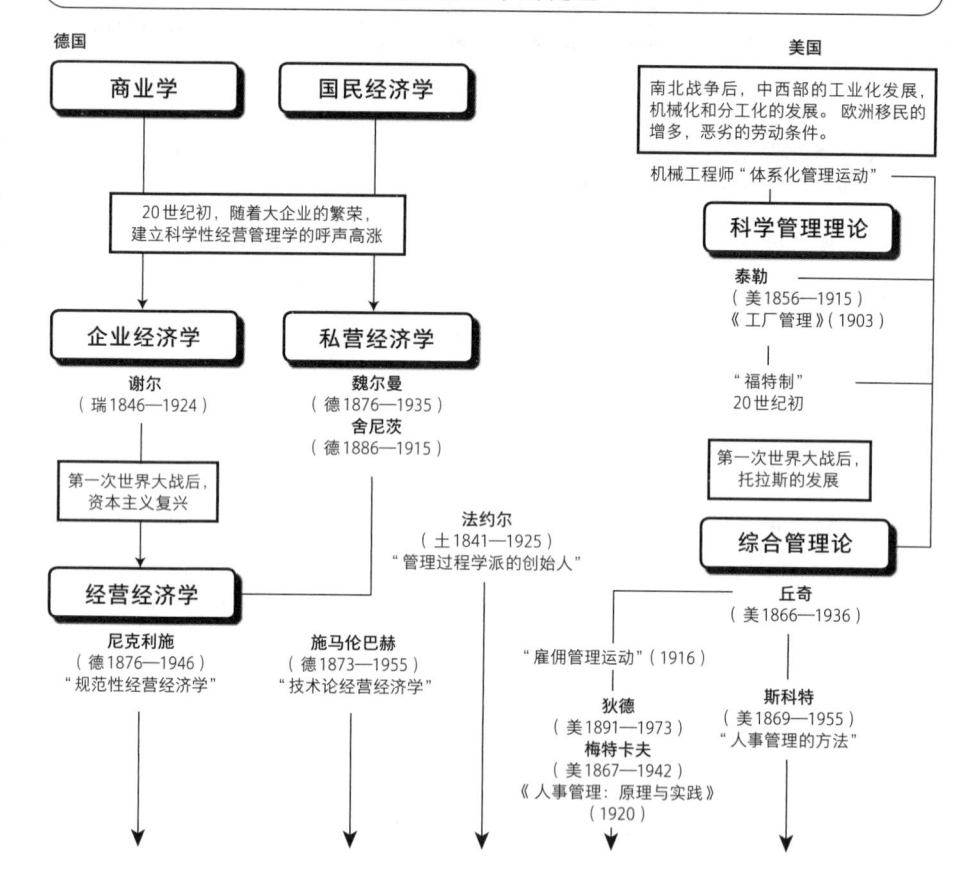

德国

- 商业学
- 国民经济学

20世纪初，随着大企业的繁荣，建立科学性经营管理学的呼声高涨

- 企业经济学
  - 谢尔（瑞 1846—1924）
- 私营经济学
  - 魏尔曼（德 1876—1935）
  - 舍尼茨（德 1886—1915）

第一次世界大战后，资本主义复兴

- 经营经济学
  - 尼克利施（德 1876—1946）"规范性经营经济学"
  - 施马伦巴赫（德 1873—1955）"技术论经营经济学"

美国

南北战争后，中西部的工业化发展，机械化和分工化的发展。欧洲移民的增多，恶劣的劳动条件。

机械工程师"体系化管理运动"

- 科学管理理论
  - 泰勒（美 1856—1915）《工厂管理》（1903）
  - "福特制" 20世纪初

第一次世界大战后，托拉斯的发展

- 综合管理理论
  - 丘奇（美 1866—1936）
  - 法约尔（法 1841—1925）"管理过程学派的创始人"
  - "雇佣管理运动"（1916）
  - 狄德（美 1891—1973）
  - 梅特卡夫（美 1867—1942）《人事管理：原理与实践》（1920）
  - 斯科特（美 1869—1955）"人事管理的方法"

企业管理学的发展

第二次世界大战后，企业管理学领域出现了管理过程理论、人际关系理论和决策理论等各种思潮。随着低增长时代的到来，产业空心化、企业公害等问题的解决方法也开始进入了企业管理学的研究视野。

第二次世界大战后，美国的工业发展持续繁荣至20世纪60年代。"管理过程学派"成为美国企业管理学的主流学派，该学派的创始人法约尔原本是一名采矿工程师，后晋升为企业总经理。在法约尔理论的基础上，管理过程学派将管理职能分为：①计划；②组织；③指挥；④控制。这4种职能形成一个完整的管理系统。

此外，以提高生产效率为目的的"工业心理学"自第一次世界大战期间就开始在美国崭露头角，其主要的研究内容是工作环境与员工流动率和工作效率之间的关系。该派的代表人物埃尔顿·梅奥认为比起外部环境，在职场中职员自发形成的非正式组织对于工作效率的影响更为显著。

1958年，赫伯特·西蒙和詹姆斯·马奇对新泽西贝尔电话公司总经理切斯特·巴纳德于1938年出版的《经理人员的职能》进行了理论化的发展，创立了决策理论。不同于管理过程理论和人际关系理论，决策理论所强调的是"决策"的重要性，认为人都是为了实现一定目的而对手段进行合理选择的决策者。

1962年，保罗·劳伦斯和威廉·洛希提出了"权变理论"。该理论着眼于分析环境与组织之间的对应关系，主张企业的组织设计应该随着环境的变化而变化。

20世纪60年，美国产业界迎来了发展的高峰期，以杜邦公司为典范，在企业管理学界兴起了以多元化战略为核心的"战略管理理论"。艾尔弗雷德·钱德勒以美国的大型企业为对象，对企业中的多元化战略的形成与发展轨迹进行探索，并于1962年出版了著作《战略与结构》。

此外，理查德·努梅特于1974年指出"大型企业的多元化经营主要是在20世纪50年代至60年代，尤其是在60年代发展起来的"。伊戈尔·安索夫于1956年提出了多元化经营的战略规划系统理论，包括"协同效应"等一系列新的企业管理学概念。然而，70年代以后，美国企业开始进入"不确定的时代"，迫于生存压力各大企业竞相展开激烈的变革。在此背景之下，威廉·艾伯纳西于1978年提出了"返生理论"。

随着消费者主义的发展和环境公害问题的严重化，人们开始意识到妥善处理企业与外部集团和社会之间关系的必要性，管理者职能的重要性日益凸显。被誉为"现代管理学之父"的彼得·德鲁克于1974年提出了管理者的三大任务：①实现组织的特定目的和使命。②使工作富有成效、员工具有成就感。③承担组织机构产生的社会影响和社会责任。此外，德鲁克还提出了"知识工人""顾客第一""分权化"等大量的管理学理论和概念。

随着日本商品大量进入欧美市场，日本企业的管理方式也开始受到了人们的关注，日裔美籍管理学家威廉·大内对日美两国的企业管理进行比较，提出了"Z理论"。在欧洲则兴起了"半自主管理作业群体理论"，该理论主要通过赋予班组以自主性，让劳动者参与管理，培养他们的自律意识，从而提高生产效率。瑞典的沃尔沃等公司的工厂中均实际应用过该理论。

企业管理学充分吸收了心理学和统计学等学科的研究成果，实现了理论的精细化。与此同时，学科理论更加显现出了与企业外部环境相适应的、动态的、全面的发展趋势。

企业管理学的发展

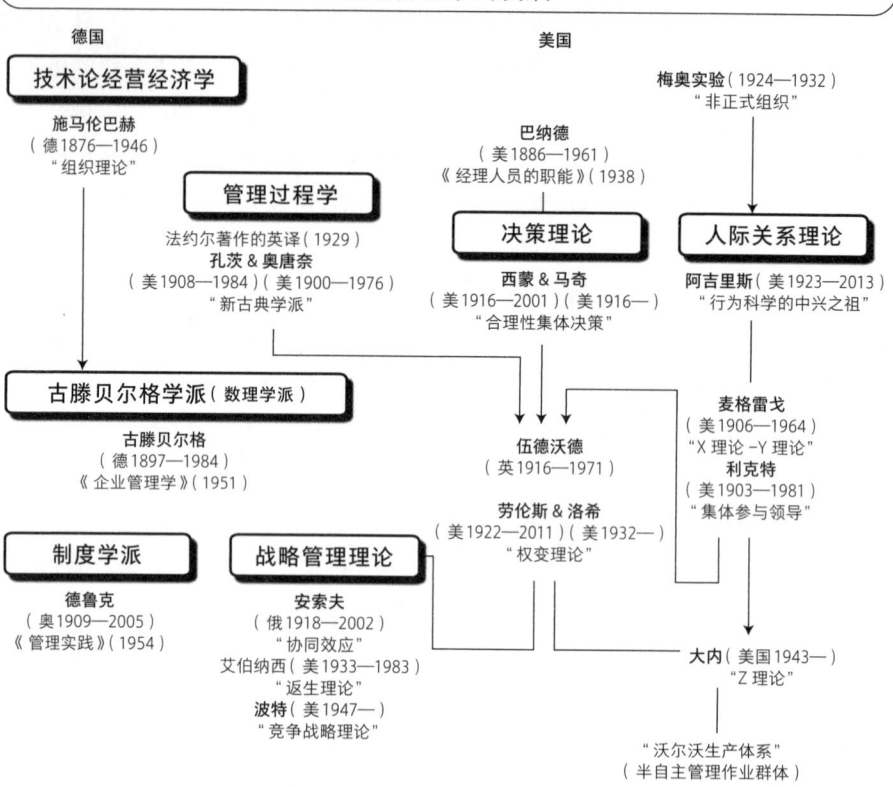

德国

技术论经营经济学

施马伦巴赫
（德 1876—1946）
"组织理论"

管理过程学

法约尔著作的英译（1929）
孔茨 & 奥唐奈
（美 1908—1984）（美 1900—1976）
"新古典学派"

古滕贝尔格学派（数理学派）

古滕贝尔格
（德 1897—1984）
《企业管理学》（1951）

制度学派

德鲁克
（奥 1909—2005）
《管理实践》（1954）

战略管理理论

安索夫
（俄 1918—2002）
"协同效应"
艾伯纳西（美 1933—1983）
"返生理论"
波特（美 1947—）
"竞争战略理论"

美国

巴纳德
（美 1886—1961）
《经理人员的职能》（1938）

梅奥实验（1924—1932）
"非正式组织"

决策理论

西蒙 & 马奇
（美 1916—2001）（美 1916—）
"合理性集体决策"

人际关系理论

阿吉里斯（美 1923—2013）
"行为科学的中兴之祖"

麦格雷戈
（美 1906—1964）
"X 理论 -Y 理论"

利克特
（美 1903—1981）
"集体参与领导"

伍德沃德
（英 1916—1971）

劳伦斯 & 洛希
（美 1922—2011）（美 1932—）
"权变理论"

大内（美国 1943—）
"Z 理论"

"沃尔沃生产体系"
（半自主管理作业群体）

企业管理学的改革与新发展

随着商学院的兴起，经营战略理论和管理理论开始受到人们的重视。

1881年，宾夕法尼亚大学创立了世界上第一所商学院——沃顿商学院。1908年，哈佛商学院首创了 MBA（工商管理学硕士）课程，并以其独特的"案例教学法"闻名于世。

案例教学法要求学员在课前阅读案例，并根据案例中提出的问题进行准备，然后在课堂上进行讨论。这种教学方式成为企业管理学改革的契机，使得管理学不再是一门研究理论的学科，而是成为一种注重实际应用的管理实践。

虽然各商学院的课程安排不尽相同，但一般都包含以下几个专业方向：①会计控制。学生需要学习簿记和各类财务报表等基础知识，掌握财务比率和管理会计等的分析方法。②市场营销。学生需要学习如何按消费者需求组织商品生产和服务活动以及如何有效地向顾客传达商品的价值。③管理科学。学生需要学习如何解决经营问题，提高决策质量,掌握具体的定量分析的合理方法。此外,必修课程方面主要包括:①组织管理。站在管理者的角度上可将组织管理的视角分为微观组织行为和宏观组织行为两种视角,前者研究组织中的个人的行为,后者研究具有一定规模的组织的行为。②财务管理。学生需要学习基础的理财方法,以及作为经营战略手段的财务战略和企业并购、企业重组等知识。③生产政策。研究在企业活动中负责生产商品和提供服务的"生产－供给机能",学生要学习如何发现、分析和改善生产和供给操作过程中出现的问题。④综合管理。学生要学习如何站在高层管理者的视角上制定战略方案和指挥实施。

由此,企业管理学成为一门学习管理的基本技能,并通过讨论的方式让学生掌握实践性管理理论的学科。

继德鲁克提出了"不连续的时代"后,在日本企业的推动下,TQM(全面质量管理)受到了人们的关注,掀起了研究日本企业管理的热潮。然而,进入20世纪90年代,伴随着IT产业发展所带来的巨大冲击,世界迈入了德鲁克所预言的"更为伟大的发展时代"。在此背景之下,亨利·明茨伯格对古典学派的"管理职能理论"提出批判,并于1998年出版了著作《战略历程》。在该书中,明茨伯格提出了"战略管理十大学派",为评价各类经营战略理论提供了方法和视点。以此为契机,由钱德勒开创的"结构学派"和以彼得·圣吉等人为代表的"学习学派"开始受到人们的重视。

现代企业管理学门类

- 历史(工商管理史·工商管理学说史)
  - 信息化
  - 国际化
    - ●财务/会计
    - ●经营分析
    - ●生产管理
    - ●劳动人事管理
    - ●营销
  - 社会行为
- 理论(经营经济学 个别资本比较管理学)
  - 企业文化
    - ●决策理论/人际关系理论
    - ●经营管理理论/经营组织理论
    - ●经营战略理论/经营理念

入门者须知

科学管理方法

机械技师泰勒所提出的工作管理系统。考虑到不合理的工作制度容易导致工人们消极怠工，泰勒提倡实行"差别计件工资制"，即制定出科学的工作量标准，对达到标准定额的工人支付高工资，对未达到标准的工人则支付较低的工资。与此同时，他认为还应设置相应的计划部门负责"时间研究"、制定标准工作量指示表、实现工作环境和工具的标准化、推行"职能工长制"。

PPM（产品组合管理）

波士顿咨询公司设计的战略规划法，即实行多元化经营的企业，以"市场的成长性（成熟度）"与"相对市场占有率（竞争力）"为轴制作矩阵，对企业进行综合评价后，根据企业的经营战略进行产品组合优化的一种方法。其基本方针是将所有战略业务单位分为四类：①明星型业务，市场占有率和增长率都很高；②现金牛业务，低市场增长率高占有率；③问题型业务，高市场增长率低占有率；④瘦狗型业务，低市场增长率低占有率。然后将"现金牛业务"中产生的大量现金集中投入到"明星型业务"和"问题型业务"，并从"瘦狗型业务"中撤退出来。

协同效应

安索夫在其著作《企业经营策略》一书中提出的概念，也称综效。协同效应的类型主要有：①销售协同效应（在一个销售渠道中销售多个产品）；②经营协同效应（使用一种技术生产多种产品）；③投资协同效应（提高设备投资的共通性以达到节约追加投资的目的）；④管理协同效应（分析市场上的旧产品所存在的问题，在开发新产品时加以改进）。

事业部制与 SBU（战略经营单位）

在产品经营多样化的大型企业，单一的组织很难顾及所有部门的经营和生产，也不利于及时掌握市场需求信息、调整生产方向以及科学决策。而通过采取事业部制，可将具体的日常决策委托给各事业部经理，使企业的高层管理者得以专注于关乎公司整体的重大决策上；缺点是容易造成各事业部之间权力不均、工作不易协调等问题。

考虑到事业部并不适合成为一个进行战略决策的组织，SBU（战略经营单位）应运而生。SBU 一般被看作是为了达成战略目标而设置在事业部制之上的一种特别组织。SBU 作为企业内部的一个经济实体，具有以下特征：拥有独自的竞争对手；肩负着企业高层管理者赋予的使命；能从战略计划中受益；具有特定的经理人员；拥有一定的经营资源支配权；可以独立制定战略计划等。

权变理论

也称情境理论或应变理论。英国的伍德沃德通过实证研究发现：技术相对统一而稳定的企业适合采用机械式组织结构（具有职务权限明确、金字塔式的组织结构、信息集中、决策集权等特点），而以小批量定制产品生产为主的小型企业则适合采用有机式组织结构（具有职务权限灵活度高、网状结构、信息分散，重视沟通等特点）。在此基础之上，劳伦斯和洛希进一步指出了环境与组织之间的适应性关系，认为企业应该根据所处内外环境的变化，灵活采取最适宜的组织结构。

返生（dematurity）

"返生"是指当企业主体的产业发展速度减缓，或者开始出现这种趋势时，为了重新唤醒企业活力而采取的方法。一般有两种方式：一种是开发新型产业；另一种是制定新的发展战略振兴现有产业。返生的过程包括四个阶段：①意识到产业成熟期的到来；②反复试验，有计划、有方向地从失败中总结经验；③重新制定出新的发展战略；④企业经营得到改善并扩大生产。

X理论、Y理论

麦格雷戈在《企业的人性面》一书中提出的一种评价人性的理论。

麦格雷戈将传统管理者对人的本性的理解称为X理论。X理论认为：大多数人天生厌恶工作，喜欢被人指使，不愿承担责任。因此，为了能够达成企业的目标，有必要对职工采取强制命令和惩罚等手段迫使他们努力工作。

与传统的X理论相反的Y理论则认为，在工作中消耗体力和脑力是一件非常自然的事情。人们会为了自己所参与的目标而努力工作，并且在适当的条件下能主动承担责任。工作热情取决于实现目标时能够获得的报酬的多少，实际上，现代企业仅仅利用了人们的一部分智慧潜能。麦格雷戈在Y理论的基础上，主张实行参与式的管理制度，鼓励职工们参与自身目标与组织目标的制订。

Z理论

威廉·大内在其著作《Z理论》一书中提出的一种企业管理理论。大内将企业管理分为"日本型组织管理（J型）"和"美国型组织管理（A型）"两种类型。J型的特点是：长期雇佣、缓慢的考核与提拔、含蓄的控制机制、集体决策、全面关切。A型的特点是：短期雇佣、迅速地考核与提拔、明了的控制机制、个人决策、部分关切。实际上，一些成功的美国企业同时具备了A型和J型组织管理的优点，而这种建立在相互信赖与合作基础上的新型民主管理模式，就是大内所倡导的"Z型"模式。

《不连续的时代》

德鲁克于1968年出版的著作。在书中,德鲁克预言技术、经济政策、产业结构、经济理论、统御、管理以及所有的经济问题都将进入一个"不连续的时代"。届时,旧的产业体系会被淘汰,全新的企业社会时代将会到来。

明茨伯格定义的战略管理"十大学派"

1. 设计学派。代表人物有肯尼斯·安德鲁斯等。该学派运用SWOT分析法,分析企业所面临的威胁和机会以及企业自身的优势和劣势,认为战略是外部环境中的机遇与企业的资源能力之间的匹配。

2. 计划学派。代表人物有伊戈尔·安索夫等。该学派基于时间轴和组织的等级层级,将战略决策过程分解为清晰的步骤,实现对组织的有效控制。

3. 定位学派。代表人物有迈克尔·波特等。定位学派认为,企业战略的核心是在行业内获得竞争优势。

4. 企业家学派。代表人物有约瑟夫·熊彼特等。该学派强调领导者个人的知觉、能力、智慧、经验,将战略形成和实施过程集中在个别领导人身上。

5. 认知学派。代表人物有赫伯特·西蒙等。该学派认为若要具体了解战略的形成过程,最好的办法是运用认知心理学分析战略决策者或管理者的认知过程。

6. 学习学派。代表人物有彼得·圣吉等。该学派认为战略并非来自形式性的计划,主张将组织内自然而然显现的想法和行为模式总结为战略,并在组织中确立和实行。

7. 权利学派。代表人物有爱德华·弗里曼等。权力学派将战略形成过程看作是一个受到权力影响的过程。在决策过程中,战略决策者运用个人或组织的权力施加影响,统筹企业内外各种利益团体的利益诉求。

8. 文化学派。代表人物有理查德·诺曼等。该学派认为战略的制定建立在组织成员共同的信念和价值观基础之上,文化有保持战略稳定性的作用,不鼓励战略变革。

9. 环境学派。代表人物有约翰·迈耶等。该学派源自权变理论,认为环境是企业战略形成过程中的中心角色。

10. 结构学派。代表人物有艾尔弗雷德·钱德勒等。该学派认为组织及其周围环境所处的状态即是结构,战略是组织对状态的选择,战略制定就是从一种状态向另一种状态的转变过程。该学派的一大特点是融合了其他学派的观点,提供了一种调和的可能以及对其他学派进行综合的方式。

自然科学

NATURAL SCIENCE

物理学
生物学
化学
数学
医学
工程学
信息工程学
航空航天工程学
地理学

物理学 ● Physics ●

物理学的起源

始于古希腊的自然哲学，在经过了阿拉伯科学的发展后，逐渐演变成为物理学。

人类自诞生起，就对各种各样的自然现象表现出了极为浓厚的兴趣。古时，人们将这些自然现象与神和未知的世界联系在一起，产生了神话和宗教。而最先开始摆脱神话世界的束缚，试图对自然现象进行理性解答的则依然是古希腊的哲学家们。

首先是出生于爱奥尼亚的泰勒斯，泰勒斯是首个试图从自然本身出发寻找自然现象原因的人。由于泰勒斯和他的后继者们长期活动于米利都城邦（现位于土耳其境内的地中海沿岸），因此以泰勒斯为代表的学派称为"米利都学派"。

泰勒斯通过对自然现象的观察，认为水是万物的物质性本原，这种对于万物之源（始基）的探究，成为其后希腊哲学家们研究的一大课题。主张"万物流变"的赫拉克利特将火视为万物的本原，恩培多克勒则主张世间万物都是由水、气、火、土四种元素组成的。此外，德谟克利特认为宇宙间的一切物质都是由极小的不可再分的"原子（atom）"构成的。

亚里士多德对自米利都学派以来的所有科学知识进行了体系化的整理和归纳，将其分为理论科学和实践科学两种不同类别。理论科学包括神学、数学、自然哲学；实践科学包括政治学和伦理学。这里的自然哲学就是我们现在所说的物理学。自然哲学写作"physics"，也就是后来的物理学（physics）的语源。

始于古希腊的自然哲学，在埃及的亚历山大地区实现了飞跃性的发展，其后经过了罗马时代，在阿拉伯得到了进一步的继承。阿拉伯科学对后世产生了极为深远的影响，"代数学（algebra）"和"十进制计数法（algorithm）"的语源都是阿拉伯语。自然哲学在经过了阿拉伯人的继承和发展后，又重新回到了中世纪的欧洲，中世纪的自然哲学所面临的最大课题是如何使亚里士多德的自然哲学体系适应基督教的发展。

从某种意义上而言，重新摆脱了宗教的束缚，再次回到自然本身解释自然的是哥白尼所提出的"日心说"。然而，在哥白尼逝世后出版的《天体运行论》中，却有一篇神学家奥西安德所写的序言，该序言称"日心说"只是一种假说，天文学仅仅是一种观察和计算的工具。

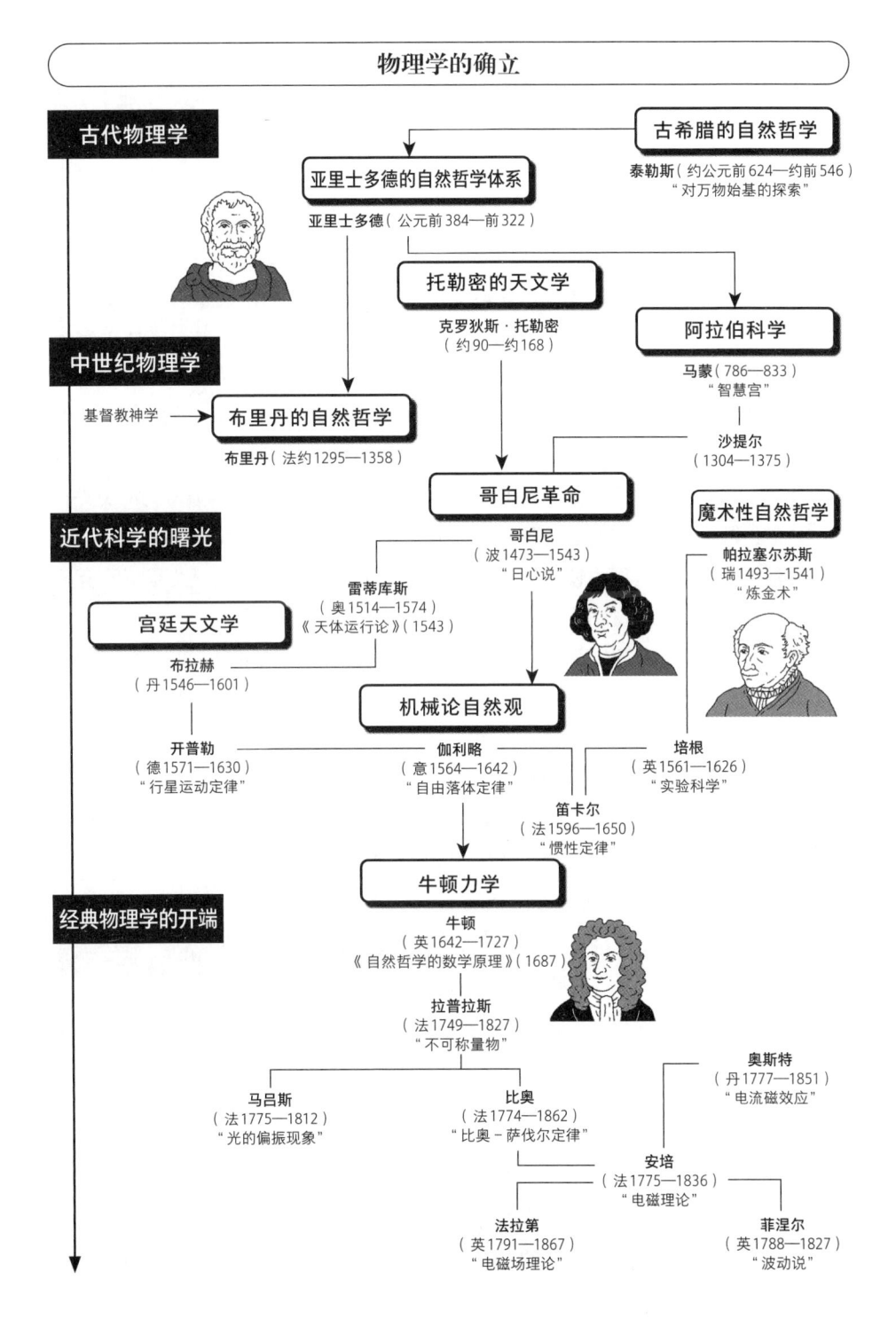

物理学的确立

古代物理学

古希腊的自然哲学
泰勒斯（约公元前624—约前546）
"对万物始基的探索"

亚里士多德的自然哲学体系
亚里士多德（公元前384—前322）

托勒密的天文学
克罗狄斯·托勒密（约90—约168）

阿拉伯科学
马蒙（786—833）
"智慧宫"

中世纪物理学

基督教神学 →

布里丹的自然哲学
布里丹（法约1295—1358）

沙提尔（1304—1375）

近代科学的曙光

哥白尼革命
哥白尼（波1473—1543）
"日心说"

雷蒂库斯（奥1514—1574）
《天体运行论》(1543)

魔术性自然哲学
帕拉塞尔苏斯（瑞1493—1541）
"炼金术"

宫廷天文学
布拉赫（丹1546—1601）

机械论自然观

开普勒（德1571—1630）
"行星运动定律"

伽利略（意1564—1642）
"自由落体定律"

培根（英1561—1626）
"实验科学"

笛卡尔（法1596—1650）
"惯性定律"

经典物理学的开端

牛顿力学
牛顿（英1642—1727）
《自然哲学的数学原理》(1687)

拉普拉斯（法1749—1827）
"不可称量物"

马吕斯（法1775—1812）
"光的偏振现象"

比奥（法1774—1862）
"比奥－萨伐尔定律"

奥斯特（丹1777—1851）
"电流磁效应"

安培（法1775—1836）
"电磁理论"

法拉第（英1791—1867）
"电磁场理论"

菲涅尔（英1788—1827）
"波动说"

139

经典物理学的确立与成熟

麦克斯韦经典电磁学的建立，标志着始于牛顿的经典物理学体系的成熟。

16世纪下半叶，一部分天文学家开始将天文学作为自然哲学进行研究，代表人物是约翰尼斯·开普勒。开普勒曾担任过宫廷天文学家布拉赫的助手，他根据布拉赫的观测资料，发现火星是沿椭圆轨道运行的，提出了具有划时代意义的"行星运动定律"。

实际上，以帕拉塞尔苏为典型代表，16世纪既是一个科学思想萌芽的时代，也是一个炼金术等魔术性自然观繁荣的时代。进入17世纪，出现了一种基于新的动力学理论的科学体系，它既不同于魔术性自然观，也不同于亚里士多德的自然哲学。其中最具代表性的人物是伽利略奥·伽利略和哲学家笛卡尔。

伽利略在比萨大学和帕多瓦大学任教的同时，潜心于研究和实验，发现了摆的等时性规律，并于1604年左右，提出了物体下落的距离与时间的平方成正比的"自由落体定律"。提倡机械论自然观的笛卡尔在其自然科学著作《论世界》中提出了"惯性定律"，认为物体在不受阻力作用的情况下，将永远保持匀速直线运动。

艾萨克·牛顿将哥白尼的"日心说"，开普勒的"行星运动定律"，伽利略的"自由落体定律"，笛卡尔的"惯性定律"等前人的研究成果相综合，建立起了近代科学的基础理论体系。其著作《自然哲学的数学原理》阐述了运动力学重力理论、万有引力法则、流体力学以及太阳系行星的运动等理论，建立起了几近完备的宇宙学理论体系，成为了之后物理学发展的理论基础。

进入19世纪，牛顿的万有引力所不能解释的热、光、电、磁性等领域开始受到了人们的关注。皮埃尔-西蒙·拉普拉斯和他的弟子们试图运用数学理论解释这些领域的物理现象，拉普拉斯将构成自然界的物质分为两类进行研究，一类是具有质量且具有引力和排斥力的"可称量物"，一类是不具有质量的"不可称量物"。

此后，在安培的电磁现象的数学理论和法拉第的"场论"的基础上，麦克斯韦揭示了电、磁和光的统一性，光的电磁理论。这是物理学发展的又一里程碑，标志着始于牛顿的经典物理学体系终于走向了成熟。

20世纪的物理学

量子力学拉开了20世纪物理学的序幕，宇宙诞生之谜成为当今物理学研究的主题。

在20世纪初，一篇论文的出现使得物理学界发生了翻天覆地的变化，即马克斯·普朗克于1900年12月发表的有关光谱辐射能量的论文，这篇论文的发表标志着20世纪最具代表性的物理

物理学的发展历程

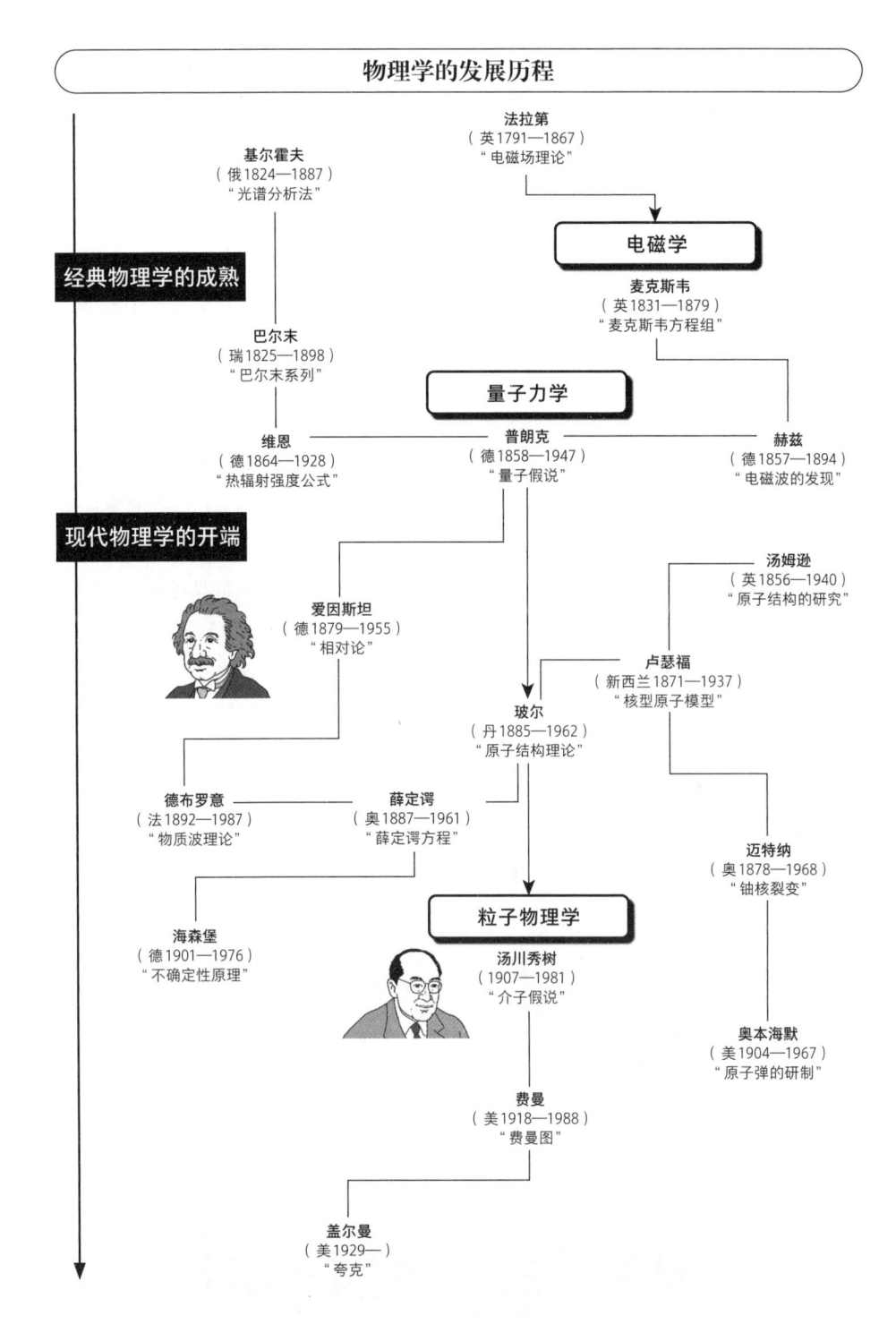

经典物理学的成熟

- 基尔霍夫（俄 1824—1887）"光谱分析法"
- 法拉第（英 1791—1867）"电磁场理论"
- 巴尔末（瑞 1825—1898）"巴尔末系列"

电磁学
- 麦克斯韦（英 1831—1879）"麦克斯韦方程组"
- 赫兹（德 1857—1894）"电磁波的发现"

量子力学
- 维恩（德 1864—1928）"热辐射强度公式"
- 普朗克（德 1858—1947）"量子假说"

现代物理学的开端

- 爱因斯坦（德 1879—1955）"相对论"
- 汤姆逊（英 1856—1940）"原子结构的研究"
- 卢瑟福（新西兰 1871—1937）"核型原子模型"
- 玻尔（丹 1885—1962）"原子结构理论"
- 德布罗意（法 1892—1987）"物质波理论"
- 薛定谔（奥 1887—1961）"薛定谔方程"
- 迈特纳（奥 1878—1968）"铀核裂变"
- 海森堡（德 1901—1976）"不确定性原理"

粒子物理学
- 汤川秀树（1907—1981）"介子假说"
- 奥本海默（美 1904—1967）"原子弹的研制"
- 费曼（美 1918—1988）"费曼图"
- 盖尔曼（美 1929—）"夸克"

学理论——量子力学的诞生。

普朗克所研究的是为什么金属等物质在加热后会发光，以及为什么随着温度的升高它们的颜色会发生变化。对于这种司空见惯的现象，即使是能够体系化地解释宇宙法则的经典物理学，也无法给出明确的答案。

根据普朗克之前的物理学家们的解释，当对金属进行加热时，会刺激原子中的电子，进而释放出连续性的能量。但是这种理论并不能够说明为什么随着温度的升高，金属会出现由橙黄色转变为黄色或黄白色等颜色上的变化。

普朗克突破了传统的能量连续性原理，认为能量的辐射具有不连续性，是一种跳跃式的变化，也就是说它具有最小的能量单元。普朗克将这种最小的能量单元称为"量子"，提出了表征微观现象量子特征的普朗克常数。爱因斯坦则进一步继承了普朗克的理论，提出了光的量子概念，并揭示了光的波粒二象性。

在普朗克提出了量子力学这一概念仅十余年后，尼尔斯·玻尔于1913年综合了巴尔末公式、卢瑟福原子模型以及普朗克和爱因斯坦等人的量子相关论点后，建立了氢原子结构和光谱的初步理论，促进了量子力学的日臻完善。

将经典力学与量子理论相结合的玻尔的原子理论，得到了当时众多物理学家的追随，涌现出了一大批优秀的量子力学家，其中包括德布罗意和薛定谔等人。德布罗意提出了"物质波"的概念，主张不只是电子，任何物质都具有波动性。薛定谔则进一步建立了物质波的运动方程。

物理学门类

微观视角	力学	宏观视角
●粒子物理学 ●原子核物理学	●热力学 ●统计力学	●波动 ●热学 ●凝聚态物理学 ●电磁学

量子力学
相对论
物理学

142

进入20世纪30年代，随着中子、正电子、介子等新的基本粒子不断被发现，物理学研究开始转向了原子核和基本粒子等微观世界。而对微观世界的探索同时也是揭开宇宙诞生之谜的关键所在。

20世纪下半叶，随着观测设备和实验设备技术的提高，宇宙学和基本粒子物理学得到了突飞猛进的发展。对于试图建立起"大一统理论"以系统地解释所有宇宙现象的物理学家们而言，基本粒子的"标准模型"是目前最成功的理论体系。2012年，回旋加速器实验证实了标准模型中的希格斯粒子的存在，物理学家们期待这一新的发现能为阐明比利时宇宙学家勒梅特所提出后经俄国物理学家乔治·伽莫夫所完善的"宇宙大爆炸论"做出贡献。

入门者须知

经典物理学

由牛顿所创立的，到麦克斯韦时期趋于完善的各个物理学分支的统称。现代物理学所研究的一般都是微观世界，而经典物理学的研究对象则是人们能够直接感受到的物理现象，也就是宏观世界。经典物理学的基础包括牛顿力学和麦克斯韦的电磁学。

牛顿力学

解释物体运动和所受力之间关系的理论体系。牛顿力学（经典力学）可以解释所有宏观物体的运动，但不适用于解释分子和原子等微观粒子的运动。

万有引力

自然界中的任何两个物体之间都存在着一种相互吸引的力，它与物体间距离的平方成反比，这种力就是万有引力。虽然世人多以为牛顿是因看到苹果从树上坠落而发现的万有引力，但根据近年来学者们对牛顿相关传记的研究，万有引力实际上是牛顿在研究炼金术的时候偶然得到的启发。

量子力学

量子力学可以解释经典力学所无法解释的微观世界的运动规律。例如，电子和光等微观粒子同时具有波粒二象性，他们的运动不能用宏观物体的运动规律来描述，而普朗克所提出的量子论则能够成功地解释这些新的物理现象。在原子物理学和化学领域，量子力学也同样有着举足轻重的地位。

相对论

爱因斯坦所提出的一种物理学理论，包括"狭义相对论"和"广义相对论"。狭义相对论建立于1905年，应用于静止或匀速直线运动。广义相对论建立于1915年，适用范围广到加速运动系统。

电磁学

研究电磁现象基本规律的物理学分支学科。麦克斯韦系统地总结了前人对电磁现象的研究成果（库仑定律、安培定律、电磁诱导原理等），提出了电磁场的基本微分方程组，并预言了电磁波的存在，从而宣告了电磁场理论体系的建成。

流体力学

力学中研究流体和流体中的物体运动规律的学科。流体力学广泛应用于航海和造船领域，流体不仅仅指的是液体，也包括气体。

应用于航空和汽车领域的空气动力学（aerodynamics）是流体力学的分支学科。

热力学

研究与热现象有关的能量转换规律及其对物质性质影响的学科。热力学并不考虑物质的微观结构和运动，而是以人类经长期观察或实验总结出的原理和定律为基础，演绎和推论出一切对宏观物质均适用的普遍性理论。

热力学的研究对象称为热力学体系，所有气体、液体、固体等宏观热现象均受到热力学第一与第二定律的支配。热力学第一定律指出能量在相互转换时，全部能量的总和是恒定的，该定律是能量守恒与转化定律在热力学中的一种表述形式，无论对于微观还是宏观物质世界均可适用。热力学第二定律只能用于宏观世界，又称为"熵增加原理"，第二定律认为在宏观物质世界，除了能量外还存在一种名为"熵"的物理量，在一个孤立系统中的熵永远不会减少。

原子物理学

研究原子、分子等物质微观结构的物理学分支学科。物质是由分子和原子组成的，原子是由原子核和电子组成的，原子核则是由质子和中子组成的，而质子和中子一般认为是由夸克组成的。这种将物质的结构不断地向更为微观的领域研究的学科就是原子物理学。

物性物理学

物性物理学（日本物理学界特有的术语——译者注）是从"物质的原子构造"开始探究固体、液体、气体等物质的性质。物性物理学依据原子核与电子的电气引力、斥力来说明物质的性质。它的技术应用范围很广，例如超电导、晶体管、激光等。

基本粒子物理学

研究比原子核更深一层次物质存在形式的规律、特性和粒子之间相互作用的学科。基本粒子的概念随着时代的发展而改变，目前物理学界一般认为基本粒子包括夸克、轻子、玻色子三大类。使用一种名为"高能加速器"的设备，可以让质子与其反粒子相碰撞，人工构成粒子。通过这种方法，人们又不断发现了许多新的粒子。

顶夸克

夸克是组成物质的最小粒子。一般认为至少有6种类型的夸克，拥有世界上最大的加速器的美国费米实验室，于1995年证实了夸克家族最后一个被发现的成员——顶夸克的存在。

宇宙物理学

从物理学的角度研究宇宙中的各种现象的学科，又称天体物理学。直到19世纪末期，天文学的主流始终是天体力学，然而进入20世纪，随着量子力学的诞生，宇宙物理学实现了突飞猛进的发展。宇宙物理学通过观测相关电磁波，可获得天体的各种物理参数，进而根据这些参数研究构成宇宙的物质结构以及宇宙诞生之谜。

光速

光在真空中以相同的速度沿直线传播，其传播速度不受波长、亮度、光源速度的影响。例如，从移动光源发出的光，根据方向的不同，波长和频率都会有所不同，但是传播速度却是一样的。即使是经过了镜子的反射，波长和频率发生变化，传播速度也依然不变。光速的这一特性称为"光速不变原理"。光在真空中的传播速度无论在任何情况下都约为300 000km/s（相当于地球赤道周长的7.5倍）。

场论

早期的量子力学主要包括海森堡的矩阵力学和薛定谔波动力学。根据薛定谔在物质波理论基础上提出的薛定谔方程，电子是一团电荷分布的"波包"即电子云，但实际观察中的电子通常都被当作是一种质点。此外，运用量子理论描述光的自发辐射和吸收时，将光作为质点的研究方法并不理想。因此，英国理论物理学家狄拉克在麦克斯韦的电磁场方程的基础上，对场进行了量子化处理，开创了量子场论。

希格斯粒子

希格斯粒子是英国物理学家彼得·希格斯于1964年提出的，这种粒子是充斥于整个宇宙空间的一种粒子。在温伯格－萨拉姆理论所预言的包含夸克和轻子在内的17种粒子中，唯独希格斯粒子始终未能在试验中被发现。直到2012年，该粒子的存在才首次得到证实。希格斯粒子的重要功能是在宇宙创生之初，为构成宇宙的所有物质提供质量。

宇宙的最终归宿

20世纪初，宇宙学的主流学说是"稳恒态宇宙论"，该学说认为"宇宙永远处于稳恒的状态"，然而进入20世纪

20年代，哈勃发现了宇宙不断膨胀的现象，由此，宇宙的起源与归宿问题开始引发了人们的热议。在宇宙的起源问题上，大部分学者都认同"大爆炸假说"。然而关于宇宙的最终归宿问题，除了之前提到的"稳恒态宇宙论"外，还存在两种观点。一种观点认为宇宙将会在某个时刻停止膨胀，转为收缩，并最终走向灭亡；另一种观点则认为宇宙最终将达到平衡状态，届时一切运动都将停止，宇宙会进入一种死寂的永恒状态。

生物学 ● Biology ●

生物学的起源

近代生物学的两大源流——博物学与生命科学。

人们通常认为，以包括人类在内的所有生物为研究对象的生物学，应该是最为古老的一门学科，然而生物学的历史其实并不像人们所以为的那样悠久。实际上直到18世纪末19世纪初，德国医学家特雷维拉努斯和法国生物学家拉马克才几乎同时提出了"生物学（Biology）"这一术语。

虽然人类自古就对各种各样的生物表现出了浓厚的兴趣，但无论是古代、中世纪还是文艺复兴时期，人们研究生物的方法也是形形色色，且相互之间缺乏交流。

从整体上来看，生物学复杂的源流可大致分为两大类——博物学与生命科学。博物学关注的是生物的多样性，热衷于描述自然界中各种各样的生物。

博物学的创始人是古希腊哲学家亚里士多德。亚里士多德在实际观察和调查的基础上，撰写了《动物志》一书，对各类动物的特点进行了分门别类的描述。亚里士多德的博物学研究在之后的罗马时代得到了极大的继承和发展。公元77年，博物学的集大成者普林尼发表了著作《博物志》。

亚里士多德的生物研究实际上是以对生命的思考为出发点的。亚里士多德将生命与灵魂联系在一起，认为生物的本质是"灵魂（Psyche）"，并且将灵魂划分为三个等级，而他的博物学研究实际上就是为了证明这一"灵魂三等级说"而展开的。

生命科学则主要研究各种生命现象所共有的活动规律。在生命科学的发展过程中，逐渐形成了解剖学和生理学等学科，因此从宏观的角度而言，生命科学的发展推动了整个医学学科的发展。

生命科学的创始人包括阿尔克迈翁和希波克拉底等人。阿尔克迈翁被誉为"解剖学和生理学的先驱"，他采用解剖的方式，对脑、视神经以及眼球之间的关系进行研究，提出了有关视觉的理论。被誉为"医学之父"的希波克拉底则提出了"体液病理学说"，认为疾病是体液不平衡所致。总之，生命科学家所探索的都是生命的物质结构及其发展规律。

生物学的确立与发展

以进化论为标志走向成熟的博物学，与生命科学相融合，促进了生物学

生物学的确立

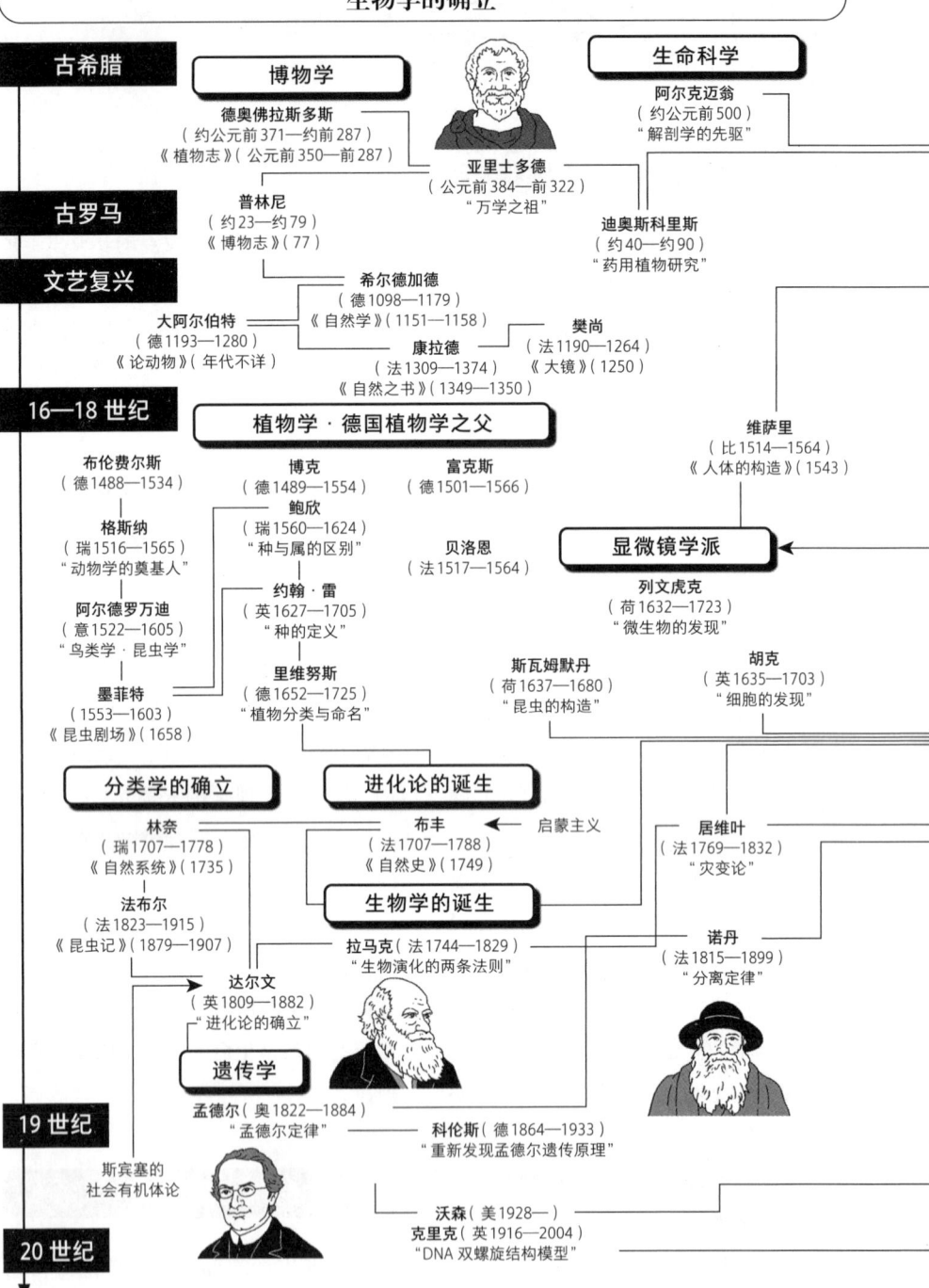

人文科学 | 社会科学 | 自然科学 | 文化艺术

古希腊

博物学
德奥佛拉斯多斯
（约公元前 371—约前 287）
《植物志》（公元前 350—前 287）

亚里士多德
（公元前 384—前 322）
"万学之祖"

生命科学
阿尔克迈翁
（约公元前 500）
"解剖学的先驱"

迪奥斯科里斯
（约 40—约 90）
"药用植物研究"

古罗马

普林尼
（约 23—约 79）
《博物志》（77）

文艺复兴

希尔德加德
（德 1098—1179）
《自然学》（1151—1158）

大阿尔伯特
（德 1193—1280）
《论动物》（年代不详）

康拉德
（法 1309—1374）
《自然之书》（1349—1350）

樊尚
（法 1190—1264）
《大镜》（1250）

维萨里
（比 1514—1564）
《人体的构造》（1543）

16—18 世纪

植物学·德国植物学之父

布伦费尔斯
（德 1488—1534）

博克
（德 1489—1554）

富克斯
（德 1501—1566）

格斯纳
（瑞 1516—1565）
"动物学的奠基人"

鲍欣
（瑞 1560—1624）
"种与属的区别"

贝洛恩
（法 1517—1564）

阿尔德罗万迪
（意 1522—1605）
"鸟类学·昆虫学"

约翰·雷
（英 1627—1705）
"种的定义"

墨菲特
（1553—1603）
《昆虫剧场》（1658）

里维努斯
（德 1652—1725）
"植物分类与命名"

显微镜学派
列文虎克
（荷 1632—1723）
"微生物的发现"

斯瓦姆默丹
（荷 1637—1680）
"昆虫的构造"

胡克
（英 1635—1703）
"细胞的发现"

分类学的确立
林奈
（瑞 1707—1778）
《自然系统》（1735）

进化论的诞生
布丰
（法 1707—1788）
《自然史》（1749）

← 启蒙主义

居维叶
（法 1769—1832）
"灾变论"

法布尔
（法 1823—1915）
《昆虫记》（1879—1907）

生物学的诞生
拉马克（法 1744—1829）
"生物演化的两条法则"

诺丹
（法 1815—1899）
"分离定律"

达尔文
（英 1809—1882）
"进化论的确立"

遗传学
孟德尔（奥 1822—1884）
"孟德尔定律"

科伦斯（德 1864—1933）
"重新发现孟德尔遗传原理"

沃森（美 1928—）
克里克（英 1916—2004）
"DNA 双螺旋结构模型"

19 世纪

斯宾塞的
社会有机体论

20 世纪

148

希波克拉底
（约公元前460—约前370）
"医学之父"

盖伦
（129—约199）
"古罗马医学"

阿维森纳
（980—1037）
"中世纪阿拉伯医学"

炼金术科学

帕拉塞尔苏斯
（瑞1493—1541）
"化学生命论"

笛卡尔的机械论生命观

马尔比基
（意1628—1694）
"生物结构研究"

格鲁
（英1641—1712）
"比较解剖学"

沃尔弗
（德1733—1794）
"渐成论"

李比希的发酵理论

微生物学

巴斯德
（法1822—1895）

科赫（德1843—1910）
"细菌学"

分子生物学

韦弗
（英1894—1961）

遗传工程学

的确立与发展。

从近代化的观点来看，基督教神学统治下的中世纪无疑是各学科发展的停滞时期，直到文艺复兴时期（14—16世纪）才逐渐摆脱了宗教的束缚，出现了合理性自然观。在哥白尼、开普勒、伽利略以及牛顿等优秀的科学家们所提出的机械自然观的影响下，哲学家笛卡尔和《人是机器》一书的作者拉美特利将机械论推广至生命理论中，提出了"机械论生命观"，认为生物也是机械，并把生物的生理活动归结为机械运动。

机械论生命观的萌芽自然离不开各类研究仪器的技术性发展，值得一提的是，这种技术性进步促使博物学也开始进入了新的发展阶段，尤其是显微镜的运用使人们观察到了微观世界。

列文虎克等显微镜学家们的微生物观察，对分类学的诞生产生了极为深远的影响。毛细血管的发现者马尔比基、细胞的发现者胡克、被誉为"现代昆虫学的奠基人"的斯瓦姆默丹等显微镜学家为生物学的发展做出了不可磨灭的贡献。

18世纪时，《自然系统》一书的作者林奈和《自然史》一书的作者布丰两位伟大的博物学家奠定了分类学这一近代学科的基础。进入19世纪，分类学在居维叶的发展下日臻完善。

18世纪至19世纪既是博物学发展的鼎盛时期，也是欧洲各国积极探索新大陆的大航海时代。在此背景之下，以博物学家的身份参与了环球探险的达尔文提出了著名的"进化论"学说。该学说不仅对生物学界甚至对社会思想整体都产生了极为深远的影响。

"生物学"这一名称之所以诞生于19世纪，实际上是源于当时的一种试图以科学方法将各个分支学科的生命研究统一起来的尝试。这种尝试具体而言就是从观察性研究方法向实验性研究方法的转变，其中最具代表性的生物学家包括"遗传定律"的发现者孟德尔和为微生物研究做出了巨大贡献的巴斯德二人。

近代生物学是博物学和生命科学相融合的产物，然而自进入20世纪以来，生物学的发展重点实际上已经逐渐偏向了生命科学。

生物学的现状

分子生物学的发展颠覆了以往的生命观，进一步揭示了生命现象的本质。

第二次世界大战后，生物学进入了分子生物学这一全新的发展阶段。虽

生物学门类

生理学类（研究生命现象）
- 生理学
- 解剖学
- 胚胎学
- 微生物学
- 免疫学
- 遗传学
- 生理化学
- 细胞学
- 分子生物学
等等

动物心理学
动物行为学

生态学类（研究生物与其生存环境间的关系）
- 群体遗传学
- 动物生态学
- 社会生物学
- 生物地理学
- 形态形成学
- 动物学/植物学
等等

生物学

领域

然"分子生物学"一词最早是由韦弗于1938年提出的,但该学科真正实现飞跃性发展则是在第二次世界大战之后。

第二次世界大战期间,物理学和化学均实现了突飞猛进的发展。第二次世界大战后,生物学这一尚未成熟的领域受到了人们的关注,众多物理学家开始研究起了生物学问题,并由此发展出了分子生物学这一全新的生物学科学。可以说,分子生物学的诞生在很大程度上必须归功于物理学家。

分子生物学是一门通过对蛋白质、核酸等生物大分子结构、功能进行研究,探索生命现象本质的学科。因此该学科的学科基础是对核酸和蛋白质的研究。

此外,电子显微镜为人类展示了细胞的超微结构世界,细胞科学的研究也取得了极大的进展。

1953年,弗朗西斯·克里克与詹姆斯·杜威·沃森合作提出了"DNA双螺旋结构模型",开辟了分子生物学的新纪元。随后,克里克在双螺旋结构学说的基础上,进一步提出了遗传信息传递方向的基本规律(中心法则),即遗传信息从 DNA → mRNA → 蛋白质的转录和翻译过程,极大地提高了人类对于基因的认知。DNA双螺旋结构和围绕该结构建立起来的中心法则是足以与达尔文的进化论相提并论的重大发现。

除了物理学和化学之外,信息论和系统论也为分子生物学的发展做出了巨大的贡献。生物学以信息论为媒介与工程学相结合,形成了遗传工程学和生物工程学。

数学家维纳将动物和机器的某些机制加以类比,认为一切生物与机器系统在结构功能上具有共同的特征和本质上的统一,并提出了控制论的思想,为生物信息学的发展奠定了理论基础。以研究生命现象为核心的生命科学,广泛借鉴物理、化学、医学、药学等学科成果,形成了综合性的研究领域。

此外,随着研究技术和研究设备的进步,一方面,将生物和生命现象转化为生产力的生物工程学,与IT产业并称为"21世纪的中心产业";另一方面,现代生物学在发展中也面临着众多难题,包括器官移植和体外受精所带来的伦理问题,以及基因技术的潜在威胁所引发的争议。

入门者须知

博物学家(naturalist)

博物学家是一群在生物学发展史上做出过巨大贡献的学者们。18—19世纪期间涌现出了众多伟大的博物学家,包括《塞尔伯恩博物志》的作者怀特,近代地理学的奠基人亚历山大·冯·洪堡,鸟类图鉴《美洲鸟类》的作者美国画家奥杜邦,《瓦尔登湖》的作者梭罗以及《昆虫记》的作者法布尔等人。

解剖学与生理学

解剖学和生理学在生物学的发展史上占据着极为重要的地位。在博物学和生命科学这两种大的分类中,解剖学和生理学均属于生命科学。这两个学科既是医学的理论基础,同时也是生物学中研究生命活动规律的重要学科。尤其是解剖学因文艺复兴时期达·芬奇的解剖图和维萨里的著作《人体的构造》而广为人知。

生理学的代表人物威廉·哈维提出了血液循环学说,为研究实验医学和实验生理学奠定了基础。

生机论与机械论

对于生命本质的探索是生物学的起点。亚里士多德将生命这种特殊现象的原理与灵魂(Psyche)联系在一起,这种根据有机体所独有的"灵魂"或"生命力"去解释生命现象的理论就是生机论。

而笛卡尔和拉美特利等人的机械论生命观则认为生命现象都是物质机械运动的表现。

进化论

虽然早在古希腊的自然哲学中就已经出现了生物进化的思想,但我们如今所说的进化论一般是指形成于18世纪下半叶的进化论。进化论的先驱者主要包括法国的布丰、狄德罗、霍尔巴赫。英国的斯宾塞也曾提出过社会进化论的观点。由达尔文正式确立的生物进化论学说,对生物学和整个人类社会思想的发展都产生了极为深远的影响。

描述生物学

以生物分类为目的、对生物的主要形态特征进行描述的生物学分支学科。现代生物分类学的创立者林奈曾根据植物的形态特征建立起了完整的分类系统。某个新种或新属第一次被记载在分类群中的资料称为原始描述,目前,对植物名进行记载时必须使用拉丁语,动物名则可以使用拉丁语以外的语言。

生态学(Ecology)

研究生物之间及生物与环境之间相互关系的学科。1866年,德国生物学家海克尔第一次提出了"生态学"的学科定义。日本于明治时代开始将"Ecology"翻译成"生态学"。

生态学按研究对象和研究方法可细分为种群生态学、动物生态学、水生生态学、实验生态学等分支学科。由于与环境问题的解决有着极为密切的关系,生态学已成为当代最活跃的前沿学科之一。

寒武纪生物大爆发

地球上最早出现生物的时间大约是在30亿年前。学者们曾普遍认为目前的生物是由单细胞生物向多细胞生物逐渐演化而来的,但最近开始出现了一种新的观点,认为大约在距今6亿年前的寒武纪初期,出现过一次飞跃性的生物进化大爆发。

之所以出现这种新的说法,主要是因为人们在寒武纪时期的化石中发现了许多之前从未见过的奇特生物。

线粒体夏娃说

一种单一起源说。与将"尼安德特人"或"北京猿人"作为人类祖先的多地区进化说相反,该学说认为人类有着共同的祖先,是生活于约20万年前的一位女性。

目前,根据对线粒体中的DNA和MHC抗原的研究,"线粒体夏娃说"已经成为一种十分有力的假说。

电子显微镜

以电子束代替可见光的一种显微镜,其分辨能力和放大倍数远远大于光学显微镜。

化学 ● Chemistry ●

化学的起源

炼金术悠久的发展史，为化学学科的确立奠定了基础。

化学的历史同人类史一样悠久。古时，早在酿酒和冶炼金属时就已经应用到了发酵和冶金等化学技术。据说"化学（chemistry）"这一学科名称的语源是埃及语中的"khem（尼罗河所带来的肥沃的黑土）"一词。也就是说，由于古埃及文明代表着最为先进的技术文明，因而人们逐渐将化学等同于埃及技术。

化学技术在传入古希腊后，同其他学问一样引起了古希腊哲学家们的兴趣，成为他们探索真理的对象。其中，亚里士多德曾尝试过对金属转变过程的理论化解释。此外，在受希腊文明影响的希腊化时代，当时最具代表性的科学家希罗也曾提出过关于气体和燃烧的假说。

化学技术方面的飞跃性发展则出现在阿拉伯。"碱（alkali）"和"酒精（alconhol）"等常见的化学用语的语源基本上都是阿拉伯语。炼金术（alchemy）一词也源自阿拉伯语，由阿拉伯语中的 khemeia 加上定冠词 al，后在传入欧洲时进一步演化成了欧洲词语 alchemy。在阿拉伯的炼金师中，最著名的当属查比尔，查比尔对亚里士多德的代表性理论"四元素说"进行了全面的研究和修正。

10 世纪至 11 世纪期间，欧洲开始了同阿拉伯世界的交流，阿拉伯的炼金术逐渐传入欧洲，进入了全新的发展阶段，然而，由于当时的欧洲正处于基督教的统治之下，因此炼金术曾被看作是一种异端思想。

15 世纪中期，东罗马帝国灭亡后，基督教权威日渐衰弱，化学开始踏上了向科学学科发展的进程。德国的矿山学家阿格里科拉所著的《论金属》一书，堪称是对当时的冶金学知识和经验的集大成之作。

古代化学的创始人除了炼金术师还包括药剂师。帕拉塞尔苏斯将炼金术与制药相结合，打破了以往以动植物为原材料的制药传统，肯定了通过炼金术制取出的矿物的药用价值。

17 世纪下半叶，化学开始由古代化学向近代化学过渡。近代化学的奠基人波义耳在其著作《怀疑的化学家》中，提出了化学应该建立在实验和观察的基础之上的观点。

化学的确立

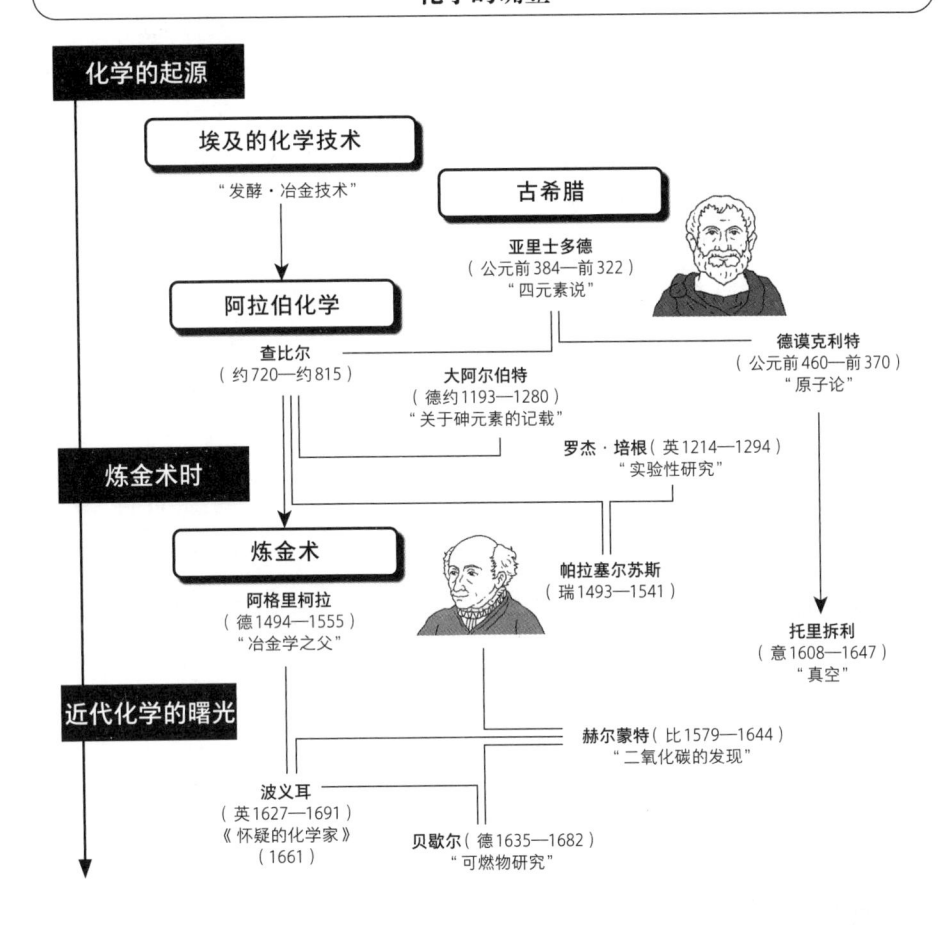

化学的起源

- 埃及的化学技术 "发酵·冶金技术"
- 古希腊
  - 亚里士多德（公元前384—前322）"四元素说"
  - 德谟克利特（公元前460—前370）"原子论"
- 阿拉伯化学
  - 查比尔（约720—约815）
  - 大阿尔伯特（德约1193—1280）"关于砷元素的记载"
  - 罗杰·培根（英1214—1294）"实验性研究"

炼金术时

- 炼金术
  - 阿格里柯拉（德1494—1555）"冶金学之父"
  - 帕拉塞尔苏斯（瑞1493—1541）
  - 托里拆利（意1608—1647）"真空"

近代化学的曙光

- 赫尔蒙特（比1579—1644）"二氧化碳的发现"
- 波义耳（英1627—1691）《怀疑的化学家》（1661）
- 贝歇尔（德1635—1682）"可燃物研究"

近代化学的发展

直到18世纪才得以确立的近代化学，比物理学晚了一个多世纪。

从波义耳提出要将化学确立为以实验和观察为基础的科学起，到拉瓦锡真正摆脱了毫无根据的神秘力量，正式确立了近代化学为止，经历了长达一个多世纪的时间，这无疑要归因于当时实验技术水平的低下。实际上，与波义耳同时代的牛顿早已经建立起了物理学的近代科学基础，与之相比，化学的确立足足晚了一个多世纪。

拉瓦锡通过对化学反应的定量分析实验，发现了"质量守恒定律"和"燃烧理论"等各种化学理论，并汇总编写了世界上最早的化学教科书《化学基本教程》。此外，他还制定了系统化的化学命名法，为化学的发展做出了巨大的贡献。

另一位与拉瓦锡同时代的近代化学的创始人道尔顿,以氢原子的质量为1作为参照基准计算其他元素的相对质量,制作出了最早的原子量表。原子论在经过库珀所提出的原子价理论的发展之后,形成了关于有机化合物分子组成的合理性体系。在此基础上,门捷列夫成功将化学元素按原子量递增的顺序排列成表,提出了元素周期律,根据这个规律可以预见出尚未被发现的新元素。

18世纪至19世纪初既是近代化学确立的时代,也是化学全面开花的时代。著名化学家贝采里乌斯提出了现代化学符号,并开始引用"有机化学"的概念以区别"无机化学"。

19世纪末,X射线的发现为化学界带来了翻天覆地的变化。法国物理学家贝克勒尔发现了铀的化合物所具有的放射性,随后,法籍波兰化学家玛丽·居里在丈夫皮埃尔·居里的协助下,于1898年提炼出了钋和镭两种放射性元素。

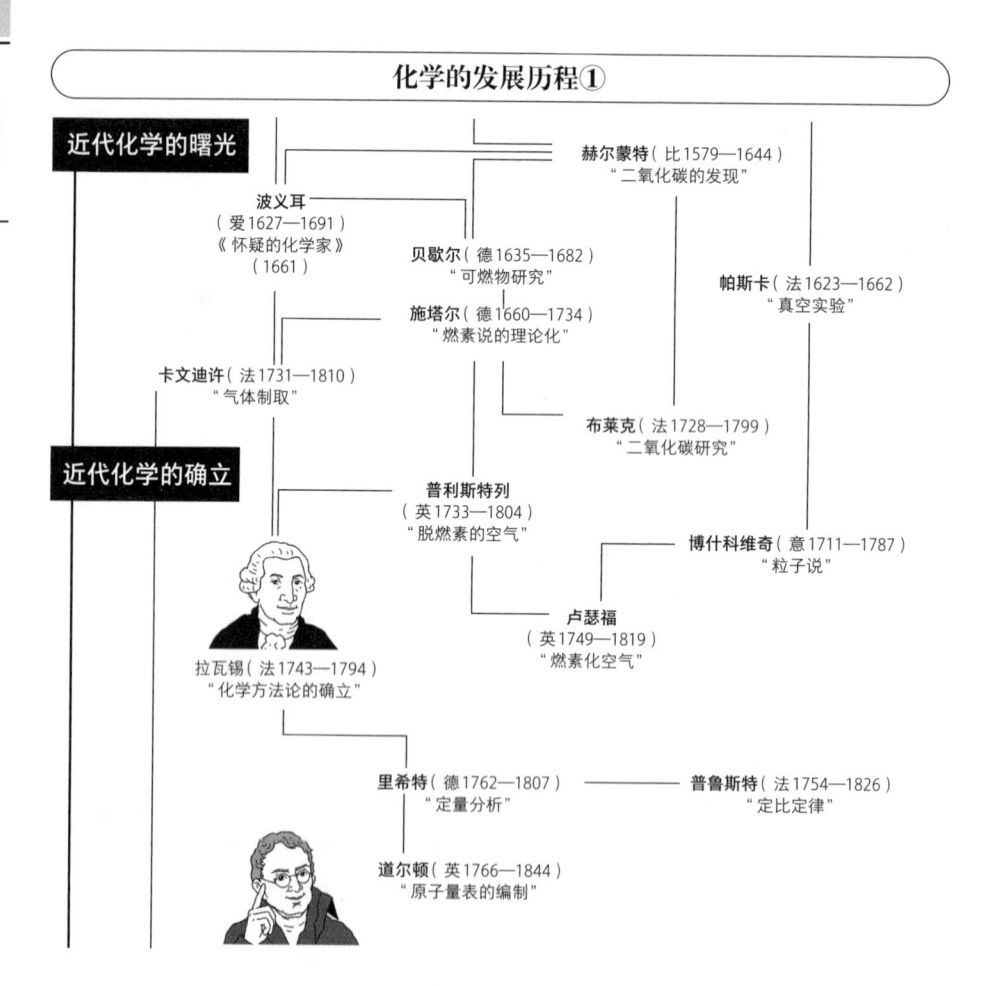

化学的发展历程①

近代化学的曙光

- 赫尔蒙特(比1579—1644)"二氧化碳的发现"
- 波义耳(爱1627—1691)《怀疑的化学家》(1661)
- 贝歇尔(德1635—1682)"可燃物研究"
- 帕斯卡(法1623—1662)"真空实验"
- 施塔尔(德1660—1734)"燃素说的理论化"
- 卡文迪许(法1731—1810)"气体制取"
- 布莱克(法1728—1799)"二氧化碳研究"

近代化学的确立

- 普利斯特列(英1733—1804)"脱燃素的空气"
- 博什科维奇(意1711—1787)"粒子说"
- 卢瑟福(英1749—1819)"燃素化空气"
- 拉瓦锡(法1743—1794)"化学方法论的确立"
- 里希特(德1762—1807)"定量分析"
- 普鲁斯特(法1754—1826)"定比定律"
- 道尔顿(英1766—1844)"原子量表的编制"

1902年，卢瑟福和索迪进一步证明了放射性是一种不稳定原子核和电子核放出射线的现象。

放射性元素的发现，改变了以往的近代化学对于原子具有不变性和稳定性的认知，并为无机化学带来了一个全新的研究领域。

1897年，汤姆逊发现了电子的存在，使无机化学和有机化学具有了相同的课题，并催生出了有机化学电子理论这一全新的研究领域。然而在当代，这种有机化学电子理论被指出存在着各种各样的问题。

物理学在原子结构和电子方面的飞速发展，为化学领域带来了极为深刻的影响。例如，在玻尔理论的基础上发展起来的化学键理论。而化学键理论和量子力学的结合，又为量子化学的诞生奠定了基础。

现代化学

在解决化学技术的进步与环境保护之间的矛盾中，探索现代化学的发展道路。

化学是与人类物质生活的发展关系最为密切的一门学科。以染料为首，化肥和农药、化疗、化纤、塑料……可以说正是化学技术推动了现代文明的发展。

19世纪下半叶，包括以染料工业为主的有机化学在内，化学工业的繁荣催生出了各种各样的化学技术。进入20世纪，施陶丁格提出了大分子的概念，奠定了高分子化学的理论基础，为高分子物质聚乙烯的合成提供了可能性。高分子化学的黄金时代一直持续到了20世纪70年代石油危机的出现以及人们环保意识的提高。

当代化学正处在一个重要的转折点上。1962年，美国海洋生物学家卡森在其著作《寂静的春天》中，预言了化学技术的滥用所带来的环境破坏问题。化学已经不再单纯是推动人类物质生活发展的"梦之炼金术"，实际上不仅仅是公害问题，从农药问题到医药品问题，化学所带来的危害正在以各种各样的形式显现出来。

毫无疑问，当代化学的一大课题是如何使化学的发展与环境保护相协调。在此背景下，地球化学成为目前备受关注的一个研究领域。实际上早在19世纪末就已经出现了地球化学这一概念，该学科的奠基人美国地球化学家克拉克通过对地壳中各元素的含量进行分析，发表了关于各化学元素在地壳中平均含量的"克拉克值"。地球化学主要是通过研究地壳以及平流层中的化学反应，得出各种关于地球环境的数据。

此外，在石油和核能的替代能源——太阳能的开发方面，以具有超导电性的超导体的实际应用为代表，化学发挥着十分重要的作用。例如，可实现长距离电力运输的高温超导电缆的开

化学的发展历程②

- 吕萨克（法 1778—1850）"气体反应的规律"
- 阿伏伽德罗（意 1776—1856）"分子假说"
- 贝采里乌斯（瑞典 1779—1848）"元素符号的确立" 有机化学与无机化学的分离
- 盖斯（瑞 1802—1850）"盖斯定律"
- 凯库勒（德 1829—1896）"原子价概念"
- 库珀（英 1831—1892）"化学结构式"
- **无机化学**
- 赫尔姆霍茨（德 1821—1894）"化学过程中的热力学"
- 阿仑尼乌斯（瑞 1859—1927）"电离学说"
- **有机化学**
- 门捷列夫（俄 1834—1907）"元素周期律的发现"
- 奥斯特瓦尔德（德 1853—1932）"物理化学的确立"
- 贝克勒尔（法 1852—1908）"放射性的发现"
- 施陶丁格（德 1881—1965）"高分=子学说"
- 玛丽·居里（波 1867—1934）"放射性元素的发现"
- **20 世纪的化学**
- **高分子化学**
- 卢瑟福（新西兰 1871—1937）"原子核的发现"
- **量子化学**

发，极大地推动了太阳能的实用化进程。在医疗领域，应用超导体研发出的MRI（核磁共振成像）也已经投入使用。此外，还出现了超导电机和磁悬浮列车等各种新的技术。

进入 21 世纪，被誉为"20 世纪最后的梦之分子"的富勒烯越来越受到人们的关注。富勒烯是一种由 60 个碳原子组成的酷似足球的球状分子，具有十分广阔的发展前景。它不仅可以应用于超导体领域以及纳米生物学等半导体领域，而且对艾滋病病毒蛋白酶的生长具有抑制作用，还有着强大的抗氧化能力，可用于清除使肌肤衰老的活性氧。

入门者须知

无机化学与有机化学

一般将组成生物体的化合物称为有机化合物，将除此以外的化合物称为无机化合物。严格来说，有机化合物指的是氢化合物及其衍生物，除此以外的一切元素及其化合物称为无机化合物。无机化学与有机化学的区分始于19世纪初，1806年贝采里乌斯提出了"有机化合物"的概念，改变了以往将物质分为动物、植物、矿物的分类方式。

生物化学

从分子层面研究生命现象的化学分支学科，在研究方法和研究内容上与分子生物学具有共通之处。生物化学始于18世纪末拉瓦锡对糖转变为酒精的发酵过程的研究。目前，该学科的研究内容主要包括蛋白质、核酸、脂类、维生素等物质的生物功能和化学结构。此外，对于生物遗传特征的分子基础的研究，也是生物化学的重要研究课题之一。

物理化学

运用物理学的原理和方法研究化学现象和化学过程的化学分支学科。19世纪初，随着分子的存在逐渐为人所知，研究能量转换规律的热力学开始被应用于研究物质的结构、性质以及反应规律的化学领域中。1887年，在范霍夫、奥斯特瓦尔德、阿仑尼乌斯等人的努力下，物理化学作为一门独立的学科正式得以确立。

原子量和分子量

以碳的最常见的同位素原子质量等于12为标准，其他元素的原子质量与这个质量单位相比，所得到的相对质量称为该原子的原子量。例如氢的原子量为1.0079，氧的原子量为15.999，铀的原子量为238.029。分子量指的是分子中各原子的原子量总和。例如，水分子是由两个氢原子和一个氧原子组成的，则水的分子量为$1.0079 \times 2+15.999=18.0148$，约等于18。

摩尔

国际单位制中计量物质的量的基本单位。国际计量大会关于摩尔的定义如下："摩尔是一系统的物质的量，该系统中所包含的基本单元数与0.012千克碳12的原子数目相等，单位符号为mol。"

这里的基本单元指的是物质化学性质的最小粒子，包括原子、分子、离子、电子及其他粒子，也就是说摩尔是用来表示物质基本单元数目为多少的物理单位。1mol分子物质所含有的基本单元数目都是6.22140×10^{23}，称作"阿伏伽德罗常数"。

离子

离子是带电荷的原子或分子得到或失去电子后的产物。某种物质加热溶解后，溶液中的电阻会变小，从而具有导电性能。也就是说，原本应该呈电中性的原子或分子，形成了自由运动的正负离子。英国化学家法拉第认识到盐类、酸、碱溶液所具有的导电性，为了解释电解现象而提出了离子的概念。随后，瑞典化学家阿仑尼乌斯进一步提出了电解质在溶液中自动离解成正、负离子的理论。

高分子化合物

也称高聚物（polymer），指分子量很大的化合物。高分子化合物包括蛋白质、纤维素、聚乙烯类合成树脂、淀粉等。不同于分子量较小的普通化合物，高分子化合物具有各种各样的性质。以高分子化合物为研究对象的化学分支学科称为高分子化学。

形状记忆树脂

发生变形后，只要对其进行再加热即可恢复到原来形状的树脂。目前已经开发出的形状记忆树脂包括：降冰片烯、反式聚异戊二烯、聚氨酯等。形状记忆树脂不仅比以往的形状记忆合金成本低，伸长率更是高达300%，而且质量轻、成型容易、可上色，具有非常广阔的应用前景。

磷灰石

一种在人体骨骼和牙齿中所占比重高达65%的无机物，主要成分为磷酸钙。目前，羟基磷灰石已经被用于充当人工骨骼材料和人工牙根，与金属和合成树脂相比，羟基磷灰石具有更高的生物相容性。

生物塑料

生物塑料是利用氢细菌和氮细菌生物合成的一种聚酯制成的物质。1982年，英国帝国化学工业（ICI）公司通过培养氢细菌，开发了一种名为"Biopol"的微生物聚酯产品。

目前普遍使用的传统塑料虽然具有耐腐蚀的优点，但也带来了严重的环境问题。而生物塑料则很容易进行生物降解，因此在环保方面也具有极大的吸引力。

催化性抗体

生物在面对外来异物的入侵时，会产生抗体与之对抗。

这种现象称为抗原-抗体反应。而催化抗体则是一种人工酶制剂，又称"抗体酶"，它结合了酶与抗体的优点，既可以起到酶的催化作用，又可以起到抗体的专一性结合抗原的作用。催化性抗体综合了生物化学和合成化学等不同学科的知识，是目前极受学者重视的一个研究领域。

超导体

1911年海克·卡末林·昂纳斯发现，当某些金属和化合物等物质冷却到极低温度时，电阻会突然减小到零，他将这种现象称为"超导电性"。20世纪末至21世纪初，人们发现了可以使用成本较低的液氮进行冷却的高温超导体，推进了超导体的实用化进程。

目前，超导体已经被应用于磁测量装置（SQUID）和核磁共振成像技术等领域。此外，使列车完全脱离轨道悬浮行驶的超导磁悬浮技术，以及将输电损耗降为零（无电阻）的超导直流输电技术的开发也指日可待。

富勒烯

富勒烯是1985年哈罗德·克罗托、理查德·斯莫利和罗伯特·柯尔等人继石墨和金刚石之后发现的碳元素的第三种同素异形体，它具有十分出众的物理、光学以及科学特性。最早发现的富勒烯是由60个碳原子组成的酷似足球的球状分子。

富勒烯作为一种纳米材料具有十分广阔的应用前景，可用于制作锂电池、太阳能电池、燃料电池，治疗癌症、艾滋病以及研发预防肌肤衰老的化妆品等各个领域。

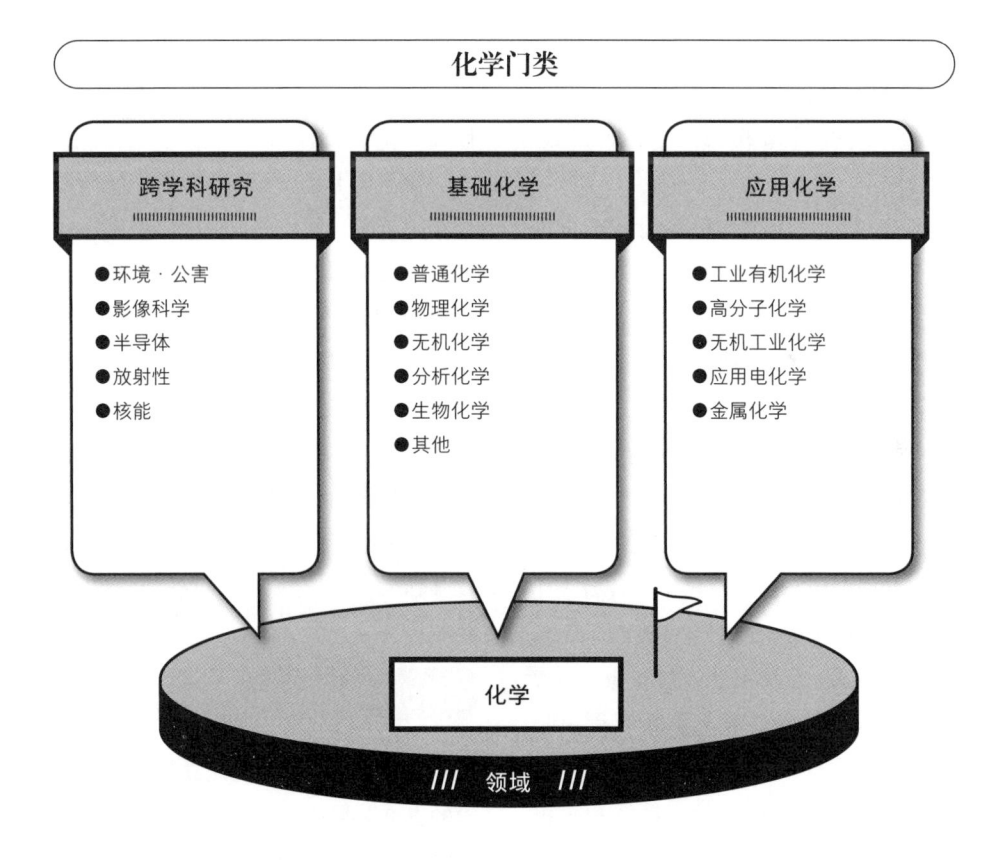

化学门类

跨学科研究
- 环境·公害
- 影像科学
- 半导体
- 放射性
- 核能

基础化学
- 普通化学
- 物理化学
- 无机化学
- 分析化学
- 生物化学
- 其他

应用化学
- 工业有机化学
- 高分子化学
- 无机工业化学
- 应用电化学
- 金属化学

化学

领域

数 学 ● Mathematics ●

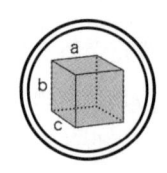

数学的起源

从古希腊的几何学发展到阿拉伯的代数学，数学逐渐脱离了实用性目的，成为一种论证体系。

数学是最古老的学科之一。最早出现的数学是以实用性为目的的几何学，几何学起源于数千年前埃及尼罗河泛滥后对土地的重新测量，希腊语中的几何学（geometrica）最初就是"土地测量"的意思。

这种经验性的知识在传入古希腊后，逐渐脱离了实用性目的而向论证体系发展。从这种意义上来说，数学作为一门学科的真正起源地应该是古希腊。

在古希腊数学的发展史上，首先值得一提的是被誉为"几何学的先驱"的泰勒斯。据说，泰勒斯曾证明过许多几何学命题。随后，毕达哥拉斯学派继承了泰勒斯的研究，该学派不仅致力于几何学，还涉足数论的研究并发现了无理数。被称为"雅典的职业教育家"的智者们也为各类数学难题的攻克做出了贡献。

古希腊数学在经过柏拉图和柏拉图学派的发展后，最终在欧几里得时期走向成熟。欧几里得在其著作《几何原本》中，对前人所提出的大量数学命题进行逻辑推理并加以证明，建立起了被称为"欧氏几何学"的数学体系。

古希腊数学史上的另一位伟大的数学家是阿基米德。阿基米德所提出的求积法，使得在欧几里得时期达到顶峰的希腊数学，进一步为下个时代的数学发展奠定了基础。阿基米德数学思想的革命性在于，他大胆地提出了之前的希腊数学中所避免使用的"无限"和"定量性视点"等概念。

数学史上第一部代数学著作的作者是花拉子密。代数学是一种以求未知数为目的的关于方程式的理论，虽然当时还没有出现使用"X"表示未知数的符号表示法，但方程式的形式化研究依然取得了相当显著的发展。

阿拉伯代数学在经过了中世纪的经院哲学家们的发展后，为欧洲近代数学，尤其是近代代数学的诞生奠定了学科基础。

近代数学的确立

从代数符号系统的建立到近代分析学的发展，近代数学进一步踏上了严密化的进程。

15至16世纪，在正处于文艺复兴全盛时期的意大利，对于三次和四次方

数学的确立

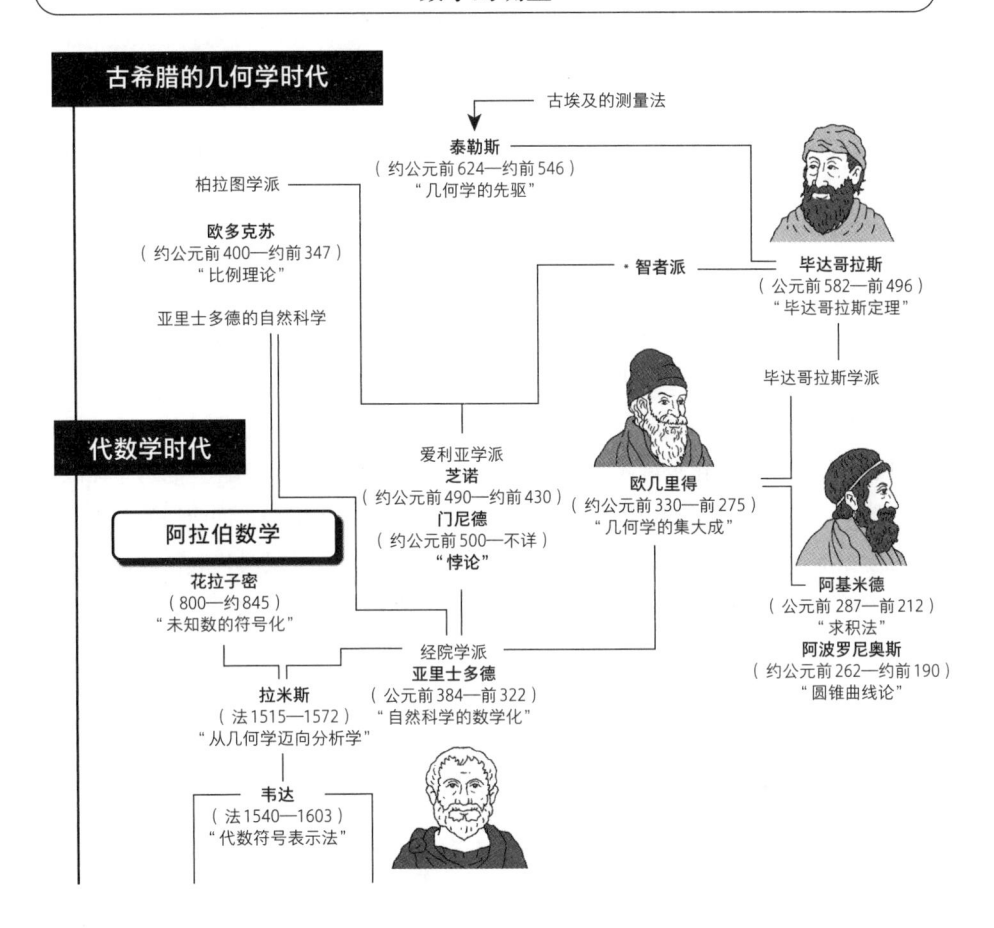

古希腊的几何学时代

- 古埃及的测量法 → 泰勒斯（约公元前624—约公元前546）"几何学的先驱"
- 柏拉图学派
- 欧多克苏（约公元前400—约前347）"比例理论"
- 亚里士多德的自然科学
- 智者派
- 毕达哥拉斯（公元前582—前496）"毕达哥拉斯定理"
- 毕达哥拉斯学派
- 爱利亚学派 芝诺（约公元前490—约前430）
- 门尼德（约公元前500—不详）"悖论"
- 欧几里得（约公元前330—前275）"几何学的集大成"
- 阿基米德（公元前287—前212）"求积法"
- 阿波罗尼奥斯（约公元前262—约前190）"圆锥曲线论"

代数学时代

- 阿拉伯数学
- 花拉子密（800—约845）"未知数的符号化"
- 经院学派 亚里士多德（公元前384—前322）"自然科学的数学化"
- 拉米斯（法1515—1572）"从几何学迈向分析学"
- 韦达（法1540—1603）"代数符号表示法"

程式的求解研究吸引了大批数学家的兴趣。而在背后推动着这场研究热潮发展的则是符号代数的建立和推广。将方程式尽可能简洁地表达出来的简略记法最早出现于手抄本时代，主要是为了节省体力和纸张，1438年出现了印刷术后，这种简略记法依然被保留了下来。

意大利数学家帕乔利将商业簿记的手法引入数学界，其用省略符号的方法，如用 co 表示未知数、用 p 表示加法、用 m 表示减法等，反映出了数学记述的高度简洁化。在这种简略记法发展的推动下，意大利的数学家们为方程式的求解做出了巨大的贡献。费拉里提出了四次方程的一般解法，卡尔达诺发现了阿拉伯代数学家们所未能解开的三次方程式的解法。然而，现代代数符号系统的正式确立却并非是在意大利，而是在数学还比较落后的法国。法国数学家韦达继承和发展了意大利的简略记法，建立起了更为合理的代数符号系统。在此基础上，笛卡尔进一步提出了使用字母表中开头的小写字母 a、b、c 等代表已知量，用最后的小写字母 x、y、z 代表未知量的用法，这种用法已经成为当今的标准用法。

此外，笛卡尔还是"解析几何学"的创始人。解析几何的创立是数学史上一项划时代的变革，标志着近代数学的开端。此前的欧氏几何学所进行的研究都是以静止和不动为前提的，而笛卡尔几何学则将运动与变化也纳入了研究范围。笛卡尔所开创的近代数学，为自然科学研究的发展提供了强有力的武器。随后，牛顿利用微分方程证实了经典力学，与牛顿同一时期的莱布尼茨几乎与牛顿同时确立了微积分学。莱布尼茨被誉为"符号逻辑学创始人"，现代微积分中的许多符号名称，例如"微分""积分""函数"等都是莱布尼茨发明的。

17世纪至18世纪，数学在笛卡尔所提出的解析方法的推动下，取得了前所未有的发展。然而，进入19世纪，数学研究领域开始出现了对以微积分为主的分析学的基础概念和方法的批判，兴起了以追求数学的严密化为目的的改革运动。

现代数学的诞生

现代数学在实现了分析学的算术化后，随着技术的进步，进一步取得了众多令人瞩目的成就。

最早对18世纪的分析学提出质疑的人是傅里叶。傅里叶成功推导出了热传导方程，开创了"傅里叶分析"这一近代数学的重要分支。傅里叶的分析学动摇了"无限大"和"无限小"这一微积分学的根本性概念。

19世纪以前的数学对混乱的"无穷大"和"无穷小"观念仅仅是一种朴素而模糊的信任，而以傅里叶为开端的19世纪数学则开始试图建立起对于无限存在本身的逻辑定义，即所谓的数学的严密化潮流。其中最具代表性的数学家是外尔斯特拉斯，外尔斯特拉斯将数学的严密化称为"分析学的算术化"，即将分析学建立在算术，也就是自然数理论的基础之上。这种数学的严密化潮流，既是对于数学基本概念的重新构建，又为自然数的公理化、逻辑学的形式化以及集合论的诞生开辟了道路。

数学的严密化主要表现在分析学的一大重要分支学科——复变函数论中。柯西和高斯为复变函数论的创立做出了巨大的贡献。其中，高斯还在其著作《算术研究》一书中，对代数学的数论进行了系统化的整理。此外，伽罗瓦也为代数学的发展做出了不容忽视的贡献，他解决了五次以上方程式的可解条件问题。

几何学领域也发生了巨大的变革。罗巴切夫斯基否定了欧几里得几何学中

数学的发展历程

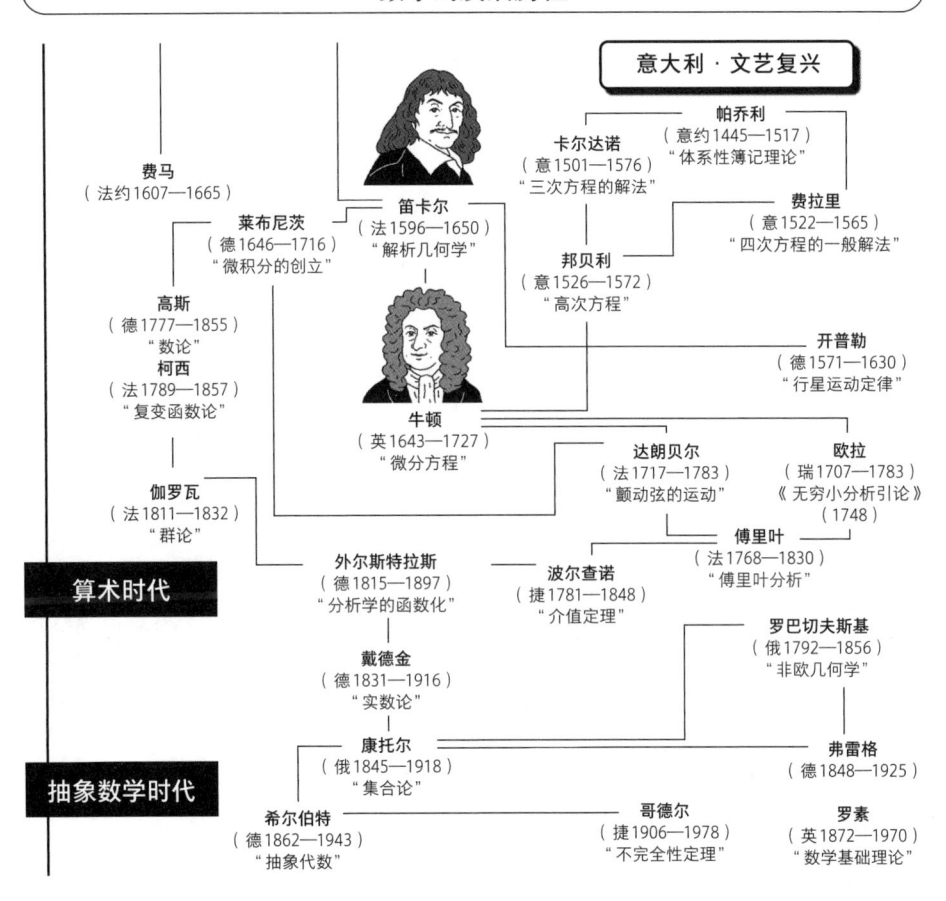

意大利·文艺复兴

- 帕乔利（意约1445—1517）"体系性簿记理论"
- 卡尔达诺（意1501—1576）"三次方程的解法"
- 费拉里（意1522—1565）"四次方程的一般解法"
- 邦贝利（意1526—1572）"高次方程"
- 费马（法约1607—1665）
- 笛卡尔（法1596—1650）"解析几何学"
- 莱布尼茨（德1646—1716）"微积分的创立"
- 开普勒（德1571—1630）"行星运动定律"
- 牛顿（英1643—1727）"微分方程"
- 高斯（德1777—1855）"数论"
- 柯西（法1789—1857）"复变函数论"
- 达朗贝尔（法1717—1783）"颤动弦的运动"
- 欧拉（瑞1707—1783）《无穷小分析引论》（1748）
- 傅里叶（法1768—1830）"傅里叶分析"
- 伽罗瓦（法1811—1832）"群论"

算术时代

- 外尔斯特拉斯（德1815—1897）"分析学的函数化"
- 波尔查诺（捷1781—1848）"介值定理"
- 戴德金（德1831—1916）"实数论"
- 罗巴切夫斯基（俄1792—1856）"非欧几何学"
- 康托尔（俄1845—1918）"集合论"
- 弗雷格（德1848—1925）

抽象数学时代

- 希尔伯特（德1862—1943）"抽象代数"
- 哥德尔（捷1906—1978）"不完全性定理"
- 罗素（英1872—1970）"数学基础理论"

的平行公理，认为过直线外一点存在两条以上的平行线，创立了一种新的几何学——非欧几何学。

1874年，康托尔首次提出了集合论。进入20世纪，集合论在经过了弗雷格和罗素的发展后，引发了人们对于数学全体的反思，促进了数学基础理论的发展。

罗素继承了康托尔的集合论思想，并进一步提出了集合论中所存在的悖论，主张不能单纯地将事物组成的整体称为集合。例如，一个克里特人说"所有的克里特人都说谎"，在这个集合命题中，如果"所有的克里特人都说谎"为真，并且这个克里特人所说的也是谎话，那么"所有的克里特人都说谎"就应该是假的。如果这个克里特人说的是真话，"所有的克里特人都说谎"这个命题就不能成立。面对集合论所出现的危机，希尔伯特致力于数学基础理论的研究，试图建立起精确的逻辑系统用以证明理论的无矛盾性。

1900年，希尔伯特在巴黎国际数学家大会上指出"数学是所有精密科学的认识基础"，并提出了23个问题。然而，哥德尔于1931年提出的"不完全性定理"给了希尔伯特的第二个问题一个否定的解答，结束了长期以来关于数学基础问题的争论。

20世纪下半叶，随着计算机等技术的革新发展，许多数学问题都得到了解决或证明。1976年"四色定理"得以证明，1995年"费马大定理"得以证明。进入21世纪后，格里戈里·佩雷尔曼又于2003年证明了千禧年大奖难题中的庞加莱猜想。

数理逻辑学、拓扑学、混沌理论、博弈论等新兴研究领域开拓了数学研究方法的新面貌。

入门者须知

"0"的出现

据说"0"这一数字符号出现于7世纪的印度。这里所说的出现是指"0"开始被当作实数集中正数和负数的分界点的意思。观念上的零早在古巴比伦比亚、玛雅以及希腊就已经出现，然而当时的零只是一种表示"空位"的符号，直到中世纪的印度才开始将"0"作为一个数参与使用10进位制计数法的笔算。

数

在数学领域，"数"一般指的是复数，有时也专指实数。复数包括实数和虚数，实数可分为有理数和无理数，有理数包括整数和分数，整数又可分为正整数、0、负整数。

数学门类

数学
- [数学基础理论] 逻辑学 / 集合论 / 自然数理论
- [代数学] 线性代数 / 抽象代数学 / 整数论 / 布尔代数 / 群论等
- [分析学] 泛函分析 / 微分方程 / 测度 / 变分法 / 复变函数 / 级数等
- [几何学] 角法 / 欧几里得几何学 / 非欧几何学 / 解析几何 / 射影几何 / 代数几何 / 微分几何等
- [拓扑学] 拓扑空间 / 量纲 / 流形 / 分段线性拓扑学（组合拓扑学）/ 图论 / 结点 / 定点定理 / 突变理论等
- [应用数学] 概率论 / 统计学 / 控制论 / 信息理论 / 博弈论 / 大数定理 / 组合学 / 运筹学等

圆周率

据说首次提出圆周率的科学计算方法的人是阿基米德。毫无疑问，古人们早已从经验中认识到圆的周长大概是直径的三倍。实际上，在阿基米德之前的古希腊数学家欧几里得已经证明了"圆与圆之比等于其半径平方之比"的定律，虽然并未论及圆的周长，但是也已经提出了无论圆的大小，"圆周率"始终是一个常数的概念。阿基米德通过缜密的计算得出了圆的周长与直径之比。他从圆的内外接正六边形的周长算起，不断地将边数增加至两倍，直至计算到正96边形的周长，得到了几乎与现在相等的圆周率近似值。

十进制与二进制

目前最常用的计数法是十进制，即以1，2，3，4，5……的方式计数。二进制的表示方法则是：1，1，11，100，101，110，111。由于电子计算机的电子元件只有导通与断开两种不同的物理稳定状态，正好与二进制中的1与0相对应，因此广泛使用二进制。

虚数

虚数是在求解方程式过程中发现的。阿拉伯数学家花拉子密认识到二次方程有两个根，正数的平方根有正负两种，负数不存在平方根，并首次使用"-1"来表示虚数。卡尔达诺在三次代数方程的解法中提出了虚数的价值。欧拉是第一个提倡使用符号 i 来表示 $\sqrt{-1}$ 的人。

质数

一个大于1的正整数，如果只能被它本身或1除尽，就称为质数。关于质数的研究早在古希腊时期就已经出现，欧几里得曾在理论上证明了质数有无限多个，同时代的埃拉托色尼提出了从自然数中选出质数的方法（埃拉托色尼筛法）。高斯曾尝试过寻找描述质数分布的共时，但始终未能得出理想的结论。目前，人类已经利用计算机发现了长达 22 338 618 位的质数。

函数

两个变量 x、y，如果对于 x 在某个范围内的每一个确定的值，y 都有唯一确定的值与之对应，那么就称变量 y 为变量 x 的函数。y 与 x 具有函数关系，这种关系一般用 $y=f(x)$ 来表示。

集合论

集合这一概念出现于19世纪下半叶，它能够明确地表达数学描述。集合论的创始人康托尔认为"所谓集合，是一些对象的组合，这些对象是人们的直观或思考中所涉及的，在一定范围内是明确而可鉴别的"。集合论对20世纪的逻辑学和数学基础理论的发展产生了巨大的影响。

概率论

概率论起源于法国的哲学家、数学家帕斯卡对赌徒瓦利埃·德·梅瑞所提出的问题的研究。其后，许多著名的数学家都曾研究过概率论，《推测法》一书的作者雅各布·伯努利提出了"大数法则"，皮埃尔－西蒙·拉普拉斯将分析学的方法应用于概率论，使概率论发展到了成熟阶段。

哥德尔的不完全性定理

进入20世纪，罗素等逻辑学家们发现了集合论中的一系列悖论。在此背景之下，希尔伯特试图利用数学基础理论对公理系统的无矛盾性给出绝对证明，以便克服悖论所引发的危机，然而哥德尔所提出的不完全性理论却否定了希尔伯特的方案。哥德尔认为如果自然数形式的公理系统是无矛盾的，那么这个系统就是不完备的。也就是说，如果这样的系统是无矛盾的，那么其无矛盾性在本系统中不可证。相反如果系统存在矛盾的话，那么无论任何命题都可在该系统中得到证明。由此，希尔伯特所提倡的数学基础理论正式画上了句点。

布尔代数

运用以下规则进行的演算，以及含有"+"符号的算术称为布尔代数。

$0 \cdot 0 = 0 \quad 1 \cdot 0 = 0 \quad 0 \cdot 1 = 0$

$1 \cdot 1 = 0 \quad 0 + 0 = 0 \quad 1 + 0 = 0$

$0 + 1 = 0 \quad 1 + 1 = 0$

这里的1和0、"·"和"+"都是符号。乔治·布尔最初是为了对逻辑规律进行数学分析而创立了布尔代数，后来，该代数被应用于采用二进制进行运算的计算机的逻辑设计，由此该代数得到了迅速的发展。

分析学

分析学是微积分学、微分方程、变分学、实变函数论、复变函数论等数学分支学科的统称。早在阿基米德计算图形的面积和体积的方法中就已经出现了分析学的思想，16世纪开始出现了对于分析学的正式研究，进入17世纪，在笛卡尔、帕斯卡、费马等人的推动下分析学又得到了进一步的发展。随后，莱布尼茨与牛顿分别从切线问题和力学的观点出发提出了微积分思想，他们几乎同时创立了微积分学。微积分的提出，使得此前的大量数学难题相继得以解决，极大地推动了数学史的发展。

拓扑学

拓扑学可大致分为一般拓扑学和组合拓扑学两大研究领域。一般拓扑学是对欧氏空间中的子集、距离、函数的抽象化进行研究。组合拓扑学研究的是几何图形在连续变形下有哪些保持不变的性质，以及在这些变形的基础上存在多少种不同的图形。

应用数学

数学原本就是一门以实用为目的的学科。虽然在人们的印象中，数学的发展似乎是一个逐渐脱离实用性，不断迈向抽象化和理论化的过程，但实际上，根据时代的不同，数学总是以不同的方式展示着其越来越高的实用价值。

例如，在牛顿提出了研究物体速度的微积分之后，分析学开始应用于电、磁、光、音等各种物理现象的研究，取得了极大的成果。从这种角度而言，微分方程、傅里叶级数、复变函数、特殊函数、变分学称得上是应用数学的核心所在。进入20世纪，随着量子力学的诞生，对于概率统计的应用也越来越频繁。也就是说在量子现象的研究方面，比起得出某种确切的答案，人们更为关注的是能够反映出哪种结果发生的可能性最高的概率研究。此外，概率和数理统计学在经济学和社会学等领域也得到了广泛的应用。

博弈论

运用数学方法分析竞争参与者寻求最大利益所做出的行为，以及合理性行为所带来的结果的一种科学理论。博弈论的研究对象必须是可进行战略策划的博弈，纯粹的随机性博弈并不在其研究范围内。

千禧年大奖难题

世界上有许多未解的数学难题，其中包括美国克雷数学研究所于2000年提出的7个问题，每个问题的奖金高达100万美元，这7个数学问题统称为"千禧年大奖难题"。其中，庞加莱猜想已经得到证明，剩下的黎曼猜想、P/NP问题、霍奇猜想、杨 – 米尔斯存在性与质量间隙、纳维 – 斯托克斯存在性与光滑性以及贝赫和斯维讷通 – 戴尔猜想等6个难题目前仍未得到解决。

医学 ● Medical Science ●

医学的起源

研究人体结构的解剖学和炼金术推动了古代医学的发展。

古代医学知识最为先进的国家当属古埃及，古埃及人使用由纸莎草茎制成的莎草纸记载了大量的医学知识。

其中最有名的纸草医书是《史密斯纸草文》和《埃伯斯纸草文》。此外，在古代中国也出现了一部名为《黄帝内经》的医书。这些医学著作的存在证明了从古时起，医学就是人类不可或缺的一门学问。

然而，现代医学真正的发源地其实是古希腊。以著名的"医学之父"希波克拉底为代表的古希腊医学的特点是：比起疾病本身，医者更加关注的是不同病症的治疗方法，也就是说古希腊的医学研究是一种基于生理学的、技术层面上的研究。

希波克拉底认为医术（Ars）作为一种以人为主体的技术，必须注重知识、技术以及道德三者的结合。希波克拉底所提出的这种医学精神对后世医学道德的发展产生了深远的影响。

古希腊医学在经过亚历山大时代的发展后，被古罗马所继承。古罗马时代最伟大的医学家是盖伦，盖伦既是一位解剖学家，又是一位生理学家。

在当时还未出现对人体进行解剖的情况下，盖伦通过对动物（猪）的解剖，极大地推动了肌肉和骨骼方面知识体系的发展。此外，盖伦的"灵气（pneuma）说"作为一种血液运动学说，在生理学领域具有十分重要的地位。

盖伦之后的中世纪时代是医学发展的停滞时期。直到文艺复兴时期，医学才重新迎来了一次大的发展，而最先打开了这一新局面的则是解剖学领域。

文艺复兴时期最伟大的解剖学家维萨里在年仅28岁时就发表了著作《人体的构造》，该书纠正了盖伦解剖学中的许多错误，为以实证主义为基础的近代医学的发展奠定了基础。

文艺复兴时期另一位杰出的人物是帕拉塞尔苏斯。帕拉塞尔苏斯不仅是一位医学家，还是一位炼金术师，他通过使用矿物制作药物，从化学的角度为医学的发展做出了巨大的贡献。在帕拉塞尔苏斯之前的医学家研制药剂一般都是以动植物为原材料，而帕拉塞尔苏斯所带来的这种以矿物为原材料的化学药物，为后世医学的发展拓宽了道路。

医学的确立

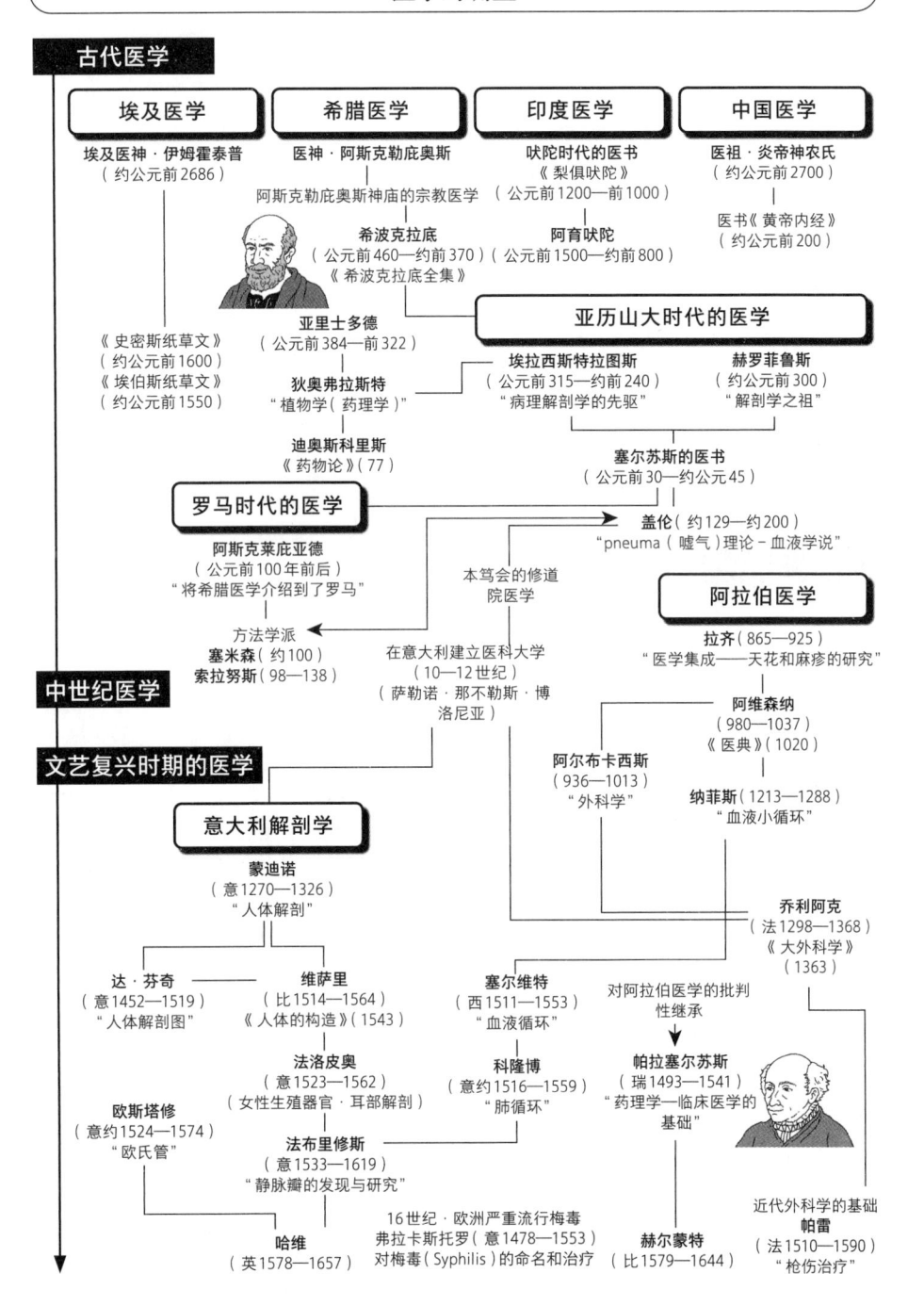

古代医学

埃及医学
埃及医神·伊姆霍泰普
（约公元前 2686）

《史密斯纸草文》
（约公元前 1600）
《埃伯斯纸草文》
（约公元前 1550）

希腊医学
医神·阿斯克勒庇奥斯
阿斯克勒庇奥斯神庙的宗教医学

希波克拉底
（公元前 460—约前 370）
《希波克拉底全集》

亚里士多德
（公元前 384—前 322）

狄奥弗拉斯特
"植物学（药理学）"

迪奥斯科里斯
《药物论》（77）

印度医学
吠陀时代的医书
《梨俱吠陀》
（公元前 1200—前 1000）

阿育吠陀
（公元前 1500—约前 800）

中国医学
医祖·炎帝神农氏
（约公元前 2700）

医书《黄帝内经》
（约公元前 200）

亚历山大时代的医学

埃拉西斯特拉图斯
（公元前 315—约前 240）
"病理解剖学的先驱"

赫罗菲鲁斯
（约公元前 300）
"解剖学之祖"

塞尔苏斯的医书
（公元前 30—约公元 45）

罗马时代的医学

阿斯克莱庇亚德
（公元前 100 年前后）
"将希腊医学介绍到了罗马"

方法学派
塞米森（约 100）
索拉努斯（98—138）

盖伦（约 129—约 200）
"pneuma（嘘气）理论－血液学说"

中世纪医学

本笃会的修道院医学

在意大利建立医科大学
（10—12 世纪）
（萨勒诺·那不勒斯·博洛尼亚）

阿拉伯医学

拉齐（865—925）
"医学集成——天花和麻疹的研究"

阿尔布卡西斯
（936—1013）
"外科学"

阿维森纳
（980—1037）
《医典》（1020）

纳菲斯（1213—1288）
"血液小循环"

文艺复兴时期的医学

意大利解剖学

蒙迪诺
（意 1270—1326）
"人体解剖"

达·芬奇
（意 1452—1519）
"人体解剖图"

维萨里
（比 1514—1564）
《人体的构造》（1543）

法洛皮奥
（意 1523—1562）
（女性生殖器官·耳部解剖）

欧斯塔修
（意约 1524—1574）
"欧氏管"

法布里修斯
（意 1533—1619）
"静脉瓣的发现与研究"

哈维
（英 1578—1657）

塞尔维特
（西 1511—1553）
"血液循环"

科隆博
（意约 1516—1559）
"肺循环"

16 世纪·欧洲严重流行梅毒
弗拉卡斯托罗（意 1478—1553）
对梅毒（Syphilis）的命名和治疗

乔利阿克
（法 1298—1368）
《大外科学》
（1363）

对阿拉伯医学的批判性继承

帕拉塞尔苏斯
（瑞 1493—1541）
"药理学—临床医学的基础"

赫尔蒙特
（比 1579—1644）

近代外科学的基础
帕雷
（法 1510—1590）
"枪伤治疗"

医学的发展历程①

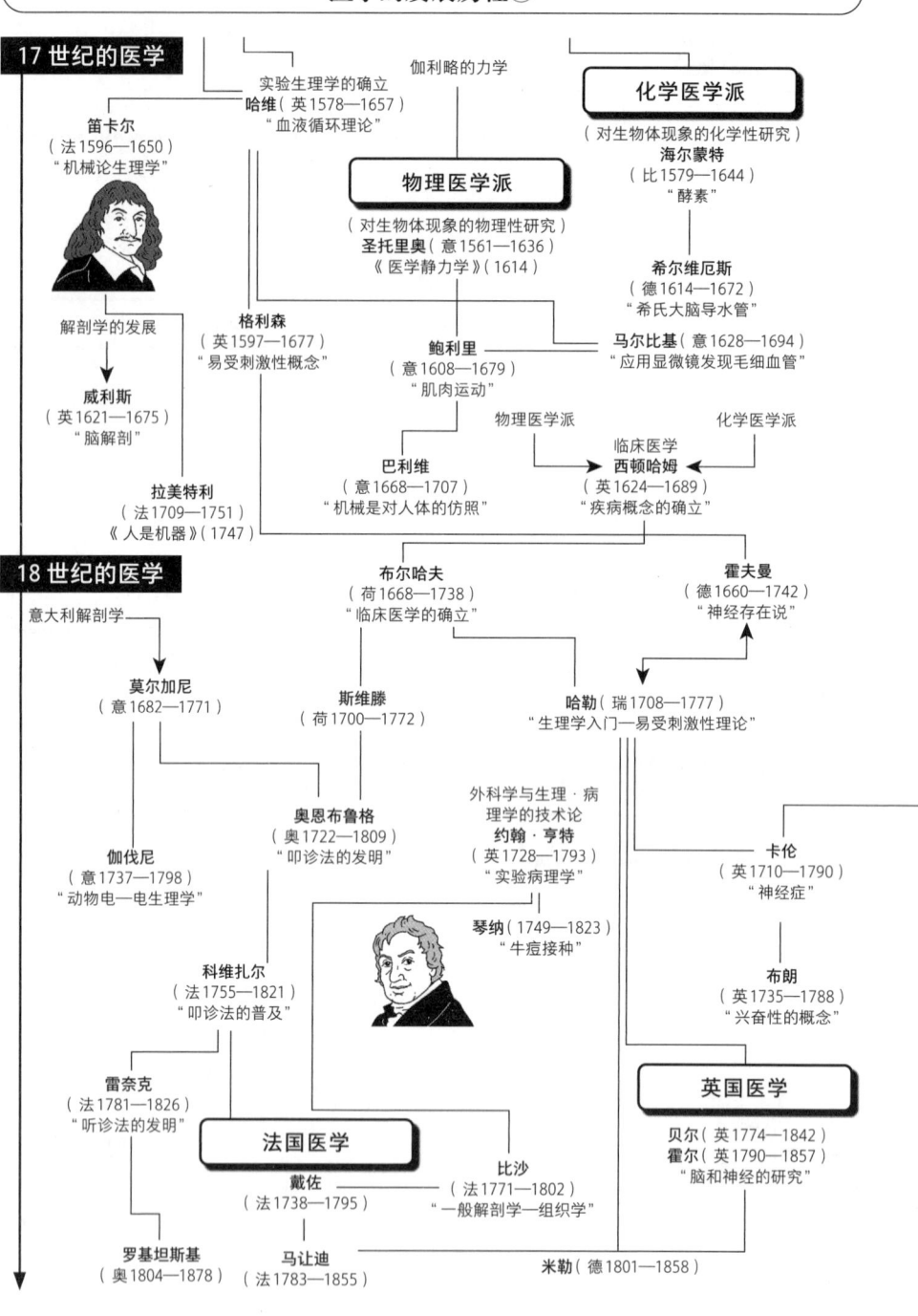

17 世纪的医学

笛卡尔
（法 1596—1650）
"机械论生理学"

解剖学的发展 ↓

威利斯
（英 1621—1675）
"脑解剖"

拉美特利
（法 1709—1751）
《人是机器》(1747)

哈维（英 1578—1657）
实验生理学的确立
"血液循环理论"

格利森
（英 1597—1677）
"易受刺激性概念"

伽利略的力学

物理医学派
（对生物体现象的物理性研究）
圣托里奥（意 1561—1636）
《医学静力学》(1614)

鲍利里
（意 1608—1679）
"肌肉运动"

巴利维
（意 1668—1707）
"机械是对人体的仿照"

化学医学派
（对生物体现象的化学性研究）
海尔蒙特
（比 1579—1644）
"酵素"

希尔维厄斯
（德 1614—1672）
"希氏大脑导水管"

马尔比基（意 1628—1694）
"应用显微镜发现毛细血管"

物理医学派 ↘ ↙ 化学医学派
临床医学
西顿哈姆
（英 1624—1689）
"疾病概念的确立"

18 世纪的医学

意大利解剖学 ↓

莫尔加尼
（意 1682—1771）

伽伐尼
（意 1737—1798）
"动物电—电生理学"

科维扎尔
（法 1755—1821）
"叩诊法的普及"

雷奈克
（法 1781—1826）
"听诊法的发明"

罗基坦斯基
（奥 1804—1878）

布尔哈夫
（荷 1668—1738）
"临床医学的确立"

斯维滕
（荷 1700—1772）

奥恩布鲁格
（奥 1722—1809）
"叩诊法的发明"

外科学与生理·病理学的技术论
约翰·亨特
（英 1728—1793）
"实验病理学"

琴纳（1749—1823）
"牛痘接种"

法国医学
戴佐
（法 1738—1795）

马让迪
（法 1783—1855）

比沙
（法 1771—1802）
"一般解剖—组织学"

霍夫曼
（德 1660—1742）
"神经存在说"

哈勒（瑞 1708—1777）
"生理学入门—易受刺激性理论"

卡伦
（英 1710—1790）
"神经症"

布朗
（英 1735—1788）
"兴奋性的概念"

英国医学
贝尔（英 1774—1842）
霍尔（英 1790—1857）
"脑和神经的研究"

米勒（德 1801—1858）

近代医学的确立

随着生理学和显微镜解剖学的发展，作为近代医学的临床医学得以确立。

解剖学的进步以及化学的应用为医学开辟了新的发展道路，进入17世纪，医学进一步成长为一门实证性学科。17世纪是一个以笛卡尔为首的，牛顿、开普勒、波义耳等人大放异彩的时代，换句话说，就是科学思想得以确立的时代。在该时期的医学领域，建立在实验和观察基础上的科学研究日臻完善，其中发展最为显著的则是生理学和运用显微镜进行的解剖学。

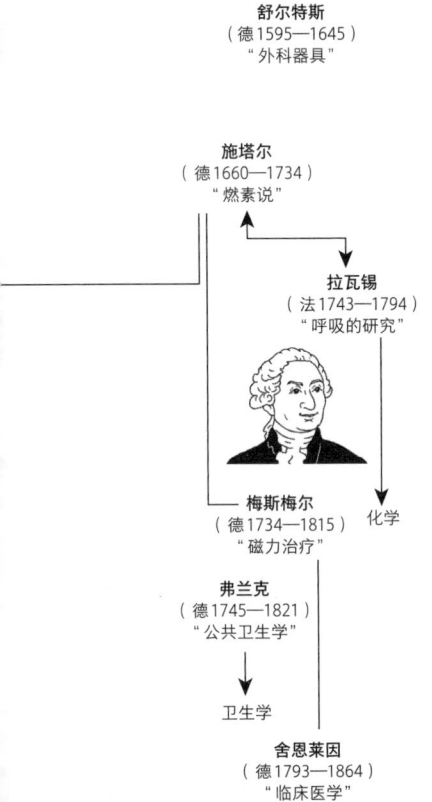

血液循环理论的提出对17世纪的生理学发展具有划时代的意义。此前最有力的血液运动学说是罗马时代的盖伦所提出的理论，哈维则彻底推翻了盖伦的理论，科学地阐明了血液循环现象以及心脏在此过程中所发挥的作用。

1628年，哈维发表了一篇名为《动物心血运动的解剖研究》的论文，在该论文中，他将心脏比作水泵，认为血液的循环乃是源于心脏的收缩。他还曾使用动物心脏，对心脏每搏输出血液量以及一定时间内的波动次数进行测量，将数学和计量的方法引入医学研究。遗憾的是，虽然哈维已经提出了动脉和静脉的功能，但是他并没有深入研究出动脉和静脉之间的联结结构。

真正阐明了这种细微结构的人是显微镜学家们，其中的先驱者之一马尔比基通过对毛细血管的发现，完善了哈维的血液循环学说，并揭示了肺、肾脏、肝脏以及皮肤的细微结构。

此外，对显微镜性能的改善做出了巨大贡献的列文虎克发现了细菌和精子等多种微生物。著名的斯瓦姆默丹则发现了红细胞。

18世纪下半叶，医学的体系化进

→ 外科

舒尔特斯
（德1595—1645）
"外科器具"

施塔尔
（德1660—1734）
"燃素说"

拉瓦锡
（法1743—1794）
"呼吸的研究"

→ 化学

梅斯梅尔
（德1734—1815）
"磁力治疗"

弗兰克
（德1745—1821）
"公共卫生学"

→ 卫生学

舍恩莱因
（德1793—1864）
"临床医学"

医学的发展历程②

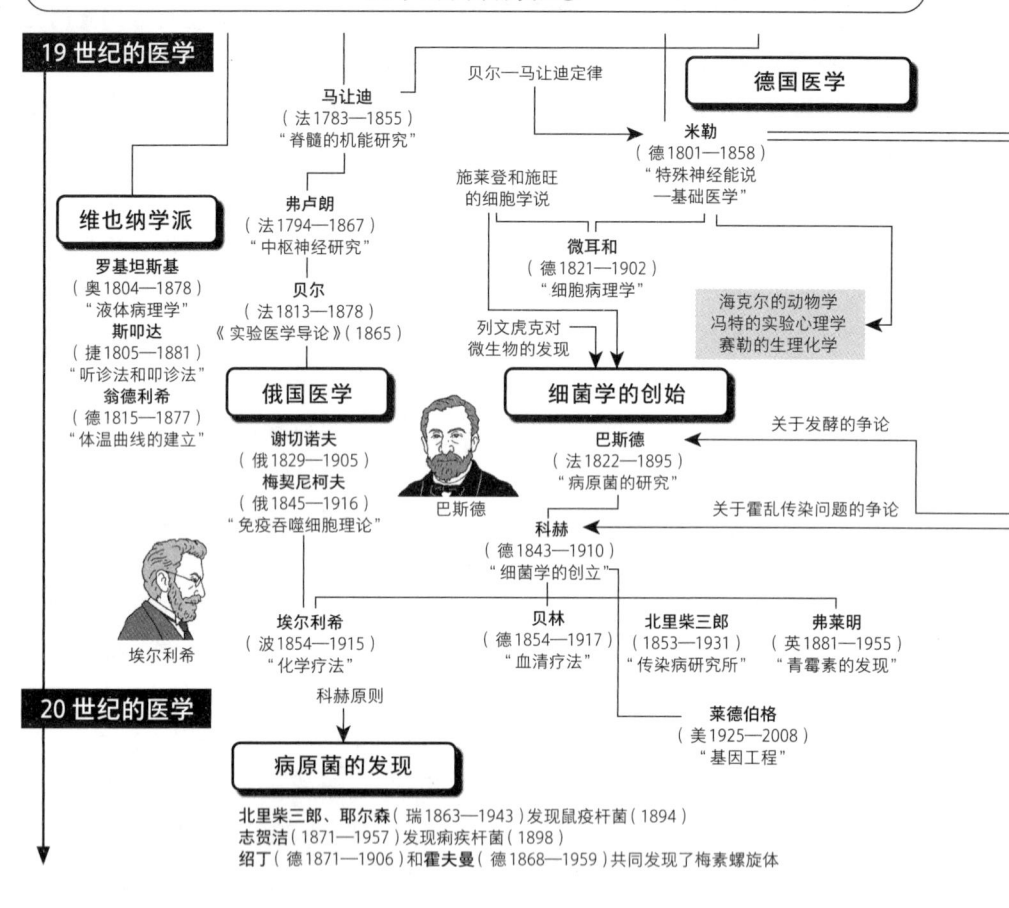

19 世纪的医学

维也纳学派
- 罗基坦斯基（奥 1804—1878）"液体病理学"
- 斯叩达（捷 1805—1881）"听诊法和叩诊法"
- 翁德利希（德 1815—1877）"体温曲线的建立"

马让迪（法 1783—1855）"脊髓的机能研究"
— 贝尔—马让迪定律 →

弗卢朗（法 1794—1867）"中枢神经研究"

贝尔（法 1813—1878）《实验医学导论》(1865)

俄国医学
- 谢切诺夫（俄 1829—1905）
- 梅契尼柯夫（俄 1845—1916）"免疫吞噬细胞理论"

德国医学
米勒（德 1801—1858）"特殊神经能说——基础医学"

施莱登和施旺的细胞学说 →

微耳和（德 1821—1902）"细胞病理学"

海克尔的动物学
冯特的实验心理学
赛勒的生理化学

列文虎克对微生物的发现 →

细菌学的创始

巴斯德（法 1822—1895）"病原菌的研究" ← 关于发酵的争论

科赫（德 1843—1910）"细菌学的创立" ← 关于霍乱传染问题的争论

埃尔利希（波 1854—1915）"化学疗法"

贝林（德 1854—1917）"血清疗法"

北里柴三郎（1853—1931）"传染病研究所"

弗莱明（英 1881—1955）"青霉素的发现"

莱德伯格（美 1925—2008）"基因工程"

科赫原则 ↓

20 世纪的医学

病原菌的发现

北里柴三郎、耶尔森（瑞 1863—1943）发现鼠疫杆菌（1894）
志贺洁（1871—1957）发现痢疾杆菌（1898）
绍丁（德 1871—1906）和霍夫曼（德 1868—1959）共同发现了梅素螺旋体

程进一步加快，临床医学最终得以确立，其中最具代表性的医学家是被誉为"全欧洲的师表"的布尔哈夫。布尔哈夫在实践的基础上创立了一套从了解既往病史、检查现状、诊断，直至治疗的临床医学方法。莫尔加尼将病理变化与临床医学相结合，创立了病理解剖学，他在《用解剖学的观点研究疾病的部位和原因》一书中，通过病理解剖详细介绍了疾病发生的原因。这部病理学巨著对之后的临床医学的发展做出了巨大的贡献。

从近代医学迈向现代医学

医学研究从研究疾病的对症疗法，转向研究疾病本身，开始了对于基因治疗的探索。

进入19世纪，自然科学成果被引入医学研究，极大地推进了解剖学、生

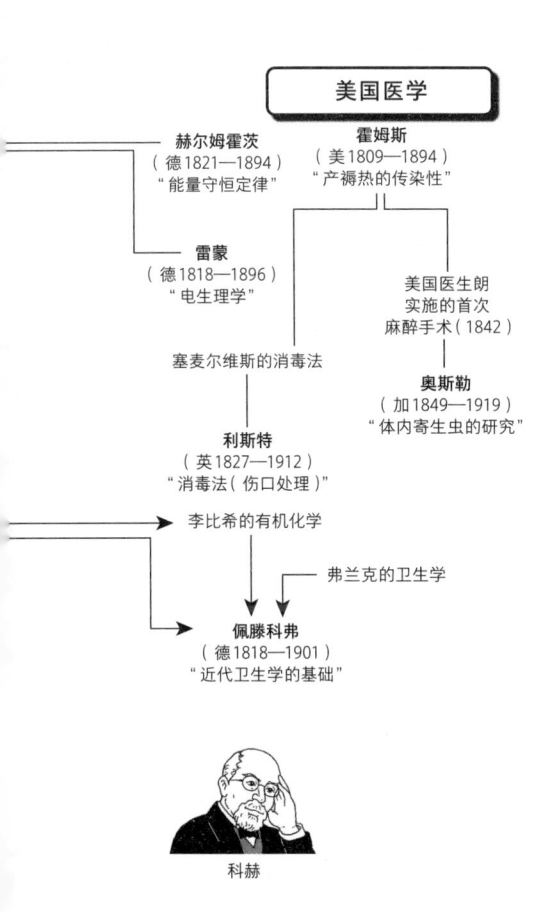

```
                    ┌─────────────┐
                    │   美国医学   │
                    └─────────────┘
        赫尔姆霍茨           霍姆斯
       （德1821—1894）    （美1809—1894）
       "能量守恒定律"       "产褥热的传染性"

         雷蒙
      （德1818—1896）      美国医生朗
       "电生理学"          实施的首次
                          麻醉手术（1842）
     塞麦尔维斯的消毒法
                             奥斯勒
         利斯特            （加1849—1919）
      （英1827—1912）      "体内寄生虫的研究"
     "消毒法（伤口处理）"

→ 李比希的有机化学
              ┌── 弗兰克的卫生学
         佩滕科弗
      （德1818—1901）
      "近代卫生学的基础"
```

科赫

理学、病理学、医药学等基础医学的发展。此外，医院数量的增加也为近代医学的发展做出了巨大的贡献。随着近代社会城市化的发展，原本发挥着避难所功能的医院，逐渐成为一种治疗和护理病人的机构，为临床观察和验尸解剖提供了便利，推进了医学资料的收集。19世纪称得上是"医院医学的时代"。

19世纪下半叶尤为值得一提的是病原微生物的发现。巴斯德和科赫两位伟大的化学家创立了细菌学，细菌学不仅促进了病原菌的发现和推断，还为人类带来了疫苗这一具有划时代意义的成果。

1928年，亚历山大·弗莱明发现了青霉素，极大地推动了化学治疗的发展。1930年，人们对于传染病的致病物质——病毒的认识已经逐渐清晰，到了20世纪40年代，人类又利用电子显微镜观察了病毒的形态结构。

进入20世纪下半叶，电子科技的发展为医学带来了许多前所未有的医疗技术，包括器官移植、内窥镜检查、超声诊断、CT扫描诊断法等。然而，20世纪下半叶既是一个医疗技术取得惊人进步的时代，也是对医学的社会性提出反思的时代，这一反思表现在医患关系、医院医疗问题等方面。

20世纪医学界最值得关注的一点就是医学与生物学，特别是与分子生物学之间的关系。分子生物学家詹姆斯·沃森和弗朗西斯·克里克共同发现了DNA分子结构的模型，对医学产生了巨大的影响。然而，遗传工程学这一学科在医学界的地位得以提高的原因，并不仅仅在于DNA分子结构的发现，主要还是归功于莱德伯格发现了细菌遗传物质的重组机制，这一发现使得诞生于分子生物学基础上的遗传工程学向成为独立学科迈进了一大步。1970年限制酶和反转录酶的相继发现，使运用遗传工程技术治疗疾病的基因治疗方法成为可能。1990年，美国医学家成功对一名患有严重免疫缺损症的患者进行了世界上首例基因治疗。1995年，日本北海道大学医学院也取得了相同的成果。

此后，虽然日本医学界以癌症研究为中心，进行了50例左右的基因治疗临床研究，但也面临着基因转移和基因功能问题、生物危害和伦理问题等多个难题，还曾出现过死亡事故。在此背景下，目前日本医学界的研究方向实际上已经逐渐转向了以胚胎干细胞和诱导性多能干细胞等为主的干细胞研究。

入门者须知

解剖学

通过分解机体研究生命有机体内部构造的一门学科。据说最早的医学性人体解剖出现于古埃及文明之后。《汉谟拉比法典》中就有关于运用解剖学知识进行外科手术的记载。

维萨里开创了近代的解剖学，目前，解剖学按研究对象的不同，可大致分成植物解剖学、动物解剖学和人体解剖学。

显微镜学家

指17世纪时，应用显微镜研究生物的超微结构的学者们。包括毛细血管的发现者马尔比基，为显微镜性能的改进做出巨大贡献的列文虎克，细胞的发现者胡克，红细胞的发现者斯瓦姆默丹等人。显微镜学家们利用显微镜在超微结构研究上取得的突破，极大地推动了解剖学的发展。

物理医学派与化学医学派

17世纪欧洲的两大医学学派。物理医学派将物理学知识引入医学，化学医学派则注重运用化学原理研究医学问题。这两种学科的诞生，反映了当时的物理学和化学正致力于建立起作为自然科学的学科基础的发展状况。物理医学派和化学医学派的始祖分别是伽利略·伽利莱和帕拉塞尔苏斯。

天花的预防

在18世纪的欧洲，天花是导致儿童死亡的一大原因。虽然当时已经出现了通过接种人痘预防天花的"人痘接种法"，但这种方法风险极高。直到1786年，英国医生琴纳成功发明牛痘接种法后，人类才有了更为安全可靠的预防天花的方法。自此，天花这一可怕的病魔所导致的死亡人数急剧减少。

细菌学

虽然早在16世纪时，自然科学家弗拉卡斯托罗（梅毒和伤寒的命名者）就已经提出了疾病会通过某种微生物进行间接或直接接触传染的观点，但直到19世纪病原微生物的发现，才标志着该学说的正式确立。列文虎克最早发现了细菌的存在，达韦纳和雷耶首次证明了细菌是导致疾病发生的原因，在此基础之上，巴斯德于19世纪下半叶正式创立了细菌学。

抗生素

抗生素是一种由某些微生物合成的、能抑制其他微生物生长的化学物质，抗生素的发现对由细菌所引起的感染的治疗做出了巨大的贡献。最早的抗生素是弗莱明在1928年发现的青霉素，霍华德·弗洛里和鲍利斯·钱恩进一步实现了青霉素的临床应用，并引发了科学家们对于抗生素的研究热潮。迄今为止已经发现了4000余种抗生素，其中应用于临床的有50余种。

化学疗法

19世纪下半叶，埃尔利希所创立的一种只运用化学药物杀灭体内病原体的治疗方法。由于化学疗法是在巴斯德和科赫的细菌学的基础上发展起来的，因此该疗法最早的适用范围主要以传染病为中心，然而目前，在癌症治疗方面的化学疗法应用是最受关注的一个研究领域。

CT（Computed Tomography）

即计算机断层成像技术。1973年，英国发明了X线电子计算机断层扫描仪，这种扫描仪可以对人体进行体层扫描，测得不同层面、不同组织对X线吸收系数的信息，并通过电子计算机处理成体层面图像，使医生看到普通X射线技术无法看到的人体的详细结构。目前，CT检查已经成为临床诊断中不可或缺的一种检查手段。

遗传工程学

遗传工程学是一种利用基因重组的方法使生物间进行基因交流，以此改变生物的遗传特性，创造出新的生物类型的技术。广义上的遗传工程学是指所有与基因相关的应用技术，在医学领域则指的是运用遗传工程学进行的治疗。遗传工程学最早是分子生物学发展所衍生的产物，20世纪70年代，限制酶（一种可以切割双股DNA特定序列的水解酶）的发现，使异种生物间的基因重组技术得以实现，甚至为人类基因的改变提供了可能性。

个性化医疗（tailor-made medicine）

人类基因组计划成功完成了对人类基因组序列和碱基对位置等信息的测定，该计划使得根据不同个体的基因资料进行因人而异施治的个性化医疗成为可能。个性化医疗在日本还可称为"order-made-medicine"，一种和制英语（日语中的"和制英语"是指通过将英语单词排列组合而创造出的外来语词汇或语句表现。——译者注），意为定制医疗。

医学门类

医学
- ● 基础医学（以人体为研究对象）

  解剖学·生理学·生理化学·
  细菌学·病理学·药理学·
  免疫学等

- ● 临床医学（以人类为研究对象）

  ［治疗医学］

  内科学·神经学·
  外科学·儿科学·
  眼科学·耳鼻咽喉科学·
  整形外科·精神病学

  ［康复医学］

- ● 社会医学（以集团为对象）

  公共卫生学·卫生学·
  法医学等

工程学 ● Engineering ●

工程学的诞生

工程学诞生于法国君主专制统治时期为培养土木工程师而建立起的技术学校。

工程学（Engineering）的语源 engine 是发明的意思，由此衍生出的 engineer 则指的是发明并操控兵器的人。虽然一般认为近代工程学诞生于18世纪中期建立起来的培养工程师的学校，但当时的工程学还只是一种军事性学科。

君主专制统治时期的法国十分注重产业振兴以及道路、桥梁、运河等交通网的统一建设。为了培养建设所需的工程师，法国于1716年组建了"工兵队"，并于1747年创立了近代最早的技术学校——巴黎高科路桥学校。在经过了技术学校的贝利多尔等人的发展后，数学和力学知识开始被应用于技术开发中，由此出现了最早的工程学——土木工程学。

法国大革命结束后，为了建设新的社会而迫切需要工程师的革命政府，于1794年对以往的技术学校进行整合，建立了"巴黎综合理工学院"。此后，随着由数学、图形学、力学结合而成的"结构力学"的高速发展，19世纪初，"工程学的理论基础"得以确立。巴黎综合理工学院培养了众多的工程师和科学家，成为德国和美国高等技术教育的典范。

正处于工业革命时期的英国工程师们受到了刚刚诞生的法国工程学的刺激，于1818年创立了首个职业工程师协会，该协会以土木工程师为核心，称为"土木工程师协会"（会长是特尔福德）。正如土木工程师协会的英文名称 Institution of Civil Engineers 所示，土木工程师协会的目的并非像以往一样研究军事，而是发展和普及能为市民所用的工程技术。该协会将工程学定义为一种"将自然中巨大的动力源变成为人类所用的技术"。

此时英国的纺织机、蒸汽机以及机床技术已经十分发达。1847年，机械工程师从土木工程师协会中独立出来，以火车的发明者斯蒂芬森为会长成立了机械工程师协会。然而，工程师们忙于研究并没有建立起系统化的技术知识体系。

1840年，格拉斯哥大学首次开设了工程学讲座并聘请兰金担任专业教授，由此开始了技术知识的体系化进程，并将热力学具体应用于蒸汽机，建立"热机工程学"的基础。

工程学的发展历程①

※ ▓▓▓▓ = 工业革命

美国	英国	法国	德国

英国

1768
凯伊
"机械改良"
（1735—1830）

"工业革命"

瓦特（1736—1819）
"蒸汽机改良"

约1764
哈格里夫斯
（约1720—1778）
"发明珍妮纺纱机"

1771
阿克赖特
（英1732—1792）
"发明水力纺纱机"

1785
卡特赖特（1743—1823）
"动力纺织机专利"

约1790
（焦炭高炉法的普及）

1799
（漂白粉的发明）

1800
莫兹利（1771—1831）
"螺纹切削车床"

道尔顿（1766—1844）
（原子论）

1818
"英国土木工程师协会"成立
特尔福德会长（1757—1834）

1825
世界上第一条商用铁路正式通车

法国

1716
创设"工兵队"

1747
"国立路桥学校"

"土木工程学"的诞生

贝利多尔（1693—1761）

1789
"法国大革命"

1794
"'巴黎综合理工学院'
创立"

蒙日（1746—1818）
"工学基础理论的确立"

1824
卡诺（1796—1832）
"卡诺循环"
（热力学的基础）

美国

1807
富尔顿（1765—1815）
"蒸汽船的发明"

德国

贝克曼
（1739—1811）
"'技术学'的创立"

伏打
（意1745—1827）
"电池的发明"

1824
李比希
（1803—1873）
"首创高等学校化学实验室"

180

工程学的发展

电气工程学是以理论的形式发展起来的，化学工程学则是与化学的工业化发展同时出现的。

直到1870年左右，土木工程学和机械工程学一直都是工程学中的主流，然而1870年以后，电气工程学的地位逐渐提高。土木工程学和机械工程学基本都是靠专家的经验和个体的知识发展起来的，极少受到纯科学成果的影响，而电气工程学则完全是将纯科学的研究成果通过实际应用而形成的产物。与此同时，德国开始在工程学领域逐渐赶超英国和法国。

1871年，英国成立了"电报工程师学会"，由德裔英国人威廉·西门子担任第一任会长。1888年，"电报工程师学会"改名为"电气工程师协会"。威廉·西门子的兄长、发电机的发明者韦纳·冯·西门子在德国组织创立了"电气工程学会"。1869年，比利时的格拉姆实现了发电机的实用化，随后又进一步发明了电动机，使机器的使用摆脱了电源的制约，为电气工程学的发展开辟了广阔的前景。

1883年，致力于白炽灯的改良研究的美国发明家爱迪生，在靠近灯丝的地方安放了一块极板，发现了灯丝与极板之间有电流存在的现象（爱迪生效应）。爱迪生效应其实是一种热电子发射现象，该现象的发现成为电子管研究的起点。1904年，爱迪生电灯公司的顾问约翰·弗莱明对热电子效应进行了进一步的研究，发明了真空二极管，揭开了"电子工程学"发展的序幕。

最早实现了电磁波的实际应用的人是意大利的马可尼。马可尼于1899年成功运用高压实现了无线电通信，又于1902年发明了磁性检波器，提高了通讯性能。随后相继出现了矿石检波器、晶体管、IC（集成电路）和LSI（大规模集成电路），引发了电子工程学的飞速发展。

在德国，狄塞尔于1893年发明了狄塞尔发动机，实现了"内燃机工程学"的体系化。普朗特将自18世纪以来的流体力学与19世纪的水力学相结合，创立了航空流体力学。普朗特所确立的"流体的基本理论"为"空气动力学"的发展奠定了基础。

此外，对分子运动论和热力学中的化学反应进行数量化测量的"物理化学"也开始崭露头角，奥斯特瓦尔德揭示了催化剂在合成化学技术中所发挥的重要作用。制造硫酸的方法从传统的铅室法变成利用催化剂进行的接触法，以氨气合成为目的的固氮法也得以完善，使得工业化大规模生产成为可能。

直到19世纪末，化学反应器都是根据机械工程学设计出来的，与实验室中的并没有太大差别。随着化学的工业化发展，美国的沃克于1923年对生产过程进行分类，提出了研究化工设备的

工程学的发展历程②

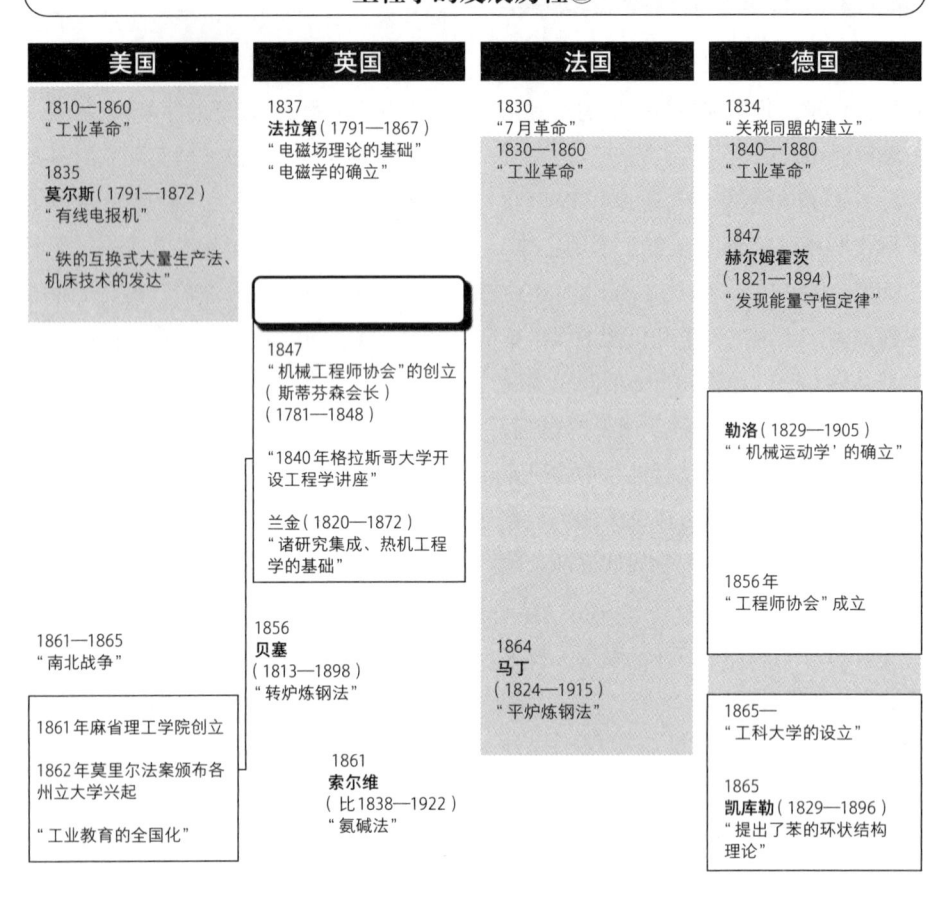

美国	英国	法国	德国
1810—1860 "工业革命" 1835 莫尔斯（1791—1872） "有线电报机" "铁的互换式大量生产法、机床技术的发达"	1837 法拉第（1791—1867） "电磁场理论的基础" "电磁学的确立"	1830 "7月革命" 1830—1860 "工业革命"	1834 "关税同盟的建立" 1840—1880 "工业革命" 1847 赫尔姆霍茨 （1821—1894） "发现能量守恒定律"
	1847 "机械工程师协会"的创立 （斯蒂芬森会长） （1781—1848） "1840年格拉斯哥大学开设工程学讲座" 兰金（1820—1872） "诸研究集成、热机工程学的基础"		勒洛（1829—1905） "'机械运动学'的确立" 1856年 "工程师协会"成立
1861—1865 "南北战争" 1861年麻省理工学院创立 1862年莫里尔法案颁布各州立大学兴起 "工业教育的全国化"	1856 贝塞 （1813—1898） "转炉炼钢法" 1861 索尔维 （比1838—1922） "氨碱法"	1864 马丁 （1824—1915） "平炉炼钢法"	1865— "工科大学的设立" 1865 凯库勒（1829—1896） "提出了苯的环状结构理论"

"化学工程学"。随后，在经过了有机合成和电化学的发展后，研究化学反应相关装置的化学工程学体系得以确立。

现代工程学

以大型工程的推进为背景，现代工程学逐渐实现了细分化。

工程学是一种以自然科学理论为基础，通过机械设备等手段将自然中的能量和资源加以利用的技术和学科。进入20世纪，工程学发展得更加专业化和细分化，工程学方法的适用范围也大幅扩大。特别是在第二次世界大战期间，包括工程学在内的科学技术都发生了翻天覆地的变化。

第二次世界大战期间，科学技术被应用于战争，科学家和工程师们也被调动参与技术开发，为战后科学技术的发展奠定了基础，各类工程学逐渐成熟起来。例如，对军事行动产生决定性影响的雷达研究，在战后对通讯和电子工程学的发展做出了巨大的贡献。用于战略决策和弹道计算的高速运算则促进了计算机的开发。研究原子弹开发的原子物理学，在战后则实现了原子能发电等原子能的实用化发展。诸如此类，以第二次世界大战为契机，出现了投入大量预算和人员的大型科技工程。

一方面，在工程学与其他自然科学学科的跨学科领域，出现了原子能工程学、航天学、海洋工程学、生物工程学、控制工程学、材料工程学等新的学科。另一方面，现代科学技术引起了全球范围内的环境问题和能源问题，促使人们不得不对工程学的发展进行深刻的反思。

工程学的方法渗入了人文科学和社会科学中，形成了人类工程学、管理工程学、社会工程学、教育工程学、城市工程学、环境工程学、信息工程学、系统工程学等新的学科，其应用领域越来越广泛。

在此背景下，在工程学的教育方面出现了"基础工程学""技术史"以及"工程学概论"等尝试。"基础工程学"是对自然科学基础理论中的能源工程学、材料工程学、人类工程学、信息工程学等基础性工学的整合重编。"技术史"和"工程学概论"则为工程学教育引入了人文科学和社会科学思想。

入门者须知

系统工程学

当面对使用传统的独立方法无法解决的复杂问题时，明确设定需要解决的课题，综合运用以往的方法或者开发新的方法，以求得系统的最优设计和运行的综合性手法就是系统工程学。系统工程学产生于第二次世界大战时期，最初被应用于制定作战计划，20世纪60年代时，阿波罗登月计划成功运用了系统工程学的科学方法，这是系统工程学的一个典型案例。

系统工程学的对象系统是一种由相互作用的要素所组成的有机整体，具有以下四个特征：①由两个以上的要素组成；②各要素之间相互联系、相互作用；③系统自身具有特定的目的；④系统能够适应外界环境的变化。

人类工程学

在进行工具、机器、设备、服装、居所、组织等的设计时，根据人体解剖学、生理学和心理学等特征，使操作者能发挥最大效能并感到舒适的学科。

地球工程学

地球工程学是指为了应对全球变暖、臭氧层破坏、酸雨、海洋污染、沙漠化等全球范围内的环境问题而采取的综合性方法。地球工程学不仅需要应用到地球科学、生物科学等学科知识和高

工程学的发展

美国	英国	德国

人文科学 / 社会科学 / 自然科学 / 文化艺术

英国：电气工程学的诞生

1871
"'电报工程师学会'成立"

1873
"全球经济恐慌 垄断资本主义化"

1884
帕森斯（1854—1931）
"反动式蒸汽汽轮机"

1888
"改名'电气工程师协会'"

美国

1879
爱迪生
（1847—1931）
"碳丝灯泡的发明"

1898
"在尼亚加拉瀑布建立发电站"

1903
"莱特兄弟的飞机试飞成功"
威尔伯·莱特（1867—1912）
奥维尔·莱特（1871—1948）

1911
福特（1863—1947）
"汽车的大量生产"

1923 **沃克**
（美 1869—1934）
"化学劳动过程的分类"

德国

1868
"茜素（染料）的合成"
1871 "德意志帝国的建立"

1885
戴姆勒（1834—1900）
"首次制成使用汽油发动机的汽车"

西门子（兄1816—1892）
组织"电气工程学会"

1893 **狄塞尔**（1858—1913）
"发明狄塞尔发动机"
（"内燃机工程学"的体系化）

1897 **布劳恩**（1850—1918）
布劳恩管的发明

1898
"靛蓝合成法的改良
硫酸制造法（接触法）的改良"

1900
普朗克（1858—1947）
"量子论的基础"

1905
爱因斯坦
（1879—1955）
"狭义相对论"

1904—1925
普朗特（1875—1953）
航空流体力学
"流体的基本理论的确立"

化学工程学的诞生

1906
哈伯（1868—1934）
"哈伯制氨法"

1909
奥斯特瓦尔德（1853—1932）
"催化剂的作用"

1920
施陶丁格（1881—1965）
"高分子化合物学说的提出"

1935 **卡罗瑟斯**（美 1896—1937）
"尼龙的发明"

[第一次世界大战 1914—1918]

[第二次世界大战 1939—1945]
军事技术的民生化
< 电子学 > < 计算机 > < 原子能 >

科技，还需要考察社会制度、经济制度以及国际形势。

金属疲劳

指由于频繁的振动而引起的金属劣化现象。金属表面形成的微小裂纹会随着每次振动不断扩展，当超过某个临界值后，金属就会变得极度脆弱以致断裂。通常情况下，为了防止金属疲劳所引起的机器损伤，设计师在设计时都是着重考虑安全性问题，但是一般来说，高强度的材料更容易引发金属疲劳，飞机制造要求使用强度高质量轻的材料，其安全性相对来说就比较低。金属疲劳是工程学涉及的基本概念。

模糊理论

人类在面对"是"和"否"的选择时，有时会出现难以抉择的情况，只能模糊地回答"两种都说不好"或者"两种都可以"的情况。这种通过模糊思考和判断解决问题的方式称得上是人类的一个特点。英语中的 fuzzy 表示模糊不清的意思，fuzzytheory（模糊理论）指的就是上述的模糊的思考方法。模糊理论的实际应用就是"模糊控制"，日本仙台地铁采用的模仿人类经验和知觉能力的模糊控制自动运行系统，是世界上最早对模糊控制系统的应用。

1990年，模糊控制开始被应用于洗衣机的开发，此后，模糊控制开始被广泛应用于各大领域，包括空调和电饭锅等家电，电梯管理等方面的工业机械，以及医疗辅助设备、语音识别、模式识别等领域。

智能材料

智能材料是一种利用物质本身的性质或者通过材料的组合利用，可以自我发现故障，自我修复的机敏材料。目前，智能材料已经被用于开发建筑、桥梁、飞机等的结构材料中。

原子细工

一种操纵单个原子进行超微细加工的技术。1990年，美国的 IBM 公司利用扫描隧道显微镜 (STM) 的探针针尖精准操纵原子拼成了"IBM"字样。此后，开始出现了对利用原子级别的物质开发电子元件的研究。由于表示原子大小的单位称为"埃"，因此该技术也可称为"埃科技"。

微型机械

体积在几立方毫米以下的机械。随着电子工程学的发展，生物的细微结构进一步得以解明，兴起了对于微型机械的研究。目前，只有甲虫一般大小、能够刻出万分之一毫米沟痕的迷你机器人正在研发中。

微型机械可用于人体内疾病的诊断和治疗以及发电设备管道的检查和维修。

氢能源汽车

使用氢气代替汽油和轻油作为燃料驱动的汽车。氢能源是一种备受期待的绿色能源，氢气燃烧后的产物是水，不会对环境造成污染。目前，已经有多种将氢气搭载或储存在汽车上的方法，日本、美国以及德国等国家使用能够大量吸收氢气的储氢合金（金属氢化物）储存氢气，成功开发出了按需释放氢气进行燃烧的氢能源汽车。

同步辐射光源

带电粒子作加速运动时，在磁场的影响下，部分能量会以电磁辐射形式耗散。同步辐射光源具有以下三个特点：①非常明亮；②包含从可见光到X光等各种波长的光；③具有极好的方向性。目前，同步加速辐射已被应用于材料工程学和生物工程学领域，日本在播磨科学公园都市（播磨科学公园都市位于日本兵库县，是一个向21世纪学术性城市问题挑战的新城市区域，建设核心是包括大型同步辐射设施SPring-8等国际水平的共同研究设施，以及相关负责支撑研究活动及推广研究成果的机构。——译者注）建立了大型同步加速辐射设施，用以进行蛋白质结构的解析、地球内部高温高压条件下的物质结构和特性分析等研究。

蛋白质工程学

蛋白质是由20多种氨基酸，按不同数量和顺序千变万化组合而成的一种高分子有机物，承担着极为重要的生物学功能，是生命活动的物质基础。蛋白质工程主要通过分析蛋白质的立体结构，借助计算机对其进行分子设计并测试产物性能，利用基因工程学技术人为删去或插入一段遗传密码以改变蛋白质编码基因中的某些部分，从而合成新的蛋白质。如，对蛋白质中的天然酶进行改造，使其适用于工业生产，或将其研制成医药品。

COE（卓越中心，Center of Excellence）

指在某个领域内，从事世界最尖端学术研究的研究组织。卓越中心需要具备以下几个条件：富有挑战性的研究课题、具有学术研究能力的研究人员、专业的指导者、灵活的研究管理体制、先进的设备、充足的工作人员等。卓越中心会得到全球所有具有相同研究方向的学者的关注，成为该领域的信息交流基地。目前，世界各国为了促进本国高科技的研究，均在推进建设卓越中心。

虚拟现实（VR）

也可称为"虚拟实在"，是一种利用计算机生成高度逼真的虚拟环境，使人产生身临其境的感觉的技术。"虚拟现实（virtualreality）"这个词最早是由超现实主义诗人安托南·阿尔托创造的。一般认为伊凡·苏泽兰特于1968年研制出的头盔显示器是最早的虚拟现实技术，但实际上，虚拟现实所追求的并不只是影像和声音等视觉或听觉上的感受，而是包括触觉在内的人体五感上的体验。

目前，除了游戏等领域，虚拟现实还被广泛应用于机器人远程操控、飞机等的模拟操控等各个方面。

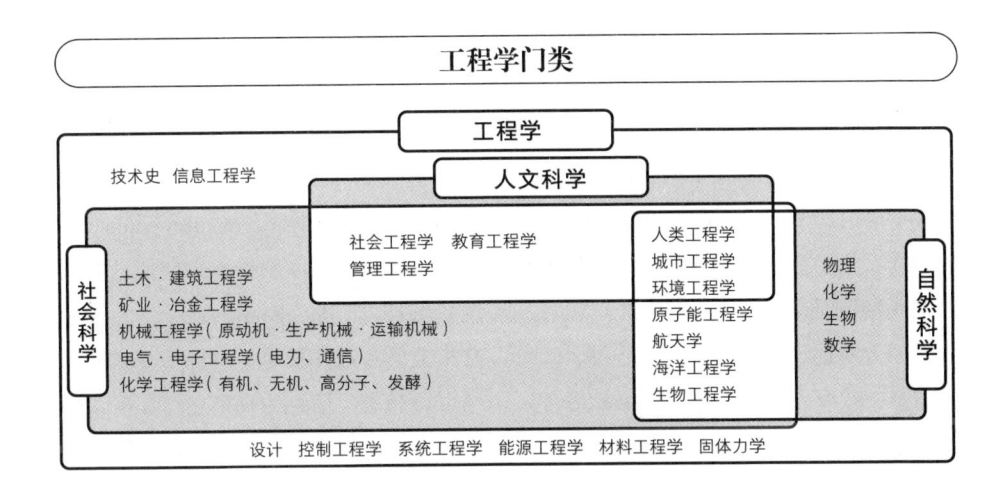

工程学门类

- 工程学
  - 人文科学
- 技术史　信息工程学
- 社会科学
  - 土木・建筑工程学
  - 矿业・冶金工程学
  - 机械工程学（原动机・生产机械・运输机械）
  - 电气・电子工程学（电力、通信）
  - 化学工程学（有机、无机、高分子、发酵）
- 社会工程学　教育工程学
- 管理工程学
- 人类工程学
- 城市工程学
- 环境工程学
- 原子能工程学
- 航天学
- 海洋工程学
- 生物工程学
- 自然科学
  - 物理
  - 化学
  - 生物
  - 数学
- 设计　控制工程学　系统工程学　能源工程学　材料工程学　固体力学

信息工程学 • Information Engineering •

信息工程学是21世纪的"智能"工程学，标志着人类社会在经过了农业社会和工业社会的发展后，迈向了信息社会。

所谓的"信息"究竟指的是什么？信息的英语是information，information的拉丁语语源informationem是将心灵或精神外在化的意思。如此一来，信息可以说就是我们身边的一切事物。

如上所述，信息与生命、心灵、知识体系、教育、交流、通讯、操控等各种概念具有广泛的联系，随着计算机科学、通信和控制工程学的发展，信息的概念变得更为复杂，而对信息的力量加以利用的学科就是信息工程学。

香农为信息工程学奠定了基础

香农的信息理论对信息进行了科学定义，开始使用数学式和方程式处理信息，奠定了信息工程学的基础。他与冯·诺伊曼和阿兰·图灵等人共同推进了信息、通讯、密码、数据的压缩和符号化等现代信息社会重要领域的先驱性研究，巩固了当代计算机技术的基础。

在香农等人所提出的信息理论的基础上建立起来的信息工程学，具有信息的生成、传递、收集、存贮、处理等五大要素。

信息的生成是指创造新的信息。例如能够代替手工进行静态绘图和动态绘图的计算机绘图（computer graphics），可以从海量数据库中提取必要信息的数据挖掘技术（Datamining）。信息的传递是指电信和通信技术，也包括互联网和网页设计等。信息的收集是指在搜索引擎等网络上搜集信息，或利用图像识别等方法获取现实世界的信息。信息的存贮是指为了高效保存信息而使用的压缩等技术。信息的处理是指利用计算机等工具进行计算处理、信号处理、图像处理等。

机器人学是信息工程学的集大成

在现代信息社会，人们并非单独运用五大要素中的任何一个，而是对它们进行综合利用。其中最具代表性的领域就是机器人学。

这是由于机器人学几乎运用到了关于信息的所有技术，例如驱动机器人手足做出动作的驱动器技术、对外界信息进行知觉认识的识别技术、控制行为和运动的技术、能够对任何事物进行综合判断的人工智能技术等。

除此之外还包括数字家电、智能手机、自动驾驶、3D打印、无人机。虽然创建于20世纪的信息工程学还是一门相当年轻的学科，但它已经完全渗入了我们的生活，成为"任何时间、任何地点、任何人都可方便地"享受服务的泛在信息社会中必不可少的技术。

入门者须知

克劳德·香农

美国电气工程家、数学家，被誉为"信息论的创始人"。除了信息和通讯领域外，香农在密码以及数据的压缩和符号化等领域的研究上也取得了卓越的成果。早在计算机出现以前，香农就已经提出了"比特（bit）"这一表示信息量的度量单位，为原本只是被当作计算器使用的计算机赋予了信息的概念，奠定了当代计算机技术的基础。

机器人三原则

指"机器人不可伤害人，机器人必须服从人的命令，机器人必须保护自己"这三个原则。机器人三原则最早是由科幻小说家伊萨克·阿西莫夫在其小说中提出的。如果将其直接用于现实的话就会引起框架问题。

框架问题是指"信息处理能力有限的人工智能，无法应对世界上所有的事情"。简单来说就是只能处理一定范围内的问题。

信息工程学的五大要素

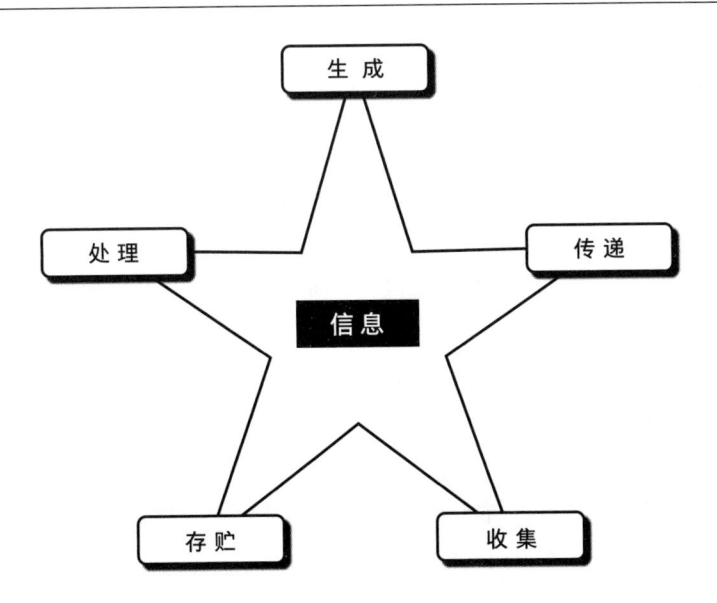

信息：生成、处理、传递、存贮、收集

泛在信息社会（ubiquitous society）

"任何时间、任何地点、任何人都可方便地"通过计算机网络等网络系统享受各种服务，是一种能够使我们的生活更加丰富多彩的社会模式。

Ubiquitous 这个词原本是基督教中的一个概念，表示"耶稣超越了时间和空间的限制无所不在"的意思，施乐帕克研究中心的马克·维瑟首次提出了现代意义上的泛在概念。

维瑟还提出了"普适计算"的概念，在普适计算环境下，"计算机将融入人们的日常生活，人们能够随时随地轻易获得计算和信息服务，并且不会有意识地去弄清楚服务是来自何处的普适计算技术"。

日本也提出了 U-Japan 战略，并委托了各种研究机构和企业共同推进该战略的具体实施。目前所设想的泛在信息社会，并不仅仅只是手机等信息终端、Suica[日本东日本旅客铁道（JR 东日本）推出的预付费型电子乘车卡，采用了索尼的非接触式 IC 卡技术 FeliCa，在装有读卡器的商店里，还可以作为电子钱包使用。种类包括具有月票功能的乘车卡和具有信用卡功能的乘车卡。——译者注]等乘车卡以及电饭锅等 AI（人工智能），而是一种不存在信息差别的社会。例如，在超市里挑选商品后，在直接将商品带出超市出口后，消费金额就会自动从银行账户扣除的结算服务、告知目的地即可自动驾驶到达目的地的无人驾驶出租车以及残障人士也可以轻松使用的器械等。

人工智能

利用电子计算机模拟人类智力活动的科学系统。

虽然有专家认为，通过深度学习（deep learning）技术，计算机总有一天会超过人脑的智力水平，但关于人工智能究竟能在多大程度上实现人类的智力活动这一点，目前依然是众说纷纭。

无人驾驶飞行器

可远距离操纵或采用自动操纵系统进行操纵的飞行装置，包括最近备受关注的无人机（drone）。无人机这个词在英语中是"无线电操纵无人机、雄蜂"的意思。

实际上，无人驾驶飞行器有着各种各样的尺寸，其历史也远比人们所认为的更悠久，早在第一次世界大战时就已经出现了无人驾驶飞行器的设想，并开始了以投入军事为目的的研究。

随后，在阿富汗和伊朗的战争中，出现了利用无人机进行攻击的事件，但日本一直致力于推进无人驾驶飞行器在喷散农药等产业领域的应用。

国际航空法基本都是以有人驾驶为前提的，虽然针对技术革新速度惊人的无人驾驶飞行器，目前依然存在着相应法律的缺失问题，但无人驾驶飞行器广泛的用途也让人不容忽视，例如偏远地区的送货上门服务、在人类无法进入的地区进行摄影等。

泛在网

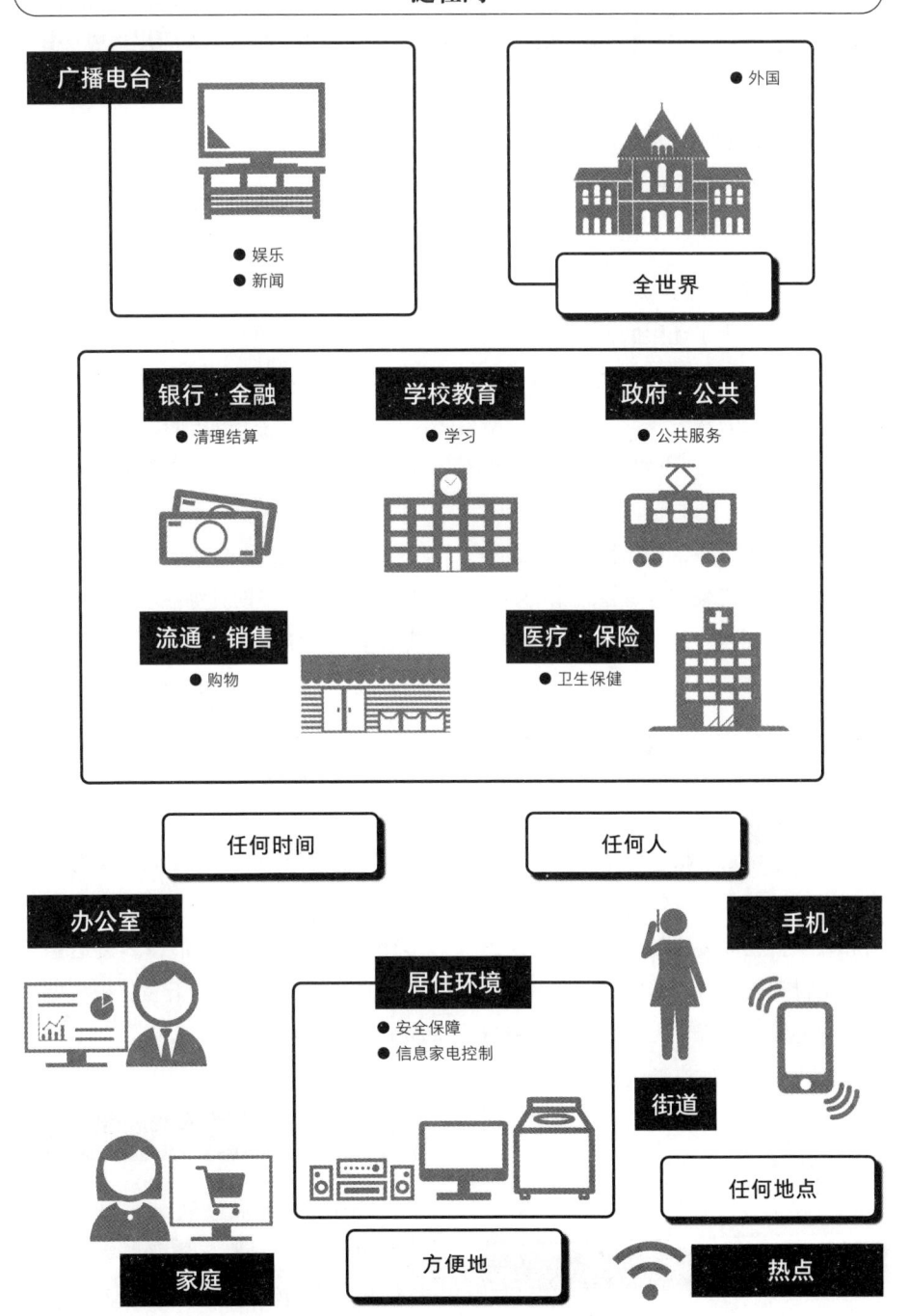

广播电台
- 娱乐
- 新闻

全世界
- 外国

银行·金融
- 清理结算

学校教育
- 学习

政府·公共
- 公共服务

流通·销售
- 购物

医疗·保险
- 卫生保健

任何时间　　任何人

办公室

居住环境
- 安全保障
- 信息家电控制

手机

家庭

街道

方便地

任何地点

热点

航空航天工程学 ● Aerospace Engineering ●

> 航空航天工程学结合了航空工程学和航天工程学，为人类带来了梦想与希望。

自古以来，人类就喜欢仰望天空，对茫茫宇宙充满了无限的憧憬，幻想着遥远的天外究竟是怎样的景象。宇宙就是人类未做完的梦。

例如，日本的和歌集《百人一首》中就有咏月歌，西方也以不同的女神代表不同时期的月亮，如巴比伦尼亚的丰产之神伊西塔代表满月、古希腊的狩猎女神狄安娜代表弯月、冥间女神赫卡忒代表冥月。

航空航天工程学实际上是在航空工程学和航天工程学这两种不同的学科体系的基础上建立起来的。虽然航空工程学的研究对象是飞机等航空器在大气层内的飞行，航天工程学的研究对象是火箭和人工卫星等装置的宇宙飞行，但这两个学科都与飞行有着紧密的联系，具有共同的发展历程，因此现在通常将这两个学科统称为航空航天工程学。可以说人类几乎从未停止过对于在天空中飞翔的向往。

航天飞行始于牛顿

宇宙研究涉及高等数学、物理学、化学以及力学和开发设计等各个领域的知识。在此基础上，航天员实际飞行还需要精通航天和与航天相关的技术。

艾萨克·牛顿的《自然哲学的数学原理》的出版，开启了人类太空之旅的理论研究。

18至19世纪时期，欧拉和约瑟夫·路易·拉格朗日等数学家奠定了经典力学的数学基础。由此，太空之旅已经具备了理论上的可能性，但直到20世纪下半叶，人类才真正飞向了"科幻小说之父"儒勒·凡尔纳所描写的宇宙空间。

20世纪初，康斯坦丁·齐奥尔科夫斯基对火箭推进技术的理论研究，以及20世纪20年代由罗伯特·戈达德所主持的液体燃料火箭的开发，极大地推动了航空航天工程学的发展。

太空探索与技术应用的时代

1961年，苏联宇航员尤里·加加林驾驶"东方一号"宇宙飞船完成了人类历史上的第一次航天飞行。在宇宙开发的竞争中滞后于苏联的美国也开始了对宇宙飞船的研发（阿波罗计划），1969年，阿波罗11号飞船成功在月球表面着陆。此后，预算的削减使美国中止了载人航天计划，开始将发展重点转向了以"旅行者计划"为首的行星探测、"航天飞机计划"等可重复使用的宇宙飞船的研发。此外，宇宙开发竞争迎来了协同合作的时代，各国开始参与"国际空间站"的建造和使用。

航天技术的发展，为我们的日常生活带来了诸多便利。例如天气预报、卫星广播、卫星定位系统等，具体的技术应用则包括地面监控摄像头等。

入门者须知

哈勃空间望远镜

世界上唯一的宇宙光学望远镜，1990年，美国利用"发现"号航天飞机将其送至地球轨道。该望远镜因宇宙膨胀思想的提出者美国天文学家哈勃的姓氏而得名。它主要搭载了广角行星照相机2（WFPC-2）、太空望远镜成像摄谱仪、近红外线照相机、暗天体照相机等测量仪器。

哈勃空间望远镜在证明木星和土星的极光、黑洞的存在等方面做出了巨大的贡献。

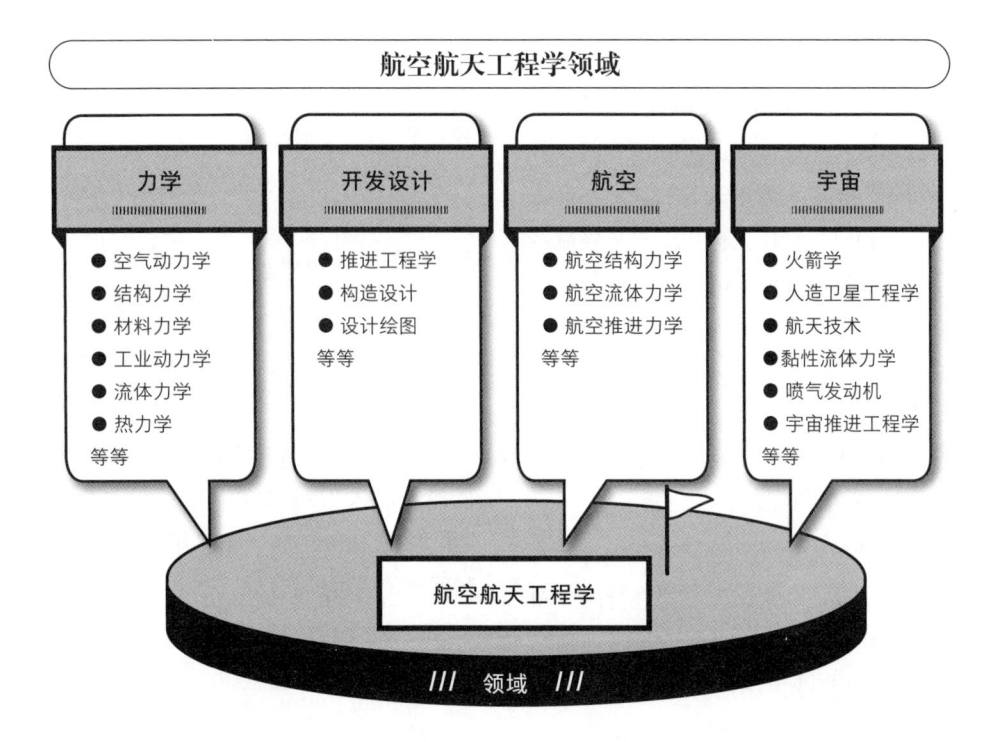

航空航天工程学领域

力学
- 空气动力学
- 结构力学
- 材料力学
- 工业动力学
- 流体力学
- 热力学
- 等等

开发设计
- 推进工程学
- 构造设计
- 设计绘图
- 等等

航空
- 航空结构力学
- 航空流体力学
- 航空推进力学
- 等等

宇宙
- 火箭学
- 人造卫星工程学
- 航天技术
- 黏性流体力学
- 喷气发动机
- 宇宙推进工程学
- 等等

航空航天工程学

/// 领域 ///

GPS 卫星轨道概念图

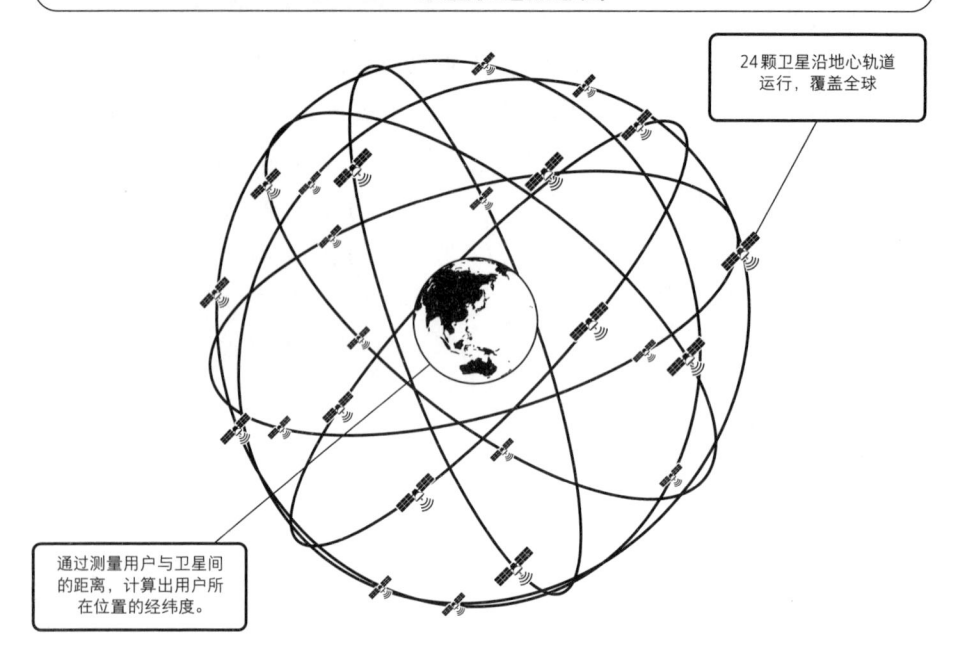

24颗卫星沿地心轨道运行，覆盖全球

通过测量用户与卫星间的距离，计算出用户所在位置的经纬度。

GPS

Global positioning system 的缩写，即全球定位系统。美国研制建立的一种卫星定位系统，原本是为了满足军事需求，目前已经被广泛应用于汽车导航系统和移动终端等民生用途。

GPS 工作卫星的使用寿命大约是7年半，因此每年都需要发射新的卫星。

旅行者计划

1997年，NASA（美国航空航天局）发射了两枚命名为"旅行者号"的无人行星探测器，利用该探测器进行的太阳系外行星探测计划称为"旅行者计划"。旅行者号探测器不仅发现了各大行星的新卫星和土卫六的大气层，还搭载了名为"地球之音"的唱片（Voyager Golden Record，金唱片），收录了试图向外星智慧生命传达的地球信息。

借力飞行

也称重力助推或重力转向，具体指利用天体的万有引力改变飞行器的运行方向或速度。由于该技术可以在几乎不消耗燃料的情况下改变飞行器的轨道，不仅能够节约燃料，还是将探测器等飞行器送出太阳系的常用方法。日本的"隼鸟号（Hayabusa）"和"隼鸟2号"探测器都曾使用过该技术。

借力飞行

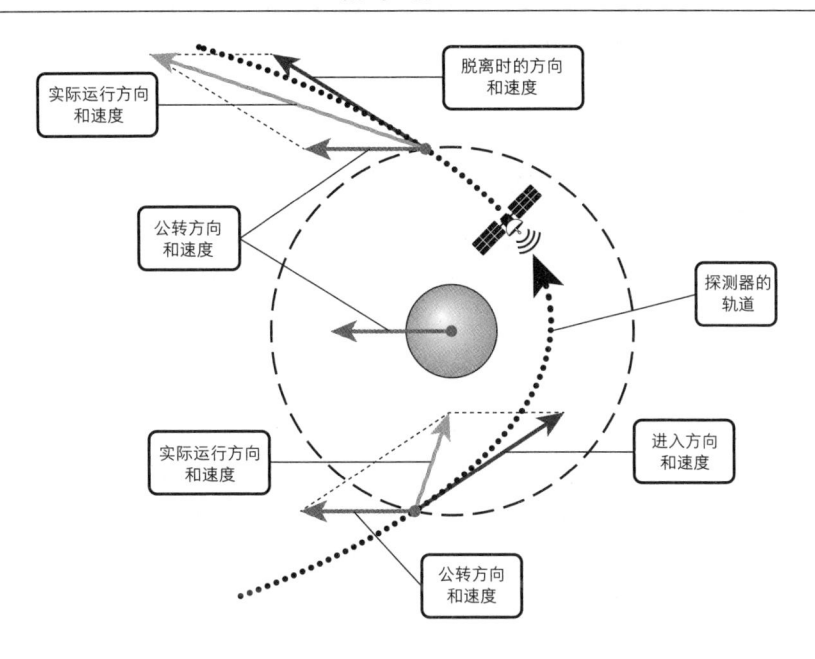

实际运行方向和速度

脱离时的方向和速度

公转方向和速度

探测器的轨道

实际运行方向和速度

进入方向和速度

公转方向和速度

毛利卫

1948年生于日本北海道。曾应征过宇宙开发事业团（现宇宙航空研究开发机构）组织的首次宇航员选拔。1985年与向井千秋和土井隆雄一起被选为宇航员。

1992年9月，毛利卫以技术专家的身份搭乘"奋进号"航天飞机，成为日本首位进入太空的宇航员。

2002年，毛利卫就任日本科学未来馆第一任馆长，开始致力于培养肩负着日本未来科技发展使命的新人才。

隼鸟号

小行星探测器，开发名称为第20号科学卫星MUSES-C。2003年5月，由ISAS（日本宇航科学研究所）在日本鹿儿岛的内之浦町成功发射。

隼鸟号的主要任务是进行离子发动机的应用试验，探测一颗名为"丝川（Iokawa）"的与地球具有相似轨道的小行星，对其进行采样并带回样本。2005年，隼鸟号在登陆丝川号小行星完成采样后坠入大气层，完成了它的使命。

从隼鸟号分离出的密封舱最终降落在了澳大利亚的伍梅拉沙漠，从中发现了岩石物质微粒。隼鸟号是全球首个在地球重力圈外的天体固体表面着陆，并完成了取样返回的探测器。

该探测器所采集到的样本，对研究丝川号小行星的起源和进化历程做出了巨大的贡献。

地理学 ● Geography ●

地理学的起源

始于古希腊的地理学，随着人们对世界地理认识的加深而不断发展。

"地理学（Geography）"这一名词是古希腊人所创造的，该词源自古希腊语中的"大地（ge）"和"描述（graphein）"，意即"大地之描述"。早在古希腊时期，就已经出现了"区域地理学"和"普通地理学"这两大地理学基本观点的源流。

区域地理学也称地志学，主要研究的是一定区域范围内的地理环境。普通地理学则是对地球整体地理环境的考察。

地志学史上最早的代表人物是希腊历史学家希罗多德。希罗多德在其著作《历史》一书中，对其游历过的埃及、波斯、斯基泰（现在的俄罗斯南部地区）等各个国家进行了地志性的描述。有说法认为，希罗多德已经认识到里海乃是一个内陆海。

大约从公元前6世纪起，以米利都学派的泰勒斯为代表的爱奥尼亚的自然学家们就对地球的形状和大小以及地球在宇宙中所处的位置等表现出了浓厚的兴趣。而普通地理学史上最早的代表性人物则是堪称"普通地理学之父"的埃拉托色尼。

虽然当时的毕达哥拉斯学派已经提出了地球是一个球体的观点，但埃拉托色尼则是首个测算出了地球大小的地理学家。

英国和罗马的区域地理学的发展，毫无疑问要归结于亚历山大大帝的东征和罗马的对外侵略扩张所带来的地理版图的扩大。而普通地理学的发展则与天文学的进步密不可分。

中世纪是地理学发展的停滞时期，特别是普通地理学在该时期甚至出现了衰退的现象，直到文艺复兴时期，地理学才重新得以复苏和发展。在被称为"地理大发现"的15和16世纪，出现了许多大航海运动，这些大航海运动多少均得益于马可·波罗所著的《马可·波罗游记》。

15世纪，哥伦布发现了新大陆，达·伽马开辟了通往印度的新航路，麦哲伦最终完成了人类历史上的首次环球航行。

文艺复兴时期的地理大发现与印刷术的发明共同促进了地图学的飞跃性发展。该时期的塞巴斯丁·明斯特开始尝试对整个世界进行概括性的记述，他所著的《世界志》极大地超越了以往的地志学记述。

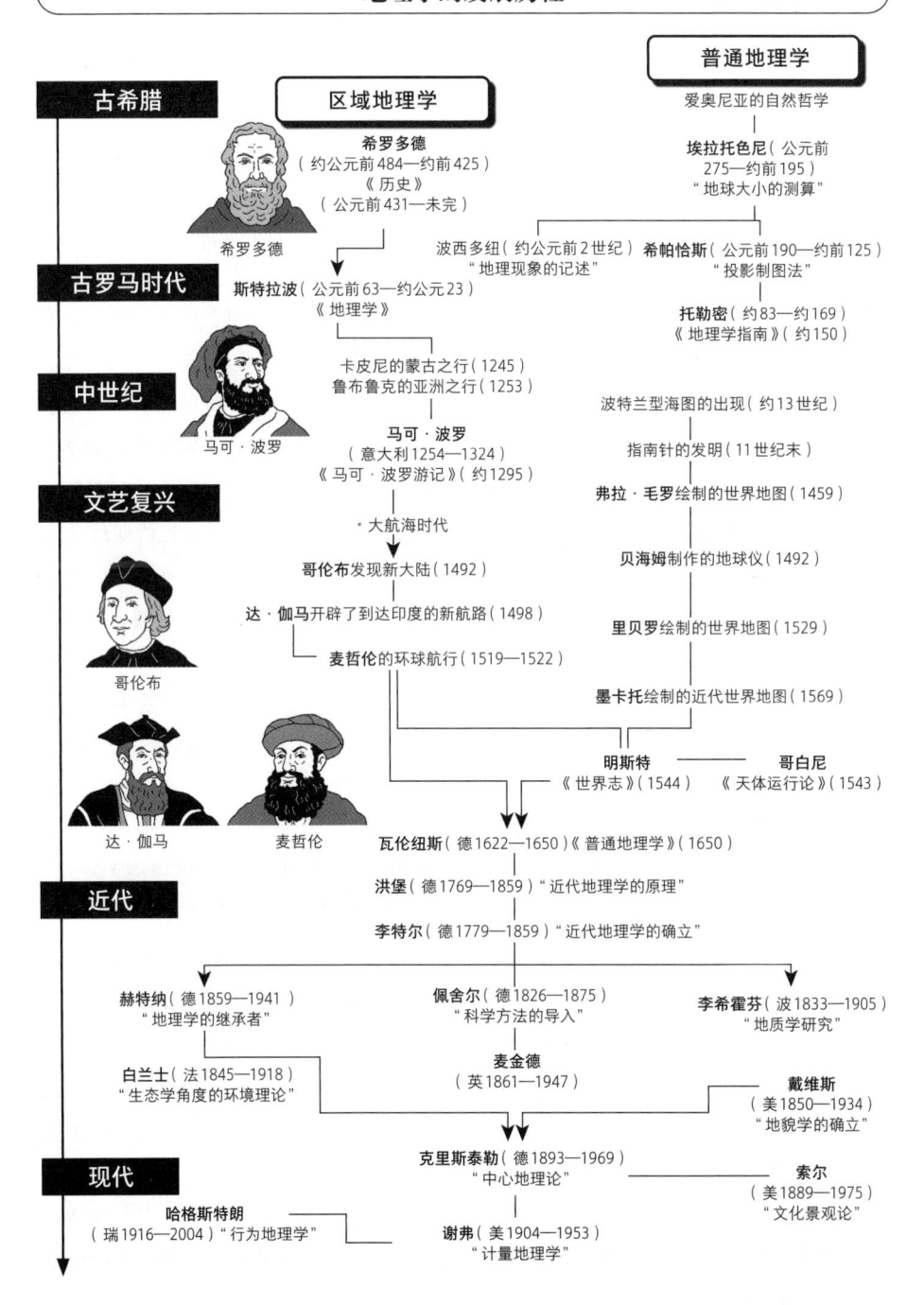

地理学的发展历程

古希腊

区域地理学

希罗多德（约公元前484—约前425）
《历史》（公元前431—未完）

希罗多德

普通地理学

爱奥尼亚的自然哲学

埃拉托色尼（公元前275—约前195）
"地球大小的测算"

古罗马时代

波西多纽（约公元前2世纪）"地理现象的记述"

斯特拉波（公元前63—约公元23）
《地理学》

希帕恰斯（公元前190—约前125）
"投影制图法"

托勒密（约83—约169）
《地理学指南》（约150）

中世纪

卡皮尼的蒙古之行（1245）
鲁布鲁克的亚洲之行（1253）

马可·波罗（意大利1254—1324）
《马可·波罗游记》（约1295）

马可·波罗

波特兰型海图的出现（约13世纪）

指南针的发明（11世纪末）

文艺复兴

· 大航海时代

哥伦布发现新大陆（1492）

达·伽马开辟了到达印度的新航路（1498）

麦哲伦的环球航行（1519—1522）

哥伦布

弗拉·毛罗绘制的世界地图（1459）

贝海姆制作的地球仪（1492）

里贝罗绘制的世界地图（1529）

墨卡托绘制的近代世界地图（1569）

达·伽马   麦哲伦

明斯特 —— **哥白尼**
《世界志》(1544) 《天体运行论》(1543)

近代

瓦伦纽斯（德1622—1650）《普通地理学》(1650)

洪堡（德1769—1859）"近代地理学的原理"

李特尔（德1779—1859）"近代地理学的确立"

赫特纳（德1859—1941）
"地理学的继承者"

佩舍尔（德1826—1875）
"科学方法的导入"

李希霍芬（波1833—1905）
"地质学研究"

白兰士（法1845—1918）
"生态学角度的环境理论"

麦金德（英1861—1947）

戴维斯（美1850—1934）
"地貌学的确立"

现代

克里斯泰勒（德1893—1969）
"中心地理论"

索尔（美1889—1975）
"文化景观论"

哈格斯特朗（瑞1916—2004）"行为地理学"

谢弗（美1904—1953）
"计量地理学"

197

近代地理学的确立

18世纪中期至19世纪末，近代地理学以德国为中心得以确立。

虽然地理大发现一直持续到了17和18世纪，但当时出版的书籍大多是为了满足人们好奇心的异国奇谈。其中真正能称得上是近代地理学先驱的、具有划时代意义的书籍是瓦伦纽斯所著的《普通地理学》。

瓦伦纽斯将地理学划分为普通地理学和特殊地理学（地志学）两大类，并首次对普通地理学进行了体系化的阐述。然而，直到瓦伦纽斯去世以后，后世的人才给予了他公正的评价。

18世纪出现了地质学，此时期的布丰和赫顿等早期地质学家已经开始研究起了当今自然地理学所研究的地理现象。

18世纪中叶，以德国为中心掀起了一场革新运动，这场运动以谋求科学地理学的确立为目标，一直持续到了19世纪末，最终促成了近代地理学原理的确立。其中的中心人物包括亚历山大·冯·洪堡和李特尔。

这两位伟大的地理学家均被誉为"近代地理学之父"。冯·洪堡既是博物学家又是著名的旅行家，他主张在观察地表的各种现象时，应该注重其中的相互联系，而不应该将它们各自独立起来。同时，他认为人文现象也与土地、气候以及植被有着密切的联系。此外，他在观察方法方面也做出了诸多贡献，如等温线图以及反映地形特征的剖面图的引入等。此外，冯·洪堡还是首位肯定瓦伦纽斯成就的人。

冯·洪堡所建立起的近代地理学原理在李特尔的努力下实现了进一步规范化。李特尔所著的《普通比较地理学》一书揭示了作为一门独立学科的地理学的理论性结构，指明了后世地理学研究的基本方向。

李特尔去世后，将自然科学方法引入地理学的佩舍尔，地质学出身的李希霍芬，继承了德国地理学传统的赫特纳等人进一步确立和巩固了近代地理学。

此外，在法国出现了从生态学视角阐述环境理论的白兰士，在英国出现了地政学的先驱麦金德，在美国出现了被誉为"近代地貌学之父"的威廉·莫里斯·戴维斯和文化景观学的创始人索尔等人。

现代地理学的发展

空间理论和计量分析的发展否定了传统的地理学研究方法，促进了现代地理学的确立。

1953年，美国地理学家谢弗发表了一篇名为《地理学中的例外论：方法论的验证》的论文，对以往的传统地理学方法论提出了异议。谢弗对区域特征进行了经验主义的描述，他认为此前的地理学研究方法都不是追求普遍法则的

地理学领域

方法论
- 计量地理学
  [统计学性研究方法]
- 数理地理学
  [大地测量学／测量法／地图制图学等]

区域地理学[地志学]
- 地志学
  [行政区域志／国土志／邦域志／景观地理学／地方志／山志学／海洋学等]
- 景观形态学
  [形态学性研究]
- 区域生态学
  [人文生态类研究]
- 区域变迁学
  [区域变迁研究]
- 区域组织学
  [群·格局构造研究]
- 区域动态学
  [区域间的研究]

系统地理学[普通地理学]
- 自然地理学
  [气候学／陆地水文学／地志学／地形学等]
- 人文地理学
  [历史地理学／社会地理学／经济地理学／政治·行政地理学／文化地理学]

地理学

领域

科学研究方法。而作为一门真正的学科意义上的地理学，不能仅仅只是记述独立的地理现象本身，而更应该探索这些不同的地理现象所反映出的不同模式。因此，谢弗将地理学的目的设定为探究"与空间配置相关的地理法则"，提出了基于定量性科学推论的研究方法。

20世纪50年代后期，华盛顿大学的地理学家们（华盛顿学派）正式对谢弗所提出的新地理学研究方法进行了实践。其中，邦奇出版了一部名为《理论地理学》的著作，将地理学的目标设定为对空间理论的构建。该学派的另一位人物贝利将统计方法引入地理学中，使用矩阵描述地理信息，他将不同地点的特征设为变量，确立了研究变量间基本关系和空间设置特征的方法。

新地理学的先驱者之一、德国地理学家克里斯泰勒从经济法则的角度对城市聚落的分布进行分析，提出了中心地理论，该理论成为新地理学的理想模型。另一位对现代地理学产生了深远影响的人物是瑞典地理学家哈格斯特朗，他对文化的传播进行了理论和数理性的考查，试图解明人类的空间行为，被誉为"行为地理学的先驱者"。

现代地理学在经过20世纪60年代的发展后，引入了空间理论和计量学方法（统计学·数学方法），该方法逐渐从盎格鲁·撒克逊国家传播至全世界。在此基础上，随着电子计算机的发展，计量手法越来越先进，这种新地理学开始被称为"计量地理学"，并极大地推动了人口地理学、经济地理学、社会地理学等领域的发展。70年代以后，出现了对于计量主义、逻辑实证主义、空间主义的批判，地理学家们开始质疑数据的收集和分析是否已经不再是方法而逐渐演化成了目的。此外，对着眼于个人的主体性观念的人文主义地理学等的重新认识也开始受到人们的关注。

入门者须知

系统地理学

系统地理学也称"普通地理学"，是一门研究某个土地空间的地形、人口、农业、交通、城市等要素，以图示的方式表现国家、大陆以及世界整体的分布形态，并进行分类和比较研究的学科。根据研究对象的不同，系统地理学可分为自然地理学和人文地理学两大分支。

区域地理学

又称地志学。区域地理学的研究对象主要是特定地区的各地理要素，通常也需要进行实地调查，并在活用系统地理学研究成果的基础上，对各地区进行比较性的研究，综合揭示区域特征。

计量地理学

又称"理论地理学"或"数理地理学"。计量地理学是一门运用统计分析、数学模型、数值模拟、非数值模拟等方法，对地理现象及要素进行分析和解释，探求一般法则的学科。20世纪60年代，一些地理学家提出了地理学领域的"计量革命"，形成了初期的计量地理学，改变了以往以记述为主的地理学传统，开始探求地理学中的法则性。

地缘政治学

利用地理因素为国家的对外政策提供理论依据的学科，始于为海外扩张服务的国家战略理论。最早提出了"地缘政治学"这一术语的人是瑞士的哲伦。地缘政治学在德国得到了突飞猛进的发展，豪斯霍菲尔的帝国主义地缘政治学成为纳粹德国的意识形态基础。英国地理学家麦金德确立了现代地缘政治学。

景观分析

因地形、植被、水、聚落、产业、

以及土地利用等的差异和不同组合方式，各地景观也千差万别。景观分析是指从景观的视角对多种多样的地理现象进行的科学分析。不同于主观感知的景色，"景观"这个词指的是基于客观数据的考察。景观分析所研究的并不只是单纯的自然景观，还包括景观中所体现的人为活动，也就是文化活动，以此来考察自然与文化的组合形态。

旅游地理学

以实地调查和文献、统计、地图、景观照片等资料为基础，研究旅游资源的形成过程和现状的地理学分支学科。旅游地理学研究的主题包括地形和植被等自然条件、交通系统以及旅游的区域的贡献程度等，该学科研究的着眼点不仅是旅游资源的开发，还包括对自然和历史环境的保护。

地理信息

指经过了一元化处理的、反映地理环境特征的各种信息。除了地理和地图学领域，地理信息还广泛应用于信息学、区域科学、城市学、建筑学、经济学等多个领域。

地理信息涉及地形信息、区域地理学所研究的自然和人文类信息、气象和气候信息、人口密度、产业结构、景观、环境问题等相关的各种信息。

地球地图

反映整个地球上的各地环境变化和土地利用现状的地图。地球地图的出现得益于人造卫星拍摄技术的发展。利用这种地图即可从全球视野把握热带雨林的减少和沙漠化的扩大状况，大气污染实况和酸雨的受灾状况等全球范围内的环境问题。从这种意义上来说，更为精确和细致的地球地图的制作在今后必然会显得越来越重要。

地理信息系统

GIS，是 Geographic Information System 的缩写。地理信息系统作为地理学（geography）和信息技术（IT）相结合的产物，是一种利用计算机对与位置和空间相关的信息进行分析与解析、加工管理、可视化处理以及共享处理的技术。地理信息系统能够对收集到的地理信息进行综合存储，使各类信息间的关联性一目了然，由此带来的一大优点是便于综合分析和实施救灾措施。

文化艺术

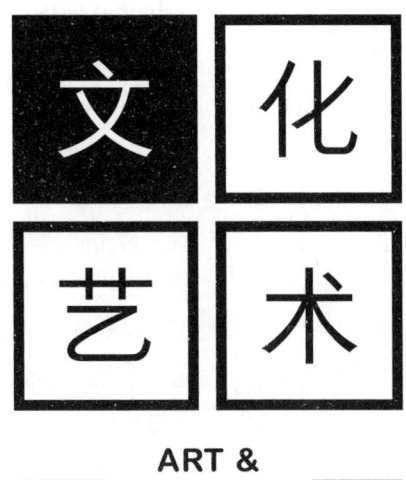

ART & CULTURE

文学

近代日本文学

建筑

近代日本建筑

音乐

美术

电影

日本电影

摄影

日本摄影

文 学 ● Literature ●

文学①诗学

诗学始于亚里士多德，在欧洲的文学研究中始终处于中心地位。

如今所说的文学指的是小说、随笔、戏曲等运用语言艺术创作出来的作品。然而自古希腊以来就在欧洲各学科中占据中心地位的文学，也就是文艺学实际上是一种研究文艺的本质和表现形式的学科。

这种文艺理论的中心是以亚里士多德的著作《诗学》为基础的"诗学"领域。

虽然目前俄国形式主义语言学家等仍在使用"诗学"这一术语，但诗学最早主要是一门研究艺术的最高形式——诗（韵文）的表现手法的学科。亚里士多德所著的《诗学》与古罗马诗人贺拉斯所著的《诗艺》对自文艺复兴以来，直至近代和现代的文学理论产生了深远的影响。而自亚里士多德时代起就在诗学中作为重要论题的戏剧文学（剧作），则在莱辛等人的发展下日臻完善。

文学理论在古希腊时期极为兴盛，其重要组成部分包括"修辞学"。现在的修辞学指的是 rhetoric，即一种对语言修饰技巧的称谓，但在古希腊修辞学指的则是口传散文的表达技巧。修辞学的体系化同诗学一样得益于亚里士多德，修辞学主要由五个基本步骤组成：①构思，②措辞，③作文，④记忆，⑤举止。修辞学不仅适用于口传文艺，也适用于运用文字创作的记叙文，它与确立于古希腊的"文体论"等一起在中世纪和近代欧洲得到了继承和发展。

虽然欧洲总是习惯于向古希腊寻求各个学科的起源，但实际上，被古罗马所继承的希腊的各个学科，在罗马帝国分裂为东、西两部分之后，经过了定都于君士坦丁堡（现在的伊斯坦布尔）的东罗马帝国至拜占庭帝国的发展后，传播到了信仰伊斯兰教的阿拉伯世界，欧洲的各学科知识实际上是在文艺复兴前期，在意大利的威尼斯等地与阿拉伯国家的商业和交通往来中，从阿拉伯国家传播而来的。而西罗马帝国的继承者——欧洲的凯尔特和日耳曼民族在经过了漫长的低迷时代之后，在十字军时期开始接触阿拉伯国家文化，并在文艺复兴时期进一步继承和吸收了这些学科知识和语言表达技巧。因此，无论是诗学、修辞学、还是文体论，都是在经历了这样漫长的空白和吸收的过程之后，才在近代欧洲发展成为成熟的学科。进入19世纪后，文学又逐渐开拓出了美学和文艺批评等新的领域。

文学②文献学

文献学在进入近代后，已经不再只是单纯的古典研究，而逐渐发展成为一门对近代人类进行考察的学科。

文献学作为一种文学理论，从古希腊和古罗马发展至现代已经逐渐成为一门独立的学科领域。欧洲的文献学兴起于古埃及的亚历山大（古时有大型图书馆），主要是一门从教会和图书馆中发现、收集古希腊和古罗马的古典文献，对其进行研究的学科。

虽然文献学的历史极为悠久，但事实上直到近代，德国学者伯克才使文献学成为一门独立的学科。文艺复兴结束后，欧洲人为了寻求他们在文化上的同一性，开始在各学科领域掀起了研究古希腊和古罗马的热潮。

文献学界的另一位重要人物是尼采。尼采以其杰出的哲学和伦理学成就吸引了全世界不计其数的学者，但这些成就最早的出发点实际上是对古希腊和古罗马的文献进行研究。尼采曾就此发表过许多研究论文，这些研究论文最终促成了他的第一部巨著《悲剧的诞生》一书的出版。

尼采在这本书中提出了各种各样的学说（例如否定基督教强权等），他认为通过祭祀古希腊的酒神狄奥尼索斯，近代性的个体的界限被打破，人们有机地融合成集体，复归为作为生命整体的人类存在（至于是好是坏暂且不

文学的发展历程①

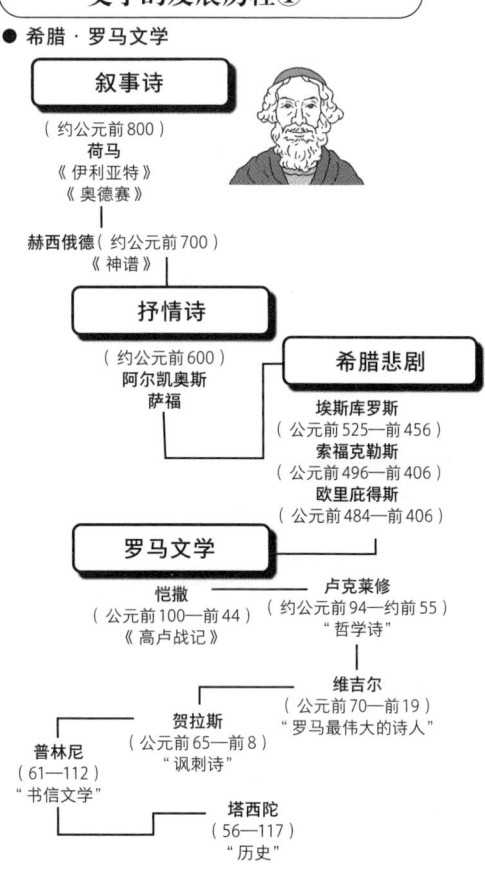

● 希腊·罗马文学

叙事诗
（约公元前800）
荷马
《伊利亚特》
《奥德赛》

赫西俄德（约公元前700）
《神谱》

抒情诗
（约公元前600）
阿尔凯奥斯
萨福

希腊悲剧
埃斯库罗斯
（公元前525—前456）
索福克勒斯
（公元前496—前406）
欧里庇得斯
（公元前484—前406）

罗马文学
恺撒
（公元前100—前44）
《高卢战记》

卢克莱修
（约公元前94—约前55）
"哲学诗"

维吉尔
（公元前70—前19）
"罗马最伟大的诗人"

贺拉斯
（公元前65—前8）
"讽刺诗"

普林尼
（61—112）
"书信文学"

塔西陀
（56—117）
"历史"

论），并就个体与共同性间的关系进行了考察。

在该书中，尼采进行了将象征着光明和古希腊智慧（理性）的日神阿波罗，与象征着黑暗中的光明的冥府之神狄奥尼索斯进行对比的文献学研究，并以此为起点，开始逐渐转向了对近代性和近代性的人类的考察。

现代文献学的概念已经逐渐扩大，且具有多重意义，并非只局限于对古希腊和古罗马的古典研究。现代文献学对

文学的发展历程②

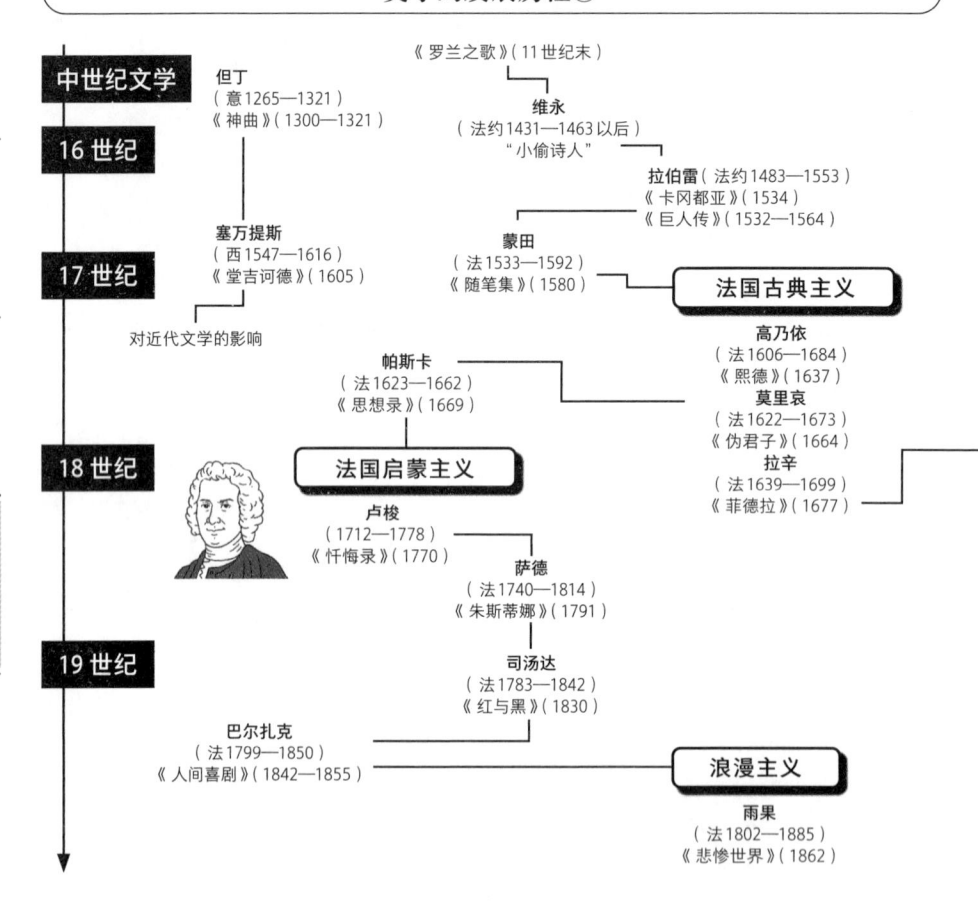

中世纪文学

但丁（意 1265—1321）
《神曲》（1300—1321）

《罗兰之歌》（11世纪末）

维永（法约 1431—1463以后）
"小偷诗人"

16 世纪

拉伯雷（法约 1483—1553）
《卡冈都亚》（1534）
《巨人传》（1532—1564）

塞万提斯（西 1547—1616）
《堂吉诃德》（1605）

17 世纪

对近代文学的影响

蒙田（法 1533—1592）
《随笔集》（1580）

法国古典主义

高乃依（法 1606—1684）
《熙德》（1637）

莫里哀（法 1622—1673）
《伪君子》（1664）

拉辛（法 1639—1699）
《菲德拉》（1677）

帕斯卡（法 1623—1662）
《思想录》（1669）

18 世纪

法国启蒙主义

卢梭（1712—1778）
《忏悔录》（1770）

萨德（法 1740—1814）
《朱斯蒂娜》（1791）

司汤达（法 1783—1842）
《红与黑》（1830）

19 世纪

巴尔扎克（法 1799—1850）
《人间喜剧》（1842—1855）

浪漫主义

雨果（法 1802—1885）
《悲惨世界》（1862）

各时代、各民族、各领域从古代开始直至中世纪和近代的各类文献，以及从基督教牧师等人那里收集到的报告等资料所进行的解读、分析以及研究，不仅是对文献学界，而且为其他学科领域也提供了宝贵的文献资料。例如，民族学和文化人类学在运用田野调查方法开展研究工作以前，就是靠着分析文献学所提供的数量庞大的古文书和史料才得以确立的。历史学和民俗学的发展也离不开文献学。从某种意义上来说，日本的民俗学家柳田国男和折口信夫、文化人类学家石田英一郎也称得上是文献学家。

文学③文学史

文学史的研究从文体和修辞的变化转向了精神史，后又发展成了对文学的社会性意义的分析。

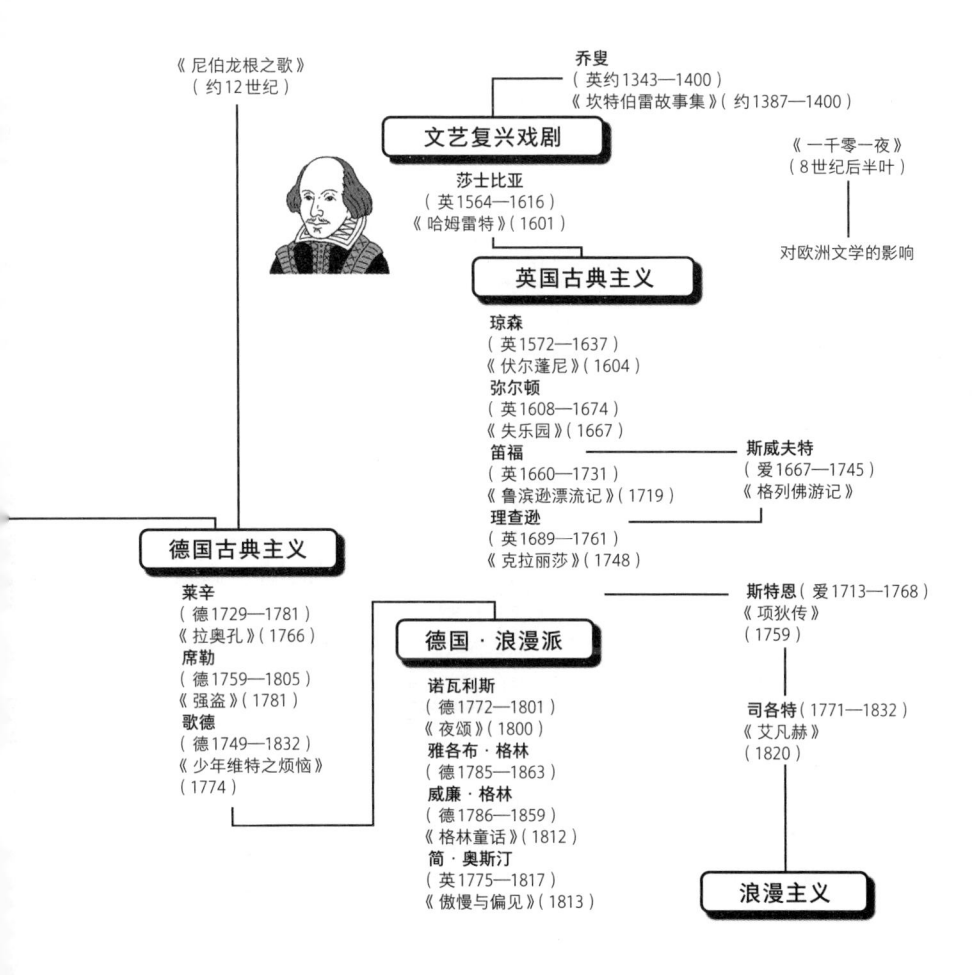

```
《尼伯龙根之歌》                  乔叟
（约12世纪）                     （英约1343—1400）
                                《坎特伯雷故事集》（约1387—1400）
                    文艺复兴戏剧
                                                        《一千零一夜》
                                                        （8世纪后半叶）
                      莎士比亚
                      （英1564—1616）
                      《哈姆雷特》（1601）                对欧洲文学的影响
                    英国古典主义
                      琼森
                      （英1572—1637）
                      《伏尔蓬尼》（1604）
                      弥尔顿
                      （英1608—1674）
                      《失乐园》（1667）       斯威夫特
                      笛福                  （爱1667—1745）
                      （英1660—1731）        《格列佛游记》
                      《鲁滨逊漂流记》（1719）
                      理查逊
                      （英1689—1761）
                      《克拉丽莎》（1748）
                                           斯特恩（爱1713—1768）
  德国古典主义                                《项狄传》
                                           （1759）
    莱辛              德国·浪漫派
    （德1729—1781）
    《拉奥孔》（1766）    诺瓦利斯
    席勒              （德1772—1801）        司各特（1771—1832）
    （德1759—1805）    《夜颂》（1800）         《艾凡赫》
    《强盗》（1781）     雅各布·格林            （1820）
    歌德              （德1785—1863）
    （德1749—1832）    威廉·格林
    《少年维特之烦恼》    （德1786—1859）
    （1774）          《格林童话》（1812）
                    简·奥斯汀
                    （英1775—1817）
                    《傲慢与偏见》（1813）        浪漫主义
```

　　文学史也属于文艺学即文学的范畴，它与文献学是相邻学科，同样起源于古埃及的亚历山大，最早开始使用"文学史"这一概念的学者是弗兰西斯·培根。

　　文学史是一门专注于研究文学发展历史，并对文体、修辞和文学内容等的历史变迁进行考察的学科。早期的文学史研究与文献学一样具有十分广泛的范围，涉及除故事、小说以外的各类文献，而现代文学史则主要以文艺（包括传说，古代、中世纪、近代小说和戏曲）为研究对象。

　　也就是说，直到近代，文艺（现在的文学）这一概念才真正得以确立。例如，"小说"就是在报纸这种大量发行的出版物开始实现商业化之后才得以确立的。而小说史这一研究领域的出现也相应要延续到近代以后。然而，既然是"××史"，那文学史就必然是一门将

文学的发展历程③

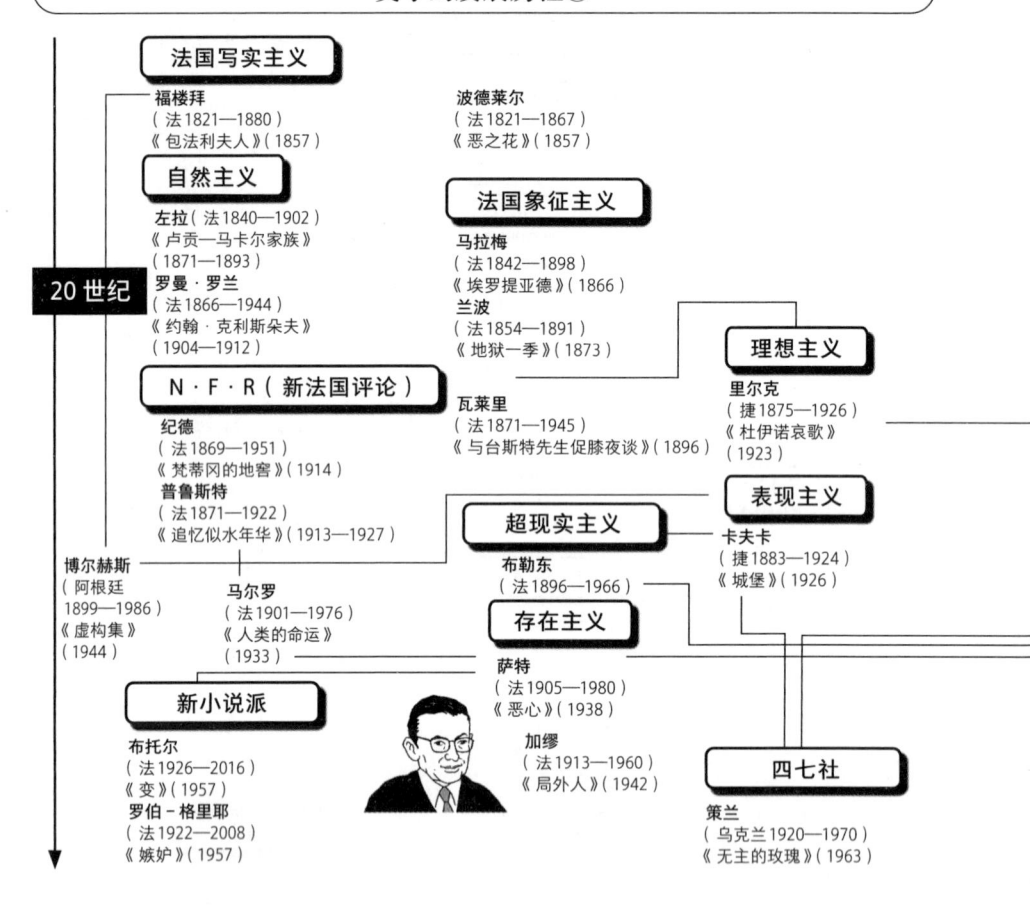

20世纪

法国写实主义
- 福楼拜（法 1821—1880）《包法利夫人》(1857)

自然主义
- 左拉（法 1840—1902）《卢贡—马卡尔家族》(1871—1893)
- 罗曼·罗兰（法 1866—1944）《约翰·克利斯朵夫》(1904—1912)

N·F·R（新法国评论）
- 纪德（法 1869—1951）《梵蒂冈的地窖》(1914)
- 普鲁斯特（法 1871—1922）《追忆似水年华》(1913—1927)

- 博尔赫斯（阿根廷 1899—1986）《虚构集》(1944)
- 马尔罗（法 1901—1976）《人类的命运》(1933)

新小说派
- 布托尔（法 1926—2016）《变》(1957)
- 罗伯-格里耶（法 1922—2008）《嫉妒》(1957)

- 波德莱尔（法 1821—1867）《恶之花》(1857)

法国象征主义
- 马拉梅（法 1842—1898）《埃罗提亚德》(1866)
- 兰波（法 1854—1891）《地狱一季》(1873)
- 瓦莱里（法 1871—1945）《与台斯特先生促膝夜谈》(1896)

超现实主义
- 布勒东（法 1896—1966）

存在主义
- 萨特（法 1905—1980）《恶心》(1938)
- 加缪（法 1913—1960）《局外人》(1942)

理想主义
- 里尔克（捷 1875—1926）《杜伊诺哀歌》(1923)

表现主义
- 卡夫卡（捷 1883—1924）《城堡》(1926)

四七社
- 策兰（乌克兰 1920—1970）《无主的玫瑰》(1963)

文学的发展历程从古代研究到现代，并分析近代文学的确立过程的学科。

正如日本文学研究的某些记号是源自夏目漱石所著的《文学论》一样，文学史的方法论也会吸收同时代的科学和哲学思想。

19世纪法国的泰纳等人的文学史研究采用了实证主义和自然科学方法，德国的舍雷尔采用了精神科学和艺术学方法，他们的研究不仅涉及文学形式和内容的变迁，还涉及文学所内含的精神史层面的意义。在马克思主义开始盛行以后，对文学进行社会学意义的分析也得以发展。

此外还有比较文学史这一类研究领域，然而对于比较文学史的研究一般都表现为民族文学史研究，如英国文学史、法学文学史，在日本的则是国文文学史。

文艺批评是文艺学中一门具有时代

文学流派关系图

狄更斯
（英1812—1870）
《大卫·科波菲尔》
（1849—1850）

爱伦·坡
（美1809—1849）
《莫格街谋杀案》（1841）

● 侦探小说

俄国现实主义

普希金
（俄1799—1837）
《黑桃皇后》（1834）

果戈理
（乌克兰1809—1852）
《死魂灵》（1842）

莱蒙托夫
（俄1814—1841）
《当代英雄》（1840）

斯蒂文森
（英1850—1894）
《金银岛》（1882）

勃朗特
（英1818—1848）
《呼啸山庄》（1847）

梅尔维尔
（美1819—1891）
《白鲸》（1851）

康拉德
（英1857—1924）
《黑暗的心灵》（1902）

哈代
（英1840—1928）
《德伯家的苔丝》（1891）

新心理主义

亨利·詹姆斯
（美1843—1916）
《螺丝在拧紧》（1898）

社会心理小说

屠格涅夫
（俄1818—1883）
《父与子》（1862）

陀思妥耶夫斯基
（俄1821—1881）
《卡拉马佐夫兄弟》（1879）

● 冒险小说

象征主义

叶芝
（爱1865—1939）
《在鹰井旁》（1916）

毛姆
（法1874—1965）
《月亮和六便士》（1919）

托尔斯泰
（俄1828—1910）
《战争与和平》（1865—1869）

托马斯·曼
（德1875—1955）
《魔山》（1924）

黑塞
（德1877—1962）
《荒原狼》（1927）

穆齐尔
（奥1880—1942）
《没有个性的人》

乔伊斯
（英1882—1941）
《尤利西斯》（1922）

艾略特
（英1888—1965）
《荒原》（1922）

● 间谍小说

D.H.劳伦斯
（英1885—1930）
《查泰莱夫人的情人》（1928）

赫胥黎
（英1894—1963）
《针锋相对》（1928）

多斯·帕索斯
（美1896—1970）
《美国》（1938）

契诃夫
（俄1860—1904）
《三姐妹》（1901）

乔伊斯
（英1882—1941）
《尤利西斯》（1922）

鲁迅
（中1881—1936）
《狂人日记》（1918）

反戏剧

贝克特
（爱1906—1989）
《等待戈多》（1953）

格林
（英1904—1991）
《问题的核心》（1948）

奥登
（英1907—1973）
《看吧，陌生人》（1936）

福克纳
（美1897—1962）
《喧哗与骚动》（1929）

海明威
（美1898—1961）
《永别了，武器》（1929）

纳博科夫
（俄1899—1977）
《洛丽塔》（1955）

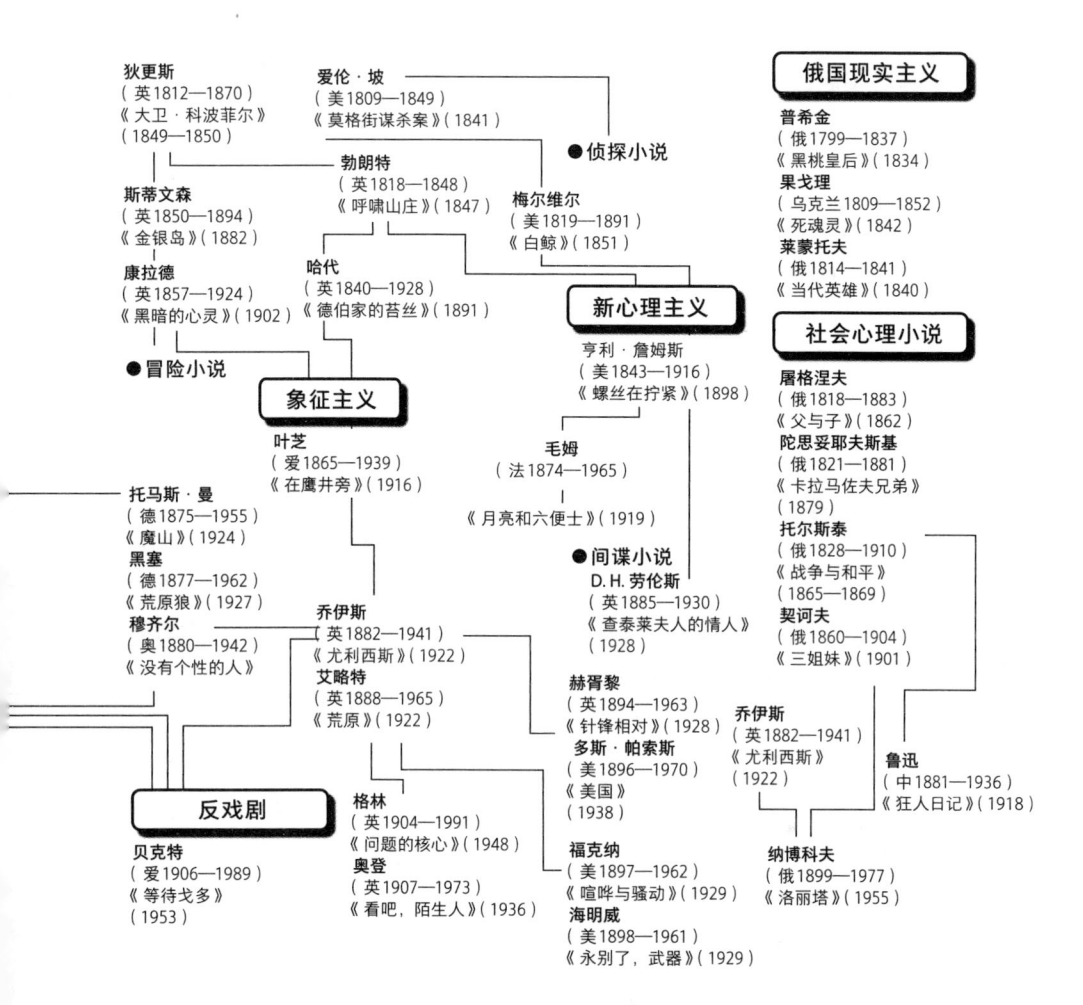

性的学科。批评是指鉴赏者在文艺欣赏的基础上，对文艺作品所做的判断和评价。当小说兴起之后，对小说进行评价的文学批评也开始盛行。久而久之，近代以后开始出现了"批评家"这种专门从事文艺批评的专家群体，在文艺作品的表达等方面的评论上，他们时常要比小说家和艺术家更具有发言权。

超现实主义理论家布勒东以及文本论的倡导者罗兰·巴特等人的言论对现代文学产生了深刻的影响。然而在小说逐渐衰落的当代，文学批评大概也要开始走下坡路了。

入门者须知

诗歌

世界上最古老的诗歌是古希腊诗人荷马所著的两大叙事诗《伊利亚特》（约公元前800年）和《奥德赛》（约公

元前800年）。叙事诗与抒情诗的区别在于，叙事诗主要是运用具有韵律的诗歌来歌颂英雄人物的丰功伟绩等，而抒情诗所表达的则是诗人的个人情感。

关于《伊利亚特》和《奥德赛》的作者荷马是否确有其人等问题，目前众说纷纭，有说法认为荷马确实是某位著名的诗人，但也有说法认为荷马指的是行吟诗人这个团体。在世界各地都流传着众多的长篇叙事诗，例如印度的《摩诃婆罗多》等。

古希腊悲剧

直至今日，古希腊悲剧依然是会在剧院中上演的经典剧种，它生动地表现了人性百态，具有超越时代的永恒主题，如战争和杀戮、乱伦、家庭破裂、虐恋、背叛等。古希腊喜剧也以其犀利的讽刺而闻名，为世人留下了许多不逊于现代喜剧的经典剧作。

最具代表性的三大悲剧作家是：埃斯库罗斯（公元前525—前456，俄瑞斯忒亚三部曲《阿伽门农》《奠酒人》《复仇女神》）、索福克勒斯（公元前496—前406，《俄狄浦斯王》《安提戈涅》等）、欧里庇得斯（公元前480—前406，《美狄亚》《安德罗玛克》《埃勒克特拉》《特洛伊妇女》等）。

基督教传奇

19世纪初，欧洲出现了一种新的言论，认为基督教基本经典《新约圣经》的主人公其实是引自早期的文本进而捏造的神话人物，这一言论一度引起了热议，目前已经很少听到相关议论了。虽然基督教神学家们似乎声称这种理论已经被完全否定了，但如果圣经的主人公真的是捏造的神话人物，那么《新约圣经》实际上就是一部文学巨著了。

黄金传说

为什么取名为"黄金传说"不得而知，总之是一部关于早期基督教神父以及得到上帝庇佑的虔诚的女圣徒们的圣徒传记。例如，当某一位女性被迫裸体示众时，在上帝的庇佑下她的头发会瞬间长长，覆盖住全身这类的故事。早期的基督教对与"性"有关的事物持完全否定的态度，即使是已经结了婚的女性，也禁止她们与自己的丈夫发生性行为。

物语

在近代以来的日本，物语和小说一直是两种不同的文学体裁。虽然欧洲也有romance（传奇故事）和novel（长篇小说）的区分，但是日本与欧洲的这两种分法不尽相同。例如，根据莲实重彦与柄谷行人合著的《斗争的伦理》一书中的解释，当出现了新的事件（新闻、长篇小说、小说）时，为了便于人们理解而将其翻译成了通俗易懂的物语。也就是说，物语是广为人知的故事，而小说则是新奇事件。

小说

根据伊藤整所著的《日本文坛史》中的记述，在报刊发行量激增的明治初期，出现了一种名为"连续剧"的连载文章，这种连载文章最终发展成了小说。

然而，江户时代的泷泽马琴和为永春水的著作，欧洲的巴尔扎克之前的romance（描写爱和骑士道的物语）就不能被称为小说吗？《源氏物语》和《堂吉诃德》如果不是小说的话又应该被归于哪一类呢？这些疑问与之前所提到的莲实重彦和柄谷行人二人的言论一起遗留了下来。

神话

神话也是一种文学体裁。世界上拥有文字的大多数民族，都曾将本民族自公元前开始就口头传承下来的神话故事通过文字记述下来。虽然口耳相传的文艺也算是一种文学，但是用文字记述的神话作为一种理性和智慧的产物，与原始社会的人类用朴素的图画所描绘的创世神话截然不同。就像把采集到的昆虫用昆虫针固定到标本盒里制成标本一样，将交织于时间和空间中的生动灵活的语言固定成文字，就成了"读"物。

Marchen

"Marchen"在日语中可翻译成民间传说、童话等词，Marchen与"传说"的区别在于，几乎没有人会追问Marchen里的人物是否是真实存在的。19世纪初的民俗学研究热潮促进了人们对流传于村落和都市间的民间传说的搜集，格林童话就是该时期的产物。这些将现实空间与超现实的传说相结合的童话吸引了无数的读者，然而它与日本人所说的"Marchen"又有着微妙的差异。Marchen并不全是一些美好的故事，也有将爱慕自己的男性杀死的瓦尔基里等故事，它所反映的其实是残酷的现实世界。

传说

在日本，"传说"指的是以特定历史事件为基础的、在某个地区口头流传下来的故事。例如关于源义经和弁庆二人逃亡奥州时一路上遇到的艰难险阻的传说就具有一定的史实根据。然而在欧洲，例如，对于英国著名的建国神话——《亚瑟王传奇》，就很难断言英国人是否将亚瑟王看作是真实的历史人物。

或许有必要考察一下"传说"这一概念在欧洲和日本究竟有着怎样的异同。

乔伊斯的《芬尼根的守灵夜》

对于文学作品的翻译真的可行吗？一种语言真的可以被转换成分属不同语言体系的其他语言吗？与原作者分属

不同语言圈的译者所翻译的书真的能够抓住书中要领吗？对这些根本性疑问做出了挑战的就是柳濑尚纪所翻译的这本《芬尼根的守灵夜》。虽然有一些犀利的观点认为翻译这本书"不过就是在玩文字游戏"，但也有人指出日本文学界泰斗丸谷才一所翻译的乔伊斯的《尤利西斯》一书误译连篇，这一点也很引人深思，因为这足以说明对于乔伊斯作品的翻译，以及翻译这项工作本身是一件多么困难的事。

文本理论（收录于《叙事作品结构分析导论》）

对罗兰·巴特的"文本理论"进行概括再广义解释后如下：作品（艺术）有其生身之父——作者（艺术家），读者和鉴赏者必须足够重视作者的写作意图和表达方式。然而，如果将作品仅仅作为文本（材料）来看的话，读者和鉴赏者则完全可以对文本做出多种多样的解读。日本作家莲实重彦所著的《夏目漱石论》就称得上是这种文本理论式的批判。

近代日本文学

Modern Japanese Literature

> 从自然主义文学与反自然主义文学的对立中发展为三派对立。第二次世界大战后，近代日本文学随着时代的发展而不断变化。

坪内逍遥于1895年发表的著作《小说神髓》，标志着日本文学摆脱了江户文学的影响，迈向了近代文学。他主张如实描述的"写实主义"创作方法，并创作出了与传统"劝善惩恶"的公式化读物截然不同的文学作品。二叶亭四迷的文学创作受到坪内逍遥小说理论的影响，并进一步摒弃了文语体，使用日常的口语体创作出了《浮云》一书。这种将口语体运用于小说创作的现象称为"言文一致"。

随后，幸田露伴的理想主义小说、樋口一叶的心理小说等各式各样的写作风格相继登场，其中影响力最大的当属"自然主义文学"。日本自然主义文学是在西欧的自然主义思潮的影响下形成的一种文学思潮，它的特点是对自然与人生进行如实描写，因此也可以说是坪内逍遥的"写实主义"的延续。

早期自然主义文学

日本早期"自然主义文学"以岛崎藤村为代表，具有广泛的社会性。自然主义文学发展至后期，社会性逐渐淡薄，开始将重点转向了描写个人的内在情感，代表作家是小说《棉被》的作者田山花袋，田山花袋开启了日本一种独特的小说形式——"私小说"创作的先河。此外，后期自然主义的代表作家还包括德田秋声、正宗白鸟、岩野泡鸣等人。

"自然主义文学"曾一度成为统治文坛的主流流派，然而进入明治后期，开始出现了反对自然主义文学的文学势力，即主张通过虚构的方式创作小说的夏目漱石和森鸥外。夏目漱石与森鸥外被誉为日本文学史上的两大文豪，在他们的影响下，小说开始被看作是艺术作品。

森鸥外在文坛始终保持着孤高独立的态度，夏目漱石则门下弟子众多，培养了芥川龙之介、内田百闲、野上弥生子等众多名家。反自然主义的文学势力还包括"耽美派"和"白桦派"。耽美派注重个人感觉和对于美感的表达，代表作家有泉镜花、永井荷风、谷崎润一郎等人。白桦派并不像自然主义那样给人以失望或绝望的感觉，而是崇尚积极追求理想的人生态度，因此该派又被称为新理想主义或人道主义。该派作家包括

近代日本文学的诞生

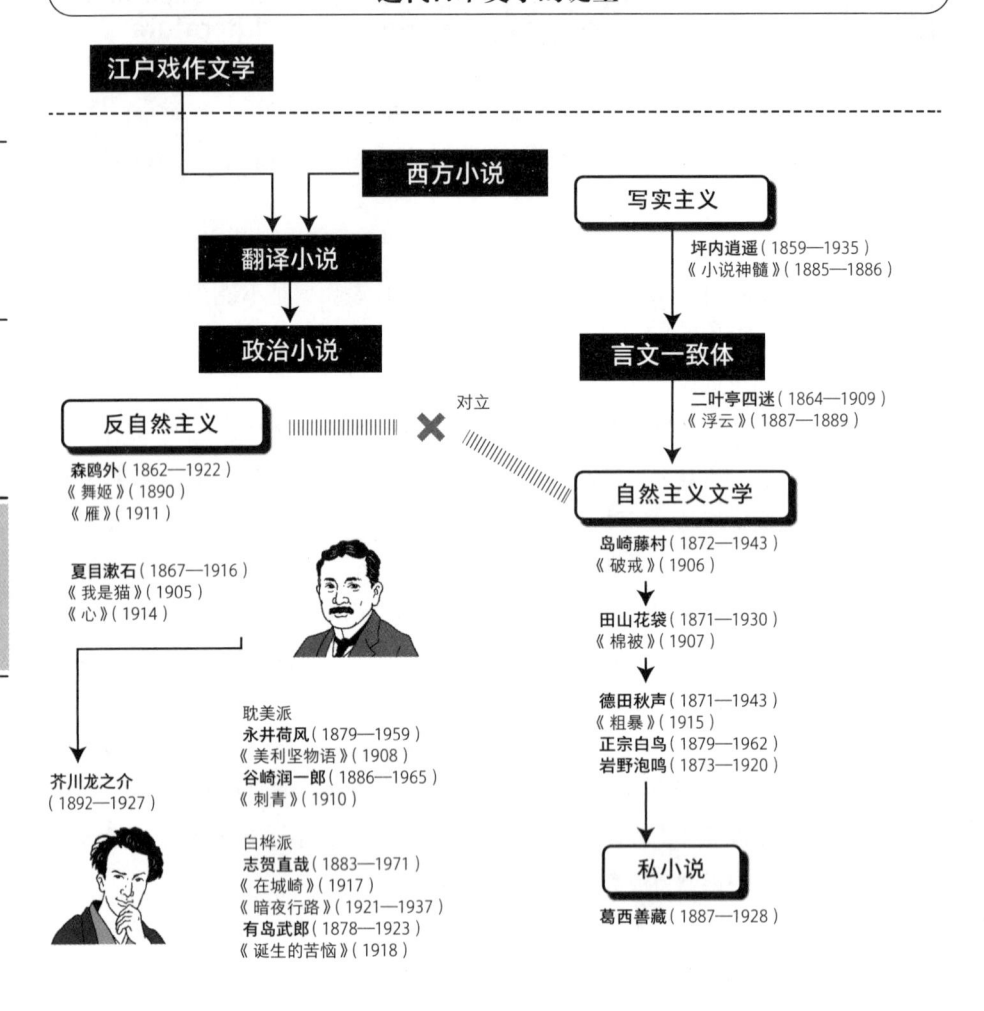

```
江户戏作文学 ──┐
               ├──→ 翻译小说 ──→ 政治小说
西方小说 ──────┘

写实主义
坪内逍遥（1859—1935）
《小说神髓》（1885—1886）
    ↓
言文一致体
二叶亭四迷（1864—1909）
《浮云》（1887—1889）
    ↓
自然主义文学
岛崎藤村（1872—1943）
《破戒》（1906）
田山花袋（1871—1930）
《棉被》（1907）
德田秋声（1871—1943）
《粗暴》（1915）
正宗白鸟（1879—1962）
岩野泡鸣（1873—1920）
    ↓
私小说
葛西善藏（1887—1928）
```

反自然主义（与自然主义文学**对立**）
- 森鸥外（1862—1922）《舞姬》（1890）《雁》（1911）
- 夏目漱石（1867—1916）《我是猫》（1905）《心》（1914）
- 芥川龙之介（1892—1927）

耽美派
- 永井荷风（1879—1959）《美利坚物语》（1908）
- 谷崎润一郎（1886—1965）《刺青》（1910）

白桦派
- 志贺直哉（1883—1971）《在城崎》（1917）《暗夜行路》（1921—1937）
- 有岛武郎（1878—1923）《诞生的苦恼》（1918）

武者小路实笃、志贺直哉、有岛武郎等人。森鸥外与夏目漱石所开启的这场反自然主义文学思潮成为了之后日本文学的主流，并一直持续到了第二次世界大战结束。

新思潮派的兴起

兴起于大正初期的"新思潮派"深受夏目漱石的影响，反对自然主义文学思想。该派成员包括芥川龙之介、佐藤春夫、室生犀星等众多文豪。其中芥川龙之介因创作了大量名作，从而赢得了与森鸥外和夏目漱石齐名的文坛地位。

大正末期，文学界出现了三派对立的局面，即"新思潮派"影响下的"新感觉派"，继承了"自然主义"思想的"私小说"，以及以社会变革为目的的"无产阶级文学"，这种局面一直持续到了第二次世界大战。"新感觉派"的作家有川端康成和横光利一，"私小说"的代表作家主要是葛西善藏，"无产阶级文学"成员则包括小林多喜二、宫本百合子、佐多稻子等人。

昭和初期，"无产阶级文学"曾一度势力壮大，后因当局政府的镇压而逐渐走入低潮，脱离了"无产阶级文学"的作家群体被称为"转向文学"，代表作家有中野重治、高见顺等人。此外，与"无产阶级文学"相抗衡的流派还有以井伏鳟二为代表的"新兴艺术派"、以堀辰雄和伊藤整等人为代表的"新心理派"。

新人作家辈出的战后时代

第二次世界大战后，谷崎润一郎、永井荷风、川端康成等战前即已成名的作家重新开始了各自的文学活动，众多年轻作家也相继推出了新的作品。其中的一大领军流派是以太宰治、坂口安吾、织田作之助等人为代表的"无赖派"。在战后一片混乱的背景下，他们表现出了对传统道德的抵抗和自虐态度。

此外还出现了一批名为"战后派"的作家，他们继承了战前的"转向文学"思想，将战后时期设定为一个自我否定的黑暗时期，描写生存于此种状态下的人类。"战后派"分为"第一次战后派"和"第二次战后派"，"第一次战后派"作家包括野间宏、梅崎春生、椎名麟三等人，"第二次战后派"的代表作家有武田泰淳、大冈升平、堀田善卫、岛尾敏雄、三岛由纪夫等人。

随后登上文坛的作家群体因出现于第一次和第二次战后派之后而得名"第三新人"，该派作家热衷于在日常生活中寻找创作题材。而真正为战后文学带来了天翻地覆的变化的则是出现于昭和30年代的开高健、大江健三郎等人。他们在二十岁出头的年纪就登上了文坛，以前所未有的新鲜和独特的创作风格引发了文坛乃至整个社会的强烈反响。其中尤以大江健三郎为现代日本的代表作家，曾获得诺贝尔文学奖。

将年轻人的目光重新引向文学

昭和40年代是日本文学的低潮时期，虽然该时期的文坛出现了以小川国夫、后藤明生、古井由吉等人为代表的"内向的一代"，但不得不承认的是该派作家在大众中的知名度和所引发的关注度都比较低。此外，虽然也有像五木宽之和野坂昭如等活跃于银屏上的人气作家，但纯文学领域的发展依然持续低迷。唯有中上健次以纪州熊野为舞台，

近代日本文学的发展历程

新思潮派
芥川龙之介（1892—1927）
《罗生门》(1915)
菊池宽（1888—1948）
佐藤春夫（1892—1964）

三派对立

新感觉派
川端康成（1899—1972）
《伊豆的舞女》(1926)
《雪国》(1937)
横光利一（1898—1947）
《太阳》(1923)

反无产阶级文学势力
新兴艺术派
井伏鳟二（1898—1993）
《山椒鱼》
新心理派
堀 辰雄（1904—1953）
《起风了》(1936)

对立 ✕

无产阶级小说
小林多喜二
（1903—1933）
《蟹工船》(1929)
宫本百合子
（1899—1951）
佐多稻子
（1904—1998）

转向文学
中野重治（1902—1979）

日本浪漫派
保田与重郎（1910—1981）

战争文学
火野苇平（1907—1960）
《麦子与士兵》(1938)

无赖派
太宰 治
（1909—1948）
《斜阳》(1947)
坂口安吾
（1906—1955）
《堕落论》(1946)
织田作之助
（1913—1947）
《夫妇善哉》(1940)

第一次战后派
野间 宏（1915—1991）
《阴暗的图画》(1946)
梅崎春生（1915—1865）
《樱岛》(1946)
椎名麟三（1911—1973）

第三新人
吉行淳之介（1924—1994）
《骤雨》(1954)
安冈章太郎（1920—2013）
《坏伙伴》(1953)
远藤周作（1923—1996）
《白人》(1955)

第二次战后派
武田泰淳（1912—1976）
《蝮蛇的后裔》(1948)
大冈升平（1909—1988）
《俘虏记》(1949)
堀田善卫（1918—1998）
岛尾敏雄（1917—1986）

三岛由纪夫
（1925—1970）
《假面的告白》(1949)

开高·大江
开高健（1930—1989）
《裸体皇帝》(1957)
大江健三郎（1935— ）
《饲育》(1958)

构建起了一个独特的部落民世界，获得了广泛好评。

在这一时代背景之下，村上龙所著的《无限近似于透明的蓝》一书一经出版即引发了轰动。当时还在美术大学就读的村上龙所著的这部小说在荣获了群像新人文学奖后，很快又摘得了芥川文学奖。书中对沉迷于性和毒品的青年人的描写，以及村上的年少有为引起了强烈的社会反响，特别是将年青一代的目光重新吸引到了文学上。毫无疑问，村上龙的出现极大地推动了日本文学的发展，此后，优秀的年轻作家层出不穷。

例如，在海内外均获得了高度好评的《挪威的森林》《海边的卡夫卡》《1Q84》等小说的作者村上春树，《再见吧，暴徒们》的作者高桥源一郎，《献给温柔左翼的嬉游曲》的作者岛田雅彦，《做爱时的眼神》的作者山田咏美等各种风格的作家都开始活跃于日本文坛。在年轻作家中最为引人注目的当属吉本芭娜娜。吉本凭借《厨房》一书初登文坛就迅速获得了以女中学生为主的年轻人的一致追捧。

进入20世纪90年代，出现了有关文学危机的呼声，与此同时，新一代的作家开始登上文坛，该时期的芥川文学奖获奖者有：小川洋子（1962—，《妊娠日历》1990）、多和田叶子（1960—，《入赘的狗女婿》1992）、川上弘美（1958—，《踩蛇》1996）、平野启一郎（1975—，《日蚀》1998）等人。

21世纪初期的芥川文学奖获奖者主要有：金原瞳（1983—，《裂舌》2003）、绵矢莉莎（1984—，《欠踹的背影》2003）、丝山秋子（1966—，《在海上等你》2006）、川上未映子（1976—，《乳与卵》2007）等人。

其中，作品经翻译后在海外获得好评的小川洋子，移居德国并使用德语发表作品的多和田叶子，十几岁时就登上文坛的金原瞳和绵矢莉莎等人在引起了社会关注的同时也取得了商业性的成功。除了小说创作以外，凭借社会性言论发挥着影响力的女性作家们丰富多彩的活动也令人瞩目。

现代日本文学

内向的一代
古井由吉（1937—）《杳子》（1970）
小川国夫（1927—2008）《尝试海岸》（1972）

文娱派
五木宽之（1932—）
野坂昭如（1930—2015）
井上厦（1934—2010）

[村上 龙 以前]

中上健次（1946—1992）
《岬》（1976）《枯木滩》（1977）

[村上 龙 以后]

村上 龙（1952—）
↓
《无限近似于透明的蓝》（1976）

村上春树（1949—）
《且听风吟》（1979）

高桥源一郎（1951—）
《再见吧，暴徒们》（1981）

山田咏美（1959—）
《做爱时的眼神》（1985）

伊藤正幸（1961—）
《No-Life-King》（1988）

岛田雅彦（1961—）
《献给温柔左翼的嬉游曲》（1983）

小林恭二（1957—）
《电话男》（1985）

吉本芭娜娜（1964—）
《厨房》（1987）
《哀愁的预感》（1988）

[20世纪90年代以后]
文学的商品化·细分化

大众文学

推理小说
[冒险小说]

历史小说
[历史小说]
[官能小说]
（媒体组合）

SF 小说
[奇幻小说]
[轻小说]

纯文学
↓
<文学奖的低龄化>

入门者须知

写实主义

坪内逍遥所著的《小说神髓》批判了江户时代"劝善惩恶"的文学模式，主张小说应以描写"人情""心理"为主，即"写实主义"，并发表了其理论的实践作品《当今书生性格》。随后，主张如实描写的坪内逍遥与对此提出异议的森鸥外展开了一场激烈的"没理想争论"。

自然主义

19世纪下半叶以法国为中心流行于欧洲的一种文艺思潮，代表人物是法国作家左拉。自然主义认为人类是由体质决定的，而体质又是由遗传和环境决定的，主张通过观察和分析遗传与环境，对人类和社会进行实证性或实验性的描写，以纠正人类和社会的弊病。明治30年代中期，自然主义传入日本，成为日本文学运动的主流。

日本的自然主义分为前期和后期，前期的代表人物是岛崎藤村，后期的代表人物是田山花袋。前期作品具有广泛的社会性，后期作品的社会性淡薄，将重点转向了个人的内在情感，这种倾向直到现在依然是日本文学的一大主流。

夏目漱石

日本文学史上最伟大的作家，被誉为"国民作家"，著有《我是猫》《三四郎》《其后》等多部名作。门下培养了铃木三重吉、寺田寅彦、芥川龙之介、久米正雄等众多作家。夏目漱石的作品以探讨人类的生存之道为题，对近代人的自我和孤独进行了深刻的剖析。其思想摆脱了对利己主义的执着，随顺自然，被称为"则天去私"。

新思潮派

指以《新思潮》杂志为中心的青年作家组成的流派，成员主要为东京大学的学生。该派主张以理智的态度描写现实，并且重视写作技巧的运用。最具代表性的作家是芥川龙之介，他运用纯熟的技巧和精妙严谨的布局，创作了大量具有理性主义色彩的作品。除此以外，还有菊池宽、久米正雄、山本有三、丰岛与志雄等人。

无产阶级文学

受1917年俄国革命的影响，日本掀起了工人运动的热潮。与此同时，在文学界也兴起了以推动工人运动为目的的无产阶级文学运动。从大正末期到昭和初期，无产阶级文学始终占据着日本文学的中心地位，涌现出了小林多喜二、宫本百合子、德永直等一大批优秀作家。然而，随着日本政府采用治安维持法等手段加紧对无产阶级文学的镇压后，大多数作家被迫转向。1935年左右，在小林多喜二惨遭警察杀害后，日本无产阶级文学最终走向了低潮。

原爆文学

以广岛和长崎的原子弹爆炸事件为题材的作品的总称。真实经历过该原子弹爆炸事件的作家作品有：原民喜的《夏之花》、大田洋子的《尸街》和《人间褴褛》、永井隆的《长崎和平钟声》、峠三吉的《原爆诗集》等。

而在没有真实经历过原子弹爆炸事件的作家的作品中，最著名的是井伏鳟二所著的《黑雨》。此外，井上厦所著的《和爸爸在一起》《纸店街樱花旅馆》《少年口传队一九四五》等剧作也颇受好评。著名的漫画作品有中泽启治的《赤足小子》。1983年，原爆文学丛书《日本的原爆文学》(全15卷)也得以出版。

纯文学

在日本近代文学中所使用的一种独特的用语。通常与以娱乐为目的的通俗小说对称，纯文学就是纯粹的文学，即以艺术本身为目的的小说作品。大众文化兴起之后，纯文学逐渐失去了原本的意义。然而，将小说分为纯文学和通俗小说这一做法，本就应该算是日本歪曲了小说这一概念而产生的结果。

中间小说

中间小说也是日本近代文学一种独特的小说类型，出现于1947年左右。中间小说的意思是指介于纯文学与大众文学之间的作品，但实际上它的概念也并非如此明确。中间小说应该说是纯文学派作家为了应对约稿要求而选择创作通俗小说的一种权宜之计。也就是说，我们可以认为"中间小说"是为了解释一些虽不是纯文学，但也很难断言是通俗小说的作品而创造的文坛媒体用语。

私小说

以作者自己的亲身经历和日常生活为题材创作出来的一种日本独特的小说样式。一般认为田山花袋的内心告白之作《棉被》开启了私小说创作的先河。除田山花袋外，私小说的代表作家还包括葛西善藏、尾崎一雄、上林晓等人。虽然有人批判私小说脱离了社会生活，只沉溺于狭小的个人世界，但不得不承认的是，私小说具有经久不衰的影响力，至今依然在日本文坛中占据着重要地位。

无赖派

第二次世界大战后，在日本的混乱时期出现的一个文学群体，又称"新戏作派"。在各种价值观均处于崩坏状态的时代背景之下，该派作家的特征就是对既成事物所表现出的反抗意识和自虐态度，其中最具影响力的作家是太宰治。太宰治的第一部小说集《晚年》以自己的自杀为创作前提，另一部作品《斜阳》则描写了消逝的美学。此外，无赖派作家还有织田作之助、坂口安吾、石川淳等人。

三岛由纪夫

1949年以小说《假面的告白》奠定了文坛地位的三岛由纪夫一般被认为是"第二次战后派"的作家，但如果参考他之后的经历的话，就会发现他实际处于一个非常独特的地位。三岛由纪夫曾长期对日本战后时代持否定态度，但当日本终于迈入了高度成长时期时，他又开始厌恶起这样的日本，甚至闯入了自卫队试图煽动政变，并在政变未遂后选择了切腹自杀。其代表作包括《金阁寺》《忧国》《丰饶之海》等多部作品。

大江健三郎

东京大学在读期间发表的小说《饲育》获得了1958年的芥川文学奖。大江健三郎作为此前未曾出现过的新型作家，极大地改变了日本文学的面貌。随后，他又陆续发表了《个人的体验》《万延元年的足球赛》《洪水淹没我的灵魂》等轰动性作品，反映了现代人虚无的心理状态。1994年，大江健三郎获得了诺贝尔文学奖，成为现代日本文学的代表性作家。

第三新人

在战后文学中，野间宏、椎名麟三等最早登上日本文坛的作家被称为"第一次战后派"，稍后登场的安部公房、堀田善卫等人被称为"第二次战后派"。与此相对，1952至1953年前后开始登上文坛的小岛信夫、安冈章太郎、阿川弘之、庄野润三、远藤周作、吉行淳之介、三浦朱门等作家群体则被称为"第三新人"。虽然"第三新人"基本都是在战争中度过自己的青春时代，但他们并不像第一次和第二次战后派那样乐于讨论思想和政治，而是热衷于以纤细的感觉描绘自己的文学世界。

内向的一代

指昭和40年代的高度成长时期登上文坛的作家们，评论家平野间曾对这一群体的内向的态度提出批判，认为他们过于关注自己的内心世界，"内向的一代"即由此得名。然而，也正是这些内向的一代，支撑起了昭和40至50年代的纯文学的发展。该流派的作家包括古井由吉、后藤明生等人。在"内向的一代"之后又出现了以村上春树和村上龙等作家为代表的"全共斗世代"，但是"全共斗世代"这个名称并非仅用于文学界。

建 筑　● Architecture ●

建筑的起源

罗马建筑随着城市化的发展而不断发展。

近代建筑的起源是古希腊建筑。这是由于古希腊建筑并不仅仅有诸如埃及金字塔、美索不达米亚的塔庙等宗教建筑，还包括住宅和宫殿，并且这些住宅和宫殿具有梁柱式结构，配备有上下水道和浴室等完善的设施。

罗马时代是古代建筑发展的黄金时代，尤为值得一提的是，建筑的发展总是以城市的发展为背景，并且始终贯彻着建筑师对于艺术的追求。

罗马建筑具有卓越的规划性和耐久性，建筑类型极为丰富，包括宫殿、住宅、集体住宅、公共浴室、剧院、竞技场等。

进入1世纪，建筑材料的种类开始丰富起来，除了传统的木、石、砖以外，混凝土的运用使得大型建筑的建造得以实现。在装饰性方面，穹顶、拱门、圆形建筑物开始陆续出现于1世纪至2世纪左右。以万神庙、罗马大角斗场、大型浴场为代表的公共建筑也开始增多。

早期基督教建筑和拜占庭建筑虽然在装饰上有所变化，但总体上并未摆脱罗马建筑的影响。早期基督教建筑的特点是巴西利卡式教堂，拜占庭建筑的特点则是在巴西利卡形制的基础上又增加了穹顶结构。

基督教建筑在进入11世纪后，开始被称为"罗马式建筑"，并逐渐传播到欧洲各地，还融合了当地的地方特色，在建筑材料和风格上都表现出了强烈的地域性，其主要特征是墙体厚实、柱子短粗以及半圆形拱门。

12世纪中期，在法国出现了一场风格奇异的建筑热潮，"哥特式建筑"就是在这场热潮中诞生的建筑风格之一。它的典型特征是高耸的尖顶、让人产生升华幻觉的室内结构以及镶满彩色玻璃的墙面。哥特式建筑流行于英国、意大利、德国等国家，并在各国的相互交流和影响中得到了进一步的发展。

建筑风格的变迁

文艺复兴时期出现了专业的建筑师，并创造出了具有独创性和艺术性的建筑风格。

15世纪时，兴起于意大利的文艺复兴运动在建筑界也引发了重大变革。文艺复兴时期的建筑崇尚具有稳定感的比例和匀称协调的风格，同其他的文艺复兴文化一样表现出了对于古典美学的追求。除了此前的仅以教会为中心的传统建筑外，公共设施、宫殿、宅邸等不同类型的建筑也开始成为文艺复兴时期建筑的重要主题。

虽然文艺复兴从15世纪开始至16世纪末持续了将近两百年的时间，但文艺复兴建筑大体上可分为文艺复兴早期、鼎盛时期、风格主义三个时期。

文艺复兴早期的建筑特点是以简明、轻快为基调，精于具有独创性的建筑结构和富有古典韵味的装饰。鼎盛时期的建筑特点是对古典韵味进行了更为严谨和形式化的表达，舍弃了之前的自由、轻快、华丽的风格，开始带有简朴、庄严以及厚重感。进入风格主义时期，紧张感、新奇感、复杂性成为新的潮流，文艺复兴鼎盛时期所形成的建筑风格遭到批判，建筑师们开始追求更具个性和独创性的建筑风格。

"建筑师的诞生"是文艺复兴建筑不同于以往建筑发展的一大特征。文艺复兴时期建筑物的建造，要求建筑师具有广泛的学识、美学方面的素养以及丰富的经验，因此，文艺复兴时期涌现出了一批专业的建筑师。文艺复兴早期的著名建筑师有多纳托·布拉曼特、拉斐尔·桑蒂、朱利奥·罗马诺等人。

继文艺复兴建筑之后兴起的建筑风格是"巴洛克建筑"。与沉静古典的文艺复兴建筑相比，巴洛克建筑更加追求视觉效果，大量运用了绘画、雕刻等艺术技巧，给人以动态和戏剧性的强烈印象，形成一种烦琐、综合的建筑风格。

巴洛克建筑的代表性建筑师是贝尔尼尼，代表作是罗马的圣彼得大教堂的柱廊。除此以外，巴洛克建筑还包括意大利众议院、特莱维喷泉、西班牙大台阶等。在罗马留存下来的古建筑中有很多都是巴洛克建筑。

近代建筑

铁、玻璃、混凝土的使用与近代建筑运动的发展轨迹。

进入19世纪下半叶，建筑界发生了巨大的变化，铁、玻璃、混凝土等建筑材料的使用越来越普及。19世纪50年代左右，随着钢铁的规模化生产，出现了以高达三百米的埃菲尔铁塔为代表的大型钢筋建筑物，与此同时，升降式电梯和电气设备的使用也为建筑界的发展做出了巨大贡献。

在此背景下，各国兴起了声势浩大的近代建筑运动。在英国，威廉·莫里斯发起了一场工艺美术运动，该运动以抵制机械制品为目的，试图复兴中世纪手工艺工人们充满人性的手工生产方式。

在法国出现了以创造全新的美感为目的的新艺术运动。新艺术运动在德国被称为"青年风格"，特点是热衷于使用新奇的曲线纹样。然而，该时期最具影响力的人物当属奥地利建筑师奥

建筑的发展历程①

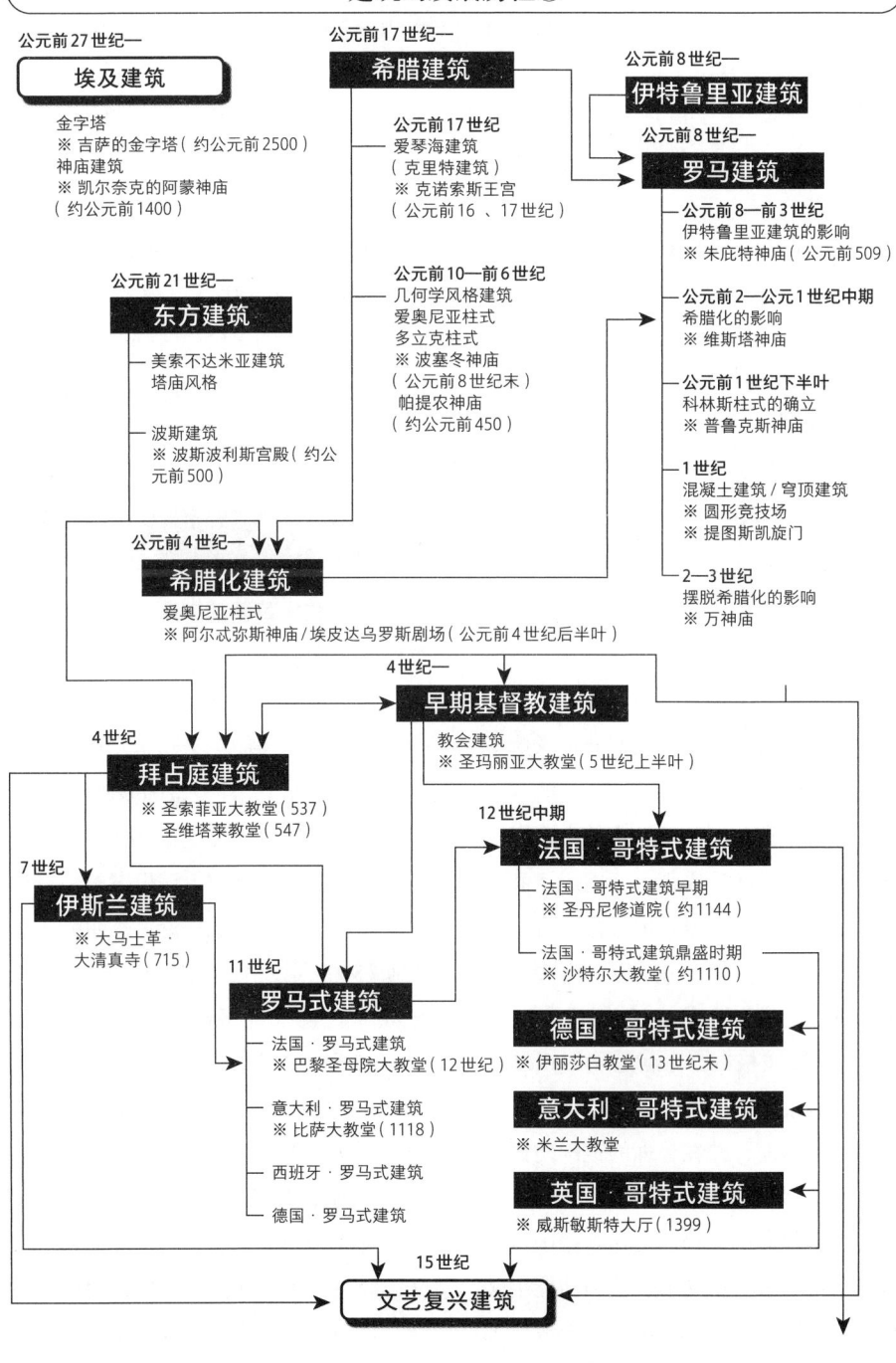

公元前27世纪—
埃及建筑
- 金字塔
  ※ 吉萨的金字塔（约公元前2500）
- 神庙建筑
  ※ 凯尔奈克的阿蒙神庙
  （约公元前1400）

公元前17世纪—
希腊建筑
- 公元前17世纪
  爱琴海建筑
  （克里特建筑）
  ※ 克诺索斯王宫
  （公元前16、17世纪）
- 公元前10—前6世纪
  几何学风格建筑
  爱奥尼亚柱式
  多立克柱式
  ※ 波塞冬神庙
  （公元前8世纪末）
  帕提农神庙
  （约公元前450）

公元前8世纪—
伊特鲁里亚建筑

公元前8世纪—
罗马建筑
- 公元前8—前3世纪
  伊特鲁里亚建筑的影响
  ※ 朱庇特神庙（公元前509）
- 公元前2—公元1世纪中期
  希腊化的影响
  ※ 维斯塔神庙
- 公元前1世纪下半叶
  科林斯柱式的确立
  ※ 普鲁克斯神庙
- 1世纪
  混凝土建筑/穹顶建筑
  ※ 圆形竞技场
  ※ 提图斯凯旋门
- 2—3世纪
  摆脱希腊化的影响
  ※ 万神庙

公元前21世纪—
东方建筑
- 美索不达米亚建筑
  塔庙风格
- 波斯建筑
  ※ 波斯波利斯宫殿（约公元前500）

公元前4世纪—
希腊化建筑
- 爱奥尼亚柱式
  ※ 阿尔忒弥斯神庙/埃皮达乌罗斯剧场（公元前4世纪后半叶）

4世纪—
早期基督教建筑
- 教会建筑
  ※ 圣玛丽亚大教堂（5世纪上半叶）

4世纪
拜占庭建筑
- ※ 圣索菲亚大教堂（537）
  圣维塔莱教堂（547）

7世纪
伊斯兰建筑
- ※ 大马士革·大清真寺（715）

11世纪
罗马式建筑
- 法国·罗马式建筑
  ※ 巴黎圣母院大教堂（12世纪）
- 意大利·罗马式建筑
  ※ 比萨大教堂（1118）
- 西班牙·罗马式建筑
- 德国·罗马式建筑

12世纪中期
法国·哥特式建筑
- 法国·哥特式建筑早期
  ※ 圣丹尼修道院（约1144）
- 法国·哥特式建筑鼎盛时期
  ※ 沙特尔大教堂（约1110）

德国·哥特式建筑
※ 伊丽莎白教堂（13世纪末）

意大利·哥特式建筑
※ 米兰大教堂

英国·哥特式建筑
※ 威斯敏斯特大厅（1399）

15世纪
文艺复兴建筑

托·瓦格纳，瓦格纳在其著作《现代建筑》一书中呼吁人们重视建筑的目的性以及在工学和经济上的合理性，对后世的建筑师产生了深远的影响，并为"Secession（维也纳分离派）"的诞生奠定了基础。

与此同时，美国建筑师路易斯·沙利文设计建造了钢框架结构的高层建筑，并减少了装饰，大胆地将框架结构呈现出来。

20世纪上半叶，近代建筑运动进一步得到了重大发展。各国在继承近代建筑运动的同时，对以往的建筑传统予以否定，形成了各式各样的建筑风格。主要有德国表现主义、荷兰风格派、意大利未来派、美国有机建筑，这些不同的建筑风格各具特色又有共通之处，即都有意识地对传统加以否定，追求顺应时代潮流的新设计。

这些不同风格的运动都曾在国际上盛极一时，但随着表现主义因经济和生产上的原因走向衰退，风格派与构成主义等逐渐融为一体，并从欧洲席卷至美国和日本，最终形成了"国际风格"。

"国际风格"的特点是使用钢结构或钢筋混凝土结构的外表面，推崇平屋顶和光秃墙面，并在合理的范围内摒弃所有不必要的装饰。"国际风格"的领军人物有包豪斯学校的创建者德国建筑师瓦尔特·格罗皮乌斯、德国功能主义建筑师密斯·范·德·罗、瑞士裔法国建筑师勒·柯布西耶。包豪斯学校的风格是以设计出宜于量产化的工艺和建筑模板为目标。

密斯·范·德·罗将欧洲古典主义与近代功能主义相结合，勒·柯布西耶提出了以梁柱结构为主的简单的箱体建筑。毫不夸张地说，之后的建筑师们几乎都受到过格罗皮乌斯、密斯、柯布西耶的影响。这三位建筑师与以草原式住宅著称的美国建筑师弗兰克·劳埃德·赖特并称为"近代建筑的四大巨匠"。

现代建筑

拉开技术革新的序幕，绘就建筑发展的新蓝图。

第二次世界大战结束后，曾盛行于全球范围内的功能主义建筑思潮开始受到了人们的批判。进入20世纪60年代，兴起了一场以复兴传统象征性和古典装饰为目的的建筑思潮，该思潮被后来活跃于英国的著名建筑评论家查尔斯·詹克斯称为"后现代主义"。后现代主义在80年代进入全盛期，领导者是罗伯特·文丘里，文丘里被誉为20世纪下半叶对世界建筑发展影响最大的建筑师，师从对近代建筑发展做出了重大贡献的美国建筑师路易斯·康。

鉴于追求禁欲感和合理性的现代主义已经丧失了多元性和个性，后现代主义对任何建筑风格都展现出了极大的包容性，各式各样的建筑作品层出不穷。

建筑的发展历程②

15世纪
文艺复兴建筑

- 文艺复兴早期
  - ※ 佛罗伦萨大教堂（1420）
  - ※ 圣十字教堂（1430）
  - ※ 新圣母玛利亚教堂（约1470）

- 文艺复兴鼎盛时期
  - 多纳托·布拉曼特（意1444—1514）
  - ※ 圣彼耶特罗·蒙托里奥教堂（1502）
  - 拉菲尔·桑蒂（意1483—1520）
  - ※ 玛丹别墅（16世纪初）

16世纪
法国·文艺复兴
- 弗朗西斯科·普利马蒂乔（意1504—1570）
- 菲利贝尔·德洛尔姆（法1514—1570）
- 皮埃尔·莱斯科（法约1515—1578）
- 雅克·安德烈·杜·塞索（法1521—1586）
- 《法国最卓越的建筑》（1579）

- 意大利·风格主义
  - 朱利奥·罗马诺（意1499—1546）
  - ※ 德尔泰宫（1532）
  - 塞巴斯蒂亚诺·塞里奥（意1475—1554）
  - 《建筑全书》（1537）
  - 米开朗基罗·博那罗蒂（意1475—1564）
  - ※ 圣彼得大教堂（1499）
  - 维尼奥拉（意1507—1573）
  - 《五种柱式规范》（1562）
  - 安德烈亚·帕拉第奥（意1508—1580）
  - ※ 长方形教堂
  - 雷登托雷教堂（1592）
  - 《建筑四书》（1570）

16世纪
北方文艺复兴
- 科内里·弗洛里（荷约1514—1575）
- 奥特·海因里希堡宫殿（1556）

16—17世纪
英国·文艺复兴
- 都铎风格/伊丽莎白风格
- 罗伯特·史密森（英约1536—1614）
- 詹姆斯一世风格
- 伊尼戈·琼斯（英1573—1652）
- 格林尼治女王宫（1635）

17世纪
巴洛克建筑

- 意大利·巴洛克
  - 济安·劳伦佐·贝尔尼尼（意1598—1680）
  - ※ 奎琳岗圣安德鲁教堂（17世纪中期）
  - 多梅尼科·丰塔纳（意1543—1607）
  - 弗朗切斯科·博罗米尼（意1599—1667）
  - ※ 圣埃格尼斯教堂（17世纪中期）

- 法国·巴洛克
  - 萨洛蒙·德·布罗斯（法1571—1626）
  - ※ 卢森堡宫开始建设（1615）
  - 路易·勒沃（法1612—1670）
  - ※ 凡尔赛宫的扩建（1668）

- 德国·奥地利·巴洛克
  - 费希尔·冯·厄拉克（奥1656—1723）
  - 卡尔教堂（1725）

18世纪
洛可可建筑
- 罗伯特·德·科特（法1656—1735）
- 奥佩诺尔（法1672—1742）

225

建筑的发展历程③

20世纪上半叶　　对传统的批判

钢筋混凝土建筑
厄尔内斯特·L·蓝萨姆（美 1852—1917）
托尼·加尼埃（法 1869—1948）
阿道夫·路斯（奥 1870—1933）
《装饰与罪恶》（1908）

德国表现主义
布鲁诺·陶特（德 1880—1938）
※莱比锡国际建筑博览会
德国钢铁馆（1913）
《城市之冠》（1919）
《阿尔卑斯建筑》（1919）
汉斯·珀尔齐格（德 1869—1936）
埃里克·门德尔松（德 1887—1953）

意大利未来派
安东尼奥·圣伊利亚（意 1888—1916）
《新城市》（1914）

苏维埃构成主义
瑙姆·加波（俄 1890—1977）
尼古拉·拉道夫斯基（俄 1881—1941）
埃尔·利西茨基（俄 1890—1941）

有机建筑
弗兰克·劳埃德·赖特（美 1867—1959）
※古根海姆美术馆（1959）

荷兰风格派
泰奥·范·杜斯堡（荷 1883—1931）
罗伯特·凡·霍夫（荷 1887—1979）
雅各布斯·约翰内斯·彼得·奥德（荷 1890—1963）

对立　1930—

后现代主义　←（批判）×
路易斯·康（美 1901—1974）
※宾夕法尼亚大学
理查兹医学研究大楼（1965）
罗伯特·文丘里（美 1925—）
《建筑的复杂性和矛盾性》（1966）
查尔斯·詹克斯（美 1939—）
《后现代主义建筑语言》（1977）
1970—

高科技风格
诺曼·福斯特（英 1935—）
※香港上海银行总行大厦（1986）
伦佐·皮亚诺（意 1937—）
理查德·罗杰斯（英 1933—）
※巴黎蓬皮杜艺术与文化中心（1977）

国际风格
— 德国 包豪斯
瓦尔特·格罗皮乌斯（德 1883—1969）
※包豪斯校舍（1926）
汉斯·夏隆（德 1893—1972）
※柏林爱乐音乐厅（1963）

— 法国 新精神
勒·柯布西耶（瑞 1887—1965）
《走向新建筑》（1923）
※萨伏伊别墅（1930）

— ※德国 功能主义
密斯·范·德·罗（德 1886—1969）
巴罗塞那国际博览会德国馆（1929）

20世纪下半叶，建筑界进入了全面发展的时代，曾经被称为"匠师"的团体重新以"工程师"的身份与建筑师一起加入到了建筑工程中。出现了以奥弗·阿勒普为代表的"结构大师"，随着他们在建筑业的发展中发挥着越来越重要的作用，其影响力也日益扩大。

此外，新技术与新材料的研发、以先进的工程学技术为基础的雕刻技术等的发展都与专业工程师有着莫大的关系。用一句话来概括现代建筑的话，就是"工程学技术与建筑的结合"。

近年来，由环境问题所引发的对建筑整体的反思成为一大课题，在经济性的基础上，建筑的适应性、灵活性也成为人们关注的重点，以"可持续性（环境友好型）设计"为主题的新的挑战已经在建筑界拉开了序幕。

```
18世纪                                    18—19世纪
┌─────────────────┐                      ┌─────────────────┐
│  新古典主义建筑  │                      │   田园风光派    │
└─────────────────┘                      └─────────────────┘
  ─ 英国新古典主义                          约翰·纳什（英1752—1835）
    罗伯特·亚当（英1728—1792）              ※ 肯勃兰连排住宅（1827）
  ─ 法国新古典主义
    马克-安东尼·洛吉耶（法1713—1769）   18—19世纪
    《论建筑》（1753）                    ┌─────────────────┐
    昂热-雅克·加布里埃尔（法1698—1782）  │   古典复兴派    │
    ※ 小特里阿农宫（1764）                └─────────────────┘
    艾蒂安-路易·布雷（法1728—1799）        利奥·冯·克伦策（德1784—1864）
    雅克·日尔曼·苏弗洛（法1687—1758）     ※ 慕尼黑·洛伊希滕贝格宫
    ※ 圣吉纳维耶夫教堂（18世纪下半叶）      戈特弗里德·散帕尔（德1803—1879）
                                           ※ 德累斯顿皇家剧院（1841）
                                           查尔斯·加尼埃（法1825—1898）
                                           ※ 巴黎歌剧院（1875）
┌─────────────────┐                19世纪 ┌─────────────────┐
│  近代建筑运动    │                      │   哥特复兴式    │
└─────────────────┘     ┌─────────────┐  └─────────────────┘
19世纪下半叶             │ 钢筋建筑物  │    约翰·卡特（英1748—1817）
┌─────────────────┐     └─────────────┘   《英国的古建筑物》（1786）
│     英国        │      居斯塔夫·埃菲尔   查尔斯·巴瑞（英1795—1860）
│  工艺美术运动   │      （法1832—1923）   ※ 英国国会大厦（1852）
└─────────────────┘      ※ 埃菲尔铁塔（1890） 弗雷德里希·冯·施密特（德1825—1891）
 约翰·罗斯金（英1819—1900）                ※ 维也纳市政厅（1883）
 《威尼斯之石》（1853）                    弗雷德里希·冯·加特纳（德1792—1847）
 威廉·莫里斯（英1834—1896）                ※ 巴伐利亚州立图书馆（1843）
┌─────────────────┐    ┌─────────────────┐ 维奥莱·勒·杜克（法1814—1879）
│     德国        │    │     法国        │ ※ 巴黎圣母院的修复（1864）
│   青年风格派    │    │  新艺术运动     │ 理查德·厄普约翰（英1802—1878）
└─────────────────┘    └─────────────────┘ ※ 纽约三一教堂（1846）
 奥古斯特·恩德尔         埃克托尔·吉马尔
 （1871—1925）           （法1867—1942）
 亨利·范·德·费尔德      ※ 巴黎地铁站（1900）
 （比1863—1957）
┌─────────────────────┐                   ┌─────────────────┐
│   青年风格派的影响  │                   │   芝加哥学派    │
└─────────────────────┘                   └─────────────────┘
 埃内斯托·巴西尔（意1857—1932）           路易斯·沙利文
 查尔斯·雷尼·麦金托什（英1868—1928）      （美1856—1924）
 奥托·华格纳（奥1841—1918）      ┌──────────────┐  威廉·勒巴伦·詹尼
 ※ 维也纳邮政储蓄银行（1906）    │  分离运动    │  （美1832—1907）
 安东尼·高迪（西1852—1926）      │（维也纳分离派）│ 亨利·霍布森·理查德森
 ※ 圣家族大教堂（1882—）         └──────────────┘  （美1838—1886）
 西班牙·现代主义（现代运动）      约瑟夫·霍夫曼
                                  （奥1870—1956）
                                  ※ 布鲁塞尔·斯托克莱宫
                                  （1911）
```

入门者须知

罗马建筑

与希腊建筑的简约相比，罗马建筑的特征在于多样、复杂以及大型建筑众多等方面。虽然罗马建筑的重心在于神庙等宗教性建筑，但住宅和剧院等建筑也不在少数，人性化与世俗化也是罗马建筑的特征。在技术方面，混凝土建造法的发展具有重大意义，它使得罗马建筑物的质和量都有了更大的提升空间。此外，城市与建筑互相影响、共同发展也是罗马建筑的一大特征。

拜占庭建筑

6世纪时始于东罗马帝国的一种建筑风格。拜占庭建筑融合了古罗马建筑风格和东方建筑技巧，主要体现在壮丽的教堂建筑上，其特征是在正方形的大厅上方覆盖穹顶，威尼斯的圣马可教堂是拜占庭建筑的典型代表。这种建筑风格在诞生后迅速发展成熟，虽然之后并未再出现重大发展，但在东罗马帝国灭亡后，它又在俄罗斯得到了复兴和发展。

威廉·莫里斯

英国工艺美术家。莫里斯曾与志同道合的艺术批评家约翰·罗斯金共同发起了一场工艺美术运动。他不满于粗制滥造的机械制品，将中世纪手工艺方式视为至高理想，亲自制作了室内装饰品、家具等各种各样的手工艺品。莫里斯的思想影响了整个欧洲，并进一步催生出了丝毫不受传统风格影响的全新的建筑风格。

新艺术运动

在莫里斯的工艺美术运动的影响下出现了各种风格创新运动，新艺术运动就是其中之一，该运动诞生于比利时，以巴黎为中心发展壮大。其特征是以行云流水般的曲线和曲面为主的华丽装饰，并且受到了当时非常流行的"日本主义（日式装饰和空间结构）"的影响。此外，与莫里斯的工艺美术运动不同的是，新艺术运动对新素材也表现出了一定的兴趣。特别是对于能够随意制作曲线的铁的使用，成为推动新艺术运动发展的重要因素。

Secession（分离派）

为了实践建筑师奥托·瓦格纳所倡导的新建筑理论，约瑟夫·霍夫曼、约瑟夫·奥尔布里希等人结成了 Secession（维也纳分离派）。Secession 源于希腊语，表示"分离"的意思，即从以往的风格中脱离出来。该派成员不仅有建筑师，还包括以画家克里姆特为首的艺术家。在摄影界也有一个名为"Secession"的流派。

包豪斯

1919年，建筑师格罗皮乌斯在德国魏玛创办的一所建筑学校。包豪斯的两个指导性理念是："将所有的艺术体现在作为综合艺术的建筑中""艺术设计的基本在于手工业，艺术必须与技术相结合"。

1925年，包豪斯出版了其系列丛书的第一卷——《国际建筑》，该书中所提出的运用全球共通的素材、技术以及设计理想建造出的建筑会成为国际性建筑的观点，在国际上引起了巨大的反响。

勒·柯布西耶

法国建筑师，现代建筑得以确立的关键性人物。柯布西耶设计的建筑基本都是钢筋混凝土结构的普遍性建筑，既具有易于效仿的特性，又具有充满人性的个性化风格，对各国的建筑师都产生了巨大的影响。

此外，他还提出了"机器美学"和"光辉城市"等理念和构想，创办了《新精神》杂志等，称得上是一名理论导师。

后现代主义

1964年，美国建筑师罗伯特·文丘里在其著作《建筑的复杂性和矛盾性》中提出了"少就是厌烦"的观点，标志着后现代主义的开端。

1977年，美国建筑评论家查尔斯·詹克斯出版了《后现代建筑语言》一书，在该书中，他首次提出了"后现代"一词。后现代主义建筑师们再次肯定了被现代主义者们所批判的历史主义和折中主义，使得装饰、个性以及象征性得以复兴。

近代日本建筑 Modern Japanese Architecture

现代主义推动了日本近代建筑的飞速发展，日本建筑在经过了后现代主义的发展后又进一步迈向了超现代主义。

日本的近代建筑始于幕末至明治时期，代表性建筑为在长崎、神户、横滨等外国人居留地建造的西式建筑和制铁厂、制丝厂等工厂。

随后，明治政府聘请的外籍建筑师为日本带来了真正的欧式建筑，进一步拉开了日本近代建筑的序幕。

这些外籍建筑师们在明治第一个十年前后创造了日本建筑发展的新时代，核心人物包括法裔英国建筑师布安比尔、英国建筑师约西亚·康德尔以及德国的赫尔曼·恩德和威尔赫尔·伯克曼两位建筑师。

虽然此前也曾有过一些建筑师来到日本，但布安比尔是第一位真正意义上的建筑师，他在日本主持设计了欧式风格的工部大学讲堂以及皇居谒见所、外务省等建筑。

同时期来到日本的还有对日本文化有着深刻理解的康德尔，他是早期日本建筑界最重要的功臣。

康德尔曾任工部省附属大学教授，系统地为学生讲授过建筑理论、建筑史等建筑学知识。他的学生们曾参与过鹿鸣馆、有栖川宫宫邸、尼古拉教堂、丸之内三菱一号馆等建筑的设计，并成为后来日本建筑界的领军人物。

日本本土建筑师的成长

明治政府聘请的外籍建筑师们退出历史舞台后，日本本土的建筑师们开始活跃起来，形成了英国派、德国派、法国派三个不同派系。其中以英国派为主流，英国派的建筑师主要是康德尔的学生辰野金吾、曾祢达藏、藤本寿吉等人，代表作有日本银行总行、东京车站、文部省等建筑。该派的典型特征是古典主义与哥特风格的融合与折中。

与英国派相比，德国派和法国派在日本属于少数派。虽然这两派各出现过妻木赖黄和片山东熊等优秀的建筑师，但活跃的时间都相对较短。

德国派的特点是和洋折中，即将德国式的文艺复兴、巴洛克、哥特等建筑风格与和风相结合。代表作有帝国饭店初期建筑和横滨正金银行总行等建筑。

法国派的中心人物片山东熊是一位宫廷建筑师，他除了为贵族设计宅邸外，还设计建造了京都、奈良帝室博物

近代日本建筑（明治—昭和初期）①

[明治以前]

殖民地建筑
[长崎格洛弗宅邸（1863）]
[大浦天主堂（1865）]
[札幌钟楼（1878）]

西式工厂建筑
[长崎制铁所（1861）]
[富冈制丝场（1871）]

政府聘请的外籍建筑师
布安比尔（法1850—1897）
[外务省]
约西亚·康德尔（英1852—1920）
[鹿鸣馆（1883）]
[有栖川宫宫邸（1884）]
[尼古拉教堂（1891）]
赫尔曼·恩德（德1829—1907）
& 威尔赫尔·伯克曼（德1832—1902）
[旧司法省办公楼（1895）]

约西亚·康德尔

[明治初期]

仿西式建筑
[筑地旅馆（1868）]
[学习院（1878）]

历史主义建筑论
伊东 忠太（1867—1954）
《建筑哲学》（1892）
《法隆寺建筑研究》（1893）
武田 五一（1872—1938）
《茶室建筑》（1989）

[明治中期]

对立 ×

英国派
藤本 寿吉
（1855—1891）
[文部省（1882）]
辰野 金吾
（1854—1919）
[创建日本建筑学会
（1886）]
[日本银行总行（1896）]
[东京车展（1914）]
曾祢 达藏
（1853—1937）
[三菱大阪分店（1891）]

德国派
妻木 赖黄
（1859—1916）
[横滨正金银行总行（1904）]
（现神奈川县立历史博物馆）
河合 浩藏
（1856—1934）
渡边 让
（1856—1930）
[帝国饭店（1890）]

法国派
片山 东熊
（1854—1917）
[京都帝室博物馆（1895）]
（现京都国立博物馆）
[赤坂离宫（现迎宾馆）
（1909）]
山口 半六
（1858—1900）
[兵库县厅（1902）]

传统风格
伊东 忠太
[平安神宫（1895）]
长野 宇治平
（1867—1937）
[奈良县厅（1895）]

欧洲派
中条 精一郎
（1868—1936）
[庆应图书馆（1912）]
长野 宇治平
[三井银行神户支行（1916）]

新感觉派
自由风格
野口 孙市（1869—1915）
[明治生命大阪分店]
武田 五一（1872—1938）
长谷部 锐吉（1885—1960）
[住友总店（1926）]
佐藤 功一（1878—1941）
[早稻田大学大隈讲堂（1927）]
安井 武雄（1884—1955）
[日本桥野村大楼（1930）]
Art Deco 装饰艺术风格）

馆。这两座博物馆的风格均参考了凡尔赛宫，深受法国的巴洛克风格影响。

随后，德国派与法国派均逐渐衰落，英国派则被后来的欧洲派和新感觉派所继承。

现代式设计的开端

进入大正时期（1912—1926），现代式设计开始席卷日本建筑界，最早出现的流派是表现派。1914年，曾留学于德国并深受德国表现派影响的本野精吾设计了西阵织物馆。1915年，后藤庆二设计了丰多摩监狱，标志着日本表现派以及现代式设计的开端。

表现派的设计热衷于使用由四角形和三角形组合而成的几何图形，特别是丰多摩监狱对当时的年轻建筑师们产生了巨大的冲击。该派最终被深受后藤庆二影响的堀口舍己、山田守等分离派所继承。

早期现代式设计的另一个重要流派是由从美国而来的弗兰克·劳埃德·赖特和他的日本学生们所组成的赖特派。该派的代表作有赖特设计的帝国饭店、远藤新设计的甲子园饭店等建筑。建筑特点是独特的装饰和连续运动空间，而这些基本上也可以看作是表现派的一种形式。

此外，同时期的建筑流派还有风格派。代表人物是渡日后与其师赖特发生分歧的捷克建筑师安东尼·雷蒙德，雷蒙德除了设计了一系列欧式风格的现代主义建筑外，还培养出了前川国男、吉村顺三等建筑师。

早期现代主义

继风格派之后，又相继出现了包豪斯派与柯布西耶派，这三个流派被统称为早期现代主义。

包豪斯派的特点在于对直角和白色的运用，代表人物包括曾于昭和初期在德国包豪斯学校学习过设计的山口文象以及水谷武彦、山胁严等建筑师。该派设计的建筑类型极为丰富，既有医院和学校等公共建筑，也有普通住宅。包豪斯派成为战前现代主义的主流流派。

另一方面，作为反对包豪斯派的势力，原本的风格派代表人物雷蒙德开始被勒·柯布西耶的思想所吸引，雷蒙德回国后，其弟子前川国男和坂仓准三也进入了巴黎的柯布西耶事务所工作。

前川国男、坂仓准三以及前川国男的弟子丹下健三是日本柯布西耶派的代表性建筑师，第二次世界大战后，三人成了日本建筑界的领军人物。

后现代主义的登场

第二次世界大战后，日本建筑界的领军人物主要有柯布西耶派的三位建筑师、现代主义派的芦原义信、后期表现派的村野藤吾等人。虽然从昭和20年

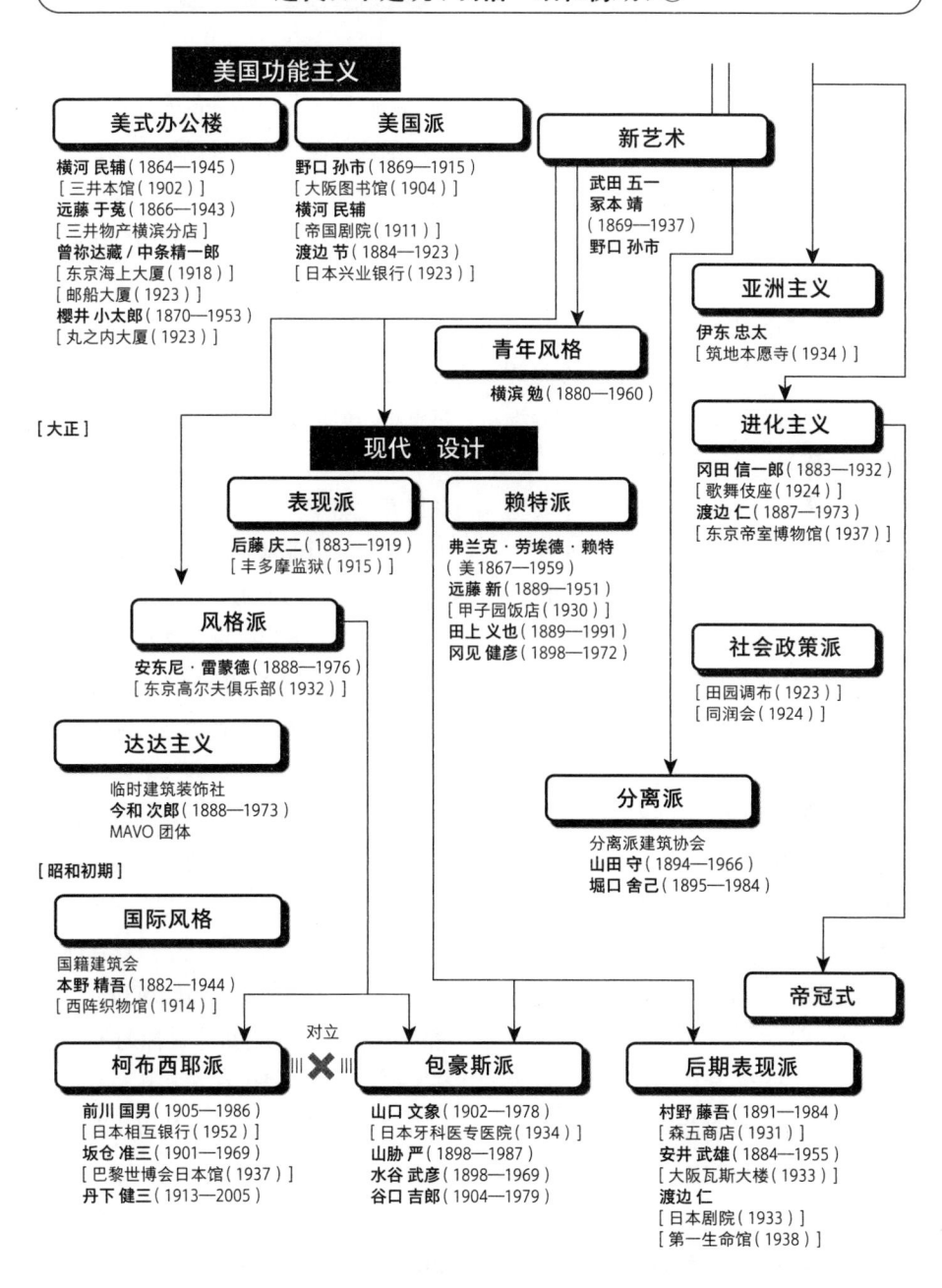

近代日本建筑（明治—昭和初期）②

美国功能主义

美式办公楼
横河 民辅（1864—1945）
［三井本馆（1902）］
远藤 于菟（1866—1943）
［三井物产横滨分店］
曾祢达藏/中条精一郎
［东京海上大厦（1918）］
［邮船大厦（1923）］
樱井 小太郎（1870—1953）
［丸之内大厦（1923）］

美国派
野口 孙市（1869—1915）
［大阪图书馆（1904）］
横河 民辅
［帝国剧院（1911）］
渡边 节（1884—1923）
［日本兴业银行（1923）］

新艺术
武田 五一
冢本 靖
（1869—1937）
野口 孙市

青年风格
横滨 勉（1880—1960）

［大正］

现代·设计

表现派
后藤 庆二（1883—1919）
［丰多摩监狱（1915）］

赖特派
弗兰克·劳埃德·赖特
（美1867—1959）
远藤 新（1889—1951）
［甲子园饭店（1930）］
田上 义也（1889—1991）
冈见 健彦（1898—1972）

风格派
安东尼·雷蒙德（1888—1976）
［东京高尔夫俱乐部（1932）］

达达主义
临时建筑装饰社
今和 次郎（1888—1973）
MAVO 团体

［昭和初期］

国际风格
国籍建筑会
本野 精吾（1882—1944）
［西阵织物馆（1914）］

亚洲主义
伊东 忠太
［筑地本愿寺（1934）］

进化主义
冈田 信一郎（1883—1932）
［歌舞伎座（1924）］
渡边 仁（1887—1973）
［东京帝室博物馆（1937）］

社会政策派
［田园调布（1923）］
［同润会（1924）］

分离派
分离派建筑协会
山田 守（1894—1966）
堀口 舍己（1895—1984）

帝冠式

对立 ╳

柯布西耶派
前川 国男（1905—1986）
［日本相互银行（1952）］
坂仓 准三（1901—1969）
［巴黎世博会日本馆（1937）］
丹下 健三（1913—2005）

包豪斯派
山口 文象（1902—1978）
［日本牙科医专医院（1934）］
山胁 严（1898—1987）
水谷 武彦（1898—1969）
谷口 吉郎（1904—1979）

后期表现派
村野 藤吾（1891—1984）
［森五商店（1931）］
安井 武雄（1884—1955）
［大阪瓦斯大楼（1933）］
渡边 仁
［日本剧院（1933）］
［第一生命馆（1938）］

代起直到30年代中期，在第二次世界大战前既已开始发展的现代主义建筑始终占据着建筑界的主流地位，但游离于现代主义之外的新陈代谢派也是非常重要的流派。

新陈代谢主义是一种将成长、变化等时间性概念引入建筑和城市设计中的思想，吸引了全世界的关注。

新陈代谢派成员除了浅田孝、川添登、菊竹清训、黑川纪章、桢文彦等建筑师，还包括粟津洁、荣久庵宪司等设计师。该派的中心人物黑川纪章所设计的中银舱体楼，标志着由舱体构成建筑和城市这一新陈代谢主义设想的实现。

20世纪60年代，在现代主义依然持续发展的背景之下，后现代主义的登场为全球建筑界的发展带来了巨大的变化，日本也深受影响。日本后现代主义的代表性建筑师是矶崎新，矶崎新将自己的建筑风格称为"schizo eclectic（精神分裂式折中主义）"或"引用"，最能体现他的建筑理念的作品是"筑波中心大楼"。

这座日本后现代主义的代表性建筑融合了西方与东方，未来与古希腊等多种元素。多年后，矶崎新曾表示"试着整理一下我在1962年左右的思想，就会发现我曾经与新陈代谢主义不期而遇"。近年来，比起日本国内的建筑工程，他在中国和欧洲的工作更加引人注目，目前依然是活跃于建筑界的著名人物。

建筑界的现在与未来

安藤忠雄登场的时代应该被称为"后后现代"。自学成才的安藤忠雄以其大胆的清水混凝土设计风格为建筑界带来了巨大的冲击，尽管他并非建筑学科班出身，却还是成了日本顶级的国际建筑师，目前仍活跃于世界各地。

谷口吉生，作为现代主义建筑师谷口吉郎之子，全面地继承了其父的建筑思想，但却很少出现在媒体上，也几乎不参加建筑设计竞赛，因而除了纽约现代美术馆以外，他在国外的建筑作品少之又少。但他却是国际上极受好评的"作品主义"建筑师，曾于2005年获得了"高松宫殿下纪念世界文化奖·建筑奖"，成为第四个获得该奖项的日本人。

继矶崎新和桢文彦之后，又出现了一大批活跃于国际建筑界前沿的日本建筑师，其中包括日本建筑界的领军人物伊东丰雄，以丰富多彩的风格吸引了本土和全球瞩目的隈研吾、山本理显、内藤广、北川原温以及凭借"卢浮宫朗斯分馆"成名的女性建筑师妹岛和世，以充满艺术气息的感知力著称的干久美子，近年来初露锋芒的藤本壮介、武井诚和锅岛千惠夫妇、石上纯也等人。他们在世界各国施展着自己多样的才能，不断创造着充满了对于未来的憧憬与梦想的城市景观和建筑。

在日本本土的建筑发展方面，人们开始重新重视起自古以来的传统建筑手

战后日本建筑

柯布西耶派

前川 国男（1905—1986）
[国际文化会馆（1956）]
[东京文化会馆（1962）]
坂仓 准三（1901—1969）
[神奈川县立近代美术馆（1951）]
丹下 健三（1913—2005）
[赤坂王子饭店（1982）]
[新都厅（1991）]
吉阪 隆正（1917—1980）
[法兰西中学校舍（1962）]

和风

吉田五十八（1894—1974）
[五岛美术馆（1960）]
[料亭吉兆（1961）]
清家 清（1918—2005）
[小原流家元会馆（1962）]
大江 宏（1913—1989）
[乃木会馆（1968）]
[日本国立能乐堂（1983）]

池边 阳（1920—1979）
东 孝光（1933—2015）

高迪派

今井 兼次
（1895—1987）
[日本二十六圣人纪念馆]（1962）
大谷 幸夫
（1924—2013）
[京都国际会馆（1966）]
谷口 吉生（1937）
[土门拳纪念馆（1983）]

雷蒙德派

吉村 顺三（1908—1997）
[青山塔楼（1969）]

渡边 洋治（1923—1983）
[新天空三号大厦（1970）]
象设计集团
[名护市厅舍（1981）]

大高 正人（1923—2010）
[千叶县文化会馆（1968）]
鬼头 辛（1926—2008）
[口县立美术馆（1979）]

新陈代谢派

菊竹 清训（1928—2011）
[出云大社厅舍（1963）]
黑川 纪章（1934—2007）
[中银舱体楼（1972）]
川添 登（1926—2015）
桢 文彦（1928— ）
[代官山集合住宅（1969）]

现代·设计

芦原 义信（1918—2003）
[驹泽奥林匹克公园（1964）]
[索尼大楼（1966）]

内井 昭藏（1933—2002）
[世田谷美术馆（1986）]
伊东 丰雄（1941— ）
[风之塔（1986）]

村野 藤吾（1891—1984）
[和平纪念圣堂（1954）]
[日本生命日比谷大楼（1963）]

后现代主义

矶崎 新（1931— ）
[筑波中心大楼（1983）]
[水户艺术馆（1990）]

石山 修武（1944— ）
[伊豆长八美术馆（1984）]

独立派

竹山 实（1934— ）
[一番馆（1968）]
宫肋 檀（1936—1998）
安藤 忠雄（1941— ）
[住吉的长屋（1976）]

高松 伸
（1948— ）
[织阵（1981）]
毛纲 毅旷（1941—2001）
[钏路市立博物馆（1984）]
长谷川 逸子（1941— ）
[湘南台文化中心（1989）]

安藤忠雄

八束初
（1948— ）

坂 茂（1957— ）
[合欢树儿童艺术美术馆]（1999）

新世代建筑师

隈 研吾（1954— ）
山本 理显
（1945— ）
内藤 广（1950— ）
北川原 温
（1951— ）
山本 理显（1945— ）
[卢浮宫朗斯分馆（2012）]
乾 久美子（1969— ）
藤本 壮介（1971— ）

高科技

叶 祥荣
（1940— ）
团 纪彦
（1956— ）

235

法、设计以及材料。此外，东日本大地震发生后，日本的建筑师们以这种毁灭性的、前所未有的危机状态为背景，对建筑的新发展发起了挑战。

入门者须知

约西亚·康德尔

明治政府于1877年延请的英国建筑师。康德尔曾担任过日本工部大学教授，培养了辰野金吾等一大批近代日本建筑界的领军人物，被誉为"日本建筑之父"。此外，他还设计建造了鹿鸣馆、有栖川宫宫邸、尼古拉教堂等多座明治时期的代表性建筑。康德尔长期定居日本，在日本东京去世。

辰野金吾

曾作为日本工部大学校造家学科（现东京大学建筑系）的第一届学生，师从康德尔，并于1879年以第一名的成绩顺利毕业。同年留学于英国，回国后担任工部大学教授，为日本培养了众多建筑人才。在建筑设计方面，辰野金吾主持设计了日本银行总店、东京车站等近代建筑史上的代表性作品。他是日本近代建筑早期的中心人物。

弗兰克·劳埃德·赖特

美国建筑师，于1913年来到日本，他不仅主持设计了自由学园、帝国饭店等建筑，还培养了远藤新、土浦龟城等建筑师。赖特无疑是近代建筑史上的一名巨匠，但他的代表作如纽约的古根海姆美术馆基本都是在北美，留存于日本的作品少而珍贵。现存的有芦屋市的淀川制铜所迎宾馆（旧山邑太左卫门宅邸）。赖特建筑的特点是缓坡和深挑檐，以及"草原式"住宅。

前川国男

于东京大学建筑系毕业后，前往巴黎，并在勒·柯布西耶处工作了两年，回国后工作于雷蒙德建筑事务所，1935年创立了前川建筑事务所。前川作为现代主义的先锋，不仅设计了东京文化会馆、东京都美术馆等多座建筑，还培养了丹下健三等建筑师，是日本近代建筑的确立者。前川曾荣获过日本艺术院奖以及法国、瑞士等国家授予的奖赏和荣誉。

丹下健三

毕业于东京大学建筑系后即进入前川建筑事务所，1961年开始独立活动。第二次世界大战后丹下健三作为日本建筑界的代表性建筑师，不仅主持设计了代代木国立综合体育馆、东京圣玛丽教堂、草月会馆、赤坂王子饭店、东京都新都厅舍等多座建筑，还参与了国外的城市规划，在国际上也享有盛誉。

新陈代谢派

20世纪60年，以世界设计大会为

契机集结起来的建筑和设计团体。新陈代谢派认为建筑空间可以生长和变化，它就像工业产品一样可以具备移动、交换、发展的机制，这种机制使城市空间的发展过程以新陈代谢的动态循环模式呈现。

日本建筑学会奖

日本建筑学会颁发的建筑奖，是建筑界最知名的奖。日本建筑学会一年一度为日本建筑界做出贡献的人颁奖，分"论文""作品""业绩"三个门类。从1989年起，该学会增加了以40岁以下的会员为颁发对象，以"论文"为评判标准的"奖励奖"。此外，该学会还向多年为学会做出贡献的人颁发"日本建筑学会大奖"。

矶崎新

世界闻名的后现代主义建筑大师，20世纪70年代以后的日本建筑界领导者。矶崎新倡导引用论的建筑手法，热衷于将各种建筑风格和设计重新按照自己的秩序组合成新的作品。其代表作有筑波中心大楼、纽约的"帕拉蒂姆"迪斯科舞厅、洛杉矶当代艺术博物馆等。

安藤忠雄

安藤忠雄在高二的时候就考取了职业拳击执照，还曾参加过比赛。后周游欧洲和美国，自学了建筑。1969年，安藤创办了安藤忠雄建筑研究所。1976年安藤在大阪市住吉区设计建造了建筑面积仅57.3m^{2}的"住吉的长屋"，并以此获得了1979年度的建筑学会奖。该住宅以其简约大胆的清水混凝土设计风格为建筑界带来了巨大的冲击，使安藤一举成名。安藤在海外也颇受好评，成为日本建筑界的顶级建筑师，并于1996年荣获了"首届国际教会建筑奖"。

桢文彦

日本的代表性建筑师。桢文彦继承了现代主义思想，以其简洁清爽的空间结构设计赢得了国际上的高度好评。此外，他根据土地特征，将庭院、小巷等日式空间结构融入其中的建筑作品也非常有名。

伊东丰雄

一位不断提出创新性概念并富于变化的建筑师，曾工作于菊竹清训建筑事务所，后独立发展。伊东丰雄凭借"让建筑更加轻盈"这一前所未有的方法论吸引了人们的关注，活跃于商业建筑和公共建筑等广阔领域。2001年正式开馆的"仙台媒体中心"获得了极高的赞誉，伊东丰雄借此一举成为时代的宠儿，以其灵活的想象力和实践能力带动了整个建筑界的发展。近年来，他的建筑作品中有八成都是中国台湾、西班牙等海外工程，这些将建筑与自然和环境完美融合的杰作受到了全球范围内的关注，并为其赢得了各种奖项。

音乐 ● Music ●

音乐的起源

从单音音乐时代，迈向以对位法为基础的复调音乐时代。

音乐究竟是怎样诞生的？一般认为，早期的音乐应该是一种交流的手段，或者是对自然界中各种声音所进行的模仿。总之，这种来源于日常生活的简单的节奏变化，逐渐演变成了单音音乐，并最终发展成为复调音乐。其中，运用对位法创作出来的复调音乐的诞生，在音乐史上具有尤为重要的地位。

根据时代顺序，首先是声乐时代的发展历程。在声乐时代首先值得一提的是希伯来音乐与希腊音乐。该时代的犹太教会出现了"轮唱"和"对唱"的演唱形式，轮唱是指两个合唱团按一定时距先后错综演唱同一旋律的歌曲，对唱则指独唱者与合唱队所进行的轮流对话式的演唱。这两种演唱形式成为中世纪基督教圣歌的原型。在古代音乐发展的中心地区——古希腊，基萨拉琴和奥洛斯管等乐器均得到了高度的发展，这里的人们将音乐看作是一种艺术形式和人类的道德性支柱加以重视，出现了记谱法和毕达哥拉斯的音阶研究。特别是出现于古希腊文化鼎盛时期的戏剧音乐的蓬勃发展，与之后歌剧的诞生有着密不可分的联系。

中世纪时期，随着基督教的普及，教会音乐也得到了高度发展。诗篇咏唱吸收了希伯来的唱法并传播至各地。然而，590—604年在位的罗马教皇格列高利对教会音乐进行了严格的统一，诗篇咏唱发展成了以教会调式为主的拉丁语单声圣歌。9世纪左右，出现了以格列高利圣咏为定旋律，在其上方加入一个平行旋律的复调音乐，由于当时诞生了"管风琴（rogan）"这一重要的教堂乐器，因此人们将这种复调音乐称为"奥尔加农（Organum）"。进入11世纪，复调音乐开始受到了游吟诗人们的影响，并于14世纪的"新艺术"风格时期逐渐世俗化。在进入文艺复兴时期后，随着教会权力的衰落，音乐冲破了教堂的束缚，进一步实现了世俗化的发展。其中，创作了大量香颂、牧歌、卡农音乐的弗兰德斯乐派的活跃最引人注目，该乐派鼎盛时期的代表人物若斯坎·德普雷是音乐史上首个伟大的作曲家。

近代音乐的发展历程

近代音乐风格的诞生与个性化音乐时代的到来。

文艺复兴后期，除了运用对位法创

音乐的发展历程①

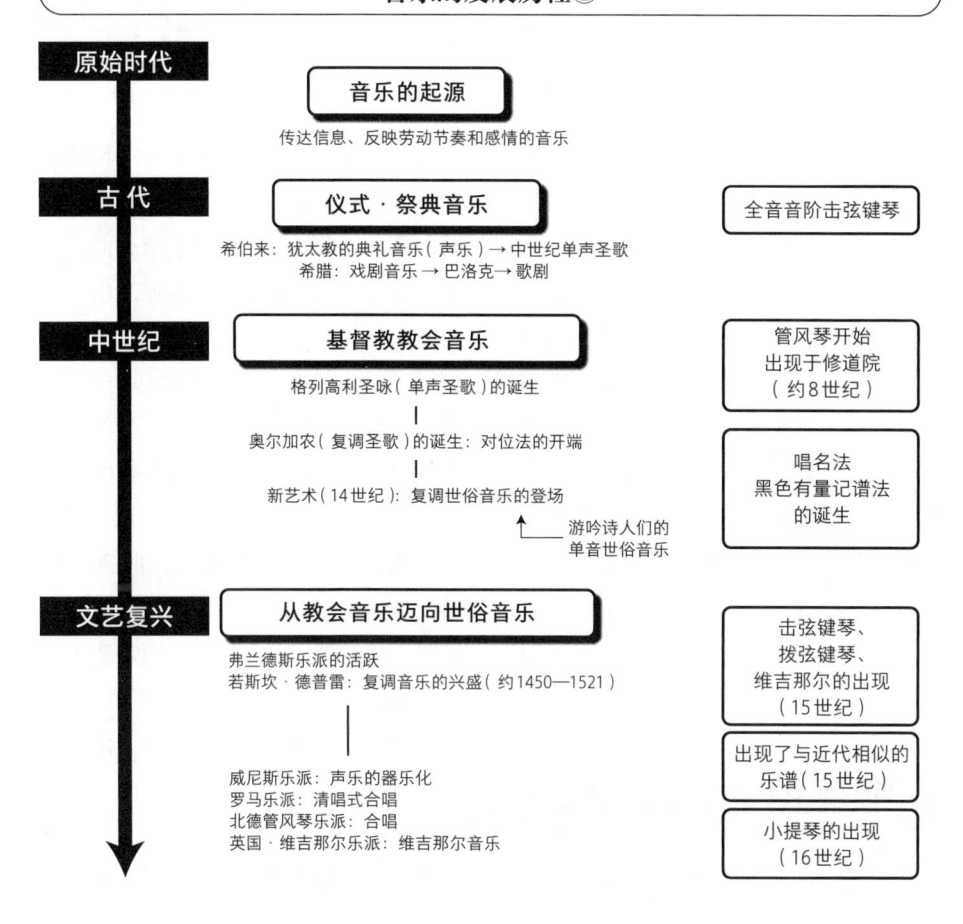

时代	主要内容	乐器/记谱
原始时代	**音乐的起源** 传达信息、反映劳动节奏和感情的音乐	
古代	**仪式·祭典音乐** 希伯来：犹太教的典礼音乐（声乐）→ 中世纪单声圣歌 希腊：戏剧音乐 → 巴洛克 → 歌剧	全音音阶击弦键琴
中世纪	**基督教教会音乐** 格列高利圣咏（单声圣歌）的诞生 ｜ 奥尔加农（复调圣歌）的诞生：对位法的开端 ｜ 新艺术（14世纪）：复调世俗音乐的登场 ↑ 游吟诗人们的单音世俗音乐	管风琴开始出现于修道院（约8世纪） 唱名法 黑色有量记谱法的诞生
文艺复兴	**从教会音乐迈向世俗音乐** 弗兰德斯乐派的活跃 若斯坎·德普雷：复调音乐的兴盛（约1450—1521） 威尼斯乐派：声乐的器乐化 罗马乐派：清唱式合唱 北德管风琴派：合唱 英国·维吉那尔乐派：维吉那尔音乐	击弦键琴、拨弦键琴、维吉那尔的出现（15世纪） 出现了与近代相似的乐谱（15世纪） 小提琴的出现（16世纪）

造出来的复调音乐外，威尼斯等乐派还发展出了一种名为"坎佐纳"的器乐曲体裁。17—18世纪又进一步出现了纯器乐。此外，一个名为"卡梅拉塔"的贵族团体，出现在了文艺复兴运动的美术和文艺中心地——佛罗伦萨，该团体旨在复兴古希腊戏剧音乐，促进了具有和弦伴奏的单音音乐以及歌剧的诞生。

巴洛克时代的伴奏方式是由演奏者即兴演奏的"通奏低音"。近代音乐也是在巴赫、亨德尔的时代才得以确立的。特别是巴赫所作的赋格曲将对位法发展到了极致，他首次将在转调时不会出现走音的平均律运用到了作曲中，是音乐史上不可忽视的伟大作曲家。

继巴洛克时代之后出现的是古典派时代，在该时代诞生了奏鸣曲式这一成熟的器乐创作曲式。运用奏鸣曲式演奏的协奏曲和交响曲等理性主义音乐与主调音乐在莫扎特、海顿、贝多芬三位音乐巨匠的推动下蓬勃发展。其中，贝多芬作为连接古典主义和浪漫主义音乐的桥梁，在音乐史上具有极为重要的地位。在该时期，此前一直是特权阶层所有的音乐，首次走进了普通大众中。

音乐的演奏形式得以确立后，以表达内在情感与个性为特色的作曲活动也竞相展开。浪漫派中最重要的作曲家瓦格纳将多种艺术与音乐相结合，创造了"乐剧"这一全新的艺术形式。乐剧对半音阶的频繁运用，为现代音乐带来了深远的影响。关于浪漫派的时间范围说法不一，本书将法国大革命以后到爱国主义音乐诞生之前的时代称为"浪漫派"。

20世纪至今的音乐发展

随着科技的蓬勃发展，音乐领域出现了各式各样颠覆传统音乐家与音乐概念的实验性探索。

20世纪的音乐始于克劳德·德彪西。德彪西深受斯特芳·马拉美等印象主义作家的影响，他的音乐摆脱了三度和声、全音音阶、古教会调式等传统音乐规则的束缚，具有如迷雾般朦胧缥缈的意境，被称为印象主义音乐。与德彪西同时期的维也纳作曲家勋伯格致力于探索无调性音乐风格，自创的"十二音技法"影响了众多作曲家，并被他的弟子贝尔格和韦伯恩所继承。

在德彪西和勋伯格这两位为打破调性的束缚做出了巨大贡献的音乐巨匠之后，又出现了新古典主义音乐。新古典主义音乐可以看作是对前一时期的反动，该派音乐家主张运用全新的调性复兴古典理念和情趣。为了消除作曲家与演奏者和听众间的隔阂，该派还出现了用于非正式音乐活动的实用音乐，以及加入了爵士乐元素的钢琴音乐与歌剧。另一方面，用比半音还小的音程创作出来的微分音音乐，也因专门乐器的成功制作而得以演奏。

此外，该时期的著名作曲家还包括：与德彪西齐名的印象派代表人物莫里斯·拉威尔，曾先后入法国籍和美国籍的俄国作曲家斯特拉文斯基，被俄国革命和第一次世界大战所阻碍但依然在芭蕾舞音乐上展现出非凡才能的普罗科菲耶夫，创作出了15部交响曲的肖斯塔科维奇，现代英国最负盛名的国际性作曲家本杰明·布里顿等人。

第二次世界大战后，序列音乐、电子音乐以及运用电子音响设备合成的具体音乐的出现，为"现代音乐"的发展注入了新的活力。

现代音乐其实是一个十分广泛的概念，从对德彪西和拉威尔产生了巨大影响的埃里克·萨蒂起，直到实验音乐之父约翰·凯奇、坂本龙一等人都属于现代音乐的范畴。

随着科技的蓬勃发展，在音乐界

音乐的发展历程②

巴洛克

歌剧与乐器的诞生

- 歌剧
  - 蒙特威尔第（意 1567—1643）
  - 普赛尔（英 1659—1695）
- 圣剧
- 康塔塔
- 管风琴音乐
  - （赋格曲）
  - （托卡塔）
- 羽管键琴
  - 库普兰（法 1668—1733）

通奏低音的应用

- 小提琴音乐
  - 维瓦尔第（英 1678—1741）
  - （协奏曲）

近代音乐的诞生

亨德尔（德 1685—1759）

约翰·塞巴斯蒂安·巴赫（德 1685—1750）

（赋格曲的成熟，平均律键盘音乐）

平均律的应用

钢琴的出现（18世纪）

古典派

以奏鸣曲形式为主的合理主义音乐时代

- 器乐
- 前古典派
  - （奏鸣曲形式的诞生）
- 维也纳古典乐派

- 歌剧
  - 格鲁克（德 1714—1787）

- 莫扎特（奥 1756—1791）
- 海顿（奥 1732—1809）
- 贝多芬（德 1770—1827）

出现了许多颠覆传统音乐家与音乐概念的实验性探索。例如将录音机录下来的声音经过倒放和剪切处理后复合而成的具体音乐、用拳头敲击键盘紧邻音的音簇奏法、由演奏者根据图形谱即兴演奏的偶然音乐、将数学概率与计算机技术相结合的随机音乐等各种全新的音乐概念。

诞生于20世纪初的爵士乐和摇滚乐也十分引人注目。其中，甲壳虫乐队于1962年在利物浦以推出唱片的形式正式出道，一跃成为世界的宠儿，为流行音乐的发展带来了巨大的变革。随后，通过将古典音乐元素与流行音乐相结合等方式，各种风格的音乐层出不穷，并一直持续到了今天。

音乐的发展历程③

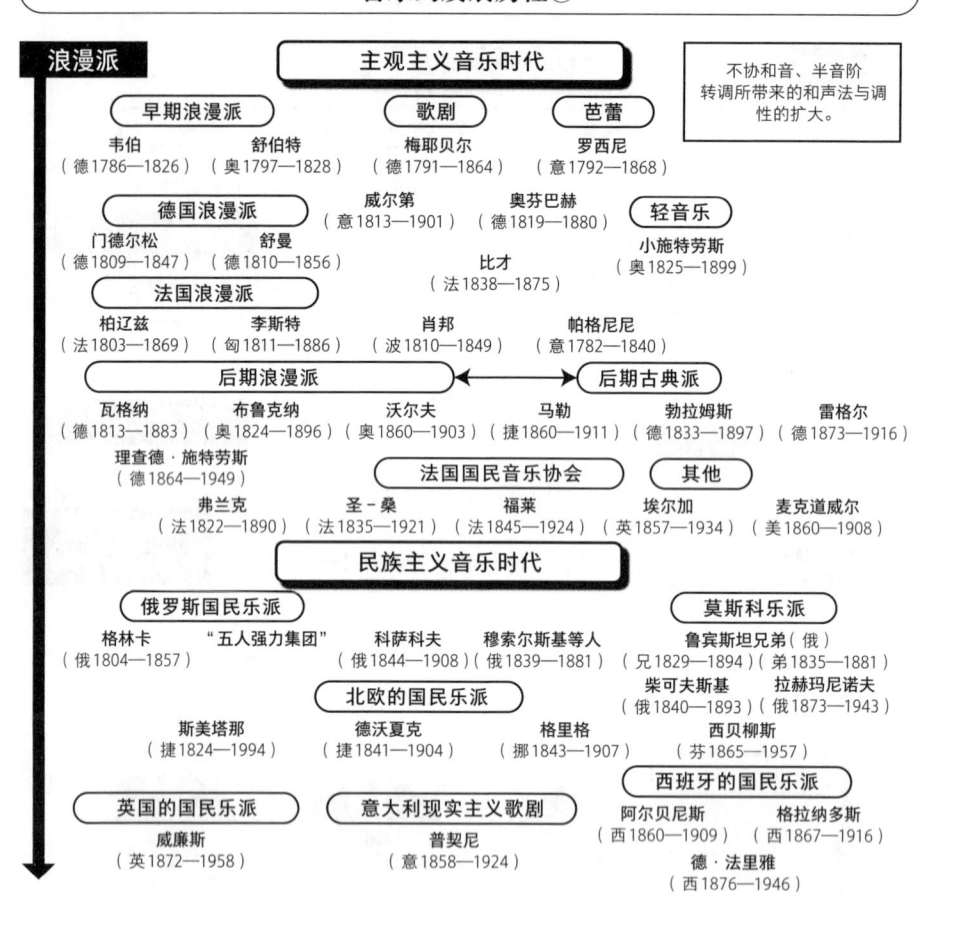

浪漫派

【主观主义音乐时代】

不协和音、半音阶转调所带来的和声法与调性的扩大。

早期浪漫派
- 韦伯（德1786—1826）
- 舒伯特（奥1797—1828）

歌剧
- 梅耶贝尔（德1791—1864）

芭蕾
- 罗西尼（意1792—1868）

德国浪漫派
- 门德尔松（德1809—1847）
- 舒曼（德1810—1856）
- 威尔第（意1813—1901）
- 奥芬巴赫（德1819—1880）
- 比才（法1838—1875）

轻音乐
- 小施特劳斯（奥1825—1899）

法国浪漫派
- 柏辽兹（法1803—1869）
- 李斯特（匈1811—1886）
- 肖邦（波1810—1849）
- 帕格尼尼（意1782—1840）

后期浪漫派 ←→ **后期古典派**
- 瓦格纳（德1813—1883）
- 布鲁克纳（奥1824—1896）
- 沃尔夫（奥1860—1903）
- 马勒（捷1860—1911）
- 勃拉姆斯（德1833—1897）
- 雷格尔（德1873—1916）
- 理查德·施特劳斯（德1864—1949）

法国国民音乐协会
- 弗兰克（法1822—1890）
- 圣-桑（法1835—1921）
- 福莱（法1845—1924）

其他
- 埃尔加（英1857—1934）
- 麦克道威尔（美1860—1908）

【民族主义音乐时代】

俄罗斯国民乐派
- 格林卡（俄1804—1857）
- "五人强力集团"
- 科萨科夫（俄1844—1908）
- 穆索尔斯基等人（俄1839—1881）

莫斯科乐派
- 鲁宾斯坦兄弟（俄）（兄1829—1894）（弟1835—1881）
- 柴可夫斯基（俄1840—1893）
- 拉赫玛尼诺夫（俄1873—1943）

北欧的国民乐派
- 斯美塔那（捷1824—1994）
- 德沃夏克（捷1841—1904）
- 格里格（挪1843—1907）
- 西贝柳斯（芬1865—1957）

西班牙的国民乐派
- 阿尔贝尼斯（西1860—1909）
- 格拉纳多斯（西1867—1916）
- 德·法里雅（西1876—1946）

英国的国民乐派
- 威廉斯（英1872—1958）

意大利现实主义歌剧
- 普契尼（意1858—1924）

入门者须知

巴洛克音乐

16世纪末至18世纪中期的一个半世纪称为巴洛克时代。巴洛克这一美学概念不仅体现在音乐上，而且延伸到了戏剧、绘画、建筑等整个欧洲文化中。它的特点是宏大、强烈的对比以及华丽等，在整体上表现出了一种浮夸的戏剧性。音乐上的巴洛克风格又称竞奏风格或协奏风格，是一种通过将乐器、声部、合唱等同时或交替进行，达到数量和旋律上的对比的风格。赋格曲的确立者巴赫毫无疑问是整个巴洛克时代最伟大的作曲家。

古典主义

古典主义以对古希腊阿波罗神的崇拜为基础，追求理性、自我克制以及形式上的规整和明快。"古典主义"这个

音乐的发展历程④

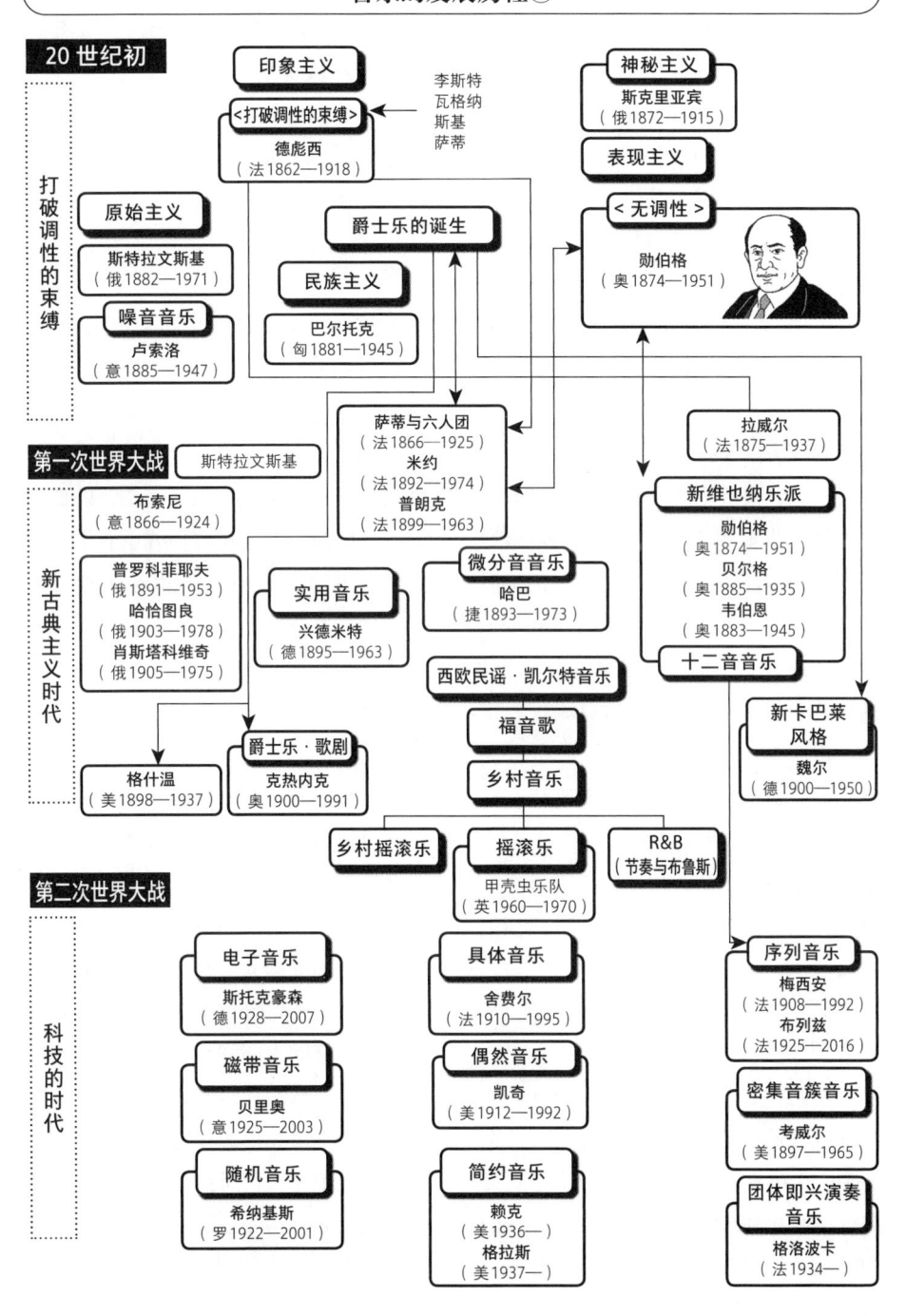

20世纪初

打破调性的束缚

- 印象主义
  - <打破调性的束缚>
  - 德彪西
  - （法 1862—1918）
  - ← 李斯特 / 瓦格纳 / 斯基 / 萨蒂

- 原始主义
  - 斯特拉文斯基
  - （俄 1882—1971）

- 噪音音乐
  - 卢索洛
  - （意 1885—1947）

- 爵士乐的诞生
  - 民族主义
    - 巴尔托克
    - （匈 1881—1945）

- 神秘主义
  - 斯克里亚宾
  - （俄 1872—1915）

- 表现主义

- <无调性>
  - 勋伯格
  - （奥 1874—1951）

第一次世界大战 — 斯特拉文斯基

新古典主义时代

- 布索尼
  - （意 1866—1924）

- 普罗科菲耶夫（俄 1891—1953）
- 哈恰图良（俄 1903—1978）
- 肖斯塔科维奇（俄 1905—1975）

- 萨蒂与六人团
  - （法 1866—1925）
  - 米约（法 1892—1974）
  - 普朗克（法 1899—1963）

- 实用音乐
  - 兴德米特
  - （德 1895—1963）

- 微分音音乐
  - 哈巴
  - （捷 1893—1973）

- 拉威尔
  - （法 1875—1937）

- 新维也纳乐派
  - 勋伯格（奥 1874—1951）
  - 贝尔格（奥 1885—1935）
  - 韦伯恩（奥 1883—1945）

- 十二音音乐

- 格什温
  - （美 1898—1937）

- 爵士乐·歌剧
  - 克热内克
  - （奥 1900—1991）

- 西欧民谣·凯尔特音乐
  - 福音歌
  - 乡村音乐
    - 乡村摇滚乐
    - 摇滚乐（甲壳虫乐队 英 1960—1970）
    - R&B（节奏与布鲁斯）

- 新卡巴莱风格
  - 魏尔
  - （德 1900—1950）

第二次世界大战

科技的时代

- 电子音乐
  - 斯托克豪森
  - （德 1928—2007）

- 磁带音乐
  - 贝里奥
  - （意 1925—2003）

- 随机音乐
  - 希纳基斯
  - （罗 1922—2001）

- 具体音乐
  - 舍费尔
  - （法 1910—1995）

- 偶然音乐
  - 凯奇
  - （美 1912—1992）

- 简约音乐
  - 赖克（美 1936—）
  - 格拉斯（美 1937—）

- 序列音乐
  - 梅西安（法 1908—1992）
  - 布列兹（法 1925—2016）

- 密集音簇音乐
  - 考威尔
  - （美 1897—1965）

- 团体即兴演奏音乐
  - 格洛波卡
  - （法 1934—）

243

词可以指古希腊的艺术和文学，也可以表示与浪漫主义相对的概念，还可以指与大众音乐相对的古典主义音乐。

然而在音乐史上的"古典主义"一般指的都是"维也纳古典乐派"，古典乐派最大的特征就是确立了器乐领域中的奏鸣曲形式。在日本最广为人知的古典主义作曲家包括海顿、莫扎特、贝多芬等人。

浪漫派

19世纪一般被称为浪漫主义时代。在美学上，浪漫主义是与古典主义相对的概念，古典主义所追求的是客观性、合理主义以及阿波罗式的美学，而浪漫主义则崇尚主观性、感情主义、狄俄尼索斯式的美学以及对立性的表达。该时期的作曲家有卡尔·马利亚·冯·韦伯、舒伯特、舒曼、李斯特、布鲁克纳、勃拉姆斯、马勒等人。对现代音乐影响最大的则当属瓦格纳。

贝多芬作为从古典主义向浪漫主义过渡时期的代表人物，有时也被归为浪漫派。

对位法

使两种以上互相独立的旋律同时发声并且彼此融洽的音乐创作技法。9世纪左右，出现了以基督教的单声圣歌为定旋律，在其上方加入一个平行旋律的"奥尔加农"复调音乐。随后又出现了弥撒曲和经文歌等音乐形式，14世纪的"新艺术"音乐风格催生出了"模仿对位法"（音乐的主旋律在各个声部中以相似的形式重复出现），文艺复兴末期又诞生了以管风琴音乐为主的"里切卡尔"曲式，开创了复调音乐的时代。对位法的集大成者是巴赫。

通奏低音

虽然在文艺复兴末期就已经出现了声乐的器乐化，然而直到巴洛克时代，对位法的成熟才使得器乐伴奏和纯器乐真正取代了声乐。巴洛克时代的歌剧等使用的是一种名为"通奏低音"的伴奏方式，即演奏者使用吉他或羽管键琴即兴演奏和弦，这也是18世纪中期常见的一种伴奏方式。巴洛克时代也被称为通奏低音时代。

平均律

以毕达哥拉斯音阶为基础的中音音律进行远关系转调后，演奏音阶会出现明显的走音，影响和弦。在此背景下，16世纪左右出现了将八度音（octave）分成十二个均等部分，每个均等部分为半音，使误差平均分散了的平均律。如此一来，所有的大调和小调的演奏都具有了可能性，然而在刚开始的时候，出于其是否会不及纯律协和等顾虑，平均律曾一度很难为人们所接受。平均律的真正普及则要归功于巴赫所作的《平均律钢琴曲集》。

奏鸣曲式（sonata form）与奏鸣曲（sonata）

奏鸣曲式诞生于18世纪中期的古典派时代，创始者一般被认为是巴赫的次子埃马努埃尔·巴赫。奏鸣曲式的结构由呈示部、展开部、再现部三部分组成。第一部分包含第一主题（主调）和第二主题（属调），第二部分是呈示部主题的变奏发展，第三部分是第一主题和第二主题的再现，但第二主题仍须回到主调。交响曲、协奏曲、室内乐都会运用到奏鸣曲式，因此统称为"奏鸣曲"。在古典派出现以前，"sonata"这个词泛指各种器乐曲，不可混同。

绝对音乐与标题音乐

绝对音乐是仅仅凭借音乐本身的美学结构创作出来的音乐，主要指古典派平易近人的合理主义音乐。而以浪漫派的柏辽兹为代表的标题音乐，则以主观情绪、文学、绘画为主题，与古典派的合理主义音乐相对立。标题音乐的代表作是柏辽兹所作的《幻想交响曲》。

乐剧

活跃于浪漫派后期的瓦格纳将韦伯、柏辽兹等人的管弦乐法相结合，创造出了全新的综合性艺术——"乐剧"。乐剧是文学、戏剧、绘画、舞蹈等艺术在音乐上的融合，瓦格纳曾亲自负责过其构思、台本、作曲、舞台布置、演出以及导演。乐剧不见终止痕迹、绵延不绝的"无终旋律"以及极度运用半音阶和不协和音的"特里斯坦和弦"，对现代音乐产生了深远影响。

打破调性的束缚

调性音乐即旋律、和弦与主音间具有从属关系的音乐。特别是18—19世纪的欧洲音乐基本都是调性音乐，其和弦法则和旋律的行进都要受到调性的束缚。大概是从在音乐表达上较为主观的19世纪时的浪漫派起，开始频繁运用转调等手法使得调性逐渐模糊，随后，德彪西在保留主音的基础上开创了不受调性束缚的印象主义音乐，勋伯格又进一步创作出了不确立主音的无调性音乐。

新古典主义

指第一次和第二次世界大战期间的音乐。新古典主义是对瓦格纳主义、浪漫派以及之后的印象主义和表现主义音乐等主观主义音乐和模糊性音乐的反动。他们把目光重新投向了古典派和巴洛克时代的客观性音乐，试图使用现代的创作技法复兴古典音乐，布索尼奠定了新古典主义的思想基础，斯特拉文斯基提出了"回到巴赫"的口号。此外还包括六人团和兴德米特等指导性作曲家。

十二音音乐

1921年，致力于推动无调性音乐发展的勋伯格提出了自创的"十二音技法"。该技法平等运用八度音中的12个半音，由作曲家自由选择各音按序排列构成乐曲的"基础音列"。"基础音列"还能以转位形式、逆行形式和逆行转位形式出现，从而形成四种音列。勋柏格的两个弟子贝尔格和韦伯恩进一步继承和发展了这种作曲技法，对第二次世界大战后的音乐产生了巨大的影响。

美 术　● Art ●

美术史的起源

美术史源于为同时代的著名匠师们所撰写的传记。

我们之所以能够得知古希腊瓶画、雕塑的作者和产地是因为作品上有款识。像帕提农神庙这样的大型建筑虽然没有款识,但古希腊的艺术家们的名字依然流传了下来。尽管当时并没有"美术史"这一学科,但已经开始记录美术家的名字,并出现了工匠的人物传记,所以可以说当时已经出现了美术史的起源。翻开古希腊作家普林尼所著的《博物志》一书就会发现,其中有不少关于美术家的文献。

虽然罗马共和国时代的维特鲁威所作的《建筑十书》也十分著名,但美术史料的准确性记述应该始于文艺复兴时期。建筑师、雕刻家吉贝尔蒂所著的《评述》,瓦萨里所著的《意大利艺苑名人传》中就以传记的形式记载了许多文艺复兴时期的画家、雕刻家、建筑家等艺术家和美术家的生平。

实际上直到哥特式美术时期,才出现了专门的画家和雕刻家。在此之前,从古希腊时代起,到罗马、早期基督教、拜占庭、罗马式美术等时代,基本都是由修道士兼任画家和雕刻家。这些画家和雕刻家并不能完全算是我们如今所说的艺术家,他们实际上都是当时著名的匠师,形成了中世纪和近世欧洲所特有的一种在绘画、雕塑、建筑上的"基尔特"(手艺人集团、学徒制度)。("基尔特"为中世纪欧洲职业相同者以相互扶助之精神组成的团体,13—16世纪是此制度的全盛时期。基尔特有商人基尔特及手工工人基尔特两种,其目的除保护职业上的利益以外,当其会员生病、死亡、被盗或遭受火灾时,共同出资予以救济。——译者注)

瓦萨里自身也是一名美术家,他所著的《意大利艺苑名人传》记述了从文艺复兴早期的契马布埃起,到同时代众多作家的生平和信息。虽然现代出现了很多对于该书的批判意见,但这并不影响其成为描写意大利文艺复兴时期的珍贵史料,因为该书让我们了解到了文艺复兴时期的画家、雕刻家等艺术家的诞生过程。此外,继丢勒之后出现的德国美术家桑德拉特在其著作《德意志学院》中详细叙述了一系列艺术家的生平。荷兰人卡雷尔·冯·曼德尔在其1604年出版的著作《画家之书》中,为众多尼德兰(比利时、荷兰、卢森堡)裔画家撰写了传记。

虽然与米开朗基罗和列奥纳

美术风格的演变历程①

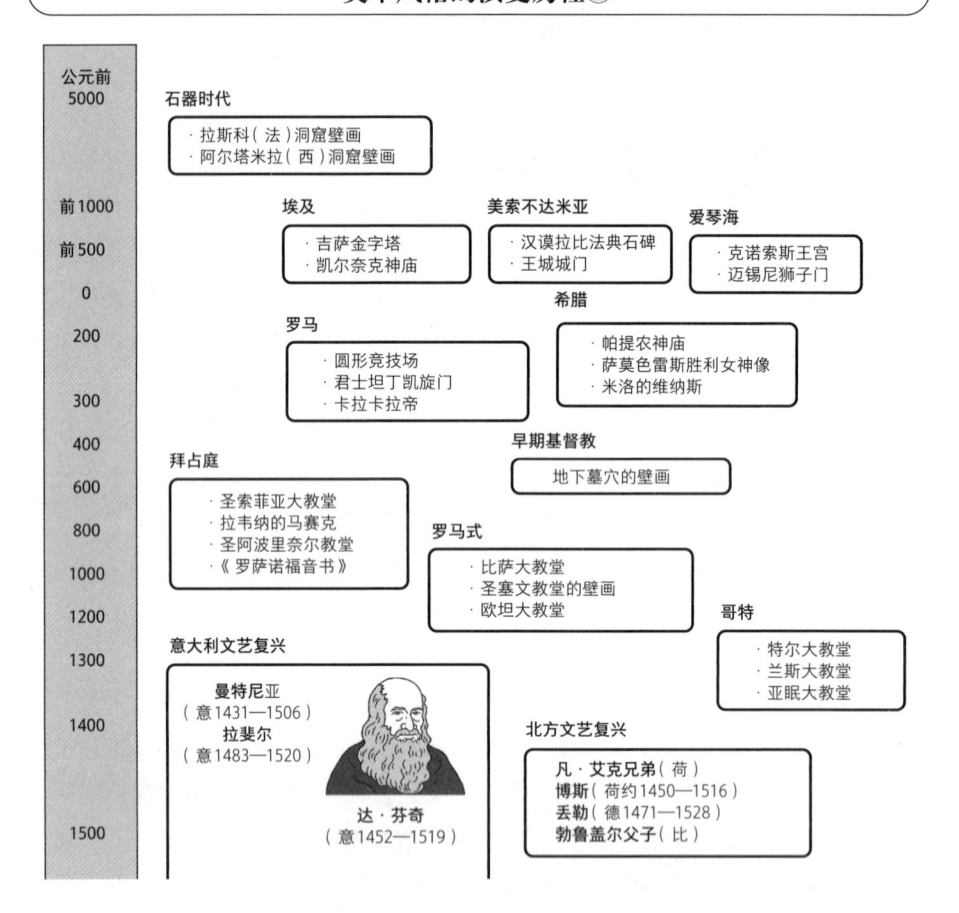

公元前 5000	石器时代
	·拉斯科（法）洞窟壁画
	·阿尔塔米拉（西）洞窟壁画

年代	埃及	美索不达米亚	爱琴海
前1000	·吉萨金字塔	·汉谟拉比法典石碑	·克诺索斯王宫
前500	·凯尔奈克神庙	·王城城门	·迈锡尼狮子门
0			

年代	罗马	希腊
200	·圆形竞技场	·帕提农神庙
300	·君士坦丁凯旋门	·萨莫色雷斯胜利女神像
	·卡拉卡拉帝	·米洛的维纳斯

400	早期基督教
	地下墓穴的壁画

年代	拜占庭	罗马式	哥特
600	·圣索菲亚大教堂		
800	·拉韦纳的马赛克		
1000	·圣阿波里奈尔教堂	·比萨大教堂	
1200	《罗萨诺福音书》	·圣塞文教堂的壁画	·特尔大教堂
1300		·欧坦大教堂	·兰斯大教堂
			·亚眠大教堂

年代	意大利文艺复兴	北方文艺复兴
1400	曼特尼亚（意 1431—1506）	凡·艾克兄弟（荷）
	拉斐尔（意 1483—1520）	博斯（荷约 1450—1516）
	达·芬奇（意 1452—1519）	丢勒（德 1471—1528）
1500		勃鲁盖尔父子（比）

多·达·芬奇等人同时代或者稍后的艺术爱好者们都曾追寻和记录过他们的足迹，但基本都是将天才人物神话化了的赞歌。以作品的形式对他们进行的客观性评价和定位则要等到下一个时代了。

美术史的黎明

美术史从对美术风格变迁历程的实证性记述，发展成为一门以探索美术的本质为目的的学科。

美术史作为一门学科的最早的旗手是《古代美术史》一书的作者温克尔曼。进入19世纪，哥廷根大学、柏林大学等学府最先开设了美术史讲座，研究重点也从对美术家们的传记性记述，转变为对美术的时代性和民族性的意义与价值的研究。此外，深受德国美学家费德勒影响的雕刻家希尔德勃兰德著成了《造型艺术中的形式问题》一书。美术史家沃尔夫林使得美术史成了一门纯粹研究美术价值的学科,而此前的学者通常都将美术史视为文化史。奥地利美术史家李格尔对艺术风格的形成所反映的时代背景进行探究,通过分析美术史中各时代的历史使命,提出了名为"艺术意志"或"艺术意欲"的概念。

美术史主要是一门研究各个时代美术风格的变迁历程的学科。例如古希腊美术的发展,首先是绘有抽象性几何纹样的瓶画的时代,然后是以面带微笑的男女塑像为代表的古风时期,最后迎来的是带有近代现实主义性质的古典时期。美术史研究的主流就是这样追溯美术作品风格的发展历程。

如果从达尔文所提出的进化论的观点来看的话,罗马美术虽继承了希腊文化但又缺乏进化和变化,这使得罗马美术在很长一段时间里都未能得到人们的好评。但李格尔通过探究"艺术意志"即美术家内心的艺术需求,又重新对罗马美术给予了肯定。

沃林格在继承了李格尔思想的基础上,将目光投向了"抽象"这一概念。此前的特奥多尔·里普斯认为以心理学为基础的美学中蕴含着"移情"式古典主义历史观,沃林格则在其著作《抽象与移情》中提出了与之相对立的"抽象冲动"。也就是说,沃林格的思想其实是对李格尔所提出的"艺术意志的历史"的继承和发展。借助"抽象"这一全新的美术思想,人们开始能够欣赏原始美术以及埃及美术的价值。沃林格正是希望通过介绍从古埃及起,到希腊、罗马、中世纪哥特风格等时期的美术作品,让人们认识到欧洲中心主义历史观的狭隘之处。

随后,历经巴洛克、洛可可、新古典主义、浪漫主义、现实主义、印象派、后期印象派等时代的发展,到20世纪时,出现了以图像学、服饰学、古文书学、考古学、艺术解剖学为主的各种美术分支学科相互影响、共同发展的局面。美术史也从以往单纯的风格变迁学,发展成为一门复杂的学科。此外,还派生出了以"美"为重点的印象批评等概念。

现代美术史

现代美术史的特征是以抽象为中心的美术理论的深化以及图像学研究方法。

绘画风格逐渐实现了多元化的发展。继新印象主义之后,美术领域又出现了象征主义、纳比画派、新艺术派、野兽派、立体派等流派。进入20世纪,"抽象"这一概念的影响力越来越大,并且出现了超现实主义和达达主义等新的美术运动。

奥地利美术史家泽德尔迈尔在《中心的丧失》等著作中,对绘画、雕刻、建筑等进行了统一的分析,将近代艺术看作是时代所表现出的症候。他认为

美术风格的演变历程②

1500
米开朗基罗（意 1475—1564）

矫饰主义
委罗内塞（意 1528—1588）
格列柯（希 1541—1614）

1600
巴洛克
贝尔尼尼（意 1598—1680）
普桑（法 1594—1665）
委拉斯开兹（西 1599—1660）
鲁本斯（德 1577—1640）
伦勃朗（荷 1606—1669）

洛可可
华托（法 1684—1721）
布歇（法 1703—1770）
弗拉戈纳尔（法 1732—1806）

1700

1800
新古典主义
大卫（法 1748—1825）
安格尔（法 1780—1867）

浪漫主义
籍里柯（法 1791—1824）
德拉克洛瓦（法 1798—1863）

现实主义
杜米埃（法 1808—1879）
米勒（法 1814—1875）
库尔贝（法 1819—1877）

象征主义
莫罗（法 1826~1898）
雷东（法 1840~1916）

印象派
马奈（法 1832—1883）
莫奈（法 1840—1926）
德加（法 1834—1917）
雷诺阿（法 1841—1919）
西斯莱（法 1839—1899）

1900
后期印象派
塞尚（法 1839—1906）
修拉（法 1859—1891）
梵高（荷 1853—1890）
高更（法 1848—1903）

世纪末绘画
德尼（法 1870—1943）
克里姆特（奥 1862—1918）
蒙克（挪 1863—1944）
希勒（奥 1890—1918）

纳比画派
勃纳尔（法 1867—1947）
维亚尔（法 1868—1940）

（人文科学　社会科学　自然科学　文化艺术）

"抽象"这一概念的诞生，实则标志着对以往的美术，如罗马式风格或巴洛克风格以及基督教思想中所内含的某些显性或隐性意义的舍弃，并将康定斯基看作是抽象艺术的创始者。

曾在瓦尔堡研究院等地开展过研究工作的潘诺夫斯基将阐释学这一全新的概念引入图像学（iconography），实现了图像阐释学（iconology）的理论化发展。"图像阐释学"开拓了美术史学发展的新天地，并与"风格学"一起成为20世纪美术史学研究中最重要的方法论。

潘诺夫斯基致力于追寻图像的创作背景（包括社会状态、思想、历史、传统等），例如他曾对米开朗基罗创作的美第奇陵墓雕塑进行了犀利独到的分析，试图解读出其中所蕴含的希腊神话以及基督教神话与信仰等因素。

潘诺夫斯基以后的美术史逐渐与文化人类学、文学史、心理学等学科相结合，实现了复杂化和多元化的发展。另一方面，继承了沃林格的思想，对"抽象"进行研究的美术史家也层出不穷，他们成为以画家杰克逊·波洛克等人为代表的抽象表现主义的拥护者。其中，美国的格林伯格、日本的东野芳明和藤枝晃雄等人的批评性言论，为主张舍弃意义的美术史研究和主张重拾意义的图像学美术史均注入了新的活力。

美术史的发展迫切需求着进一步吸收哲学、文学、语言学方法论。立足于现实的艺术家们，如杰克逊·波洛克与德·库宁共同创立了"行动画派"。现代艺术领域则出现了非定型主义、大色域绘画、美式波普艺术、英式波普、新现实主义、新达达主义、概念艺术、极少主义、装置艺术等流派。活跃于该时代的画家还包括通过具象绘画反映社会生活的霍克内等人。

正如高阶秀尔所说的"学习（西方）美术史的意义并不仅仅在于了解美术的历史发展，而是在于通过学习各种人文科学方法和人类文化，重新认识异文化群体的异同之处"，美术史就像是一面反映现代社会不同人种、文化、政治、宗教的镜子。

入门者须知

光

在文艺复兴以后的美术发展中，对光以及在光线照射下产生的明暗变化的表达是绘画作品最重要的元素之一。物理学家牛顿的理论以及歌德的色彩研究对19世纪的印象派产生了巨大的影响，该派以注重光与色的关系著称，热衷于运用颜料表现出微妙的光影变化。

色

光的三原色与色彩的三原色是完全不同的两个概念。色彩，比如说透明颜料（水彩颜料等），将它们不断叠加在一起会越来越接近于黑色。而将各种色光混合在一起得到的却是如太阳光一样的白光。文艺复兴中后期的绘画作品热衷于使用蓝色的背景，蓝色是天空中的光的颜色，具有很强的透明感。由于颜料的颜色并不是透明色，因此绘画中的风景总是比现实中的风景显得生硬。

现实主义

希腊美术史可以看作是世界美术史的缩影。即从原始美术中抽象化的动物画像起，类似于绳纹陶器的几何纹样，对动物形象和人物形象的素朴再现，一直到确立于文艺复兴时期对实物的忠实再现这一发展历程。

欧洲绘画史可以看作是对古希腊美术史的再现。非现实主义的印象派绘画也可以在罗马美术中找到原型。

透视法

在视觉上，物体会呈现近大远小的效果；平行线向远处延伸时会呈现越

20世纪的美术

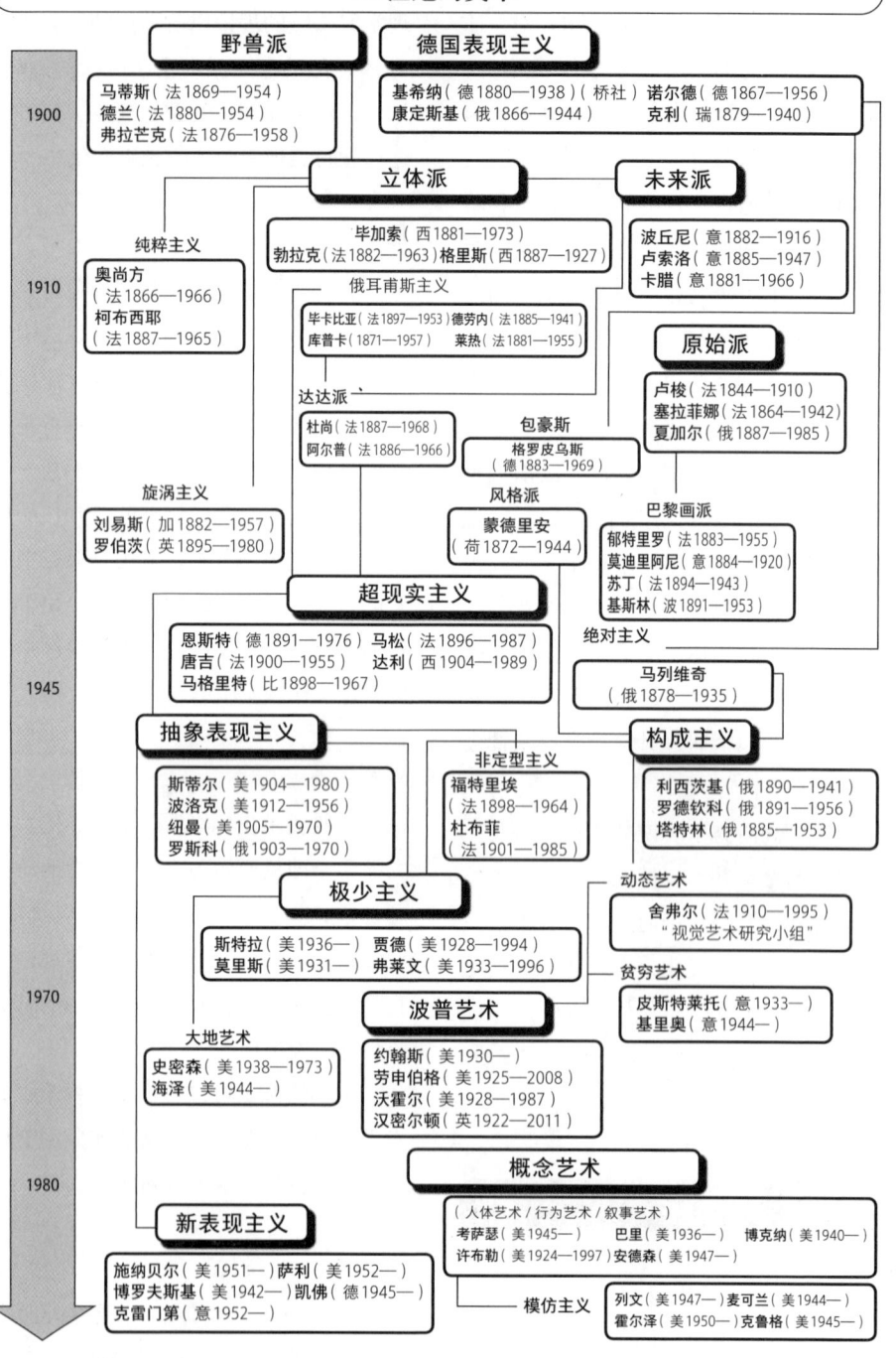

1900

野兽派
马蒂斯（法1869—1954）
德兰（法1880—1954）
弗拉芒克（法1876—1958）

德国表现主义
基希纳（德1880—1938）（桥社） 诺尔德（德1867—1956）
康定斯基（俄1866—1944） 克利（瑞1879—1940）

1910

立体派
毕加索（西1881—1973）
勃拉克（法1882—1963） 格里斯（西1887—1927）

未来派
波丘尼（意1882—1916）
卢索洛（意1885—1947）
卡腊（意1881—1966）

纯粹主义
奥尚方（法1866—1966）
柯布西耶（法1887—1965）

俄耳甫斯主义
毕卡比亚（法1897—1953） 德劳内（法1885—1941）
库普卡（1871—1957） 莱热（法1881—1955）

原始派
卢梭（法1844—1910）
塞拉菲娜（法1864—1942）
夏加尔（俄1887—1985）

达达派
杜尚（法1887—1968）
阿尔普（法1886—1966）

包豪斯
格罗皮乌斯（德1883—1969）

旋涡主义
刘易斯（加1882—1957）
罗伯茨（英1895—1980）

风格派
蒙德里安（荷1872—1944）

巴黎画派
郁特里罗（法1883—1955）
莫迪里阿尼（意1884—1920）
苏丁（法1894—1943）
基斯林（波1891—1953）

绝对主义
马列维奇（俄1878—1935）

1945

超现实主义
恩斯特（德1891—1976） 马松（法1896—1987）
唐吉（法1900—1955） 达利（西1904—1989）
马格里特（比1898—1967）

抽象表现主义
斯蒂尔（美1904—1980）
波洛克（美1912—1956）
纽曼（美1905—1970）
罗斯科（美1903—1970）

非定型主义
福特里埃（法1898—1964）
杜布菲（法1901—1985）

构成主义
利西茨基（俄1890—1941）
罗德钦科（俄1891—1956）
塔特林（俄1885—1953）

极少主义
斯特拉（美1936—） 贾德（美1928—1994）
莫里斯（美1931—） 弗莱文（美1933—1996）

动态艺术
舍弗尔（法1910—1995）
"视觉艺术研究小组"

贫穷艺术
皮斯特莱托（意1933—）
基里奥（意1944—）

1970

大地艺术
史密森（美1938—1973）
海泽（美1944—）

波普艺术
约翰斯（美1930—）
劳申伯格（美1925—2008）
沃霍尔（美1928—1987）
汉密尔顿（英1922—2011）

概念艺术
（人体艺术 / 行为艺术 / 叙事艺术）
考萨瑟（美1945—） 巴里（美1936—） 博克纳（美1940—）
许布勒（美1924—1997） 安德森（美1947—）

1980

新表现主义
施纳贝尔（美1951—） 萨利（美1952—）
博罗夫斯基（美1942—） 凯佛（德1945—）
克雷门第（意1952—）

模仿主义
列文（美1947—） 麦可兰（美1944—）
霍尔泽（美1950—） 克鲁格（美1945—）

来越窄，并最终交叉消失于一点上的现象。对于透视法的运用出现于文艺复兴时期，此前的，例如《源氏物语绘卷》等出现的时代，画家都是将平行线完全画成平行。风景背后所隐藏的平行线、垂直、三角形、梯形等不可视的因素究竟是如何被人类所发现的，目前依然无从得知。

肌理

水彩颜料具有透明性，色彩叠加时，之前的颜色会与之后的颜色混合形成其他颜色。例如，先涂黄色再涂蓝色会形成绿色。而油画颜料则属于不透明颜料。色彩叠加后呈现出的颜色基本都是后来涂的颜料的颜色。当色彩不断叠加后，画面上会出现因颜料堆积而形成的凹凸，这种凹凸和痕迹称为肌理。文艺复兴以后的绘画作品十分注重肌理，这是由于叠加得越厚会显得越有质感，并且能够显示出画家的绘画特征。

复制

本雅明提出了"复制时代的艺术"这一概念。近代以来，随着印刷和摄影等技术的出现，艺术作品得以大量复制。本雅明质疑这种机械复制是否会使得原本独一无二的艺术作品丧失其独特的韵味。虽然不能确定本雅明的这一质疑究竟是对复制时代的否定，还是出于对原作立场的肯定，但无论如何都必须承认的是，复制时代实际上并没有使作品丧失其魅力，直到现在，照片、版画、印刷品依然能够打动我们。

绘画

在美术的发展史上，真正开始形成某种艺术风格是在古希腊时期，然而当时并未出现所谓的绘画艺术。这并不是说古希腊时代就没有绘画，实际上古希腊也有很多画在陶瓷表面上的画流传了下来。但古希腊时代并没有出现壁画，或者近代这类可以装入画框的绘画作品。

进入罗马时代后开始盛行壁画，著名的庞贝遗址中就发现了大量罗马时代的壁画。其中有不少画作被认为是性主题绘画、密教绘画以及风景画的源头。

雕塑

对现实物体的再现有二维和三维两种形式，二维形式指的是绘画，三维形式指的是立体雕塑。至于是先有绘画还是先有雕塑这个问题，如果说拉斯科洞窟里的壁画以及对象征着大地母神（维纳斯）的泥偶或石偶等形象的绘画或者刻画都是源于宗教性仪式的话，那么就应该是先有了用土或者石头制成的人和动物形状的祭祀用雕塑。实际上，比起起源论的问题，更重要的是绘画和雕塑都作为人类的艺术活动得到了持续不断的发展。

抽象

在描绘"猫"的形象时，除了可以如实按照现实中猫的样子进行着色和描绘外，只运用简单的线条画出猫的眼睛和面部轮廓也是能够让人辨识出来的。这种对某个具体事物的本质属性所进行的提炼就是抽象。对客观事物进行抽象后，往往能够获得圆、球、线、点、三角形等各种形状。与如实对客观事物进行再现的具象绘画相比，抽象画是对事物的抽象表达。然而，极端抽象，完全还原成线、面、色的绘画会失去其意义和概念。

裸体

近代绘画和雕刻以裸体模特为对象的主要原因是裸体最便于观察人体骨骼的运动和机能。而埃及和希腊的雕像多为裸体则是出于宗教性起源。

在古希腊的斯巴达城邦，年轻男女会在裸体状态下进行体育训练，这只能理解成在他们的世界里，裸体形式象征着"美"或者"宗教神圣性"。

图像学

欧洲图像学是美术史的一个分支，首个对艺术图像的深层意义进行解读的人是出生于德国的潘诺夫斯基。

日本的中世纪史学者黑田日出男等人对画卷等图像史料进行解读，试图以此窥探中世纪历史鲜为人知的一面。这也称得上是图像学。

日本的这种图像学研究始于民俗学家宫本常一等人，后被历史学家纲野善彦等人所继承，成为一种从不同角度研究学问的重要方式。

风格学

对精神性以及内在性特征进行形象表达的方式和类型。李格尔在其著作《罗马晚期的工艺美术》中，提出了关于罗马晚期各地装饰风格的分类法及发展规律。

沃尔夫林在其代表作《美术史的基本概念》一书中，将文艺复兴至近代的艺术发展历史理解为文艺复兴与巴洛克的对立，并归纳出了存在于其中的五种对应风格的演变，使风格学实现了理论化的发展。直到现在，沃尔夫林的见解依然是美术史学中重要的基本分析视角。

抽象表现主义

最初用于描述康定斯基于20世纪20年代创作的抽象绘画作品。"二战"后，抽象表现主义开始泛指杰克逊·波洛克和马克·罗斯科等画家的作品，但总体上只能用于描述被称为"行动绘画"或"美式风格绘画"的美国美术。欧洲的抽象绘画运动则称为"非定型主义"。抽象表现主义所要表达的是一种美术创作姿态，波洛克与罗斯科两人的作品在视觉上其实鲜有共同点，他们的共通之处在于通过绘画捕捉潜意识的自我创作姿态。

概念艺术

概念艺术认为作品中最重要的不是事物的具体形象，而是作品最本质的概念。许多概念艺术作品已经在很大程度上偏离了传统美术风格，让人难以理解。

电 影　●Movie●

电影的发明

在多国发明家的共同努力下诞生的电影，仅数年的时间就传播到了世界各地。

虽然电影诞生的标志是法国的卢米埃尔兄弟于1895年发明的电影摄影机，但实际上在同一时期，世界上的多位发明家都在致力于电影的发明。

例如，发明大王爱迪生发明的名为"活动电影放映机"的机器，透过该机器的箱体就可以看到连续运动的画面。活动电影放映机虽然具有与现代电影一样的原理，但是一次只能供一个人观赏，因此还不能算是真正意义上的电影。

此外，英国人罗伯特·威廉·保罗发明的Animatograph放映机，德国人发明的拜奥斯科普放映机，以及爱迪生在活动电影放映机的基础上改良而成的维太放映机几乎在同一时间出现，之所以将卢米埃尔兄弟发明的电影摄影机当作电影诞生的标志，最有力的一种说法是其公之于世的时间更早一些。卢米埃尔兄弟还拍摄了包括世界上的第一部电影《工厂大门》在内的12部电影作品，不过每部的时间都只有一分钟左右。

电影放映机（电影摄影机、维太放映机）成功发明后的第二年，世界各地就开始了电影的放映。最早的电影虽然基本都只是对于现实生活的如实还原，但依然引起了巨大的反响。1896年，法国导演乔治·梅里爱开始在剧院放映电影，电影自发明以后仅数年就形成了现代电影系统的原型。

进入20世纪，开始出现了具有艺术性的电影。1902年，乔治·梅里爱拍摄了科幻影片《月球旅行记》。1903年，美国导演埃得温·鲍特拍摄了《一个美国消防员的生活》，这部影片采用了摄影棚和外景拍摄相结合的方法，充分调动了观赏者的想象力。

此后的20世纪前30年，世界各国出现了各种风格和类型的电影，其中包括大量电影史上的经典杰作。例如发明了特写镜头等电影技法、确立了电影原型的"电影之父"——大卫·格里菲斯于1915年拍摄的《一个国家的诞生》，罗伯特·维内导演的《卡里加里博士》，谢尔盖·爱森斯坦导演的《战舰波将金号》，路易·布努埃尔导演的《安达卢西亚的小狗》，弗立茨·朗导演的《大都会》，查理·卓别林导演的《淘金记》等。随后，有声电影的出现使电影的发展迎来了黄金时代。

电影的发明

电影放映机的发明

电影摄影机
（1895）卢米埃尔兄弟（法）

活动电影放映机
（1891）爱迪生（美1847—1931）

Animatograph 放映机
（1895）罗伯特·W·保罗（1869—1943）

维太放映机
（1897）爱迪生
（一说是阿尔玛特和坚金斯）

拜奥斯科普放映机
（1896）斯科拉达诺夫斯基（德1863—1939）

作品的诞生

乔治·梅里爱导演（法1861—1938）
《月球旅行记》（1902）

埃德温·鲍特导演（美1870—1941）
《一个美国消防员的生活》（1903）
《火车大劫案》（1903）

电影（默片）的质与量的发展

奇观电影

皮耶罗·福斯科导演（法1882—1959）
《卡比利亚》（1914）

大卫·格里菲斯导演（美1875—1948）
《一个国家的诞生》（1915）
《党同伐异》（1916）

艺术电影

斯约史特洛姆导演（瑞1879—1960）
《鬼车魅影》（1914）

弗里德里希·茂瑙导演（德1888—1931）
《最卑贱的人》（1924）

阿贝尔·冈斯导演（法1889—1981）
《铁路的白蔷薇》（1923）
埃立克·冯·斯特劳亨导演（奥1885—1957）
《愚蠢的妻子》（1921）

查理·卓别林导演（英）
《淘金记》（1925）

先锋派电影

路易·布努埃尔导演（西1900—1983）
《安达卢西亚的小狗》（1928）

让·爱浦斯坦导演（法1897—1953）
《厄舍古厦的倒塌》（1928）

弗立茨·朗导演（奥1890—1976）
《大都会》（1927）

戏剧

麦克·塞纳特导演（美1880—1960）

查理·卓别林导演（英1889—1977）
《狗的生涯》（1918）
《寻子遇仙记》（1921）

巴斯特·基顿导演（美1895—1966）
《将军号》（1927）

德国表现主义

罗伯特·维内导演（德1873—1938）
《卡里加里博士》（1919）

宣传片

谢尔盖·爱森斯坦导演（俄1898—1948）
《罢工》（1925）
《战舰波将金号》（1925）

弗谢沃罗德·普多夫金导演（俄1893—1953）
《母亲》（1926）

纪录片

吉加·维尔托夫导演（俄1896—1954）
《带电影摄影机的人》（1929）

罗伯特·弗拉哈迪导演（美1884—1951）
《北方的纳努克》（1922）

电影的变革

"声音"为电影表现力的提升带来了革命性的突破，电影发展开始进入了黄金时代。

1927年，欧洲上映了世界上第一部有声电影《爵士歌手》，随后，电影的主流很快从默片转向了有声电影，1930年默片几乎已经完全被有声电影所取代。声音元素的加入极大地提升和扩展了电影的表现力，随后，各种类型的电影层出不穷。

此外，美国电影和欧洲电影表现出了不同的倾向，美国电影主要以娱乐性电影为主，欧洲电影则大多具有较高的艺术性，这一倾向一直延续至今。在各具风格的美国电影导演中，尤为值得一提的是：被称为美国生活派的悲喜剧导演弗兰克·卡普拉、盗匪片导演霍华德·霍克斯、歌舞剧导演马克·桑德里区、西部片导演约翰·福特、动画片导演华特·迪斯尼等人。

欧洲电影虽然在整体上都表现出了艺术气息，但各国电影在具体风格上又各具特色。法国电影的主流风格是以雷内·克莱尔和于利恩·杜维威尔等人为代表的纯粹艺术电影；英国以阿尔弗雷德·希区柯克导演的悬疑·惊悚电影为主；处于纳粹政府统治下的德国电影则完全是莱尼·里芬施塔尔等人的政治电影的天下。此外，美国电影也不完全是娱乐电影一边倒，也出现了一些具有较高艺术性的电影，例如奥逊·威尔斯所导演的《公民凯恩》。

第二次世界大战后，美国的好莱坞电影城日益发展壮大，不断推出大量好莱坞大片。其中包括约翰·福特导演的《正午》，约翰·休斯顿导演的《宝石岭》，斯坦利·多南导演的《锦城春色》，约瑟夫·曼基维茨导演的《彗星美人》。好莱坞长期在美国电影界占据着主导地位，直到20世纪60年代后期的新电影运动的兴起。

欧洲在第二次世界大战后最重要的电影流派是意大利的新现实主义和法国的新浪潮派。新现实主义以外景拍摄为主，作品具有纪录片的风格，真实反映了战后意大利的社会动乱，代表作有罗伯特·罗西里尼导演的《罗马，不设防城市》、维托里奥·德·西卡导演的《偷自行车的人》。新浪潮派指的是20世纪50年代革新了电影艺术的法国新一代青年导演，包括弗朗索瓦·特吕弗、让-吕克·戈达尔等人。新浪潮派打破了传统技法的束缚，拍摄出了大量全新风格的电影作品，为全世界的青年人带来了巨大的冲击和影响。

现代电影的发展

继新电影热潮后，异彩纷呈的美国电影与令人瞩目的中国导演登场了。

20世纪60年代下半叶，美国的电影制作出现了巨大的变革。此前，基本

电影的发展历程（美国）

美国悲喜剧
弗兰克·卡普拉导演（美1897—1991）
《一夜风流》（1934）
利奥·麦凯里导演（美1898—1969）
《风雨血痕》（1935）
乔治·顾柯导演（美1899—1983）
《小妇人》（1933）

歌舞剧
恩斯特·刘别谦导演
（德1892—1947）
《爱情的检阅》（1929）
马克·桑德里区导演
（美1900—1945）
《礼帽》（1935）
《随我婆娑》（1937）

盗匪片
霍华德·霍克斯导演（美1896—1977）
《疤脸大盗》（1932）
迈克尔·柯蒂兹导演（匈1888—1962）
《丑面天使》（1938）

动画片
华特·迪斯尼导演
（美1901—1966）
《白雪公主》（1937）
《花与树》（1932）
（首部彩色动画片）
《幻想曲》
（1940）
（首次使用立体音响）

西部片
约翰·福特导演（美1894—1973）
《关山飞渡》（1939）
《铁血金戈》（1939）

现实主义
奥逊·威尔斯导演（美1915—1985）
《公民凯恩》（1941）

↓

战后的好莱坞大片

40年代
约翰·福特导演（美）《侠骨柔情》（1946）《逃亡者》（1947）
查理·卓别林导演（美）《杀人狂时代》（1947）
斯坦利·多南导演（美1924—）《锦城春色》（1949）

50年代
约瑟夫·曼基维茨导演（美1909—1993）《彗星美人》（1950）
艾利亚·卡赞导演（美1909—2003）《伊甸园之东》（1955）
金·凯利导演（美1912—1996）《雨中曲》（1952）
威廉·惠勒导演（美1902—1981）《罗马假日》（1953）
大卫·里恩导演（美1908—1991）《桂河大桥》（1957）
比利·怀尔德导演（波1906—2002）《热情似火》（1959）

60年代
罗伯特·怀斯导演（美1914—2005）《西区故事》（1961）
大卫·里恩导演《阿拉伯的劳伦斯》（1962）
乔治·顾柯导演《窈窕淑女》（1964）
斯坦利·库布里克导演（美1928—1999）《奇爱博士》（1964）

都是由大型电影公司负责电影的制作与发行，由职业导演挑选电影明星进行拍摄，但从该时期起，开始出现了运用新的拍摄方法进行拍摄的新电影。除了制作风格外，大多数新电影在内容上也多以毒品、性、反战为题材，强烈表达了当时的年轻人反体制化的情绪。

新电影对全世界的电影制作人以及青年一代产生了巨大的影响，代表作品主要有阿瑟·佩恩导演的《邦妮和克莱德》、丹尼斯·霍珀导演的《逍遥骑士》、约翰·施莱辛格导演的《午夜牛郎》等电影。

在新电影热潮结束后的美国，除了好莱坞电影城之外，电影制作也开始在各地蓬勃发展。好莱坞电影城的中心人物也逐渐转向了新一代的导演，代表人物包括弗朗西斯·福特·科波拉、乔治·卢卡斯、史蒂文·斯皮尔伯格等导演。此外，以马丁·斯科塞斯和伍

电影的发展历程（欧洲）

法国纯艺术电影
雷内·克莱尔导演（法1898—1981）
《巴黎屋檐下》（1930）

马赛尔·卡尔内导演（法1906—1996）
《雾码头》（1938）

让·雷诺阿导演（法1894—1979）
《底层》（1936）

悬疑·惊悚电影
阿尔弗雷德·希区柯克导演（英1899—1980）
《失踪的女人》（1938）
《蝴蝶梦》（1940）

德国·政治电影
莱尼·里芬施塔尔导演（德1902—2003）
《意志的胜利》（1935）
《奥林匹亚》(《各国人民的节日》《美的节日》,1938）

战后欧洲电影

法国战后派
罗培尔·布莱松导演（法1901—1999）
《一个乡村牧师的日记》（1950）

亨利-乔治·克鲁佐导演（法1907—1977）
《恐惧的代价》（1953）

新浪潮派
弗朗索瓦·特吕弗导演（法1932—1984）
《四百击》（1959）

让-吕克·戈达尔导演（法1930—）
《筋疲力尽》（1959）

左岸派
阿仑·雷乃导演（法1922—2014）
《去年在马里昂巴德》（1961）

亨利·柯比导演（瑞1921—2006）
《长别离》（1961）

黑色电影
雅克·贝盖尔导演（法1906—1960）
《不准碰这笔钱财》（1954）

意大利·新现实主义
罗伯特·罗西里尼导演（意1906—1977）
《罗马，不设防城市》（1945）

维托里奥·德·西卡导演（意1901—1974）
《偷自行车的人》（1948）

英国·自由电影
（愤怒的年轻人运动）
林赛·安德森导演（印1923—1994）
《假如……》（1968）

托尼·理查森导演（英1928—1991）
《孤独的长跑运动员》（1962）

意大利·现实主义
费德里科·费里尼导演（意1920—1993）
《甜蜜的生活》（1959）

卢基诺·维斯康蒂导演（意1906—1976）
《洛克兄弟》（1960）

波兰派电影
安杰伊·瓦依达导演（波1926—2016）
《下水道》（1957）
《灰烬和钻石》（1958）

迪·艾伦等人为代表的纽约派、以吉姆·贾木许等人为代表的纽约·独立电影派、以斯派克·李导演等人为首的独立派也开始活跃于电影界。

欧洲电影的发展除了赖纳·维尔纳·法斯宾德、维姆·文德斯等德国新电影派的导演外，在很长的一段时间里都处于低迷状态。然而进入90年代后，吕克·贝松、让-雅克·贝内克斯、莱奥·卡拉克斯等法国青年导演在电影的质和量上都取得了令人瞩目的成就。

中国导演也是现代电影发展中一股不可小觑的力量。其代表人物张艺谋、侯孝贤、陈凯歌等人在国际上均享有极高的声誉。

其他地区电影也让人难以忽视。韩国自1996年起开始举办釜山国际电影节，电影业呈现出强劲的发展态势。以全球第一的电影制作量和观众数量著称的印度电影除了娱乐电影外，还制作出了迎合海外市场的高质量电影。此外，拉丁美洲在社会片上也取得了惊人的发展，甚至于在日本，以伊比利亚美洲电影为中心的"LATINBEAT电影节"也获得了巨大的反响。

入门者须知

有声电影

电影自1895年问世起，在很长的一段时间里都只有画面而没有声音，也就是所谓的"默片"。1926年，华纳兄弟影片公司开发了一套名为"Vitaphone（维他风）"的有声电影系统，并于第二年上映了第一部有声电影《爵士歌手》，引起了极大的反响。有声电影在上映初期曾遭到了卓别林等默片艺术大师的反对，但随着默片的衰落，20世纪30年代，有声电影已经完全占据了主流地位。

查理·卓别林

卓别林于1889年出生于英国，1910年移居美国，随后进入了美国电影界。在自导自演了《狗的生涯》，拍摄了《寻子遇仙记》等大量短片之后，于1925年推出了第一部长片电影《淘金记》。随后，《城市之光》《摩登时代》《大独裁者》《凡尔杜先生》等杰作也相继问世。

奥斯卡金像奖

创立于1927年，是美国电影界的最高荣誉。奥斯卡金像奖与戛纳电影节和柏林电影节等国际盛事的区别在于，奥斯卡金像奖虽然只是美国国内的奖项，但也是世界上最具权威的电影奖。该奖由美国电影艺术和科学学院举办，经学院会员评选后授予获奖者名为"奥斯卡"的镀金像，没有奖金。其中最为重要的"最佳影片奖"的颁发倾向于艺术性作品，而娱乐性作品无论在上映时获得了多大的反响，都很难获得该奖。

新现实主义

第二次世界大战结束后，曾长期遭受法西斯统治压制的意大利导演们拍摄了大量反法西斯主义的电影，形成了新现实主义（意大利语：Neorealismo）流派。该派作品如实反映了战争的悲惨及战后民众的生活状况，在国际上引起了极大的反响。代表人物主要包括电影《罗马，不设防城市》和《游击队》的导演罗西里尼，《偷自行车的人》的导演维托里奥·德·西卡等人。

红色恐慌

20世纪40年代后期，美国政府对共产主义者的政治迫害达到高潮，逐渐波及电影界。大部分电影界人士都向"非美活动委员会"提供了不利于友人或熟人的证言，而导演爱德华·德米特利克和剧作家达尔顿·特朗博等10

电影的现状

美国新电影以后的世界电影发展状况

欧洲

德国新电影

维尔内·赫尔措格导演（德1942— ）
《阿吉尔，上帝的愤怒》（1972）
《诺斯费拉图》（1979）

赖纳·维尔纳·法斯宾德导演（德1945—1982）
《玛丽亚·布劳恩的婚事》（1979）
《莉莉·玛莲》（1981）

沃尔克·施隆多夫导演（德1939— ）
《铁皮鼓》（1979）

维姆·文德斯导演（德1945— ）
《得克萨斯州的巴黎》（1984）
《欲望的翅膀》（1987）

法国新世代

吕克·贝松导演（法1959— ）
《碧海情》（1988）
《尼基塔》（1990）
《大西洋城》（1991）

让－雅克·贝内克斯导演（法1946— ）
《女歌星》（1981）
《巴黎野玫瑰》（1986）

莱奥·卡拉克斯导演（法1960— ）
《卑贱的血统》（1986）
《新桥的情侣》（1991）

中国新世代电影

张艺谋导演（中1951— ）
《红高粱》（1987）
《秋菊打官司》（1992）

侯孝贤导演（中1947— ）
《冬冬的假期》（1984）
《悲情城市》（1989）
《戏梦人生》（1993）

陈凯歌导演（中1952— ）
《黄土地》（1984）
《霸王别姬》（1993）

第三世界

阿巴斯·基阿罗斯塔米导演（伊朗1940— ）
《人生在继续》（1992）
《穿过橄榄树林》（1994）

依尔马兹·居内伊导演（土1937—1984）
《路》（1982）
《围墙》（1983）

人却因拒绝证言，被冠以蔑视国会罪判处了一年的监禁（德米特利克随后开始配合非美活动委员会，两个月后出狱），被称为"好莱坞十人团"。自此以后的很长一段时间，这十人都被美国电影界拒之门外。

新浪潮

1959年，法国同期上映了三部与以往的风格完全不同的电影：弗朗索瓦·特吕弗导演的《筋疲力尽》和《胡作非为》以及克洛德·夏布洛尔导演的《表兄弟》。其大量采用移动摄影和即兴拍摄的拍摄手法，以及新颖的作品内容，为全世界的电影人带来了巨大的冲击。由此形成的全新的电影拍摄热潮即称为"新浪潮"。

美国新电影

阿瑟·佩恩导演（美1922—2010）
《邦妮和克莱德》(1967)
《艾丽丝餐馆》(1969)

迈克·尼科尔斯导演（美1931—2014）
《毕业生》(1967)

弗兰克·佩里导演（美1930—1995）
《游泳者》(1968)

丹尼斯·霍珀导演（美1936—2010）
《逍遥骑士》(1969)

约翰·施莱辛格导演（英1926—2003）
《午夜牛郎》(1969)

乔治·罗伊·希尔导演（美1922—2002）
《虎豹小霸王》(1969)

罗伯特·阿尔特曼导演（美1925—2006）
《风流医生俏护士》(1970)

美国

新好莱坞派

弗朗西斯·福特·科波拉导演（美1939—）
《教父》(1972)

乔治·卢卡斯导演（美1944—）
《美国风情画》(1973)
《星球大战》(1977)

史蒂文·斯皮尔伯格（美1946—）
《第三类接触》(1977)
《E·T·》(1982)

纽约派

伍迪·艾伦导演（美1935—）
《安妮·霍尔》(1977)
《内心生活》(1976)

马丁·斯科塞斯导演（美1942—）
《出租汽车司机》(1976)

纽约·独立电影

吉姆·贾木许导演（美1957—）
《天堂陌客》(1984)

独立派

斯派克·李导演（美1957—）
《循规蹈矩》(1989)
《马尔科姆X》(1992)

其他

奥立弗·斯通导演（美1946—）
《野战排》(1986)
《J·F·肯尼迪》(1991)

昆汀·塔兰蒂诺导演（英1963—）
《低俗小说》
(1994)

新电影

1970年前后出现于美国的新的电影潮流。"新电影"一词出自1967年美国《生活》周刊为阿瑟·佩恩导演的电影《邦妮和克莱德》所做的特辑中使用的标题。代表作品主要有丹尼斯·霍珀导演的《逍遥骑士》、乔治·罗伊·希尔导演的《虎豹小霸王》、约翰·施莱辛格导演的《午夜牛郎》等。新电影以毒品、性、犯罪等为主题，真实地反映了越南战争后萧条颓废的美国社会。

新电影的代表作品包括阿瑟·佩恩导演的《邦妮和克莱德》、丹尼斯·霍珀导演的《逍遥骑士》、约翰·施莱辛格导演的《午夜牛郎》等电影，对全世界的电影制作人以及年青一代产生了巨大的影响。

日本电影　● Japanese Movie ●

日本电影在经过各电影公司间的大规模创立与兼并后迎来了发展的黄金时期，随后又走向衰落。非电影行业出身的导演虽层出不穷，但现状却十分严峻。

在卢米埃尔兄弟于1895年发明了电影摄影机，拉开了电影发展的序幕后，1896年，活动电影放映机传入了日本神户，随后，日本各地又相继引进了电影摄影机和维太放映机，引起了巨大反响。

日本于1899年开始制作和上映写实电影，1903年又开设了第一家常设电影院——东京浅草的电气馆，只用了短短的几年时间电影就得到了日本人的接纳。

由于在当时外国电影的引进一般都是由商贸公司负责，因此最早的电影制作也是由他们所进行的。1912年，几大主要的商贸公司联合创立了一家正式的电影公司——日本活动照相股份有限公司，该公司成了之后的"日活"的前身。

1914年，天然色活动照相（天活）创立。1919年，国际活映（国活）创立。1920年，日本歌舞伎巨头松竹公司开始涉足电影制作，创立了松竹电影公司。1910—1920年代诞生了多家大型电影公司，并出现了大规模的兼并和收购活动。

独立制片的繁荣

进入20世纪20年代，许多电影导演和明星退出了电影公司并相继创建了自己的制片室，开始独立开展电影制作活动。1925年，被誉为"电影之父"的牧野省三创立了牧野电影，阪东妻三郎创立了阪妻独立制片。1926年，衣笠贞之助创立了衣笠电影联盟。1927年，市川右太卫门创立了右太独立制片。1928年，岚宽寿郎创立了宽独立制片，片冈千惠藏创立了千惠独立制片。

日本电影在发展初期，形成了大型公司与独立制片百花齐放、竞相竞争的局面，诞生了大量电影史上的名作。其中，衣笠贞之助和沟口健二的电影作品直到现在依然在国际上享有极高的赞誉。

日本电影界的变革时期

随着时代的发展，日本的电影公司历经多次新生与兼并之后，在20世纪40年代形成了松竹、大映、东宝三足鼎立的局势。第二次世界大战后，随着日

日本电影的诞生

外国电影的引入

1896年 活动电影放映机传入神户

国产电影的诞生

1899年 第一部故事片《短枪大盗清水定吉》
1903年 最早的影院：东京浅草·电气馆

大型电影公司的诞生

日活　1912年创立

（日本活动照相股份有限公司）

沟口健二导演（1898—1956）
《灵与血》（1923）

伊藤大辅导演（1898—1981）
《忠次旅行记》三部曲（1927）
《血烟高田马场》（1928）

国活　1919年创立

（国际活映股份有限公司）

松竹公司　1920年创立

小谷亨利导演（1887—1972）
《岛上女人》（1920）

村田实导演（1894—1937）
《路上的灵魂》（1921）

五所平之助导演（1902—1981）
《乡村新娘》（1928）

小津安二郎导演（1903—1963）
《虽然大学毕了业》（1929）

帝国电影　1920年创立

（帝国电影娱乐公司）
铃木重吉导演（1900—1976）
《什么使她沦落至此》（1930）

牧野电影　1923年创立

牧野省三导演（1878—1929）
《实录忠臣藏》（1922）

衣笠贞之助导演（1896—1982）
《不知火》（1923）

东亚电影　1923年创立　1924年合并

二川文太郎导演（1899—1966）
《雄吕血》（1925）

独立制片的繁荣

牧野独立制片　1925年创立

牧野省三导演、衣笠贞之助导演
《天一坊与伊贺之亮》（1926）

衣笠电影联盟　1926年创立

衣笠贞之助导演
《疯狂的一页》（1926）
《十字路口》（1928）

宽独立制片　1928年创立

阪妻独立制片　1925年创立

井上金太郎导演（1901—1954）
《外国女与武士》（1925）

右太独立制片　1927年创立

伊藤大辅导演（1898—1981）
《神奇的剑》（1929）

千惠独立制片　1928年创立

稻垣 浩导演（1905—1980）
《天下太平记》（1928）

日本电影公司的发展历程

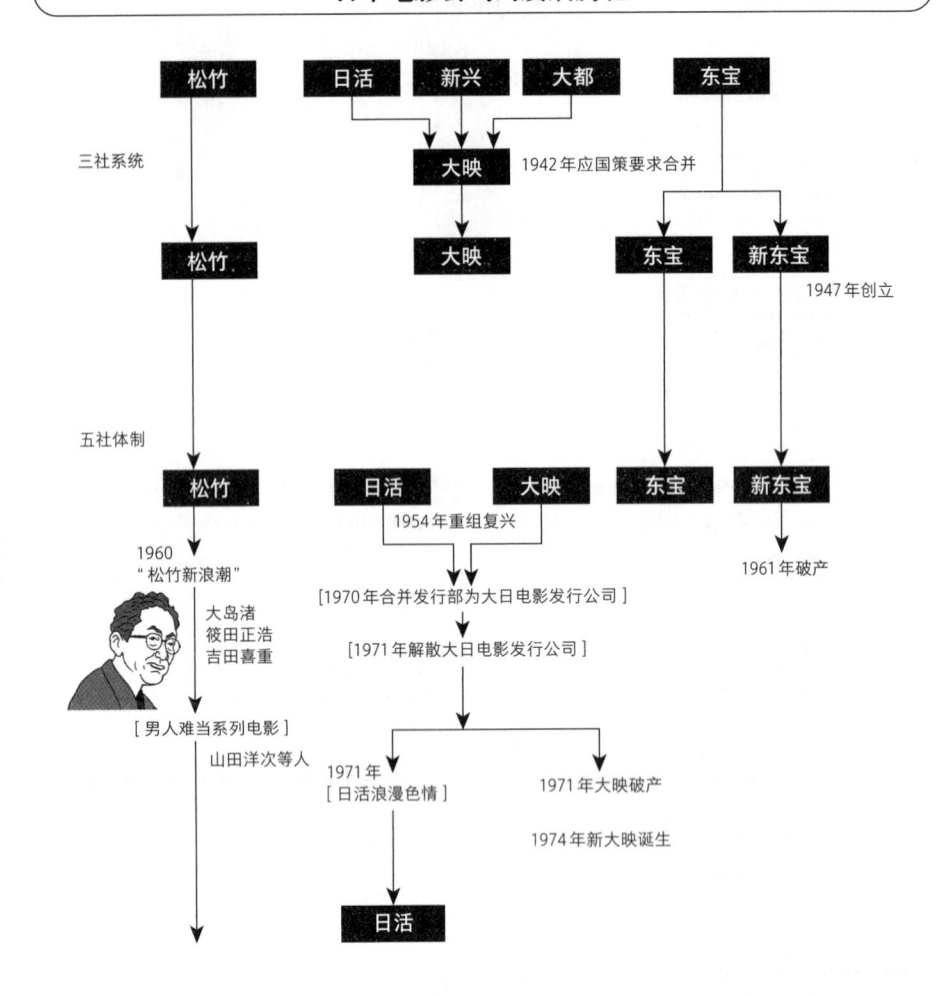

```
                    松竹         日活  新兴  大都      东宝
                                  ↓    ↓    ↓
         三社系统                    大映    1942年应国策要求合并
                                    ↓                ↓
                    松竹              大映      东宝    新东宝
                                                      1947年创立
         五社体制
                    松竹         日活       大映    东宝    新东宝
                    1960        1954年重组复兴                 1961年破产
                 "松竹新浪潮"
                    大岛渚        [1970年合并发行部为大日电影发行公司]
                    筱田正浩
                    吉田喜重      [1971年解散大日电影发行公司]
                                   ↓              ↓
                 [男人难当系列电影]  1971年       1971年大映破产
                    山田洋次等人    [日活浪漫色情]
                                                1974年新大映诞生
                                    ↓
                                   日活
```

活的复兴以及东映和新东宝的诞生，三社系统转变成了六社体制。随后，新东宝于1961年破产，日本电影最终形成了由松竹、大映、东宝、日活、东映主导的五社体制。

20世纪50年代至60年代迎来了日本电影的黄金时期，在质和量上均实现了飞跃性的发展。从衣笠贞之助、沟口健二、小津安二郎等老牌导演起，直到新生代的众多导演都接连拍摄了大量名作、杰作以及人气作品。

其中影响力最大的当属黑泽明和大岛渚二人。

黑泽明于第二次世界大战前的1943年开始从事电影事业，第二次世界大战后以几乎每年一部的速度相继拍

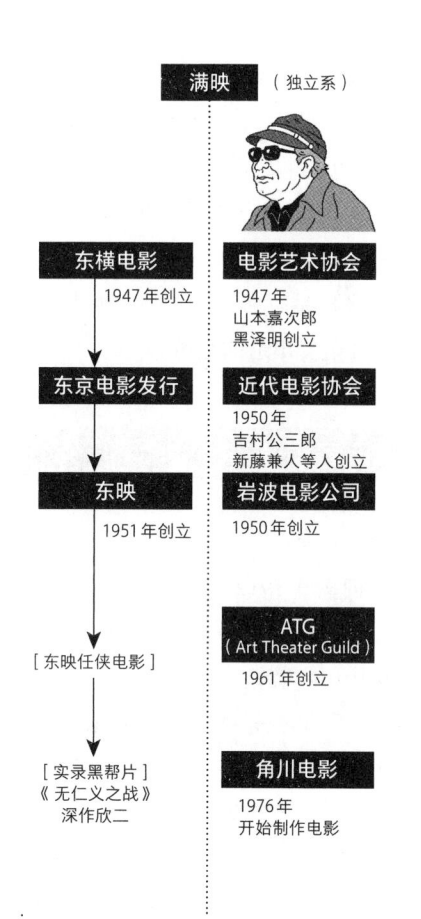

```
满映 (独立系)

东横电影          电影艺术协会
1947年创立        1947年
                 山本嘉次郎
                 黑泽明创立

东京电影发行      近代电影协会
                 1950年
                 吉村公三郎
                 新藤兼人等人创立

东映              岩波电影公司
1951年创立        1950年创立

[东映任侠电影]    ATG
                 (Art Theater Guild)
                 1961年创立

[实录黑帮片]      角川电影
《无仁义之战》    1976年
深作欣二          开始制作电影
```

摄了《泥醉天使》《罗生门》《七武士》《椿三十郎》《天堂与地狱》《红胡子》等杰作，不仅在日本国内，在海外也具有巨大的影响力，被誉为"世界的黑泽明"。黑泽明曾于1990年荣获奥斯卡金像奖终身成就奖，被《时代》周刊评为"20世纪最有影响的亚洲20人"之一。

大岛渚是兴起于20世纪50年代的松竹新浪潮中的一员，在20世纪60年代以后他成为日本电影界发展的一大领军人物。1960年，其反映日本"安保斗争"阴暗面的电影《日本之夜与雾》遭到禁播后，大岛渚退出松竹成立了自己的独立制片公司——创造社。第二次世界大战时，他又接连拍摄了一系列反映社会问题的电影，如电影《饲育》描述了一群将被捕的黑人士兵杀死了的村民；《少年》则从孩子的视角反映了以碰瓷敲诈为生的一家人的生活；《绞死刑》以一位真实的在日朝鲜死囚为原型，表达了对于死刑的质疑。20世纪70年代，大岛渚开始将电影制作的重点移向海外，推出了《爱情的决斗》《爱情的幻影》《战场上的快乐圣诞节》等电影，作为最具代表性的日本电影导演饮誉世界影坛。大岛渚于2013年去世，电影《御法度》作为他相隔十年后的复出作品最终成为他的遗作。

非电影行业出身导演

在电影界占据着中心地位的始终都是大型电影公司，但实际上即使是在当今，非专业电影公司所制作的电影依然占据着相当重要的地位。这些公司除了电视台和出版社等大众传媒外，甚至还有商贸公司等完全无关的其他类型企业。

此外，在泡沫经济时期，一些其他领域的名人，在没有积累过任何如助理导演等经验的情况下也开始挑战担当电影导演。然而，除了演员出身的伊丹十三、北野武、竹中直人等极少数的一部分人外，其余大多都以失败告终。

日本电影的未来

相较于常规电影长期处于发展的低迷状态，动画电影导演宫崎骏的作品却在质量上获得了极高的评价。即使是从票房而言，宫崎骏动画也取得了力压常规电影的成绩。

尽管大型电影公司长期处于低迷状态，但新人导演们的登场依然为日本电影的发展注入了新的活力。1990年以后，在泡沫经济崩溃的时代背景之下，独立作品呈现出了繁荣的景象，独立作品抛弃了以往以制作大片为目标的思想，开始重视电影的戏剧性。从电影质量上来看，独立作品可以说是日本电影的第二次黄金时代。

当代日本导演以新颖的感知力跨越了电视与电影的界限，大胆启用让人耳目一新的非知名演员。领头人主要是凭借奥姆真理教系列纪录片《A》一举成名的森达也，以及电影《跃跃欲试》的导演周防正行、堤幸彦（1955—，《金田一少年事件簿》）、是枝裕和（1962—，《幻之光》）等人。当代日本的代表性导演还有青山真治（1964—，《阿飞》）、山下敦弘（1976—，《琳达！琳达！琳达！》）、冲田修一（1977—，《美妙世界》）、石井裕也（1938—，《日本曝光》）等人。女性导演也取得了令人瞩目的成就，河濑直美（1969—，《萌动的朱雀》）、荻上直子（1927—，《海鸥食堂》）、西川美和（1974—，《蛇草莓》）等导演大多都有以独立电影出道或在PFF电影节（旨在推动和发扬日本新生代导演作品的电影节。——编者注）上以短片电影出道的经历。

入门者须知

日活

创立于1912年，全名为日本活动照相股份有限公司。该企业在战前主要拍摄历史古装片，拥有伊藤大辅、山中贞雄、稻垣浩等众多知名导演以及片冈千惠藏、岚宽寿郎、阪东妻三郎等明星演员。日活曾在第二次世界大战时应国策要求与大映公司合并，1954年重新复兴。1956年，以主演电影《太阳的季节》出道的石原裕次郎成为家喻户晓的明星，接连参演了多部人气作品。随后，该企业又打造出了众多明星，推出了多部优秀的动作片和青春片。进入20世纪70年后，日活开始出现衰落迹象，遂将重点转向了浪漫色情片，依然拍摄出大量佳作。但20世纪80年代后期日活彻底走向了下坡路，并于1993年宣布破产。目前，该企业已经分散成了影片制作以及营销公司。

日本电影的现状

大型电影公司

松竹
《男人难当》系列
《钓鱼迷日记》系列

东映
《极道之妻》系列

东宝
《年轻大将》系列
《哥斯拉》系列

日活
1992年停止电影制作

大映

➡ 制作数量的减少
对制片室的依赖

非专业电影公司

[大众传媒]系列
富士电视台《跳跃大搜查线》《HERO》《Funfair》
日本电视台《永远的三丁目的夕阳》《名侦探柯南》
朝日电视台《搭档》
TBS《Trick》《SPEC》

<其他行业>
Kino Films（木下工务店）《人类资金》（2013）《哀悼人》（2015）

➡ 电视连续剧的电影化

非电影行业出身的导演

[演艺界]
伊丹十三导演（1933—1997）
《葬礼》（1984）
《女税官》（1987）《幸运女》（1990）

竹中直人导演（1956—）
《无能的人》（1991）
《119》（1994）《连弹》（2001）

北野 武导演（1947—）
《凶暴的男人》（1989）
《座头市》（2003）
《极恶非道》（2010）

[广告导演]
中岛哲也导演
《下妻物语》（2004）
《被嫌弃的松子的一生》（2006）
《告白》（2010）

犬童一心导演
《咕咕是一只猫》（2008）
《傀儡之城》（2012）

[制作人]
奥山和由导演
《鳗鱼》（1997）
《地雷阵》（1999）

➡ 从广泛参与到逐步淘汰

动画电影

宫崎 骏导演（1941—）
《风之谷》（1984）《幽灵公主》（1997）
《千与千寻》（2001）《起风了》（2013）

押井 守导演（1951—）
《福星小子1、2》（1983、1984）
《机动警察》（1989、1993）
《攻壳机动队》（1995）《无罪》（2004）

细田 守导演（1967—）
《穿越时空的少女》（2006）
《夏日大作战》（2009）
《怪物之子》（2015）

➡ 高质量作品频出

松竹

创立于1920年的电影公司,其拍摄的作品多具有现代气息,擅长拍摄青春电影、都市电影、女性电影等。第二次世界大战前该公司的著名导演有小津安二郎、岛津保次郎、清水宏等人,第二次世界大战后主要是吉村公三郎、木下惠介等人。1959年至1960年间相继出现了大岛渚、吉田喜重、筱田正浩等导演,为日本电影带来了全新的样式和内涵,被称为"松竹新浪潮"。此外,喜剧是松竹公司的一大特色,山田洋次、森崎东、前田阳一等导演拍摄了大量的喜剧片。其中,由山田洋次导演、渥美清主演的系列喜剧片《男人难当》历时26年共拍摄了48部,是世界上最长的系列电影。

东映

1951年由东横电影公司、太泉电影公司和东京电影公司3家企业合并而成。创建初期以片冈千惠藏和市川右太卫门两大历史片明星演员为中心拍摄了大量历史古装片。进入20世纪60年代,任侠电影迅速崛起,出现了鹤田浩二、高仓健等超级巨星。而20世纪70年代的拍摄重心则转向了写实电影,诞生了《无仁义之战》这一经典系列电影。

东宝

创立于1937年,电影内容多以都市生活为中心,具有明快和积极向上的风格,青春片和喜剧佳作频出。东宝电影公司创立初期的著名导演有黑泽明、山本萨夫、今井正等人,战后则出现了须川荣三、冈本喜八等人。进入20世纪60年代后,由"HANA与CRAZYCATS"组合出演的一系列电影、以《哥斯拉》为代表的特摄片、加山雄三主演的《年轻大将》系列电影等大受好评,迎来了东宝电影公司发展的黄金时代。近年来,东宝虽然缺少招牌名作,但依然保持着顶级电影公司的地位。

小津安二郎

1927年正式成为导演,执导的第一部影片《忏悔之剑》成为他唯一一部历史片。此后,小津安二郎开始主要拍摄以描写小市民的悲哀为主题的影片,在日本电影界树立了独具一格的现实主义风格。第二次世界大战后,他以亲子关系为主题,运用细腻平淡的技巧精心展示了日本的人情与日常生活,形成了极富美感的独特的电影风格。小津安二郎的作品创下了最多次被《电影旬报》评为"十大最佳影片之首"的记录,并且在国际上也享有盛誉,受到了各国电影制作人的喜爱。1963年,小津安二郎去世,其遗作是电影《秋刀鱼的味道》。

松竹新浪潮

相继出现于1960年前后的大岛渚、吉田喜重、筱田正浩三位导演被统称为

"松竹新浪潮派"。"新浪潮"一词来源于对当时极为兴盛的法国年轻导演们的称呼。法国新浪潮主要是对电影制作方法的一次大变革，而松竹新浪潮的特征则是浓厚的政治色彩。

ATG（Art Theater Guild）

"日本艺术电影联盟"的简称。1961年由东宝出资创立的电影公司。最初主要致力于引进外国艺术电影，1967年开始涉足电影制作。20世纪60年代后半期至70年代后半期的十年间，ATG推出了大量优秀的作品，成为日本电影发展的一大支柱。该电影公司的代表作有今村昌平导演的《人的蒸发》、大岛渚导演的《绞刑》、筱田正浩导演的《情死天网岛》、寺山修司导演的《死者田园祭》、东阳一导演的《三垒手》等。

日活浪漫色情

1971年，日活电影公司由于常规电影的业绩持续低迷，开始走色情电影路线，称为"日活浪漫色情"。这种色情片虽然成本低、工作人员少、不聘请大明星，却依然力作、名作频出，受到了各阶层观众的欢迎。除了神代辰巳、西村昭五郎、田中登等老牌电影导演之外，以拍摄日活浪漫色情电影出道的年轻导演也不在少数，如根岸吉太郎、池田敏春、相米慎二等人。虽然随着成人录像（Adult Video）等的崛起，浪漫色情片走向衰落，并最终于1988年停止生产，但不可否认的是，日活浪漫色情在战后日本电影史上留下了浓墨重彩的一笔。

角川电影

1976年，角川书店的社长角川春树（时任社长）开始涉足电影制作。他以自家出版社的出版物为原作，采用书与电影相结合的方式进行了大规模的宣传，相继推出了《犬神家族》《人性的证明》《野性的证明》等一系列大热的电影作品，并且培养出了药师丸博子、原田知世等由公开招募而来的明星。角川电影在角川春树被捕入狱后撤离了电影制作的前线，但其为停滞不前的日本电影界注入了新的活力这一卓越的功绩是不可磨灭的。

伊丹十三

出道于20世纪60年代，最早是一名演技精湛沉着的演员和富有个性的随笔作家。1984年，首次以导演的身份拍摄了电影《葬礼》，以其全新的电影内容引发轰动，一跃成为人气导演。之后又相继拍摄出《蒲公英》《女税官》《幸运女》《大病人》等富有深意的电影作品，于1997年去世。

宫崎骏

退出东映动画公司后，宫崎骏参与了《未来少年柯南》（1978，编导）《鲁邦三世：卡里奥斯特罗城》（1979，导演）的制作。1982年开始独立创作后，相继推出了《风之谷》《天空之城》《龙猫》《魔女宅急便》《幽灵公主》《千与千寻》《哈尔的移动城堡》《悬崖上的金鱼姬》《起风了》等人气作品。宫崎骏的动画电影在各大电影奖的评选上力压常规电影夺得第一，大受好评，为其赢得了极高的国际知名度。

奥山和由

出生于1954年，其父是原松竹电影公司的社长奥山融。奥山和由曾就职于松竹公司财务部等部门，1982年成为制作人。他不仅制作出了《忠犬八公物语》《二·二六》《远方夕阳》等知名影片，还扶持北野武和竹中直人两人分别导演了处女作《凶暴的男人》和《无能的人》，展现出了卓越的制作人才能。1994年奥山和由以导演的身份拍摄了电影《乱步迷案》，之后又相继制作出了大量电影作品。

摄 影 ● Photograph ●

摄影的起源

从暗箱的诞生到达盖尔摄影法与卡罗式摄影法的发明。

虽然直到19世纪初世界上第一张照片才得以诞生。但实际上早在15世纪时,人们就已经发现了摄影的原理,列奥纳多·达·芬奇等画家都曾将摄影原理用作空间绘画的辅助工具。17世纪时,以对光影效果的精妙处理著称的维米尔也曾运用过摄影原理。

达·芬奇等人所使用的摄影原理被称为"暗箱",主要是利用光的直线传播,使物体通过小孔在另一侧形成倒立的实像。最早试图将暗箱形成的影像记录下来并发明了印刷版的人是约瑟夫·尼瑟福·尼埃普斯。他曾于1827年将一块合金板装进暗箱内,对着窗外进行了长达8小时的曝光,成功将透镜另一侧的景物固定成了正像。这张名为"窗外景色"的照片成为现存最早的摄影作品。

尼埃普斯去世后,他的合作伙伴路易·雅克·曼德·达盖尔发明了"达盖尔摄影法",并于1839年8月19日将这一技术公之于世。

同时期的摄影术研究者还有英国的威廉·亨利·福克斯·塔尔博特,塔尔博特在暗箱的基础上,进一步完善了阴图晒阳图法,将其命名为"卡罗式摄影法",并于1841年正式获得了专利权。此外,他还出版了世界上第一部摄影集《自然的画笔》,首次使用"photography(摄影)"这一术语。

在达盖尔摄影法和卡罗式摄影法诞生以后,摄影术得到了广泛的普及,19世纪下半叶出现了一大批职业摄影师。虽然当时已经开始流行肖像摄影、风景摄影、战地摄影以及科学摄影等不同的摄影类型,但还没有出现追求表现效果的摄影技法。在该时期摄影的发展中,最值得一提的是肖像摄影师纳达尔。纳达尔曾为作曲家瓦格纳、诗人波德莱尔等名人拍摄过肖像照,他根据摄影对象的不同选择不同的照明和背景,力图表现出人物内心的感情和智慧,在这一点上与其他摄影者有着本质上的差别。纳达尔的名字与他充满个性的摄影集《现代人的画廊》一同流传至今。

摄影的发展

以艺术摄影与现实主义的对立为契机,摄影的表达方式实现了多元化的发展。

随着摄影的逐步普及,开始出现

摄影的诞生

- **暗箱** —— 约瑟夫·尼瑟福·尼埃普斯（法 1765—1833）

卡罗式摄影法（阴图晒阳图法）（1841）
威廉·亨利·福克斯·塔尔博特（英 1800—1877）
世界上第一本摄影集
《自然的画笔》（1844—1846）

达盖尔摄影法（1837）
路易·雅克·曼德·达盖尔（法 1787—1851）

湿版摄影法（1851）
福雷德克里·斯科特·阿切尔（英 1813—1857）

摄影类型的发展

肖像摄影
纳达尔（法 1820—1910）
摄影集《现代人的画廊》（1870）

观光摄影
（明信片的流行）

科学摄影

- 医学摄影
- 天文摄影
- 司法摄影
  阿方斯·贝蒂荣（法 1853—1914）
  "罪犯的面部摄影"（19世纪80年代）
- 连续摄影
  埃德沃德·迈布里奇（英 1830—1904）
  "奔马的运动照片"（1878）
  摄影集《动物的运动》（1887）

风景摄影
蓝图计划
亨利·勒·赛克（法 1818—1882）
爱德华·德尼·巴尔杜（法 1813—1889）
马克西姆·杜坎（法 1822—1894）
摄影集《埃及、努比亚、巴勒斯坦和叙利亚》（1852）
安东尼奥·比特（意 1832—1906）
《狮身人面像前的池田遣欧使节团》

战地摄影
罗杰·芬顿（英 1819—1869）
"对克里米亚战争的记录"
蒂莫西·奥沙利文（美 1840—1882）
"对南北战争的记录"
卡尔顿·沃特金斯（美 1829—1916）
威廉·亨利·杰克逊（美 1843—1942）

了摄影批评，代表性的批判观点是认为摄影并不是艺术形式，而针对这种摄影非艺术论所兴起的"摄影艺术运动"则认为"摄影是一种对自然进行再现的艺术"。

这场又被称为"pictorialism（画意摄影主义）"的摄影艺术运动虽然在短期内就结束了，但其对后来的近代摄影运动所产生的影响却是十分巨大的。英国摄影师彼得·亨利·埃默森提出了与画意摄影主义相对立的自然主义摄影，他主张"摄影就是摄影"，必须在明确了摄影与绘画的区别的基础上再追求摄影的艺术性。19世纪的摄影就是以"艺术摄影"和"自然主义摄影"的对立为中心展开的。

随后，在埃默森的自然主义摄影运动的影响下，阿尔弗雷德·斯蒂格里茨于1902年与爱德华·史泰钦等人一起组成了"摄影分离派"，并于次年创办了摄影杂志《摄影作品》，成为近代摄影的中心人物。斯蒂格里茨同样主张对摄影和绘画进行明确区分，提出了"如实摄影"的观点，致力于追求摄影所具有的独特的表现力。

爱德华·韦斯顿与安塞尔·亚当斯继承了斯蒂格里茨的思想，进一步推动了近代摄影的发展。韦斯顿采用科学与美学相结合的方式使摄影发挥出了特有的表现效果，亚当斯则是风景摄影的代表性摄影师。二人均对后来的摄影师产生了深远的影响。

现代摄影

摄影成为引领所有艺术发展的重要表现手法。现代摄影将广告与艺术相结合，迈向了数码相机与互联网的时代。

艺术摄影动摇了以往的黑白照片的地位。1976年，在纽约现代艺术馆举办的威廉·埃格尔斯顿的个人摄影展，提高了彩色照片的艺术地位。1981年，"新彩色"影展的承办人莎莉·奥克莱尔出版了同名影册《新彩色摄影》，相关摄影流派也开始被称为"新彩色摄影"。该派摄影师还包括史蒂芬·肖尔、乔尔·迈耶罗维茨等人。

同时期还兴起了一个名为"新地形摄影"群体。该群体成名于1976年举办的同名影展，主要以人工改造过的风景为摄影对象，特点是洋溢着世纪末所独有的情调。

被称为"构成摄影"的摄影师们也占据着独特的地位，该派的作品都是在人工组织和处理的基础上拍摄出来的，即将摄影从简单的"拍摄"变成了"创作"。该派代表性摄影师包括自行担当模特的辛迪·雪曼、为爱犬穿上衣服拍摄肖像照的威廉·韦格曼等人。此外，罗伯特·梅普勒索普也是不能不提的重要人物，他的作品广泛运用了黑人男性的裸体和花朵等题材，对当代各国的知名摄影师均产生了巨大的影响。

分布于世界各地的杰出的摄影师们不断在广告、时尚、报道等各个领域创作出新的作品。尤尔根·泰勒、沃尔夫冈·蒂尔曼斯等人的作品突破了以往对于广告摄影的品质和信息性的强调，开始将广告与艺术相结合，表现出了独特的创新性。此外，数码相机和互联网的高度发展，增强了摄影在表现手法上和作为交流工具上的多样性与便利性。总而言之，在当代爆发式地出现了各种对于摄影表现手法这一领域的"扩大"甚至是"超越"。

入门者须知

暗箱（camera obscura）

在暗室的墙壁上开一个针孔大小的孔，室外的景物就会在小孔对面的墙上形成倒立的实像。Obscura 在拉丁语中是"暗室"的意思。早在古希腊时期人们就已经发现了小孔成像的原理，亚里士多德曾运用它观察过户外的景物，达·芬奇也曾将其运用于透视法的实验

摄影的发展

```
                            自然主义摄影
                         彼得·亨利·埃默森（英）
                                                    对
      （1892）          （1902）                      立
    英国连环兄弟会        摄影分离派
  弗雷德里克·H·埃文斯（英）   阿尔弗雷德·斯蒂格里茨（美）
  奇里（英）              "如实摄影"
  弗兰克·萨特克里弗（英）   爱德华·史泰钦（美）
  罗贝尔·德马西（法）      阿尔文·兰登·科伯恩（美）
  阿尔弗雷德·斯蒂格里茨（美） 克拉伦斯·怀特（美）
  爱德华·史泰钦（美）

                       （20世纪30年代—）
    蒙太奇摄影            新闻摄影              自然摄影
  格奥尔格·格罗斯（德）    德国·新闻报道         f/64小组（1932）
  约翰·哈特菲尔德（德）    埃里希·萨洛蒙（德）    安塞尔·亚当斯（美）
  拉乌尔·豪斯曼（奥）     马丁·曼卡奇（匈）     爱德华·韦斯顿（美）
  汉娜·霍克（德）         阿尔弗雷德·艾森斯塔特（波） 伊莫金·坎宁安（美）

                       美国纪实
                     雅各布·里斯（丹）
                     路易斯·海因（美）
                     多罗西亚·兰格（美）
                     沃克·埃文斯（美）
                     玛格丽特·伯克-怀特（美）

                 摄影师团体"马格南图片社"（1947—）
                     亨利·卡蒂埃-布列松（法）
                     罗伯特·卡帕（匈）
                     大卫·西蒙（俄）
                     威廉·克莱因（美）《纽约》（1956）
                     罗伯特·弗兰克（瑞士）《美国人》（1958）
```

罗伯特·卡帕

中。16世纪时，人们发现将双凸透镜置于小孔的位置上，可以使影像的效果更为明亮清晰。随后，尼埃普斯和达盖尔应用这一原理发明了摄影术。

卡罗式摄影法与达盖尔摄影法

塔尔博特所发明的卡罗式摄影法可以使一张负片印制成多张正片，已经具备了摄影的原理。而达盖尔摄影法则只能拍摄出一张照片。

如实摄影（straight photography）

自摄影术诞生以来，对底片和照片进行加工处理的绘画式摄影长期占据着主流地位，甚至在进入20世纪以后也依然广受欢迎。而站在照片所具有的独特性的立场上，主张如实摄影、如实还原的摄影运动和作品则称为"如实摄影"。

艺术摄影

奥斯卡·古斯塔夫·雷兰德（瑞典）
亨利·佩奇·罗宾逊（英）
《摄影的画意效果》(1869)
朱丽亚·玛格丽特·卡梅隆（印度）
大卫·奥格塔维斯·希尔
& 罗伯特·亚当逊（英）

（20世纪20年代）

超现实主义

亨利·卡蒂埃-布列松（法）
曼·雷（美）
安德烈·柯特兹（匈）

时尚摄影

乔治·霍伊宁根-休内（俄）

马丁·卡西（匈）

欧文·佩恩（美）
理查德·艾维顿（美）

超现实主义

摄影界的超现实主义指的是将摄影角度从"人眼"变成"机械眼"，运用机械手法拍摄照片的摄影风格。现实主义摄影手法包括负感效应（使底片明暗完全颠倒的效果）、畸变（利用特殊透镜使影像发生变形）、集成照片（将不同的照片通过拼接、融合形成一幅新的照片）等。超现实主义的主要摄影家有亨利·卡蒂埃-布列松、曼·雷、安德烈·柯特兹等人。

新闻摄影

20世纪20年代至30年，随着小型摄像机和胶卷的发展，对某个瞬间进行抓拍的高速摄影得以实现，在此背景之下，新闻摄影（photo journalism）在质和量上均取得了极大的进步，30年代又被称为新闻摄影的年代。活跃于该时期的摄影师包括以司法摄影和国际会议摄影著称的埃里希·萨洛蒙，曾拍摄过希特勒与墨索里尼的会谈场景的阿尔弗雷德·艾森斯塔特，拍摄过美国西部农民的生存状况的沃克·埃文斯等人。

罗伯特·卡帕

出生于1913年。1936年西班牙内战爆发后，卡帕以战地记者的身份从军于人民战线一方，其发表于《生活》杂志上的摄影作品《倒下的士兵》引发了全世界的关注。第二次世界大战时期，他随军于同盟国部队，拍摄了许多著名照片，其中包括新闻摄影界的经典作品《诺曼底登陆》。1954年，卡帕在越南战场上进行采访时，不幸触雷身亡。

当代摄影

1966年在纽约举办了一场名为"当代摄影家——面向社会风景"的摄影展，这场以李·弗里德兰德、盖瑞·温诺格兰德、杜安·迈克尔斯、布鲁斯·达维森、丹尼·里昂五位新生代摄影师的作品为主的摄影展，在国际上引起了极大的反响。这五位摄影师的共同点在于积极反映社会风景，即人类生存环境的摄影态度，从这种角度来看，他

现代摄影

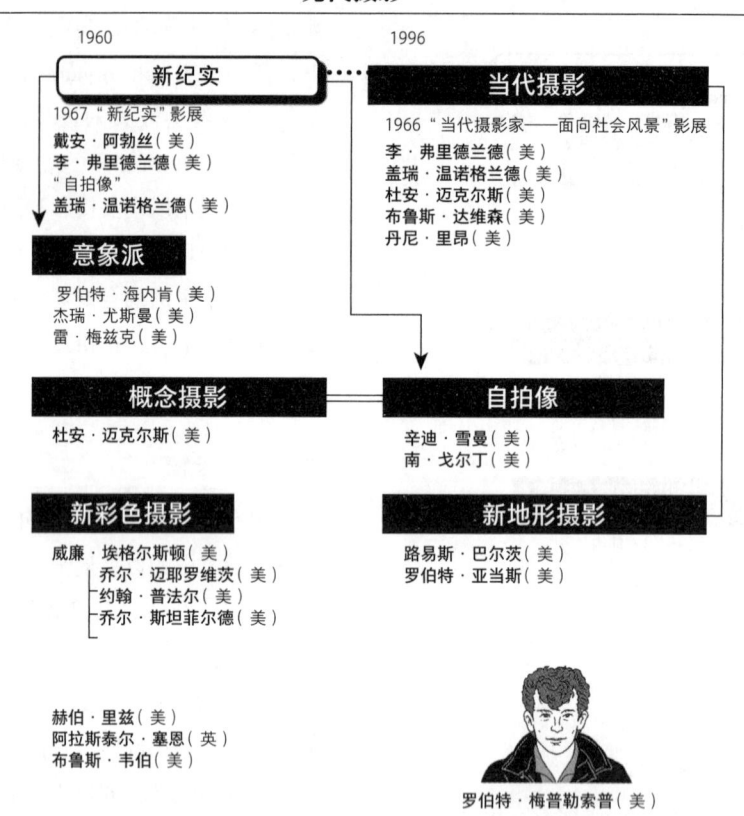

```
                    1960                    1996
              ┌──────────┐           ┌──────────┐
              │  新纪实   │ ········> │ 当代摄影  │
              └──────────┘           └──────────┘
  1967"新纪实"影展                1966"当代摄影家——面向社会风景"影展
  戴安·阿勃丝（美）              李·弗里德兰德（美）
  李·弗里德兰德（美）            盖瑞·温诺格兰德（美）
  "自拍像"                        杜安·迈克尔斯（美）
  盖瑞·温诺格兰德（美）          布鲁斯·达维森（美）
                                    丹尼·里昂（美）
         ┌──────────┐
         │  意象派   │
         └──────────┘
  罗伯特·海内肯（美）
  杰瑞·尤斯曼（美）
  雷·梅兹克（美）

         ┌──────────┐           ┌──────────┐
         │ 概念摄影  │           │  自拍像   │
         └──────────┘           └──────────┘
  杜安·迈克尔斯（美）           辛迪·雪曼（美）
                                  南·戈尔丁（美）

         ┌──────────┐           ┌──────────┐
         │ 新彩色摄影 │          │ 新地形摄影 │
         └──────────┘           └──────────┘
  威廉·埃格尔斯顿（美）         路易斯·巴尔茨（美）
   ├乔尔·迈耶罗维茨（美）       罗伯特·亚当斯（美）
   ├约翰·普法尔（美）
   └乔尔·斯坦菲尔德（美）

  赫伯·里兹（美）
  阿拉斯泰尔·塞恩（英）
  布鲁斯·韦伯（美）
                                  罗伯特·梅普勒索普（美）
```

们可谓是创造出了一个新的世界。

新彩色摄影

表现被拍摄景物影像的摄影活动曾长期以黑白照片为中心，20世纪70年代下半叶开始兴起了新彩色摄影运动，该运动主要的摄影师有威廉·埃格尔斯顿、乔尔·迈耶罗维茨等人。这些摄影师运用科学方法对复杂的色彩进行再现，捕捉到了微妙的色调光影变化，使照片成为传达人物情绪的表现手段。在他们的影响下，许多年轻摄影师也开始拍摄彩色照片。

罗伯特·梅普勒索普

20岁出头就开始从事摄影，1973年以首次个人影展在摄影界迅速崛起。随后，又以男性黑人的裸体、女性健美运动员丽莎·莱恩的肖像摄影、花卉等为中心，创造出了独特的摄影世界。梅普勒索普作为现代摄影的中心人物，曾对全球的年轻摄影师产生了巨大的影响，却不幸于1989年英年早逝。

日本摄影 ● Japanese Photograph ●

早期摄影的发展主要表现在照相馆的繁荣和纪实摄影的发达。第二次世界大战后，日本摄影的发展重心逐渐从艺术摄影转向了新闻摄影。

自达盖尔摄影法诞生后仅十余年，摄影就传入了日本。1848年，长崎商人上野俊之丞从荷兰引进了一整套的达盖尔式摄影器材，并将其献给了萨摩藩。1854年，佩里率领黑船叩关，同行的摄影家在下田、横滨等地对人物、风景和风俗进行拍摄，许多当地日本人都曾目睹过摄影的场景。

此后，在日本兰学家们（兰学指的是在江户时代，经荷兰人传入日本的学术、文化、技术的总称——编者注）的潜心研究下，1857年，市来四郎等人成功为藩主岛津齐彬拍摄了一张肖像照，成为日本摄影史上第一张由日本人拍摄的照片。

进入19世纪60年代，上野俊之丞之子上野彦马与另一位摄影师下冈莲杖同时崛起，二人均被誉为商业摄影的开山鼻祖。

日本最早的照相馆出现于1861年左右，即鹈饲玉川在两国药研堀地区所开设的"影真堂"，但该照相馆只维持了很短的时间就迅速消失。1862年，上野彦马和下冈莲杖又分别在长崎、横滨的野毛地区开设了照相馆。最初人们皆传摄影会吸走人的魂魄，但当照相馆开始在居住于日本的外国人中受到欢迎后，日本人也很快就接受摄影。下冈和上野的弟子们相继在日本各地开设了照相馆，其中，上野的弟子内田九一还曾于1872年和1873年两度为明治天皇拍摄了肖像照。

"横滨摄影"的流行

意大利摄影师菲利斯·比托也是活跃于日本早期摄影界的重要人物。他于1832年来到日本，拍摄了富士山、日光等日本各地的风景照和以平民风俗、武士、花魁等为题材的照片，并在经过人工着色后发售给外国人，被称为"横滨照片"。这种照片在外国人中大受欢迎，此后，相继出现了许多外国人也开始从事横滨照片的拍摄。

进入19世纪70年代，除了照相馆所拍摄的肖像照之外，又兴起了纪实摄影、战地摄影等记录性摄影。纪实摄影的代表性作品是拍摄于1870年的"北海道开拓摄影"。当时的政府为了记录下北海道的开拓过程而主持拍摄了这一系

279

日本摄影的确立

上野俊之丞
1848年，将达盖尔摄影法从荷兰引入日本

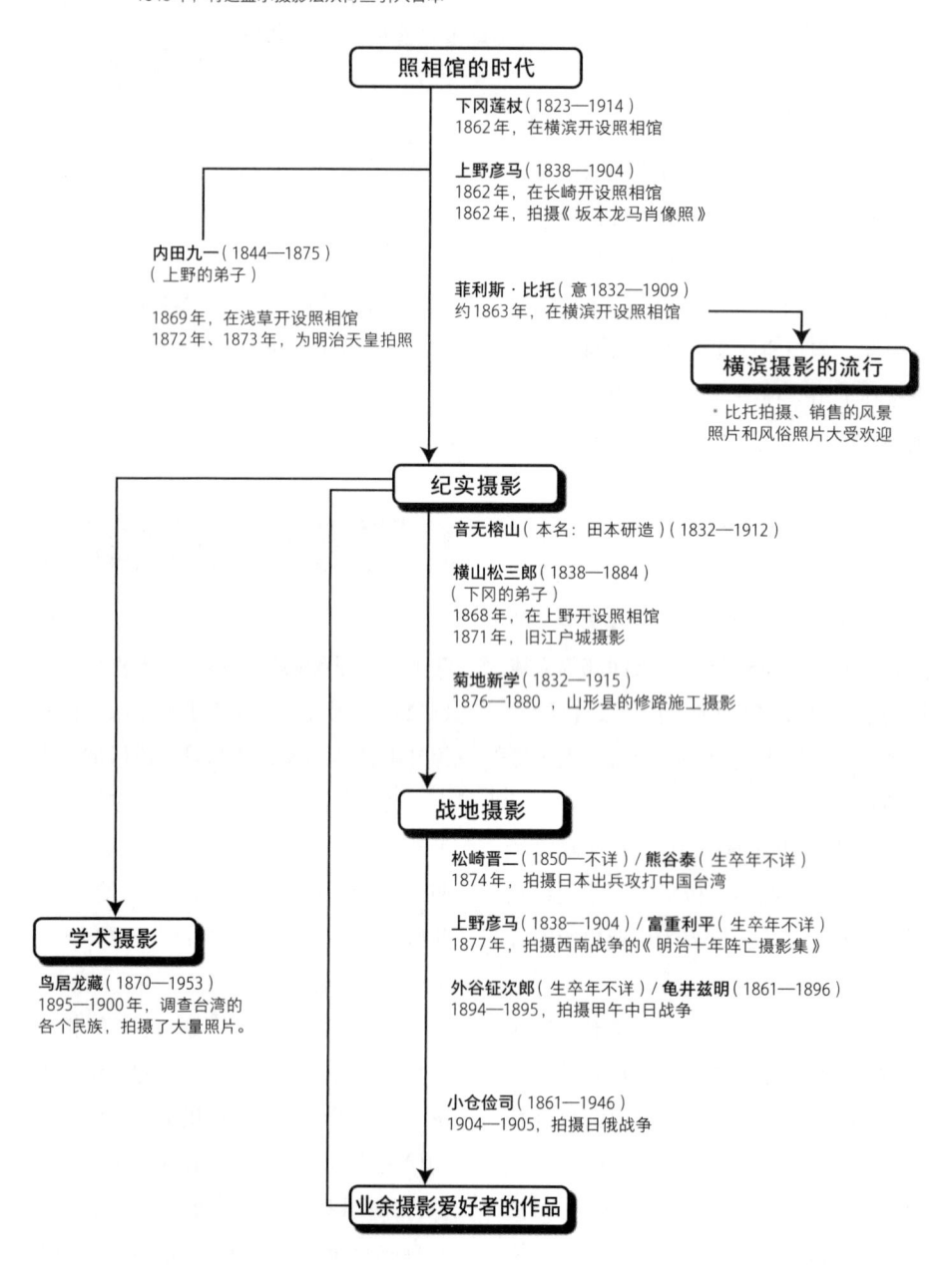

照相馆的时代

下冈莲杖（1823—1914）
1862年，在横滨开设照相馆

上野彦马（1838—1904）
1862年，在长崎开设照相馆
1862年，拍摄《坂本龙马肖像照》

内田九一（1844—1875）
（上野的弟子）
1869年，在浅草开设照相馆
1872年、1873年，为明治天皇拍照

菲利斯·比托（意1832—1909）
约1863年，在横滨开设照相馆

横滨摄影的流行
· 比托拍摄、销售的风景照片和风俗照片大受欢迎

纪实摄影

音无榕山（本名：田本研造）（1832—1912）

横山松三郎（1838—1884）
（下冈的弟子）
1868年，在上野开设照相馆
1871年，旧江户城摄影

菊地新学（1832—1915）
1876—1880，山形县的修路施工摄影

战地摄影

松崎晋二（1850—不详）/ 熊谷泰（生卒年不详）
1874年，拍摄日本出兵攻打中国台湾

上野彦马（1838—1904）/ 富重利平（生卒年不详）
1877年，拍摄西南战争的《明治十年阵亡摄影集》

外谷钲次郎（生卒年不详）/ 龟井兹明（1861—1896）
1894—1895，拍摄甲午中日战争

小仓俭司（1861—1946）
1904—1905，拍摄日俄战争

学术摄影

鸟居龙藏（1870—1953）
1895—1900年，调查台湾的各个民族，拍摄了大量照片。

业余摄影爱好者的作品

列照片,摄影师主要是函馆的摄影馆馆长音无榕山,这组照片目前保存于北海道大学图书馆北方资料室。此外,该时期的摄影师还有陆军士官学校教官横山松三郎、菊地新学等人。横山松三郎拍摄了日光山全貌,菊地新学则拍摄了山行地区的修路施工场景。

在战地摄影方面,松崎晋二拍摄了日军出兵台湾的场景,上野彦马和小仓俭司分别拍摄了西南战争和日俄战争。

从艺术摄影到新闻摄影

进入大正时期,除了以往的肖像摄影和纪实摄影外,追求摄影的艺术表现力的摄影师们也开始活跃起来。在这场"艺术摄影"运动中尤为值得一提的是野岛康三和福原信三这两位摄影师。野岛不仅拍摄风景照和肖像照,还涉足裸体摄影,他摄影的特点是强烈的日式现实主义风格。福原曾拍摄过巴黎的风景,并于1992年出版了摄影集《巴黎与塞纳河》,其大胆的构图和精妙的光线处理为日本摄影界带来了巨大的冲击。除了野岛和福原,在日本各地还出现了众多各具特色的摄影师。

继"艺术摄影"之后出现的是以木村专一和渡边义雄等人为代表的"新兴艺术"。该派摄影师致力于摄影技术的发展,积极吸取蒙太奇摄影等新的表现技巧。此外,野岛康三也于1930年左右开始拍摄"新兴摄影"风格的作品,并与中山岩太、木村伊兵卫等人一起创办了杂志《光画》。随后,《光画》团体相继推出了众多摄影杰作,开创了日本摄影的新时代。

杂志 NIPPON 的创刊

进入昭和时代,出现了一位与之前的"新兴摄影"运动完全不同风格的新闻摄影师——名取洋之助。名取洋之助曾于1934年创办了杂志 NIPPON,随后,土门拳也加入了该杂志的编辑行列。名取利用自己曾在德国当过新闻摄影家的经验,确立了日本的新闻摄影。在战争频发的时代背景之下,以名取、木村、土门等摄影师为中心的新闻摄影得到了迅速发展。

战争结束后,新人摄影师们开始相继登场。人像摄影师林忠彦、女性肖像摄影师大竹省二、时尚摄影师秋山庄太郎等商业摄影师们与福岛菊次郎、东松照明、川田喜久治等现实主义摄影师们积极开展了各种摄影活动。在这两个团体的共同努力下,第二次世界大战后的日本摄影得到了飞跃性的发展。

战后摄影界的繁荣

战后日本摄影界的领导者是成立于1959年的团体"VIVO"(在世界语中代表"生命"的意思)的成员,包括石元泰博、东松照明、奈良原一高、细江英

日本摄影的发展

艺术摄影的黄金时代

福原信三（1883—1948）
1921年，组织成立《艺术摄影社》
同年，创办杂志《摄影艺术》

野岛康三（1889—1964）
"东京摄影研究会"
拍摄了大量裸体摄影作品

渊上白阳（1889—1960）
1922年，成立"日本光画艺术协会"
1923年，《朝日画报》创刊

新兴摄影运动

木村专一（1900—1938）
1924年，杂志《摄影时代》创刊
1930年，与渡边义雄等人组成"新兴摄影研究会"

中山岩太（1895—1949）
1930年，创立"芦屋摄影俱乐部"

安井仲治（1903—1942）
1930年，创立"丹平摄影俱乐部"

导演村山知义等人于1931年举办了《德意志国际巡回摄影展》引发了巨大的反响。

中山岩太、野岛康三、木村伊兵卫、伊奈信男等人于1932年创办杂志《光画》

新闻摄影

名取洋之助、木村伊兵卫、伊奈信男等人于1933年创立"日本工房"。

1934年，"日本工房"分裂，木村、伊奈等人成立"中央工房"。名取创办 NIPPON 杂志。渡边义雄、土门拳等人加入。

土门拳、藤本四八、滨谷浩等人于1938年组成"青年新闻摄影研究会"

1940年，以"青年新闻摄影研究会"为中心创立了"日本新闻摄影协会"

1939年，"日本工房"改组成"国际新闻工艺股份有限公司"。发行对外宣传杂志 FRONT。木村伊兵卫（摄影部部长）、滨谷浩等人加入。

前卫摄影运动

花和银吾、平井辉七等人于1937年在大阪创立"前卫摄影集团"

诗人泷口修等人于1938年在东京创立"前卫摄影协会"

新闻摄影

1946年《世界画报》《每日摄影晚报》创刊

现实主义摄影

土门拳
（1909—1990）
《相机》（主编：桑原甲子雄）月摄影专刊评审

福岛菊次郎
（1921—2015）

东松照明
（1930—2012）

主观主义摄影

1956年"日本主观主义摄影联盟"成立

植田正治
（1913—2000）

战后的新人摄影师们

林忠彦
（1918—1990）

大竹省二
（1920—2015）

秋山庄太郎
（1920—2003）

三木淳
（1919—1992）

人文科学　社会科学　自然科学　文化艺术

公和川田喜久治等人。除了"VIVO"这一现实主义摄影流派以外，还出现了立木义浩、横须贺功光、筱山纪信等以广告摄影为中心的摄影师们。

立木义浩等人为广告摄影带来了全新的表现手法，并积极出版摄影集、举办个人影展。此外，崛起于昭和30至40年代的摄影师森山大道、荒木经惟等人于1974年与东松照明、细江英公、横须贺功光和深濑昌久共同创办的"Workshop摄影学校"，培养了北岛敬三、仓田精二等众多年轻有为的摄影师。而出道于昭和20至40年代间的老牌摄影师们也取得了令人瞩目的成就，其中，筱山纪信和荒木经惟至今仍然是日本摄影界的中心人物，此二人所做出的贡献并不仅仅在于出版了多部以裸体摄影作品为核心的摄影集，还对日本文化整体产生了的巨大影响。

海外影响力的提高

从20世纪90年代下半叶开始，日本摄影师在国外的知名度和评价得到了飞跃性的提升。其中尤以荒木经惟和森山大道享有盛誉。荒木经惟以1992年的欧洲巡展"AKT·TOKYO 1971—1991"的成功举办为契机，开始在海外的各大画廊和美术馆展出摄影作品，对欧美的摄影师们产生了巨大的影响。森山也以人气摄影集 *Daido hysteric no.4*（1993）获得了国内外的好评，开始活跃于国际摄影界，其摄影作品曾在美国各大城市巡回展出。

随着这些摄影师在国际摄影界的高度活跃，海外对日本摄影家的评价和关注度由点（个人）向线（团体）、面（全体）逐步扩大，开始出现了对于日本摄影表现手法的体系性研究。2001年，德国出版的摄影集 THE JAPANESE BOX 得到了国内外的高度好评，使荒木、森山以及中平卓马等人于20世纪70年代创作的摄影作品受到了国际范围内的关注。2003年，美国休斯敦美术馆举办了一场名为《日本摄影史》的大型摄影展，公开发售的影集也大受欢迎，加深了欧美对日本摄影的理解。

最后想格外提一下的是，形成于东日本大地震前后的纪实摄影与家庭影集，也作为值得日本人长期继承和发展的摄影形式，重新受到了人们的关注。

入门者须知

下冈莲杖

下冈莲杖原本是一位狩野派画家，在20岁出头的时候偶然接触到了国外商船的银版照相，惊为绝技，遂放弃学画而立志走上了摄影的道路。之后的十年间，他在长崎、下田、横滨等地研究摄影，最终于1860年定居横滨，并从一个美国摄影师那里获得了一整套的摄影器材。在经过了无数次的失败后，1862年，下冈成功掌握了摄影技术，并

现代日本摄影

现代主义摄影
- 石元泰博（1921—2012）《某一天某个地方》1958
- 东松照明（1930—2010）《11:02 长崎》（1966）
- 奈良原一高（1931—）"人类的土地"展（1956）
- 细江英公（1933—）

正统纪实摄影
- 长野重一（1925—）
- 富山治夫（1935—）
- 桑原史成（1936—）
- 英伸三（1936—）

VIVO
奈良原一高、东松照明、细江英公、川田喜久治、佐藤明、丹野章等6人组成了"VIVO"团体（1959—1961）

广告摄影
- 横须贺功光（1937—2003）
- 立木义浩（1937—）
- 高梨丰（1935—）
- 筱山纪信（1940—）

当代摄影
- 石元泰博（1921—2012）
- 高梨丰（1935—）
- 牛肠茂雄（1946—1983）《自己与他者》（1977）

Workshop 摄影学校
- 东松照明
- 细江英公
- 森山大道（1938—）《日本连环画摄影集》（1968）
- 荒木经惟（1940—）《感伤之旅》（1971）
- 深濑昌久（1934—2012）
- 横须贺功光

新一代摄影师们
- 金道子（1955—）EAT（1987）
- 桥口让二（1949—）《十七岁的地图》（1988）
- 港千寻（1960—）《赤道》（1991）
- 宫本隆司（1947—）《建筑启示录》（1988）
- 长仓洋海（1952—）《萨尔瓦多》（1990）
- 森村泰昌（1951—）

当代广告摄影家
- 操上和美（1936—）
- 十文字美信（1947—）
- 坂田荣一郎（1941—）
- 上田义彦（1957—）
- 藤井保（1949—）
- 伊岛薰（1954—）

于同年在横滨开设了一家照相馆。

上野彦马

上野彦马是上野俊之丞（第一个将照相机引进日本的人）之子。下冈莲杖对摄影的研究主要是站在画家的立场上，而上野彦马则是从化学的角度研究摄影。他与下冈莲杖同年在长崎开设了照相馆。

作为一名摄影师，上野比下冈获得了更高的评价，并且拍摄过以西南战争等为题材的摄影作品。

野岛康三

野岛康三出身于银行世家，从大学时代起投身摄影，于1911年加入了东京摄影研究会。其早期摄影主要以风景、人物、裸体为题材，尤其是在肖像照和裸体照上无人能及。30岁后，他又深受具有现代主义性质的"新兴摄影"的影响，创办了杂志《光画》。

野岛康三是大正至昭和时期的艺术摄影发展的中心人物之一。

《光画》

1932年5月，由野岛康三、木村伊兵卫、中山岩太三人创办的月刊摄影杂志。除了发表流行于当时的"新兴摄影"风格的作品外，还刊载了许多其他摄影师的作品，形成了《新兴摄影运动》的一大高潮。

《挑衅》（PROVOKE）

摄影师中平卓马、高梨丰与评论家多木浩二、冈田隆彦四人组成团体，于1968年11月创办了杂志Provoke。从第二期开始，森山大道也加入了该团体。Provoke是"挑衅"的意思，代表他们希望"重新审视语言与摄影的关系，创造出新的语言和思想"。该团体的摄影风格被称为"粗劣、摇晃、失焦"，是一种拒绝清晰、流畅的激进性作品。

Workshop 摄影学校

一所持续了两年时间的私塾式摄影学校（1974年4月—1976年3月）。

第一年的授课教师主要有东松照明、森山大道、细江英公、荒木经惟、深濑昌久和横须贺功光六人。第二年又加入了中平卓马和奈良原一高，八位教师分别以不同的风格自由授课。除了常规课程之外，该校还积极开展各种活动，如举办区域研讨会、联合摄影展、发行机关杂志季刊 WORKSHO 等。

Workshop 摄影学校培养了包括北岛敬三和仓田精二在内的众多摄影师，对之后的摄影运动产生了深远的影响。

筱山纪信

毕业于日本大学艺术学院摄影系，在学期间就开始活跃于摄影界。早期主要以广告摄影为主，进入70年代后开始涉足裸体摄影。其极具活力的人体摄影表现手法被称为"激写摄影"，在当时引起了巨大的反响。

筱山纪信是日本具有代表性的摄影师之一，其于1991年为樋口可南子拍摄的写真集 Water Fruit 引发了一场裸体摄影热潮。

荒木经惟

1964年，荒木经惟以摄影集《阿幸》荣获首届太阳奖，以其不掺杂商业气息、从个人视角出发的摄影风格在摄影界赢得了独特的地位。他的摄影对象主要是裸体和都市（东京），作品在充斥着猥琐杂乱感的同时，又给人一种彻悟般的宁静感。近年来，荒木在海外也大受欢迎，接连在多地举办了影展。

森山大道

曾荣获日本摄影评论家协会新人奖、日本摄影家协会年度奖、第44届每日艺术奖、德国摄影家协会等多项大奖。森山大道主要以其"粗劣、摇晃、失焦"的摄影风格著称，其摄影作品不仅在日本，而且在海外也极受好评。

人名索引

A

阿部谨也 23
阿川弘之 220
阿尔托 186
阿勒普 226
阿西莫夫 189
艾克曼 44
安部公房 220
安德鲁斯 136
昂纳斯 160
奥本海 110
奥杜邦 151
奥尔波特 45
奥尔布赖特 70
奥尔布里希 228
奥山融 272
奥西安德 138

B

巴尔本 88
巴赫（埃马努埃尔） 245
巴克 82
巴伦-科恩 45
班克斯 117
阪东妻三郎 264, 268
坂本龙一 240
邦奇 199
保罗（罗伯特·威廉） 256
北岛敬三 283, 285
贝尔（丹尼尔） 100
贝尔（亨利） 22
贝利 199
柄谷行人 210, 211

布尔（乔治） 168
布里顿 240

C

仓田精二 283, 285
柴德威克 75
池田敏春 271
冲田修一 268
川上弘美 217
川上未映子 217

D

达韦纳 176
大田洋子 219
岛津保次郎 270
德·库宁 251
德川光圀 73
德米特利克 261, 262
德普费尔德 70
德永直 219
堤幸彦 268
狄拉克 145
荻上直子 268
蒂尔曼斯 275
东阳一 271
东野芳明 251
杜维威尔 258
多和田叶子 217, 218
多木浩二 285

F

凡尔纳 192

范霍夫 158
费德勒 248
丰岛与志雄 218
弗莱明（约翰） 181
弗里达 45
弗里曼 136
福柯 9, 100
富兰克林 97

G

干久美子 234
冈本喜八 270
冈田隆彦 285
高见顺 215
高阶秀尔 251
戈登 29
戈夫曼 100
格拉姆 181
格林伯格 251
根岸吉太郎 271
龟井胜一郎 215
锅岛千惠 234

H

海尔斯 88
豪斯霍菲尔 200
和辻哲郎 12
河合隼雄 51
河濑直美 268
赫顿 198
黑田日出男 64, 254
后藤明生 216, 220
霍克内 251

287

J

吉贝尔蒂 247
吉本隆明 103
吉登斯 100
吉田敦彦 62, 63
加德纳 108
加加林 192
伽莫夫 143
江上波夫 76
今村昌平 271
今井正 270
金原瞳 217, 218
久米正雄 218
居里（皮埃尔）156
居约 102

K

卡森 156
坎贝尔 62
柯尔 161
科尔曼 108
科瑞克 117
克利福德 57
克罗齐 20
克罗托 161
堀辰雄 215
库利 99

L

拉格朗日 192
拉兹 108
莱考夫 38
兰盖克 38
岚宽寿郎 264, 268
雷耶 176

李格尔 249, 254
里普斯 249
莲实重彦 210, 211, 212
林知己夫 123
铃木三重吉 218
柳濑尚纪 212
泷川政次郎 67
泷泽马琴 211
卢尔 31
卢曼 100
罗宾逊（奥斯汀）91
罗宾逊（琼）91
洛克菲勒 99

M

马可尼 181
迈耶 136
曼德尔 247
毛利卫 195
妹岛和世 234
米德（乔治·赫伯特）99
米德（詹姆斯）91
绵矢莉莎 217, 218
明茨伯格 133, 136
缪勒（马克思）60
木下惠介 270

N

内格里 11
内田百闲 213
尼克松 91
涅夫斯基 66
努梅特 131
诺曼（理查德）136
诺曼（唐纳德）46
诺思 88

P

潘诺夫斯基 250, 254
佩雷尔曼 166
皮凯迪 94
片冈千惠藏 264, 268, 270
平野启一郎 217
平野间 220
普莱斯 126
普鲁塔克 58

Q

齐奥尔科夫斯基 192
契马布埃 247
峠三吉 219
钱德勒 131, 133, 136
钱恩 177
浅田孝 234
青山真治 268
清水宏 270
泉镜花 213

R

荣久庵宪司 234

S

萨义德 57
三浦朱门 220
桑德拉特 247
森达也 268
森崎东 270
山本萨夫 270
山本有三 218
山口昌男 56, 59
山下敦弘 268

山中贞雄　268
上野千鹤子　66
舍雷尔　208
神代辰巳　271
圣吉　133, 136
石川淳　220
石井裕也　268
市川右太卫门　264, 270
市来四郎　279
是枝裕和　268
室生犀星　214
丝山秋子　217
斯莫利　161
寺山修司　271
寺田寅彦　218
苏泽兰特　186
粟津洁　234
梭罗　151
索迪　156

T

太宰治　215
特恩布尔　56
特朗博　261
特雷维拉努斯　147
藤枝晃雄　251
鹈饲玉川　279
田边元　12
田中登　271
图基　123

图灵　188
土井隆雄　195
土浦龟城　236

W

瓦萨里　247
丸谷才一　212
韦格曼　275
为永春水　211
维巴　86
维米尔　273
尾崎一雄　219
文特里斯　75
沃尔德伦　108
沃尔夫林　249, 254
沃尔索　69
沃林格　249, 251
武井诚　234
武者小路实笃　214

X

西川美和　268
西村昭五郎　271
西田几多郎　12
希尔德勃兰德　248
希格斯　143, 145
希罗　154
夏布洛尔　262
夏克特　44

相米慎二　271
香农　189
向井千秋　195
肖尔　275
小川洋子　217
小岛信夫　220
小松和彦　67
幸德秋水　27
幸田露伴　213
休斯顿　258
须川荣三　270

Y

野上弥生子　213
伊藤整　211, 215
伊文思　75
永井隆　219
原民喜　219

Z

泽德尔迈尔　249
哲伦　200
中平卓马　283, 285
中泽启治　219
周防正行　268
庄野润三　220
佐原真　76
佐佐木喜善　66

出版后记

进入大学前,我们多数人会为选择哪一专业感到迷茫;进入大学后,多数人会在选定的专业领域不断探索以至学有所成,部分人会选择辅修其他专业或是在自身兴趣转移及学校政策允许的情况下转换专业。对于第一种情况,本书为读者提供了了解各个学科是什么,发展如何的途径;而对于第二种情况,本书为读者提供了拓宽自身知识储备,帮助读者在成为专才的情况下,也成为一名通才,即,拥有"非典型性才智"。正如编者在本书前言中写到的:"本书的编写目的是希望打破文科和理科的界限,从宏观的角度俯瞰整个'学科'的世界。"

鉴于本书涵盖学科众多,涉及内容丰富,文字讲解深入浅出等特点,我们特将本书引进,出版简体字版,并将原书名译为《通识:学问的门类》,让更多读者知道这本书,通过这本书俯瞰整个"学科"的世界,了解学问的门类。书中以图文并茂的形式向读者讲述了社会科学、人文科学、自然科学以及文化艺术四大门类的36个具体学科,包括日本民俗学、近代日本文学、近代日本建筑以及日本摄影。书中或简单直观的图例,或各个部分言简意赅的文字,都让读者能够快速了解一个学科在人类所有知识中所处的位置、确定的过程、发展脉络以及取得了划时代成就的代表人物。

因此,这是一本囊括了众多知识元素的书籍,或许你在读完它后,只是对整个学科有了一个大致的了解,但这也许就是你发现更多的兴趣,培养出自身文化修养和发掘更多才智的指引之书。

服务热线:133-6631-2326　188-1142-1266
读者信箱:reader@hinabook.com

后浪出版公司
2018年10月

图书在版编目（CIP）数据

通识：学问的门类 / 日本实业出版社编 ；（日）茂木健一郎主编 ；杨晓钟，张阿敏译 . -- 南昌：江西人民出版社，2019.2（2021.11 重印）

ISBN 978-7-210-10825-2

Ⅰ.①通… Ⅱ.①日… ②茂… ③杨… ④张… Ⅲ.①科学知识—普及读物 Ⅳ.①Z228

中国版本图书馆 CIP 数据核字 (2018) 第 226498 号

GAKUMONNO SHIKUMI JITEN
Copyright©Nippon Jitsugyo Publishing Co., Ltd. 2016
All rights reserved.
Original Japanese edition published by Nippon Jitsugyo Publishing Co., Ltd.
Simplified Chinese translation copyright ©2018 by Ginkgo(Beijing) Book Co., Ltd.
This Simplified Chinese edition published by arrangement with Nippon Jitsugyo Publishing Co., Ltd.,Tokyo,through HonnoKizuna,Inc.,Tokyo,and Bardon Chinese Media Agency
本书中文简体版权归属于银杏树下（北京）图书有限责任公司。

版权登记号：14-2018-0294

通识：学问的门类

编者：日本实业出版社 编　[日]茂木健一郎 主编　译者：杨晓钟 张阿敏
责任编辑：冯雪松　特约编辑：李贺　筹划出版：银杏树下
出版统筹：吴兴元　营销推广：ONEBOOK　装帧制造：墨白空间
出版发行：江西人民出版社　印刷：北京天宇万达印刷有限公司
690 毫米 × 960 毫米　1/16　19.5 印张　字数 296 千字
2019 年 2 月第 1 版　2021 年 11 月第 6 次印刷
ISBN 978-7-210-10825-2
定价：46.00 元

赣版权登字 -01-2018-927

后浪出版咨询(北京)有限责任公司常年法律顾问：北京大成律师事务所　周天晖 copyright@hinabook.com
未经许可，不得以任何方式复制或抄袭本书部分或全部内容
版权所有，侵权必究
如有质量问题，请寄回印厂调换。联系电话：010-64010019

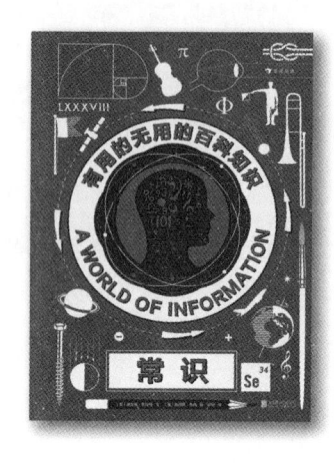

《常识：有用的无用的百科知识》

著　　者：［英］理查德·普拉特 / 詹姆斯·布朗
译　　者：跃钢
书　　号：978-7-5596-2774-2
出版时间：2019.03
定　　价：110.00元

　　《常识：有用的无用的百科知识》是一本大开本的精装书。全书 64 页，涵盖 30 个生活中常见却不甚了解的百科知识领域。有知识、有历史、有故事，形成百科知识串！具体是以每两页展示一个主题，画面简洁明快，向大家迅速展示五彩缤纷的世界。从传统的绳结到管弦乐队，从气象云朵到潮汐节气，从山川河流到几何结构，从宇宙天文到原子结构，从身体结构到机械原理，从远古文字到信号代码……

　　无论是渴望新知的孩子，还是忙于职场的大人，这本书都会带你从身边出发，打开知识的大门，让你获得广阔的视野，让你知晓事物的来龙去脉，让你获得丰沛的谈资。

　　这是一本超级时尚的知识杂集。在这个大开本的精装书里面，汇集了大量的事实与数据。包括了很多主题，比如元素周期表、潮汐、云朵和斐波那契数列。

——《书商》（ Bookseller ）

　　不是很厚的一本书就无法容纳更多的知识么？对于聪明人以及想成为聪明人的人而言，这本书无疑是一个宝库。

—— 奥地利年度科学书 提名

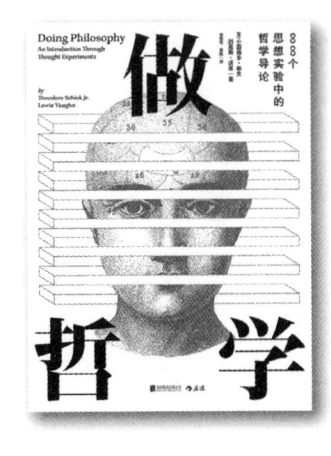

《做哲学：88个思想实验中的哲学导论》

著　者：[美] 小西奥多·希克　刘易斯·沃恩

译　者：柴伟佳　龚皓

书　号：978-7-5596-1729-3

出版时间：2018.09

定　价：118.00元

你从未读到过的哲学导论

磨砺审辩性思维技巧的方法指南

于哲学实践中锤炼理论想象力和逻辑分析能力

用思想实验不停挑战并重塑你对世界的认知和判断

　　自然科学需要实验来证明或证伪，哲学理论更需要实验来验证或反驳，只是哲学用的是思想实验，它无需依赖实验室，只需要以想象力把思想的直觉激发出来，就可以完成其功能，这个功能就是衡量所涉理论是否与人类的直觉相冲突。这本书是我为研究生哲学能力基本训练所采用的教科书，书中以大量的思想实验对各种理论进行检测，让人脑洞大开，在获得训练的同时欣赏与哲学分析相伴随的人类超级想象力。极力推荐。

——中山大学哲学系教授　翟振明

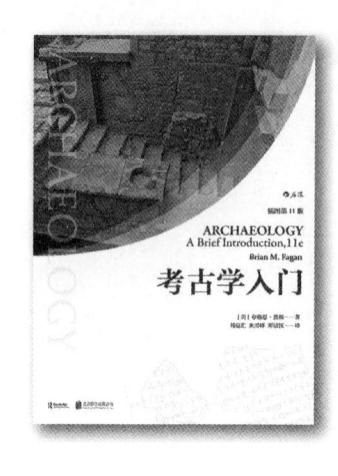

《考古学入门（插图第11版）》

著　者：[美]布赖恩·费根

译　者：钱益汇　朱雪峰　邓晨钰

书　　号：978-7-5596-1880-1

出版时间：2018.10

定　　价：80.00元

一本上佳的入门读物

让大众读者了解考古学的基本知识和原则，唤醒大家对考古学的认知欲望，也给现代人讲述了管理和保护遗址的一些方法和道德守则，同时也能为众多有志于从事考古事业的学生答疑解惑，确实是一本不错的考古学入门图书。

一本图文并茂、生动切实的教科书

费根教授以其渊博的学识、风趣的笔触、撼人的图片、特色专题，从多个角度广泛讲述了他对考古学这门学科的基本认识，富有实践意义地引导了初学者和对考古学有兴趣的读者。

一本极具国际视野的著作

更新了当代考古理论和经过改良的发掘方法，融入了全球诸多领域的重大科学进步，介绍了新的聚落与景观研究，同时借助对文化资源管理与公共考古等新兴课题的讨论，探究了关于过去的不同观点，反映了这一重要议题的新思路。